全国高职高专建筑工程技术专业规划教材

建筑设备

张思忠　主编

黄河水利出版社
·郑州·

内 容 提 要

本书针对土建类施工与管理类专业学生的学习需要，介绍了建筑设备工程中水暖、煤气工程、空调工程、建筑电气工程等各系统基本组成、工作原理、主要材料与设备。全面叙述了建筑设备工程施工图识读方法与施工安装工艺，设备安装与土建施工配合关系；施工现场临时水、电供应的设计计算方法等，重点培养学生在土建工程施工中与对设备工程施工的协调配合能力。全书共分三篇：水暖、煤气工程，空调工程，建筑电气工程。各篇又分为三大部分：系统组成、工作原理和常用设备，施工图识读；系统布置与敷设；系统施工工艺与方法等。

本书可作为高职高专院校建筑施工类专业学生和建筑业现场施工人员学习的教材，并可作为建筑施工、监理等成人教育培训教材。

图书在版编目(CIP)数据

建筑设备/张思忠主编. —郑州：黄河水利出版社，2011.2

全国高职高专建筑工程技术专业规划教材

ISBN 978-7-80734-996-9

Ⅰ.①建… Ⅱ.①张… Ⅲ.①房屋建筑设备-高等学校：技术学校-教材 Ⅳ.①TU8

中国版本图书馆 CIP 数据核字(2011)第 018931 号

出 版 社：黄河水利出版社

地址：河南省郑州市顺河路黄委会综合楼14层　　邮政编码：450003

发行单位：黄河水利出版社

发行部电话：0371-66026940、66020550、66028024、66022620(传真)

E-mail: hhslcbs@126.com

承印单位：河南地质彩色印刷厂

开本：787 mm×1092 mm　1/16

印张：18

字数：438 千字　　印数：1—4 100

版次：2011 年 8 月第 1 版　　印次：2011 年 8 月第 1 次印刷

定价：36.00 元

前 言

建筑设备课程是高职高专建筑工程技术专业的主要专业基础课程之一。本书依据该专业教学计划所确定的培养目标及核心能力的要求，按照建筑设备课程标准，根据建筑设备课程的特点和规律进行编制。本书内容包括：水暖、煤气工程，空调工程，建筑电气工程三篇。各篇又分为三大部分：系统组成、工作原理和常用设备，施工图识读；系统布置与敷设；系统施工工艺与方法。

高职高专建筑工程技术专业人员的核心能力即从事建筑工程施工现场的施工技术和工程管理能力。在内容方面，本书紧紧围绕施工现场技术和管理能力培养所需的设备知识，按照专业知识以够用为主的编写指导思想，积极调整教材内容，精简传统教材中各专业基础理论和设计计算内容，加大施工图识读比重，增加各专业管网敷设布置要求和施工工艺内容，新增本专业必需的施工现场临时水电供应。在知识体系方面，改变了以传统的学科体系为主线的教材模式，强调以任务、目标为主线的复合型人才培养的知识构成。在编写过程中，本书以最新版本的施工验收规范为依据，以目前普及率较高的设备材料和施工工艺为主线，全面描述设备工程中水、暖、空气调节和电气工程与土建施工的协调配合关系。

我国地域辽阔，气候迥异，各地施工条件、技术水平、施工方法各有差别。因此，各院校在教学过程中，应结合当地的具体条件，按照各自教学大纲和课程标准要求，联系实际，调整教学内容，做到学用一致。

本书由河南建筑职业技术学院张思忠（编写第六章）担任主编，河南工业职业技术学院李雪涛（编写第九章）担任副主编。参加编写的有：河南建筑职业技术学院宋丽娟（第一章），河南建筑职业技术学院武芳芳（第三章、第五章、第七章第二节及复习题），河南建筑职业技术学院魏思源（第二章第三节、第四章、第七章第一节），河南建筑职业技术学院陈俊博（第二章第一、二节及第四节～复习题），河南建筑职业技术学院王海霞（第八章），商丘职业技术学院曹玉升（第十章），河南建筑职业技术学院任伟（第十一章、第十二章），河南建筑职业技术学院王艳丽（第十三章），河南建筑职业技术学院王铮（第十四章）。至此本书成稿之际，笔者谨向有关专家学者、企业表示深深的谢意，特别是对在参考文献中疏于列出的文献的作者，表示万分感谢！

虽然笔者勇于创新，但由于笔者认知与精力有限，本书仍然存在很多不足，在此敬请读者提出宝贵意见，以期不断改进。

编 者

2011 年 5 月

目　录

第二篇 空调工程

第三篇 建筑电气工程

第一篇　水暖、煤气工程

第一章　水暖工程常用材料、附件及设备

第一节　建筑水暖工程常用管材及连接方法

建筑水暖工程常用管材有钢管、铸铁管、塑料管、复合管、铜管等。通常生活给水系统多采用镀锌钢管、衬塑钢管和塑料管，消火栓系统多采用非镀锌钢管、镀锌钢管、铸铁管，自动喷淋系统多采用内外壁热镀锌钢管，热水系统多采用薄壁铜管、薄壁不锈钢管、塑料管、复合管等，直饮水系统多采用薄壁铜管、薄壁不锈钢管等。建筑排水系统常用硬聚氯乙烯（U－PVC）排水塑料管、铸铁管、非镀锌钢管等。采暖系统常用焊接钢管。下面介绍几种常用的管材。

一、钢管

钢管强度高、承压大、抗振性能好、自重比铸铁管轻、接头少、加工安装方便，但成本高、抗腐性能差，易造成水质污染。

钢管按其构造特征分为有缝（焊接）钢管和无缝钢管两类。焊接钢管承压能力相对较低，故又称低压流体输送管；无缝钢管用碳素结构钢或合金结构钢制造，强度高，内表面光滑，水力条件好，承压能力强，一般在0.6 MPa以上的管道中采用无缝钢管。钢管按其表面防腐处理情况可分为镀锌钢管（白铁管）和非镀锌钢管（黑铁管）。根据镀锌工艺不同分为冷镀锌钢管和热镀锌钢管。镀锌钢管内外都有锌层保护，这使其耐腐蚀性增强，但对水质仍有影响。在城镇新建住宅中，冷镀锌钢管已被淘汰，热镀锌钢管也逐步被限制使用场合。

焊接钢管规格用公称直径DN表示，有DN10、DN15、DN20、DN25、DN32、DN40、DN50、DN65、DN80、DN100、DN125、DN150等。钢管的连接配件有管箍、异径管箍（大小头）、弯头（90°、45°）、异径弯头（大小弯）、三通、异径三通、四通、异径四通、活接头（油任）、补芯、丝堵等。

钢管连接方式有螺纹连接、焊接、法兰连接、卡箍式连接。钢管连接方式及连接配件见图1-1和图1-2。

二、铸铁管

给水铸铁管常用灰口铸铁或球墨铸铁经离心浇注而成，质地较为匀密，管内外壁较光滑一致，出厂前管内外已涂沥青漆防腐。给水铸铁管按压力分为低压管（≤0.45 MPa）、普压

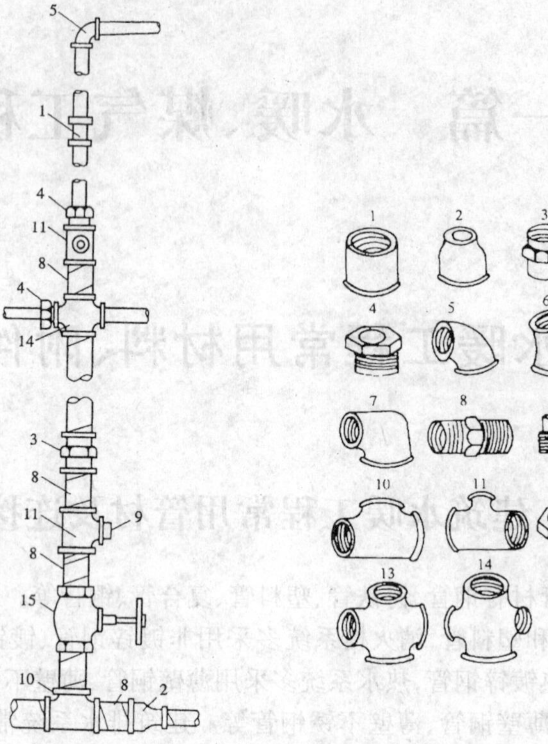

1—管箍；2—异径管箍；3—活接头；4—补芯；5—90°弯头；6—45°弯头；7—异径弯头；8—内管箍；
9—管塞；10—等径三通；11—异径三通；12—根母；13—等径四通；14—异径四通；15—阀门

图 1-1　钢管螺纹连接方式及连接配件

(a)焊接

(b)法兰连接

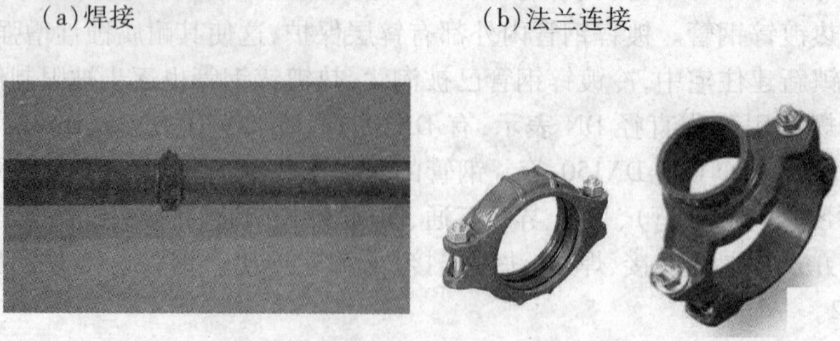

(c)卡箍式连接

图 1-2　钢管的其他连接方式

管（≤0.75 MPa）和高压管（≤1.0 MPa）3 种，建筑内部给水管道一般用普压管；按接口形式分为承插式和法兰式两种。给水铸铁管与钢管相比，具有耐腐蚀性强、价格低、使用寿命长等优点，多用做管径大于 75 mm 的给水埋地管；其缺点是性脆、质量重、长度小。

排水铸铁管由普通铸铁采用金属模浇注而成，在管外部两侧留有凸起的棱（铸造筋），内表面较粗糙，壁薄（5 ~ 6 mm）且厚度不均匀。排水铸铁管规格有 DN50、DN75、DN100、DN125、DN150。排水铸铁管常用于无压力要求的污水管道、废水管道。

铸铁管连接方式有承插连接和法兰连接。承插接口方式主要有石棉水泥接口、膨胀水泥接口、胶圈接口和青铅接口等。

铸铁管及承插接口形式见图 1-3。

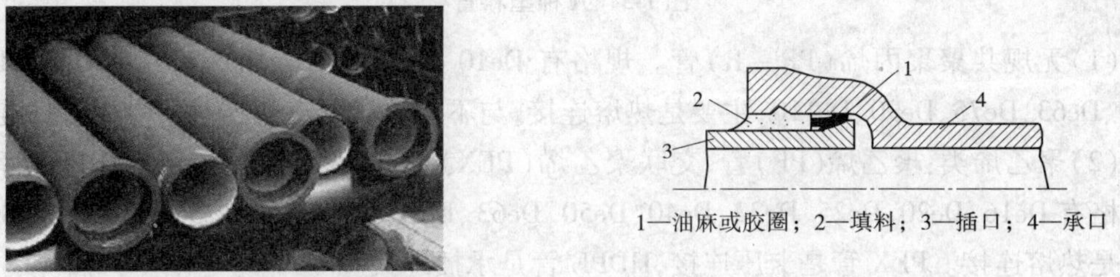

图 1-3　铸铁管及承插接口形式

三、铜管和不锈钢管

铜管、不锈钢管用于输送饮用水、热水和燃气、氧气等对铜无腐蚀作用的介质。常用的有紫铜管（纯铜）和黄铜管（铜合金）。铜管和不锈钢管的优点是耐腐蚀，耐高温高压，柔韧性和延展性好，所以可用于不同的环境，使用寿命长且不会造成水质二次污染，并可回收利用；但缺点是价格高，线膨胀系数大，保温性差。

在建筑给水中，推广使用薄壁铜管和薄壁不锈钢管。薄壁铜管多采用钎焊连接，薄壁不锈钢管多采用卡压连接（见图 1-4）和亚弧焊连接等方法。

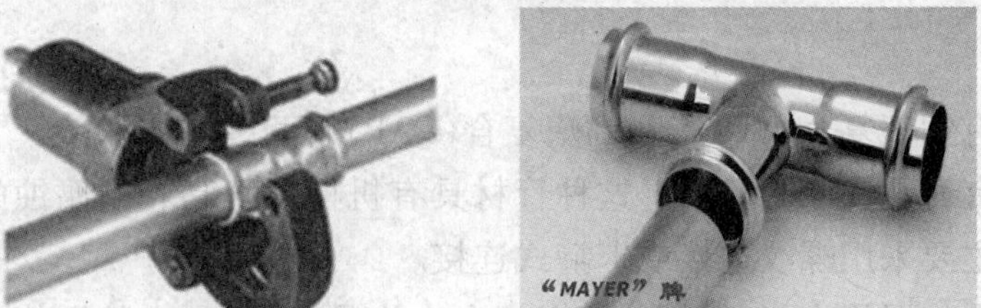

图 1-4　不锈钢管卡压连接

四、塑料管

在给水排水系统中，塑料管材逐渐取代了铸铁管和镀锌钢管等传统管材，得以广泛应用。塑料管的优点是：耐腐蚀、卫生、光滑、保温性好、质轻、安装方便、造价低等。缺点是：热膨胀系数大、机械性能差、不耐高温、易老化。塑料管规格按产品标准规定的方法表示，即公称外径 De，设计按公称直径 DN 表示，其与相应产品规格对照参见厂家资料。常用塑料管材见图 1-5。

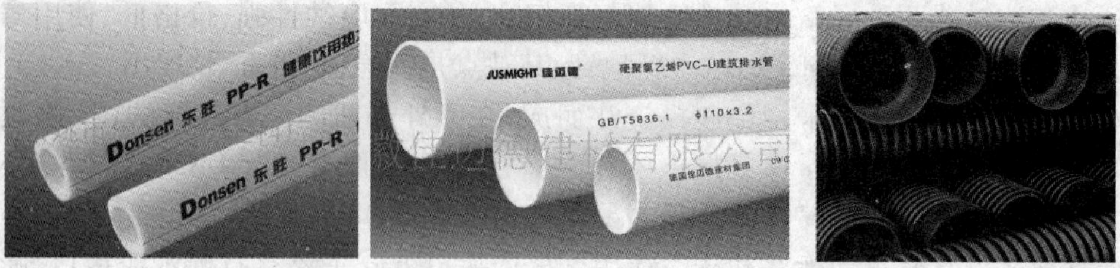

(a)PP－R 管　　(b) U－PVC 管　　(c)HDPE 管

图 1-5　几种塑料管材

(1)无规共聚聚丙烯(PP－R)管。规格有 De10、De12、De16、De20、De25、De32、De40、De50、De63、De75、De90、De110,主要是热熔连接,与不同材质管道相连时用专用管件连接。

(2)聚乙烯类:聚乙烯(PE)管、交联聚乙烯(PEX)管、高密度硬聚乙烯(HDPE)管。PE 管规格有 De16、De20、De25、De32、De40、De50、De63、De90、De110、De125、De160、De180 等,主要是热熔连接。PEX 管是卡压连接,HDPE 管是承插连接。

(3)聚氯乙烯类:硬聚氯乙烯(U－PVC)管、U－PVC 双壁波纹管、U－PVC 中空螺旋缠绕管、氯化聚氯乙烯(C－PVC)管。U－PVC 给水管规格有 De20、De25、De32、De40、De50、De63、De75、De90、De110、De125、De140、De160 等, U－PVC 排水管规格有 De50、De75、De90、De110、De160 等,采用黏接或橡胶圈接口。

(4)其他塑料管。ABS 工程塑料(丙烯晴－丁二烯－苯乙烯)管、聚丁烯(PB)管和玻璃钢(FRP)管等。

上述塑料管材中,PP－R 管和 PEX 管用于建筑冷热水系统,U－PVC 给水管和 PE 管多用于室外埋地给水管道,FRP 管用于大口径供水管道,U－PVC 排水管广泛用于室内排水管道,HDPE 管多用于室外埋地排水管道。

五、复合管

常用复合管有钢塑复合(SP)管和铝塑复合(PAP)管两种,见图 1-6。

钢塑复合管有衬塑和涂塑两类。这种管材具有机械强度高和耐腐蚀的优点,但价格较高。钢塑复合管主要采用螺纹连接或卡箍式连接。

铝塑复合管内外层均为聚乙烯,中间以铝合金为骨架,铝层内外用热熔胶黏接,并经机械挤压复合而成。其具有塑料质轻、无毒、耐腐蚀、流体阻力小等优点,又有铝合金高耐压强度和优良的延展性。铝塑复合管具有良好的物理化学性能和可靠的安全、实用性,使其在建筑给水(横支管)、采暖(地暖)、燃气等方面得以广泛应用。铝塑复合管规格有 De14、De16、De20、De26、De32 等,采用卡套连接。

六、其他管材

给水钢筋混凝土管、排水混凝土管、陶土管、石棉水泥管、玻璃钢加砂管等适用于市政给水、排水及农田灌溉等工程中。

(a) 钢塑复合管

(b) 铝塑复合管

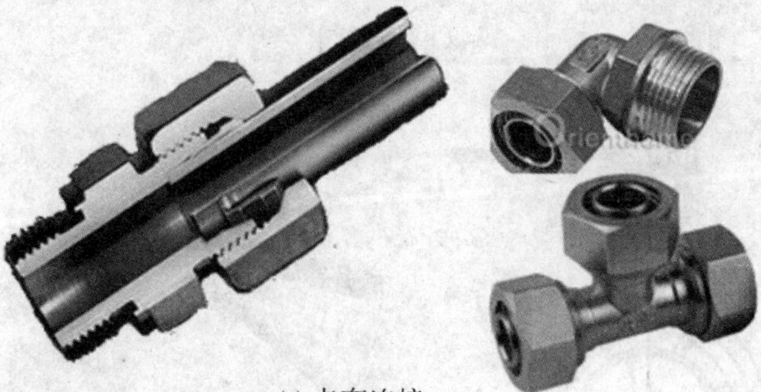

(c) 卡套连接

图 1-6　复合管及其连接形式

第二节　给水附件及其安装

建筑给水附件分控制附件和配水附件两大类。

一、控制附件

控制附件是指管道系统中调节水量及水压、控制水流方向和启闭水流的阀门。阀门形式很多，按作用分为闸阀、截止阀、止回阀、蝶阀、球阀、疏水阀、安全阀、减压阀和旋塞阀等，常用阀门见图 1-7。

(a) 闸阀

图 1-7　几种常用阀门

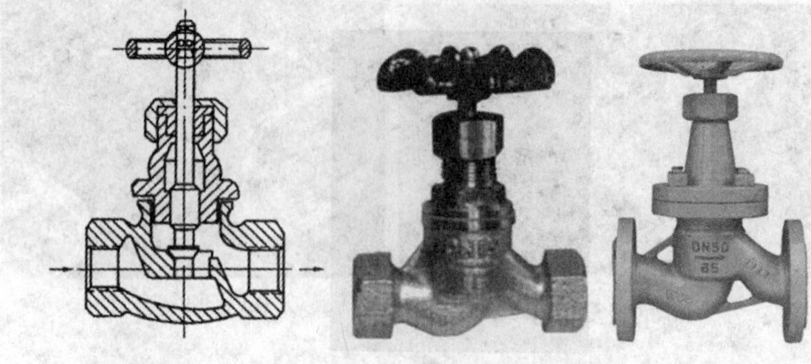

(b) 截止阀

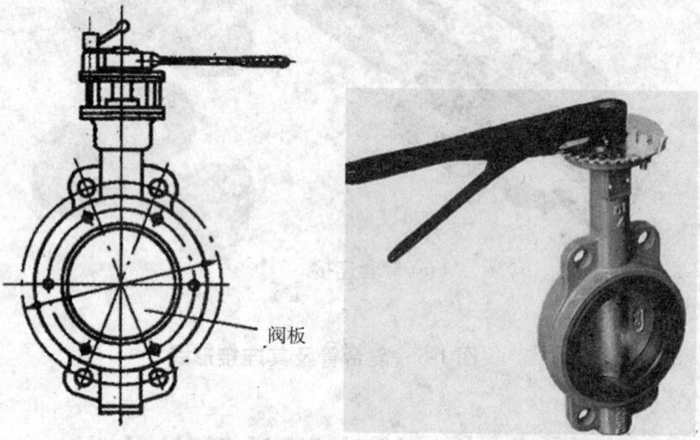

(c) 蝶阀

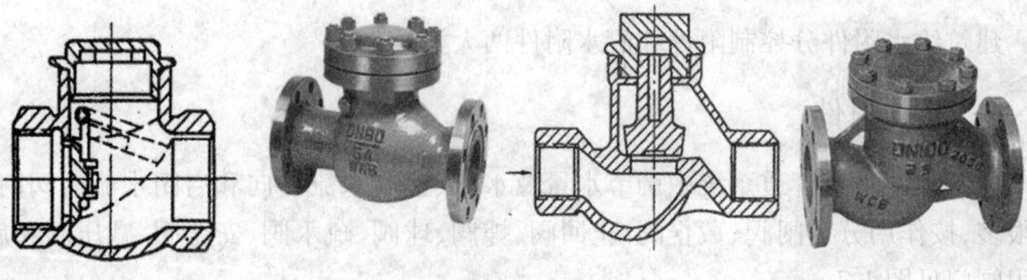

(d) 止回阀(旋启式和升降式)

(e) 球阀

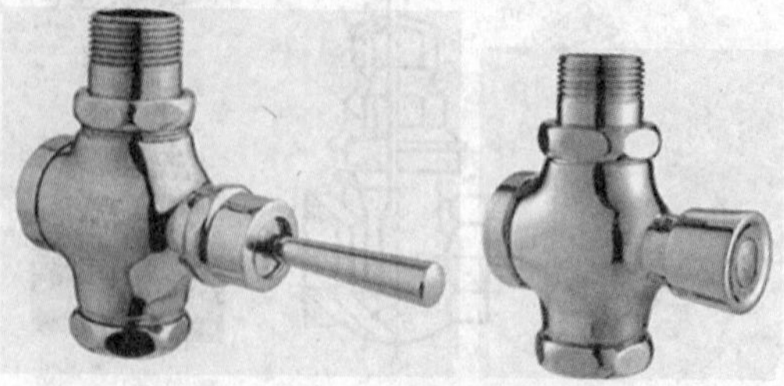

(f) 延时自闭冲洗阀

续图 1-7

(一)常用阀门种类和功能介绍

1. 闸阀

闸阀内闸板与水流方向垂直,利用闸板的升降来控制阀门的启闭,有螺纹和法兰两种接口形式。

闸阀密封性能好,水流阻力小,具有一定的调节流量的能力,介质可从任一方向流动。但闸阀结构复杂,水中杂质落入阀座后使阀门关闭不严,易产生磨损和漏水。当管径 DN > 50 mm 时宜选用闸阀,安装无方向性。

2. 截止阀

截止阀是应用最广泛的一种阀门,主要用来关闭水流,但不宜调节流量,有螺纹和法兰两种接口形式。截止阀结构简单,密封性能好,但水流通过时要改变方向,因而流动阻力大,密封面容易损坏。截止阀适用在管径 DN≤50 mm 的管段上或需经常开启的管段上。截止阀安装要求"低进高出",不得装反。

3. 止回阀

止回阀又称逆止阀,是一种自动启闭的阀门,用来阻止水流的反向流动,当用于水泵出水管路上以保护水泵停泵时不受影响。

止回阀按形式可分为升降式和旋启式两种。升降式止回阀密封性能好,常用于小口径、水平管道上;旋启式止回阀阻力较小,常用于大口径、水平或垂直管道上。止回阀有严格的方向性,安装时必须使水流方向与阀体上箭头方向一致,不得装反。

4. 蝶阀

蝶阀是一个圆盘形的阀板,在阀体内绕其自身轴线旋转,从而达到启闭和调节目的。蝶阀结构简单,外形尺寸紧凑,启闭灵活,开启度指示清楚,水流阻力小,阀体不易漏水。蝶阀用在双向流动的管道上,多用于消防水系统。

5. 球阀

球阀是利用一个中间开孔的球体阀芯,靠旋转球体来控制阀门的。它只能全开或全关,不能调节流量,常用于小管径的给水管道中。

6. 疏水阀

疏水阀是一种用于自动排泄系统中的凝结水,阻止蒸汽通过的阀门。疏水阀有高压和低压之分,按结构不同分为浮筒式、倒吊桶式、热动力式、脉冲式和用于低压蒸汽采暖系统的恒温型热膨胀式(回水盒)。当疏水阀用于散热器凝结水排除时,应安装在散热器下部。

7. 安全阀

安全阀是一种保护器材,用来避免管网和其他设备中压力超过规定范围而受到破坏。一般有弹簧式和杠杆式两种。

8. 减压阀

减压阀靠阀内敏感元件(薄膜、活塞、波纹管)改变阀瓣与底座的间隙,使介质节流降压,并使阀后压力保持稳定。减压阀与其他阀件及管道组合成减压阀组,称为减压器。减压阀多装在高层建筑给水和热水采暖系统的低压管道上。

9. 旋塞阀

旋塞阀又称转心门,其启闭件是一个中间开孔的塞子,绕其轴线旋转。旋塞阀结构简单,流体阻力小,无介质流向要求,启闭迅速,操作方便。

10. 浮球阀

浮球阀是一种可以自动进水和自动关闭的阀门,多装在水箱或水池内。当水流充水到既定水位时,浮球随水位浮起关闭进水口;当水位下降时,浮球下落,进水口开启,自动向水箱充水。浮球阀口径为 15 ~ 100 mm,与各种管径规格相同。

11. 延时自闭冲洗阀

延时自闭冲洗阀安装在大、小便器的冲洗管上,按下手柄后开启,延时一定时间后自动关闭,能够节水和防止回流污染,安装使用方便,外表洁净美观。

(二)阀门的型号表示

阀门型号通常应表示阀门类型、驱动方式、连接形式、结构形式、密封面材料、公称压力、阀体材料等要素。目前,我国一般采用统一的编号方法,见图 1-8。

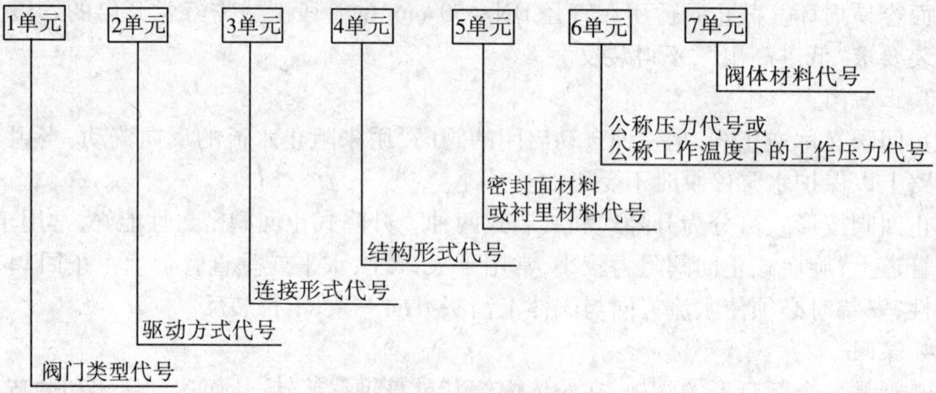

图 1-8　阀门型号表示

1 单元:阀门类型代号,见表 1-1。

表 1-1　类型代号

类型	安全阀	蝶阀	隔膜阀	止回阀	截止阀	节流阀	排污阀	球阀	疏水阀	柱塞阀	旋塞阀	减压阀	闸阀
代号	A	D	G	H	J	L	P	Q	S	U	X	Y	Z

2 单元:驱动方式代号,见表 1-2。

表 1-2　驱动方式代号

驱动方式	电磁动	电磁-液动	电-液动	蜗轮	正齿轮	伞齿轮	气动	液动	气-液动	电动	手柄手轮
代号	0	1	2	3	4	5	6	7	8	9	无代号

3 单元:连接形式代号,见表 1-3。

表 1-3　连接形式代号

连接方式	内螺纹	外螺纹	两不同连接	法兰	焊接	对夹	卡箍	卡套
代号	1	2	3	4	6	7	8	9

4 单元:结构形式代号,见表 1-4、表 1-5。

表 1-4　闸阀结构形式代号

结构形式				代号
阀杆升降式（明杆）	楔式闸板	弹性闸板		0
		刚性闸板	单闸板	1
			双闸板	2
	平行式闸板		单闸板	3
			双闸板	4
阀杆非升降式（暗杆）	楔式闸板		单闸板	5
			双闸板	6
	平行式闸板		单闸板	7
			双闸板	8

表 1-5　截止阀结构形式代号

结构形式		代号	结构形式		代号
阀瓣非平衡式	直通流道	1	阀瓣平衡式	直通流道	6
	Z 形流道	2		角式流道	7
	三通流道	3		—	—
	角式流道	4		—	—
	直流流道	5		—	—

5 单元：密封面或衬里材料代号，见表 1-6。

表 1-6　密封面或衬里材料代号

材料	锡基轴承合金、巴氏合金	搪	渗氮钢	18－8 系不锈钢	氟塑料	玻璃	Cr13 不锈钢	衬胶	蒙乃尔合金	尼龙塑料	渗硼钢	衬铅	Mo2Ti 不锈钢	塑料	铜合金	橡胶	硬质合金	阀体直接加工
代号	B	C	D	E	F	G	H	J	M	N	P	Q	R	S	T	X	Y	W

6 单元：公称压力代号。用阿拉伯数字直接表示，它是 MPa 的 10 倍。

7 单元：阀体材料代号，见表 1-7。

表 1-7　阀体材料代号

阀体材料	钛及钛合金	碳钢	Cr13 系不锈钢	铬钼钢	可锻铸铁	铝合金	18－8 系不锈钢	球墨铸铁	Mo2Ti 系不锈钢	塑料	铜及铜合金	铬钼钒钢	灰铸铁
代号	A	C	H	I	K	L	P	Q	R	S	T	V	Z

二、配水附件

配水附件安装在各种用水器具上，用于调节和分配水流。常用配水附件见图 1-9。

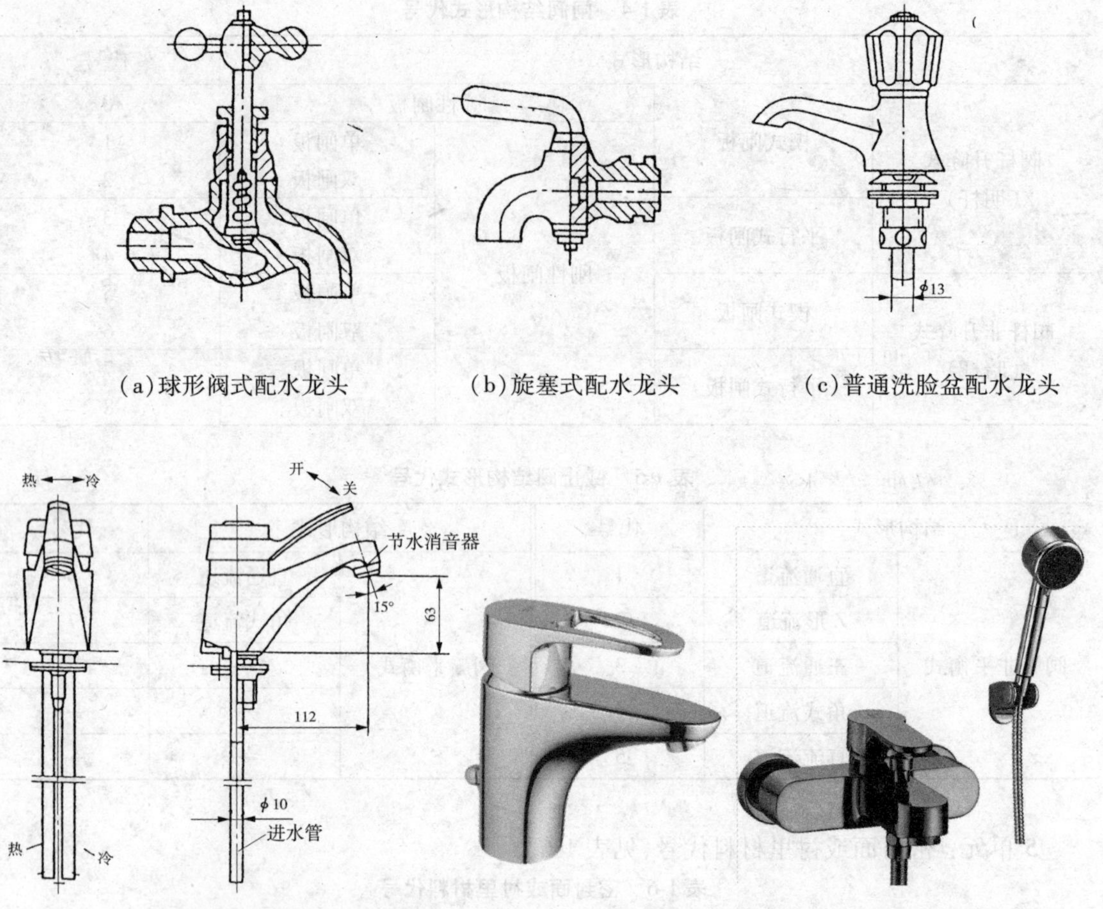

(a)球形阀式配水龙头　(b)旋塞式配水龙头　(c)普通洗脸盆配水龙头

(d)单手柄洗脸盆水龙头　(e)淋浴水龙头

图 1-9　几种常用配水附件

(一)普通配水龙头

1. 球形阀式配水龙头

装设在洗脸盆、污水盆、盥洗槽上的水龙头均属此类。水流经过时因水流改变流向,故压力损失较大。

2. 旋塞式配水龙头

该水龙头旋转 90°即可完全开启,可短时获得较大流量。由于水流呈直线通过,其阻力较小,但启闭迅速时易产生水锤。适用于浴池、洗衣房和开水间等处。

(二)盥洗龙头

该龙头装设在洗脸盆上,专门供冷水或热水用。有莲蓬头式、鸭嘴式、角式和长脖式等几种。

(三)混合龙头

混合龙头用以调节冷热水的温度,供盥洗、洗涤和沐浴用。该龙头式样较多,可结合实际选用。

除上述配水龙头外,还有小便器角形水龙头、皮带水龙头、电子自控水龙头等。

第三节　常用计量仪表及其安装

一、水表

水表是一种计量用户用水量的仪表。

(一)水表的分类

根据计量原理,水表分为流速式和容积式。室内给水系统广泛采用流速式水表,它是根据管径一定时,通过水表的水的流速与流量成正比的原理,利用水流推动水表翼轮旋转,叶轮轴带动传动和记录装置实现计量的。

流速式水表按翼轮构造分为旋翼式和螺翼式两类,见图 1-10。旋翼式水表又称叶轮式水表,表内旋转轴垂直水流方向,水流阻力较大,多为小口径,宜测量小流量。LXS－25 表示公称口径为 25 mm 的旋翼湿式水表。螺翼式水表旋转轴与水流方向平行,阻力较小,多为测量大流量的大口径水表。LXL－100 表示公称口径为 100 mm 的水平螺翼式水表。建筑物内用水量变化较大时,可采用旋翼式和螺翼式组合而成的复式水表,平行布置。

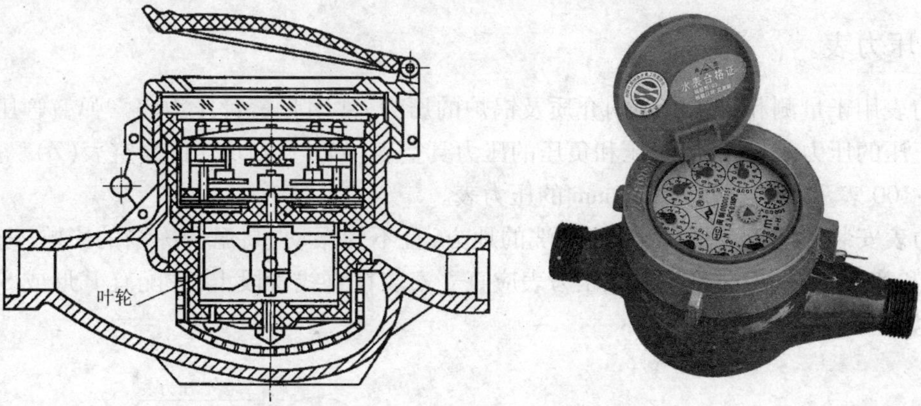

(a)旋翼式水表

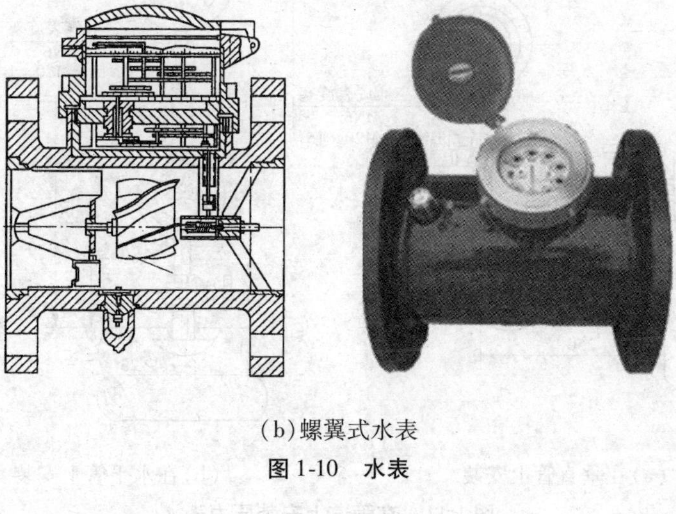

(b)螺翼式水表

图 1-10　水表

按计数机件所处状态，水表又分为干式和湿式两种。干式水表的计数机件用金属圆盘与水隔开，不受水中杂质污染，结构复杂，精度较低。湿式水表的计数机件浸在水中，而在标度盘上装一块厚玻璃用来承受水压，结构简单，精度较高，应用广泛，但只能用在不含杂质的管道上。

根据水质，水表又分为冷水表、热水表和饮用水计量仪。水温 0 ~ 40 ℃的管道上用冷水表，水温 0 ~ 90 ℃的管道上用热水表。

(二)水表敷设与安装要求

水表应安装在便于检修，不被暴晒、污染、损坏和冻结的地方。引入管上的水表一般装在室外水表井、地下室或专门的房间内，且查看方便、不易受损。水表一般安装在水平管路上，只有立式水表才能安装在立管上，水表外壳上箭头方向应与水流方向一致。

为了保证计量准确，螺翼式水表前应有不小于 8 倍水表接口直径的直线管段。表壳距墙面净距为 10 ~ 30 mm，表进水口中心符合设计要求。水表前后应设阀门，对于不允许停水或设有消防管道的建筑，应设旁通管，水表后面应装止回阀。为了在维修前将管网内存水排尽，水表后还应设泄水龙头。

家用水表也有采用 IC 卡或远程计量的。水表出户可集中设置管理，也可分户设置。

二、压力表

压力表用于量测和指示管道内介质及锅炉的压力，常用弹簧管压力表。弹簧管压力表分为测正压的压力表(Y)、测正压和负压的压力真空表(YZ)及测负压的真空表(Z)。例如，型号 Y－100 表示表盘直径为 100 mm 的压力表。

压力表安装在便于观察、检修和吹洗的地方，且不受振动、高温和冻结的影响，避开三通、弯头和变径管，以免误差过大。压力表应直立安装在直线管段上，并配有 P 形或 S 形的表弯管，如图 1-11 所示。

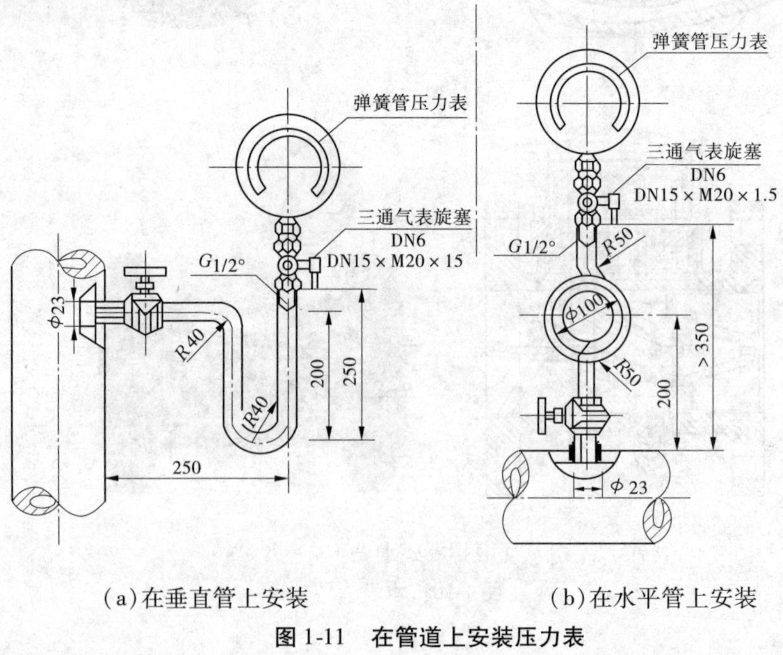

图 1-11　在管道上安装压力表

（c）弹簧管压力表

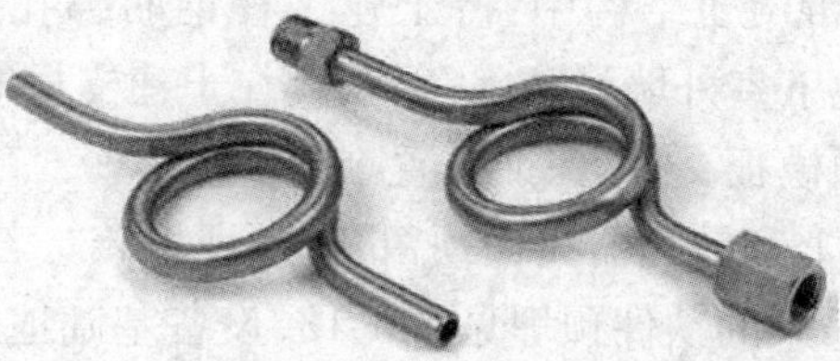

（d）S 形表弯管

续图 1-11

三、热量表

图 1-12　热量表构造

热量表是装在采暖系统上测量用户消耗热量的仪表，根据热量表上显示的数据可对供暖用户进行计量收费。目前，使用较多的热量表是根据管路中的供、回水温度及热水流量，确定仪表的采样时间，进而得出供给建筑物的热量。热量表构造如图 1-12 所示，其由一个热水流量计、一对温度传感器和一个积算仪 3 部分组成。热水流量计用来测量经过的热水流量；一对温度传感器分别测量供水温度和回水温度，确定供、回水温差；积算仪通过与其相连的流量计和温度传感器提供的流量及温度数据，计算得出用户获得的热量。

第四节　支、吊架和套管

一、预留和预埋

室内的各类管道在安装过程中；首先遇到的是管道穿过建筑结构的一些孔、洞、槽，以及设在结构中的各种支、吊架铁件。因此，在结构工程施工时，管道施工就和土建工程施工密切配合，采用预留和预埋的操作工艺。其优点是孔、洞、槽预留后，既不破坏或少破坏建筑物的结构，预埋铁件也和结构工程形成了牢固的整体，又为管道安装工程创造了有利条件，以达到设计对管道和设备安装中坐标和标高的要求，并符合设计中的技术规定。

在各种现浇整体混凝土基础、毛石、砖砌基础、设备基础、柱、梁、板、墙壁的钢筋正在绑扎或即将完毕，土建给出的定位轴线及其在槽帮、墙面或模板上划好的标高线已经通过检查并验收后，进行预留孔洞和预下埋件。按照设计图中管道穿越建筑结构的部位和技术要求，参照相关水暖施工手册中预留孔洞的尺寸和位置，选定制作木材、塑料板或钢制品模具和铁件，然后预留和预埋。

(1)素混凝土结构中:在土建支模板时,确定模具或套管中心“十”字位置,将模具或套管用钉子钉牢或用22号铁丝绑牢在模板上;或在模板上锯出孔洞,再将套管穿进洞中。

(2)钢筋混凝土结构中:待土建工程钢筋绑扎后,用22号铁丝绑牢或焊固在钢筋上。穿水池壁或地下室外墙设防水套管,应在土建支模时将套管上的止水翼环牢固焊在主筋上,并由土建加强模板支撑,保证位置准确。

(3)砖墙上和散热器托钩预留孔:预埋木砖。若遇空心砖结构,在孔洞周围砌丁字砖。

(4)支、吊架的铁件预埋见图1-13,设备基础地脚螺栓预埋见图1-14。

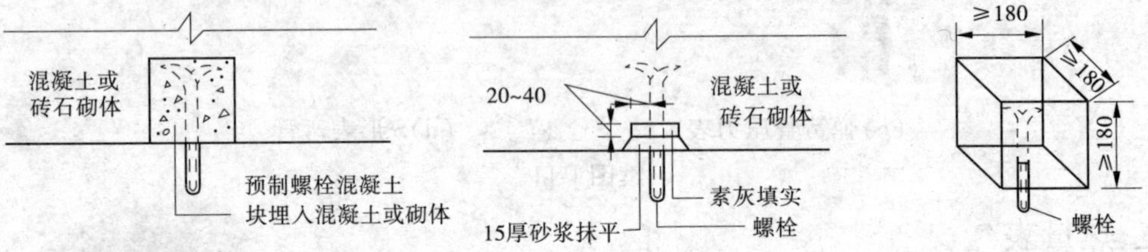

(a)预埋螺栓或混凝土块　　(b)预埋螺栓嵌槽

图1-13　预埋螺栓结构

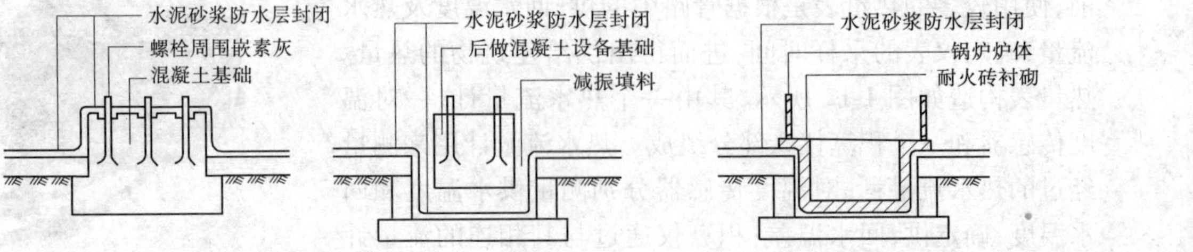

(a)一般设备基础　　(b)振动荷载较大的设备基础　　(c)一般锅炉坑

图1-14　设备基础地脚螺栓预埋

二、套管

(一)普通套管

(1)各类建筑管道在穿过建筑基础或承重墙,特别是穿过钢筋混凝土基础时,应事先预留套管的洞口,且管顶上部净空不得小于建筑物的最大沉降量。采用钢制或铸铁的金属套管,其管径应至少比所穿管道外径大2号,安装方式见图1-15。

(2)室内各类建筑管道及通风空调中的U－PVC通风管道在穿越厨房、卫生间等捣制楼板时,一般均设钢套管。U－PVC排水管道为非固定支承处可加金属或塑料套管。套管内径比所穿管道外径大1~2号,安装方式见图1-16。

(3)供热管道、热水管道及U－PVC风管等在穿越建筑物隔墙时,必须设置穿墙套管。一般采用镀锌铁皮、钢管、塑料管等,套管管径比所穿管道大1~2号,安装方式见图1-17。

(二)防水套管

(1)给水排水管道、供热管道等在穿过地下室外墙时,应安装刚性防水套管,见图1-18。铸铁管道和非金属管道用套管Ⅰ型和Ⅱ型,套管必须同混凝土工程一次性浇固于墙壁内。若遇非混凝土墙壁,必须将套管部位改成混凝土墙壁,其混凝土浇筑范围:采用Ⅰ型时应比

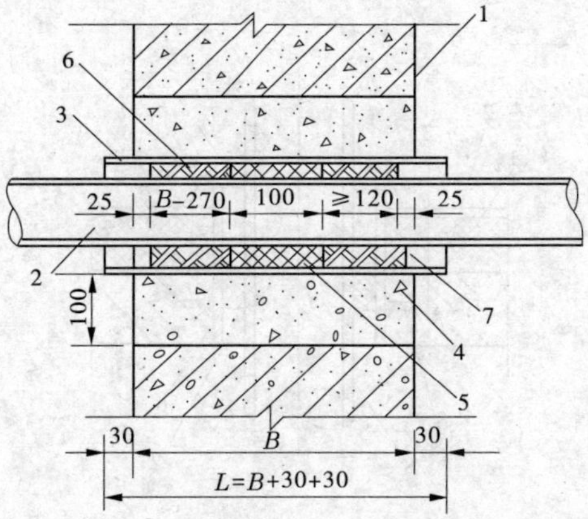

1—钢筋混凝土基础或承重墙;2—给水管;3—铸铁或钢套管;4—C20 细石混凝土;

5—沥青油麻;6—黏土或沥青玛琋脂(冷);7—M5 水泥砂浆

图 1-15　给水管道穿基础或承重墙

铸铁接轮外径大 300 mm,采用Ⅱ型时应比套管上的止水翼环直径大 200 mm。钢管所用套管形式类似于Ⅱ型。

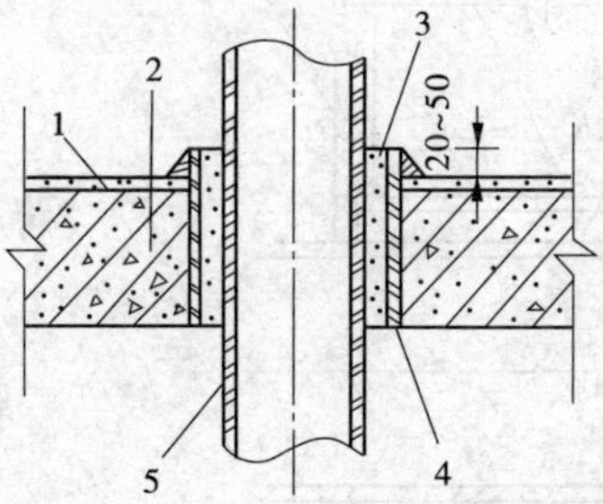

1—楼面面层;2—混凝土楼板;3—沥青油膏嵌缝;4—钢制套管;5—U - PVC 管

图 1-16　管道穿楼板

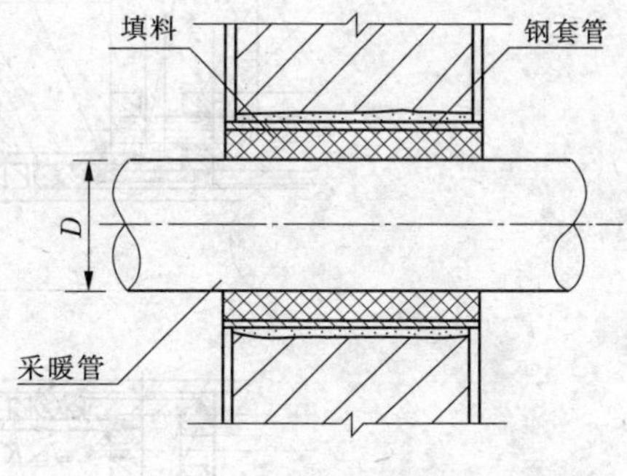

图 1-17　穿墙套管(采暖干管穿墙)

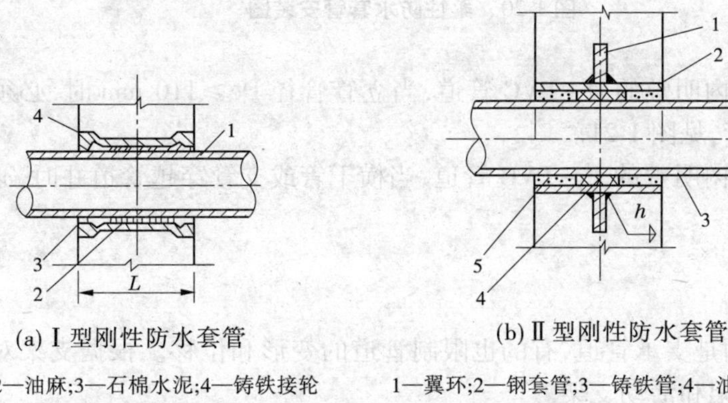

(a) Ⅰ型刚性防水套管

1—铸铁管;2—油麻;3—石棉水泥;4—铸铁接轮

(b) Ⅱ型刚性防水套管

1—翼环;2—钢套管;3—铸铁管;4—油麻;5—石棉水泥

图 1-18　刚性防水套管

(2)管道穿越建筑物屋面时,必须设防水套管。例如,U - PVC 排水管道穿屋面见

图 1-19。

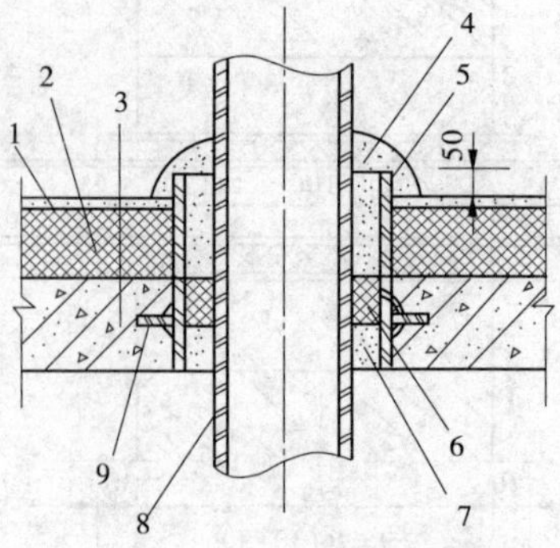

1—屋面面层；2—隔热或保温层；3—混凝土屋面板；4—水泥砂浆阻水圈；
5—钢制防水套管；6—防水填料；7—膨胀水泥砂浆；8—U－PVC 管；9—止水翼环

图 1-19　U－PVC 排水管道穿屋面

(3)管道穿过不均匀沉降、胀缩部位或有振动和对防水有严密要求时，必须预埋柔性防水套管，其安装方式见图 1-20。

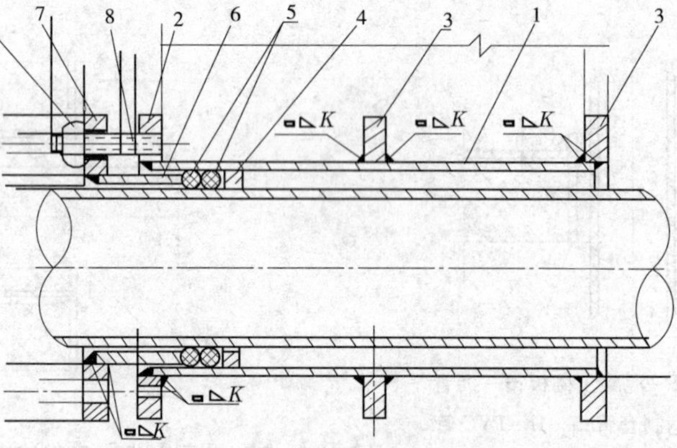

1—套管；2——翼盘；3—翼环；4—挡圈；5—橡皮绳；6—短管；7—法兰盘；8—双头螺杆；9—螺母

图 1-20　柔性防水套管安装图

(三)防火套管

(1)高层建筑室内明敷的 U－PVC 管道，当立管管径 De≥110 mm 时，必须在贯穿楼板的部位设置防火套管，见图 1-21。

(2)高层建筑室内明敷的 U－PVC 管道，当横干管或支管穿越管道井时，必须设置防火套管，见图 1-22。

三、支架

管道支架的作用是支承管道，有的也限制管道的变形和位移。根据支架对管道的制约情况，可分为固定支架和活动支架。

(一)固定支架

在固定支架上，管道被牢牢地固定住，不能有任何位移，管道只能在两个固定支架间伸缩。因此，固定支架不仅承受管道、附件、管内介质及保温结构的重量，同时承受管道因温

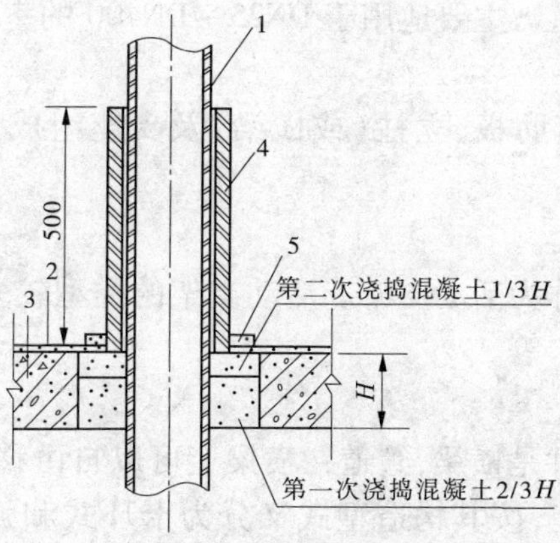

1—U－PVC 管;2—楼面面层;3—混凝土楼板;4—防火套管;5—水泥砂浆阻水圈

图 1-21　立管防火套管

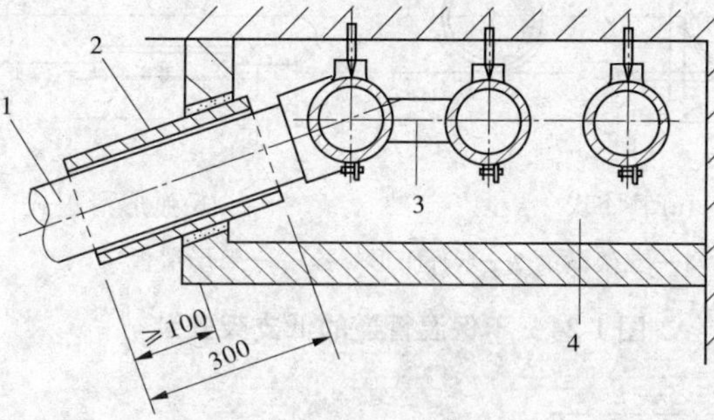

1—U－PVC 管;2—防火套管;3—H 管配件;4—管窿

图 1-22　横管防火套管

度、压力的影响而产生的轴向伸缩推力和变形应力,并将这些力传到支承结构上,所以固定支架必须有足够的强度。

常用的固定支架类型有如下几种。

1. 卡环式固定支架

卡环式固定支架主要用在不需要保温的管道上,见图 1-23。

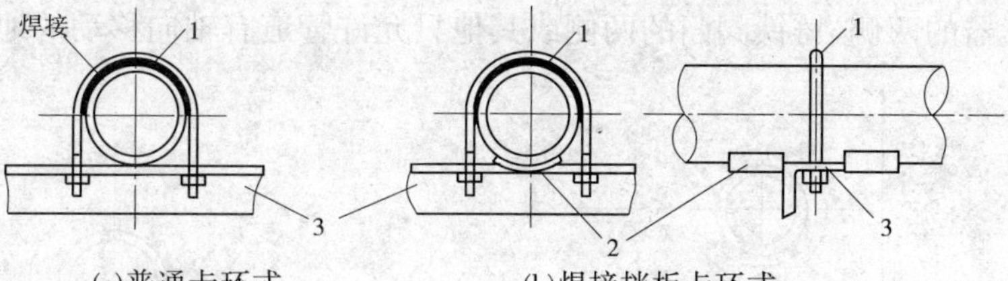

(a)普通卡环式　　(b)焊接挡板卡环式

1—固定管卡;2—弧形挡板;3—支架横梁

图 1-23　卡环式固定支架

(1)普通卡环式固定支架。用圆钢煨制 U 形管卡,管卡与管壁接触并与管壁焊接,两端套丝紧固。适用于 DN15 ～DN150 室内不保温管道上。

(2)焊接挡板卡环式固定支架。U 形管卡紧固不与管壁焊接,靠横梁两侧焊在管道上的弧形板或角钢挡板固定管道。主要适用于 DN25 ~ DN400 的室外不保温管道上。

2. 挡板式固定支架

挡板式固定支架由挡板、肋板、立柱(或横梁)及支座组成。主要用于室外 DN150 ~ DN700 的保温管道上,图略。

(二)活动支架

允许管道有位移的支架称为活动支架。活动支架的类型较多,有滑动支架、导向支架、吊架、滚动支架、托钩及立管卡等。

1. 滑动支架

滑动支架的主要承重构件是横梁,管道在横梁上可以自由移动。有低支架和高支架两种。低支架用于不保温管道上,按其构造型式又分为卡环式和弧形滑板式两种,如图 1-24 所示。高支架用于保温管道上,如图 1-25 和图 1-26 所示。

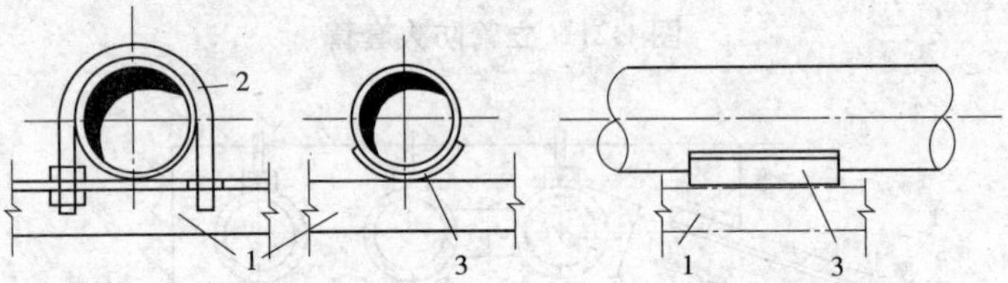

(a)卡环式　(b)弧形滑板式

1—支架横梁;2—卡环(U形螺栓);3—弧形滑板

图 1-24　不保温管道的低支架安装

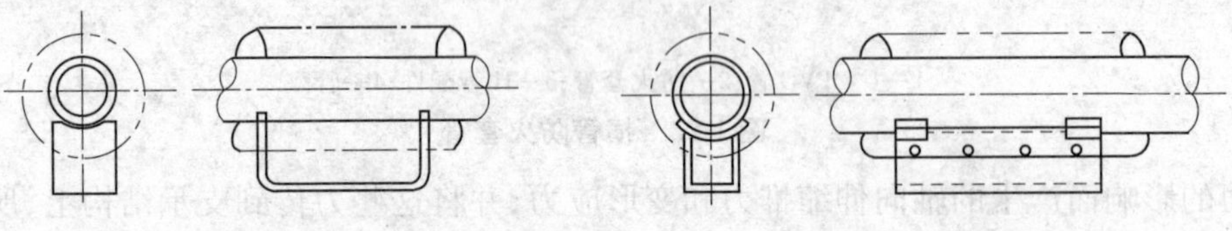

(a) DN20 ~ 50 管道的高支架　(b) DN70 ~ 150 管道的高支架

图 1-25　保温管道的高支架安装

2. 导向支架

导向支架(见图 1-27)是为使管子在支架上滑动时不致偏移管子轴线而设置的。它一般设置在补偿器的两侧、铸铁阀门的两侧或其他只允许管道有轴向移动的地方。

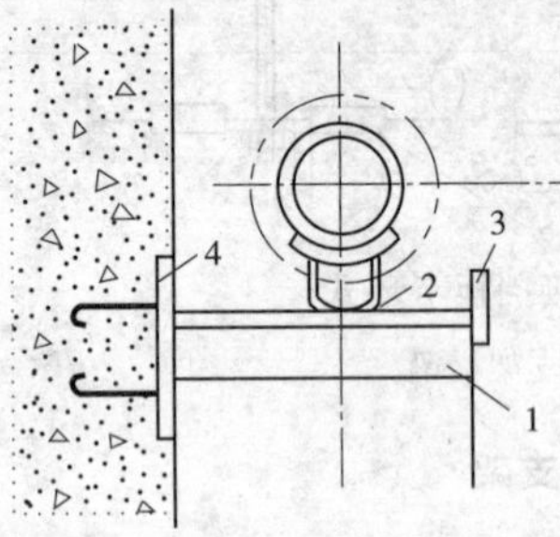

1—横梁;2—托架;3—限位板;4—预埋件

图 1-26　预埋件焊接法安装支架

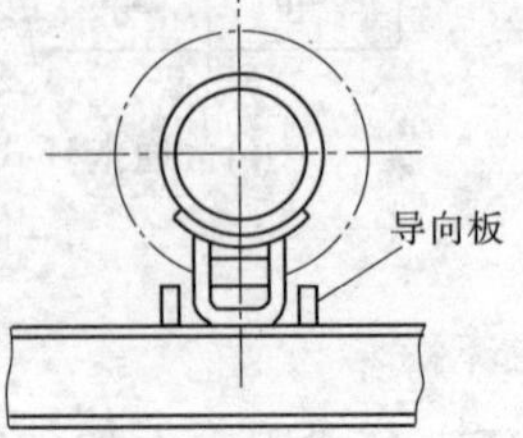

图 1-27　导向支架

3. 吊架

吊架由吊杆、吊环及升降螺栓等组成，如图 1-28 所示。

4. 滚动支架

滚动支架是以滚动摩擦代替滑动摩擦，以减小管道热伸缩时摩擦力的支架，如图 1-29 所示。滚动支架主要用在管径较大而无横向位移的管道上。

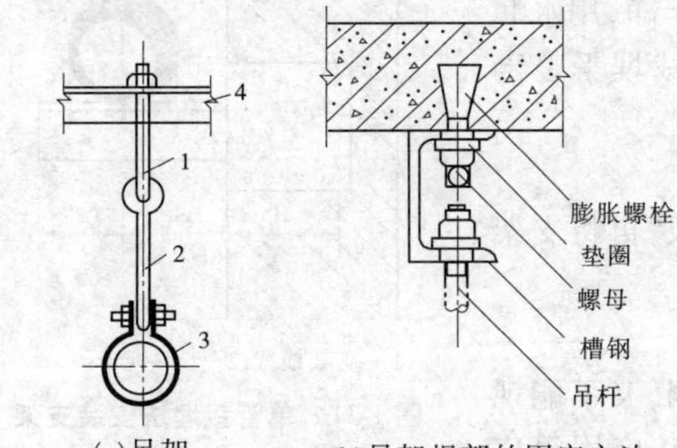

(a)吊架　(b)吊架根部的固定方法

1—升降螺栓;2—吊杆;3—吊环;4—横梁

图 1-28　吊架

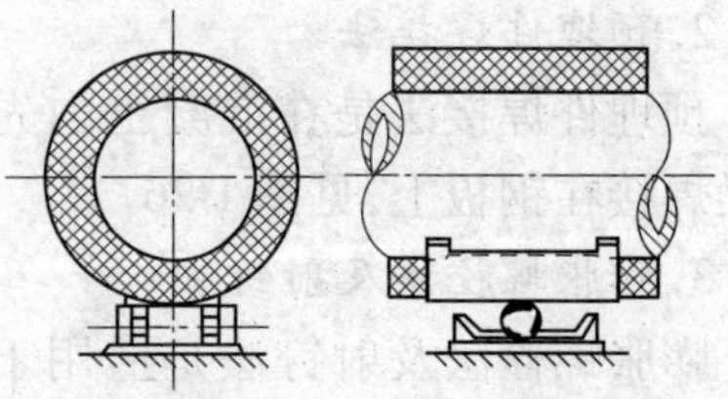

图 1-29　滚动支架

5. 托钩与管卡

托钩也叫钩钉，用于室内横支管等较小管径管道的固定，规格为 DN15 ~ DN20。

管卡也叫立管卡，有单、双立管卡两种，分别用于单根立管、并行的两根立管的固定，规格为 DN15 ~ DN50。托钩和立管卡见图 1-30。

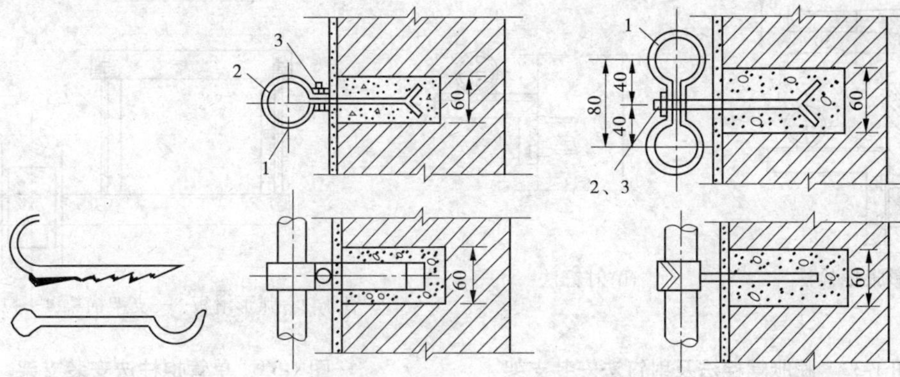

(a)托钩　(b)单立管卡　(c)双立管卡

1、2—扁钢管卡;3—带帽螺栓

图 1-30　托钩及立管卡

(三)支架安装位置

固定支架安装位置由设计人员在施工图纸上给定，主要考虑了管道热补偿的需要，在施工时不允许任意改变。

活动支架的位置在图纸上不予给定，必须在施工现场据实际情况和“墙不做架、托稳转角、中间等分、不超最大”的原则，并参照《建筑给排水及采暖工程施工质量验收规范》(GB 50242—2003)中的支架间距表值具体确定。

(四)支架的安装方法

1. 栽埋法

栽埋法适用于直形横梁在墙上的固定。横梁孔洞可现场打，也可在土建施工时预留。洞内清理干净，用水润湿，然后填满细石混凝土砂浆，支架横梁应栽埋平整牢固，如图1-31所示。

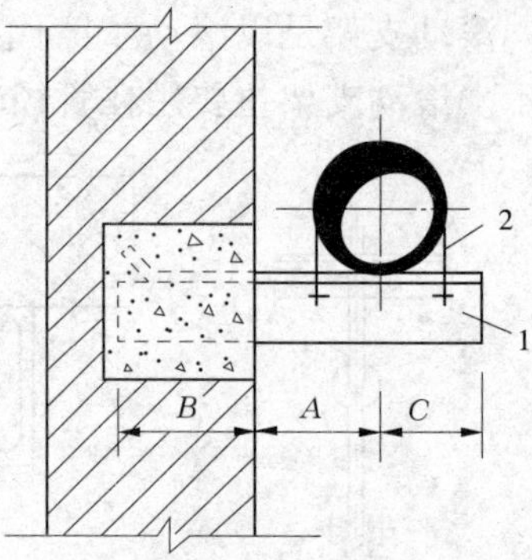

1—支架横梁；2—U形管卡

图1-31　单管栽埋法安装支架

2. 预埋件焊接法

预埋件焊接法是在混凝土内先预埋钢板，再将支架横梁焊接在钢板上，见图1-26。

3. 膨胀螺栓法及射钉法

膨胀螺栓法及射钉法是适用于没有留洞，又不能现场打洞时，用角钢横梁在混凝土结构上安装，应用很广泛，如图1-32所示。

4. 抱柱法

抱柱法适用于管道沿柱子安装，如图1-33所示。

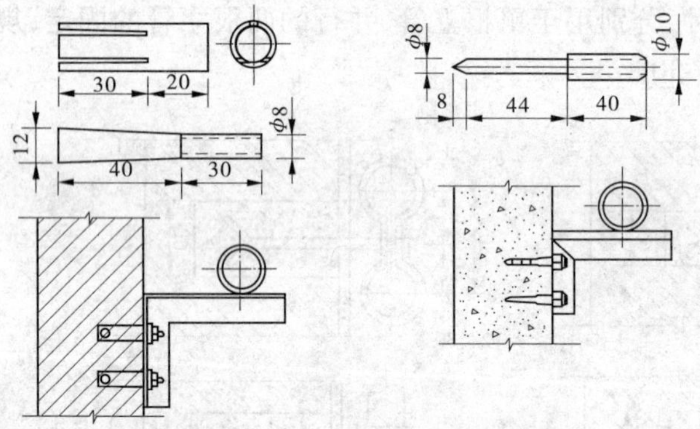

(a)膨胀螺栓法　　(b)射钉法

图1-32　膨胀螺栓法及射钉法安装支架

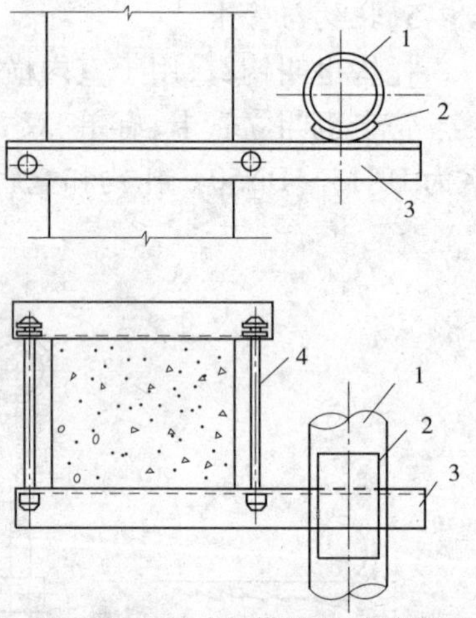

1—管子；2—弧形滑板；3—支架横梁；4—拉紧螺栓

图1-33　单管抱柱法安装支架

第五节　给水设备及其安装

在室外管网压力经常或周期性不足的情况下，为保证建筑水暖管网和消防系统所需压力，需设置给水设备，即升压贮水设备。给水设备包括水泵、水箱、贮水池和气压给水设备等。

一、水泵

水泵是将电动机的能量传递给水的一种动力机械，是市政和建筑水暖系统中的主要升压设备，起着对水的输送、提升和加压的作用。

(一)水泵分类

水泵的种类很多，在建筑给水系统中一般采用离心式水泵。离心式水泵具有流量和扬程选择范围大、体积小、结构紧凑、安装方便和效率高的优点。

离心式水泵按泵轴位置分为卧式泵和立式泵；按叶轮数量分为单级泵和多级泵；按水泵提供的压力(扬程)分为低压泵、中压泵和高压泵；按水进入叶轮的形式分为单吸泵和双吸泵；按所抽送液体的性质分为清水泵和污水泵；按水泵转速是否可调分为定速泵和变频调速泵，后者在高层建筑中应用广泛。常用水泵形式见图1-34。

(a)卧式单级单吸离心泵(IS)

(b)卧式单级双吸离心泵(SH)

(c)卧式单吸多级离心泵

(c)立式单吸多级离心泵(DL)

图1-34　几种常用水泵

下面以离心泵为例，介绍水泵的工作原理和机组安装等内容。

(二)水泵工作原理

离心泵工作原理如图1-35所示。开动水泵前，将泵壳及吸水管中充满水，以排除泵内空气。当叶轮在电动机带动下高速旋转时，由于离心力的作用，水从叶轮中心被甩向泵壳，使水获得动能与压力能，又因泵壳面积逐渐扩大使水流速度逐渐减小，部分动能转化为压力能，因而泵出口处的水具有较高的压力流入出水管。同时，水泵进水口和吸水管内形成了一定程度的真空，贮水池内的水在大气压作用下被压入泵壳。水泵连续运转，水源源不断地被压送到用水点或高位水箱。

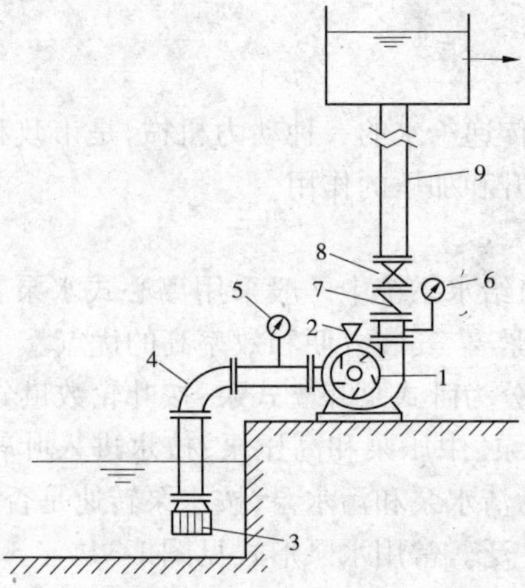

1—水泵;2—注水漏斗;3—底阀;4—吸水管;5—真空表;6—压力表;7—止回阀;8—闸阀;9—压水管

图 1-35　离心泵工作原理

(三)水泵型号表示

为正确合理选用水泵,必须知道水泵的基本性能参数。每台水泵上都有一个表示其工作特性的牌子,即铭牌。如图 1-36 为 IS50 - 32 - 125A 离心泵的铭牌。其中流量、扬程、效率、吸程等均代表水泵的性能,称为水泵的基本性能参数。

离心式清水泵	
型号 IS50 - 32 - 125A	转速 2 900 r/min
流量 11 m^3/h	效率 58%
扬程 15 m	配套功率 1.1 kW
吸程 7.2 m	质量 32 kg
出厂编号	出厂年月日

图 1-36　IS50 - 32 - 125A 离心泵铭牌

水泵铭牌上的型号意义如下:

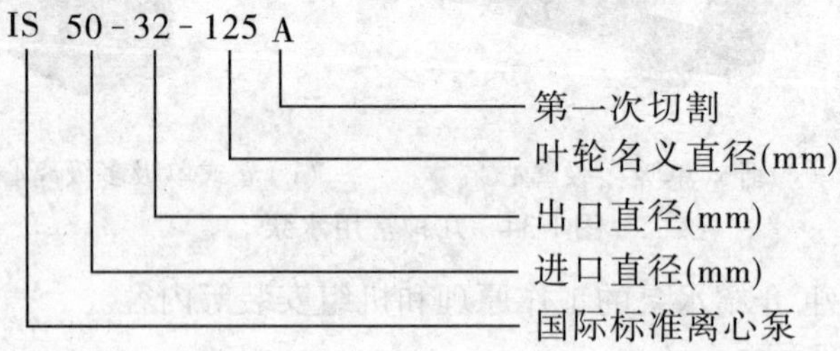

(四)水泵机组基础

水泵机组基础应牢固地浇筑在坚实的地基上。水泵块状基础的尺寸按下列方法确定。

1. 带底座的水泵机组基础尺寸

$$长度(L)=底座长度(L_1)+0.15\sim0.20\ m$$

$$宽度(B)=底座宽度方向最大螺栓孔间距(L_1)+0.15\sim0.20\ m$$

2. 无底座的水泵机组基础尺寸

根据水泵和电动机地脚螺栓孔沿长度和宽度方向的最大间距,外加 0.4 ~0.5 m 来确定其基础长度和宽度。

3. 基础高度

$$基础高度(h) = 地脚螺栓长度(L_2) + 0.10 \sim 0.20\ m$$

其中，地脚螺栓长度一般可按螺栓直径的 20 ~ 30 倍取值或计算确定。

基础高度校核方法：

$$基础质量(M_1) = 2.5 \sim 4.0 倍的机组质量(M_2)$$

但高度不得小于 0.5 m，且基础高出地板面不得少于 0.1 m，埋深不得小于邻近地沟的深度。

(五) 泵房布置与水泵安装

泵房不得设在有防震和安静要求的建筑物或房间附近，在其他建筑物或房间附近设置时应采取防震和隔声措施。泵房内水泵机组的布置应保证机组工作可靠，运行安全，装卸和维修管理方便，且管道总长度最短，接头配件最少，并考虑泵房有扩建的余地。

泵房内常用的机组布置形式有两种：各机组轴线平行的单排并列布置和各机组轴线呈一直线的单行顺列布置，如图 1-28 所示。

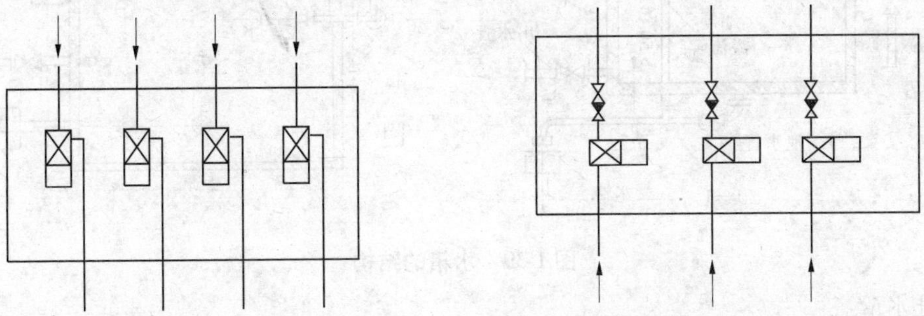

(a) 各机组轴线平行的单排并列布置　　(b) 各机组轴线呈一直线的单行顺列布置

图 1-37　水泵机组布置

水泵的安装要求如下：

(1) 水泵安装前要求结构层施工验收完毕，并按图纸位置要求在基础上放出安装基准线。基础混凝土强度达到设计要求，复核基础坐标、标高、尺寸和螺栓孔位置符合设计规定后才可安装水泵。

(2) 水泵就位及找正、找平。①地脚螺栓安放时，底端不应碰孔底，地脚螺栓离孔边应大于 15 mm，螺栓应保持垂直，其垂直度偏差不应超过 1%。②泵体的水平度偏差不得超过 0.1 mm/m。③水泵轴心与电动机轴心保持同轴度，其轴向倾斜不得超过 0.8 mm/m，径向位移不得超过 0.1 mm。④找正、找平时应采用垫铁调整安装精度。

二、水箱

在建筑给水系统中，当需要贮存和调节水量、稳压和减压时，均可设置水箱。

(一) 水箱材质和形状

水箱一般用钢板、不锈钢、钢筋混凝土和玻璃钢制作，外形有圆形和矩形两种。圆形水箱结构上较为经济，矩形水箱则便于布置。钢筋混凝土水箱经久耐用、维护方便、不会腐蚀、造价低，但自重大、与管道连接不好时易漏水，在建筑结构允许时用大型水箱，目前已很少采用。用钢板焊制的水箱自重小、施工安装方便，但内外表面需做防腐处理，且内表面涂料不应影响水质。不锈钢水箱外形美观、质量轻、耐腐蚀、易加工。玻璃钢水箱质轻、强度高、耐腐蚀、造型美观、安装维修方便，且可现场组装。目前，应用较多的是不锈钢水箱（见图1-38）和玻璃钢水箱。

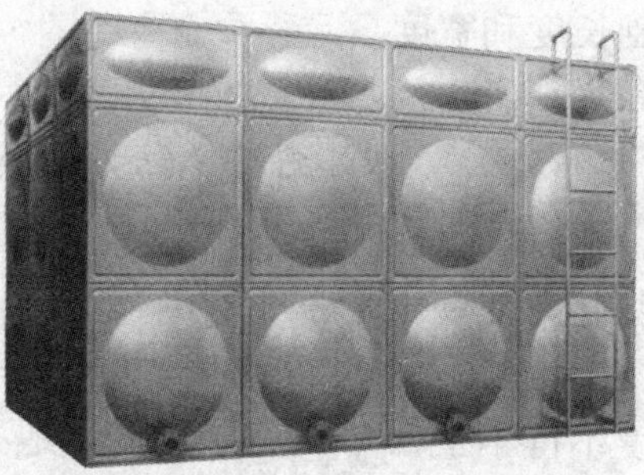

图1-38　不锈钢水箱

（二）水箱的结构

水箱的结构如图1-39所示。

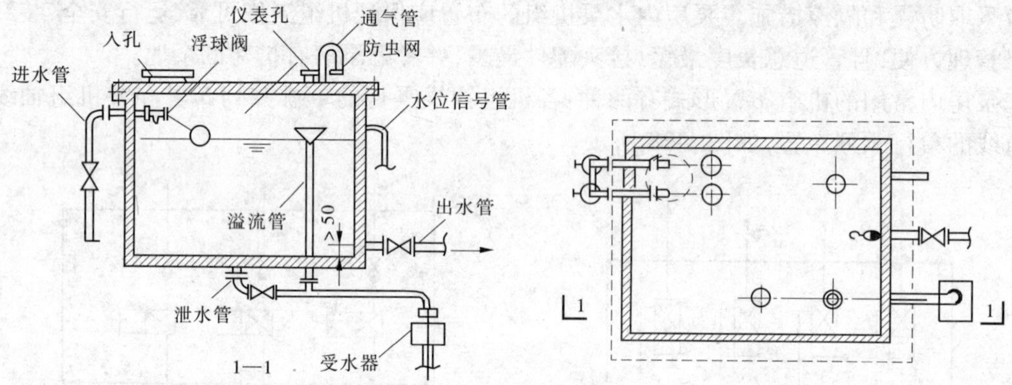

图1-39　水箱的结构

1. 进水管

当水箱直接由管网进水时，进水管上应装设不少于两个浮球阀或液压水位控制阀，为了检修的需要，在每个阀前设置阀门。进水管距水箱上缘应有150～200 mm距离。当水箱利用水泵压力进水，并采用水箱液位自动控制水泵启闭时，在进水管出口处可不设浮球阀或液压水位控制阀。进水管管径按水泵流量或室内设计流量计算确定。

2. 出水管

出水管管口下缘应高出水箱底50～100 mm，以防污物流入配水管网。出水管与进水管可以分别与水箱连接，也可以合用一条管道，合用时出水管上设有止回阀。

3. 溢流管

溢流管用以控制水箱的最高水位，溢流管口底应在允许最高水位以上20 mm，距箱顶不小于150 mm，管径应比进水管大1～2号，但在水箱底以下可与进水管管径相同。为了保护水箱中水质不被污染，溢流管不得与污水管道直接连接，必须经过断流水箱，并有水封装置才可接入。水箱装置在平屋顶上时，溢水可直接流在屋面上。溢流管上不允许装设阀门。

4. 水位信号管

水位信号管安装在水箱壁溢流管口标高以下10 mm处，管径15～20 mm，其另一端通到经常有值班人员的房间的污水池上，以便随时发现水箱浮球设备失灵而能及时修理。

5. 泄水管

为放空水箱和排出冲洗水箱的污水，管口由水箱底部接出连接在溢流管上，管径40～50 mm，在泄水管上需装设阀门。

6. 通气管

供生活饮用水的水箱，当贮量较大时，宜在箱盖上设通气管，以使箱内空气流通。其管径一般不小于 50 mm，管口应朝下并设网罩。

(三) 水箱的安装

水箱的安装高度与建筑物高度、配水管道长度、管径及设计流量有关。水箱安装高度应满足建筑物内最不利配水点所需流出水头，并经管道水力计算确定。根据构造要求，水箱底距顶层板面的高度最小不得小于 0.4 m。放置水箱的房间应有良好的采光和通风，室温不低于 5 ℃，如有结露和结冻可能，应采取保温措施。

(1) 安装水箱的支座应按照设计图纸要求制作完成。支座尺寸、位置和标高经检查符合要求。但采用混凝土支座时，应检查其强度是否达到安装要求的 60% 以上。支座表面应平整、清洁；当采用型钢支座和方垫木时，按要求做好刷漆和防腐处理。

(2) 水箱安装时，应用水平尺和垂线随时检查水箱的水平和垂直程度。水箱组装完毕，其允许偏差：坐标为 15 mm，标高为 ±15 mm，垂直度为 5 mm/m。

(3) 水箱安装完毕，按设计要求的接管位置在水箱上进行管道接口，并装上带法兰的短节接头或管箍，然后按设计要求安装水箱内外人梯等附件。

三、气压给水设备

气压给水设备是给水系统中的一种利用密闭储罐内空气的可压缩性进行贮存、调节和送水的装置。其作用相当于高位水箱或水塔，是一种应用较为广泛的给水设备。与水泵、水箱联合供水方式比较，其主要优点是便于搬迁和隐蔽，灵活性大，气压水罐可以设置于任何高度；施工安装方便，运行可靠，维护和管理方便；由于气压水罐是密闭装置，水质不易被污染；气压水罐具有一定的消除水锤作用。气压水罐调节能力较小，水泵启动频繁；变压式气压给水压力变化幅度较大，因而电频高，经常性费用较高。

(一) 气压给水设备工作原理

气压给水设备主要由气压水罐、水泵、空气压缩机、控制器材等组成。

其工作原理为气压水罐内空气的起始压力高于给水系统所必需的设计压力。水在压缩空气的作用下，被送往配水点，随着罐内水量的减少，空气压力相应地减少，当水位下降到最低值时，压力也减小到规定的下限值，在压力继电器的作用下，水泵自动启动，将水压入罐内和配水系统；当罐内水位逐渐上升到最高水位时，压力也达到了规定的上限值，压力继电器切断电路，水泵停止工作，如此往复循环。

(二) 气压给水设备类型

气压给水设备按压力稳定情况分为变压式和定压式两类。气压给水设备宜采用变压式，当供水压力有恒定要求时，应采用定压式。

(1) 当变压式用户对水压没有特殊要求时，一般常用变压式气压给水设备，气压水罐内的空气容积随供水工况而变。给水系统处于变压状态下工作。图 1-40 为单罐变压式气压给水设备。

(2) 当定压式用户要求水压稳定时，可在变压式气压给水装置的供水管上安装调节阀，使阀后的水压在要求范围内，管网处于恒压下工作，见图 1-41。

另外，气压给水设备按气压水罐的型式分为补气式和隔膜式两类，这里不再赘述。

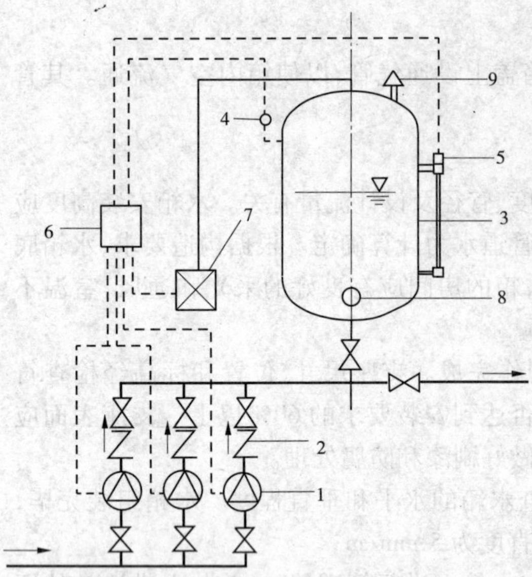

1—水泵；2—止回阀；3—气压水罐；4—压力信号器；
5—液位信号器；6—控制器；7—补气装置；
8—排气阀；9—安全阀

图 1-40　单罐变压式气压给水设备

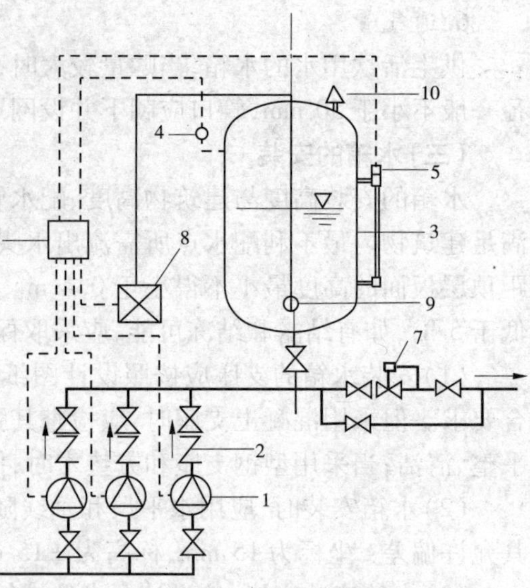

1—水泵；2—止回阀；3—气压水罐；4—压力信号器；
5—液位信号器；6—控制器；7—压力调节阀；
8—补气装置；9—排气阀；10—安全阀

图 1-41　单罐定压式气压给水设备

第六节　散热器及其安装

散热器是安装在采暖房间内的散热设备，它把热媒的部分热量通过器壁以传导、对流、辐射等方式传给室内空气，以补偿建筑物的热量损失，从而维持室内正常工作和学习所需的温度，达到供暖的目的。

对散热器的要求是：传热能力强，单位体积散热面积大，耗用金属最少，成本低，具有一定的机械强度和承压能力，不漏水，不漏气，外表光滑，不积灰，易于清扫，体积小，外形美观，耐腐蚀，使用寿命长。

一、散热器类型

散热器的种类有很多，常用的有铸铁散热器、钢制散热器、铝合金散热器和装饰型散热器等。

（一）铸铁散热器

铸铁散热器是目前使用最多的散热器，它具有耐腐蚀、使用寿命长、热稳定性好、结构简单等特点。工程中常用的铸铁散热器有柱形和翼形两种。

1. 柱形散热器

柱形散热器呈柱状，主要有二柱、四柱、五柱三种类型，如图 1-42 所示。

柱形散热器传热系数高，外形美观，不易积灰，表面光滑，容易清扫，易于组成所需的散热面积。但造价高，金属热强度低，组片接口多，承压能力不如钢制散热器。柱形散热器广泛用于住宅和公共建筑中。

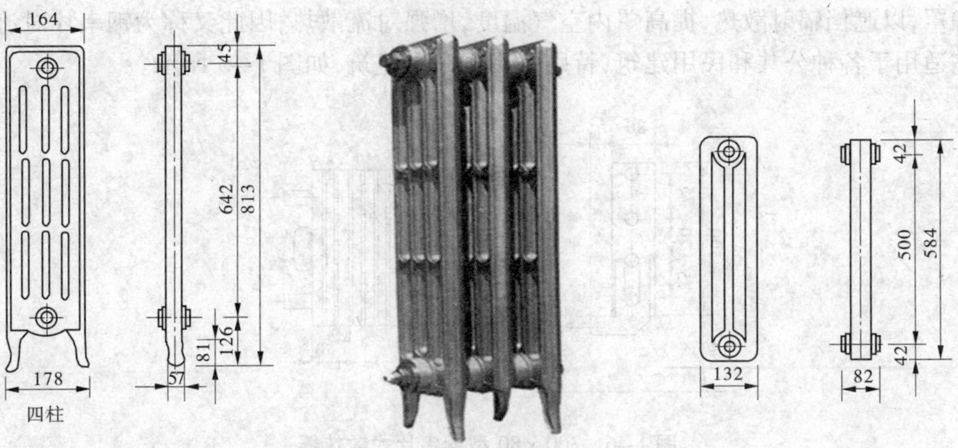

(a)四柱 813 型　　　　(b)三柱 M132 型

图 1-42　铸铁柱形散热器

2. 翼形散热器

翼形散热器有圆翼形(见图 1-43)、长翼形(见图 1-44)和柱翼形(见图 1-45)三种。它的承压能力低,表面易积灰,难清扫,外形不美观,由于每片的散热面积大,所以设计时难以恰好组成所需的散热面积。但其散热面积大,加工制造容易,造价低。翼形散热器多用于工业建筑。

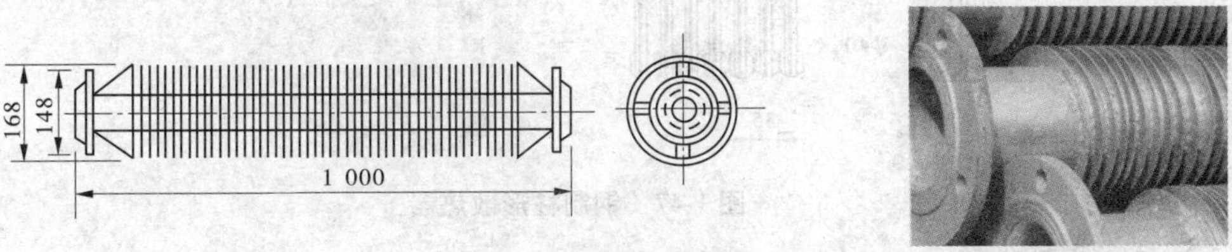

图 1-43　圆翼形散热器

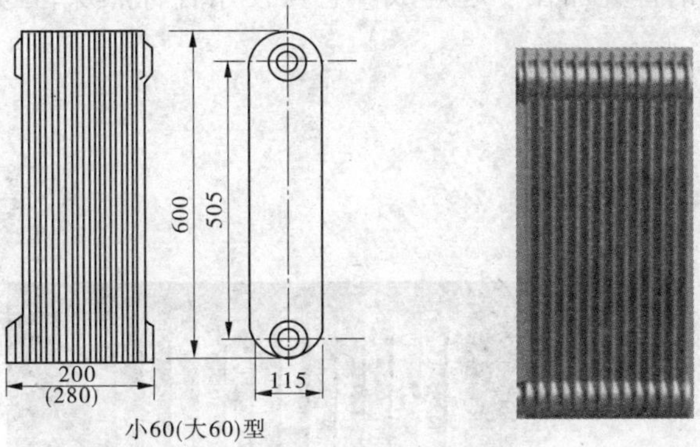

图 1-44　长翼形散热器

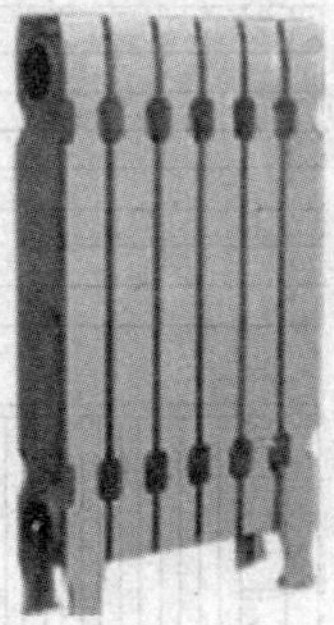

图 1-45　柱翼形散热器

(二)钢制散热器

钢制散热器耐压强度高,外形美观整洁,金属耗量少,占地较少,便于布置,但容易被腐蚀,使用寿命比铸铁散热器短。主要有闭式钢串片、钢制柱形、扁管式及板式四大类。

1. 闭式钢串片散热器

闭式钢串片散热器是用联箱连接的两根钢管上串上多片长方形薄钢片制成的,常在其外面加罩,以遮挡辐射散热,提高罩内空气温度,增强对流散热,因此又称为钢串片对流散热器。它适用于各种公共和民用建筑,特别适用于高层建筑,如图 1-46 所示。

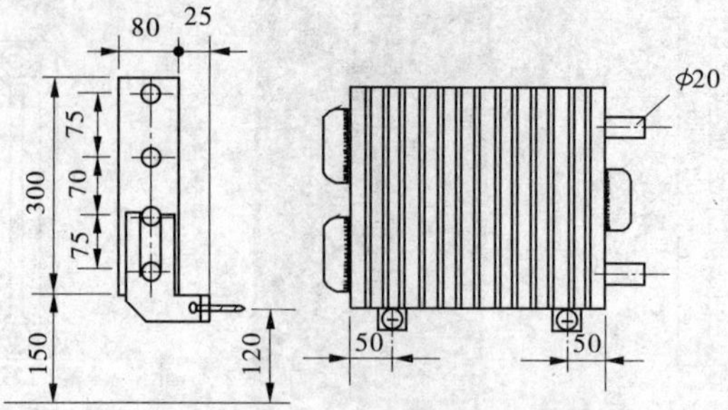

图 1-46　300 × 80 型钢串片式散热器

2. 钢制柱形散热器

钢制柱形散热器外形与铸铁制的基本相同,且同时具有钢串片散热器和铸铁柱形散热器的优点。如图 1-47 所示。

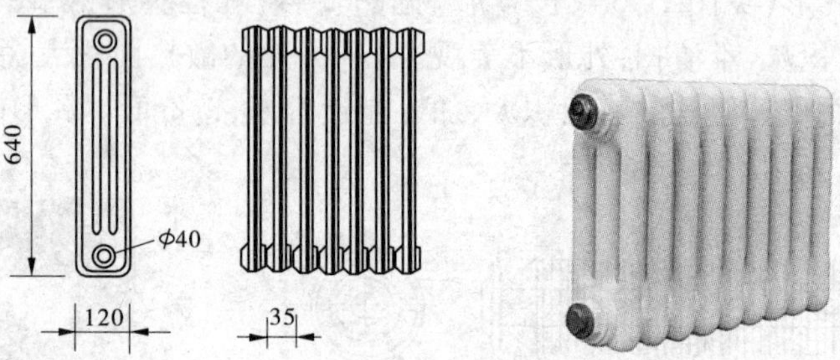

图 1-47　钢制柱形散热器

3. 扁管式散热器

扁管式散热器用薄钢板制的长方形钢管叠加在一起焊成。它可使用各种热媒,且具有一定的装饰作用。如图 1-48 所示。

图 1-48　扁管式散热器

4. 板式散热器

板式散热器承压能力较低。如图 1-49 所示。

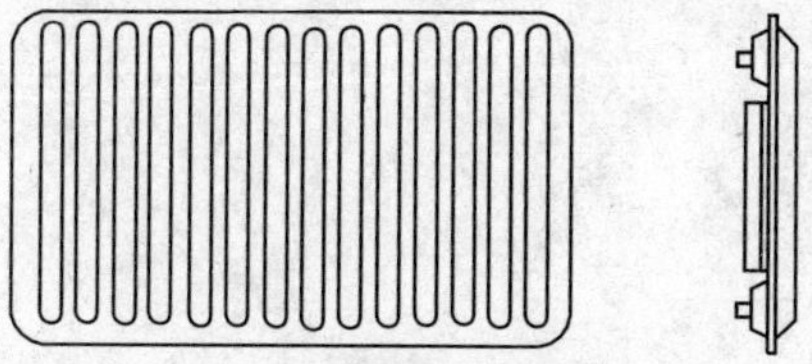

图 1-49　钢制板式散热器

(三)铝合金散热器

铝合金散热器质轻、外形美观、耐压、不易锈蚀、传热性能好,成为散热器更新换代的理想选择。主要有翼形(见图 1-50)和闭合式(见图 1-51)两种。

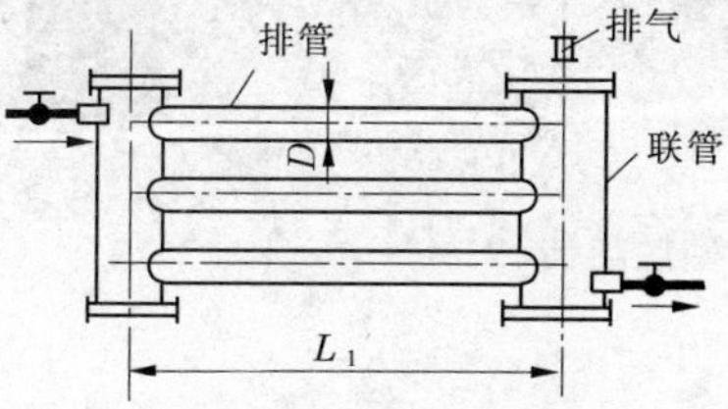

(a)A型(用于热水采暖)

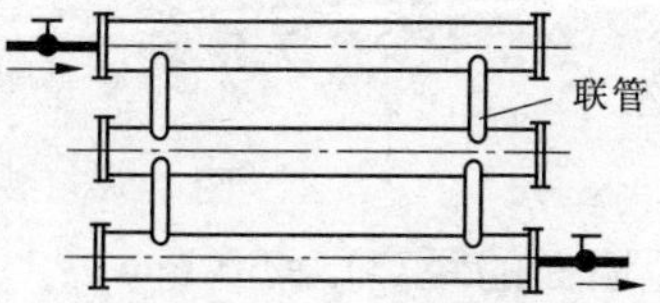

(b)B型(用于蒸汽采暖)

图 1-50　翼形散热器

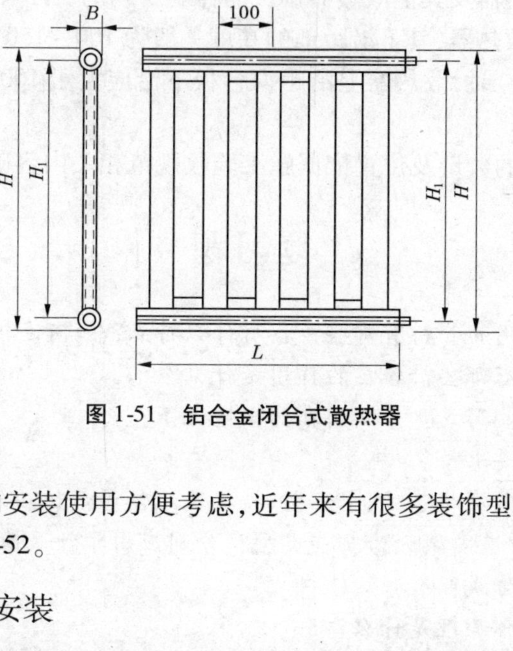

图 1-51　铝合金闭合式散热器

(四)装饰型散热器

为美观、装饰、清洁和安装使用方便考虑,近年来有很多装饰型散热器得到普遍应用。其形式及安装位置见图 1-52。

二、散热器布置与安装

散热器布置原则:力求使室温均匀,室外渗入的冷空气能较迅速地被加热,工作区(或呼吸区)温度适宜;管道短,美观,尽量少占用室内有效空间和使用面积。

布置位置:在房间外墙一侧,有外窗时应装在窗台下,这样可直接加热由窗缝渗入的冷空气,还可阻止沿外墙下降的冷气流,避免外墙、外窗形成的冷辐射和冷空气侵袭人体,使室温趋于均匀。

铸铁散热器有落地式(有足)和壁挂式两种安装形式。钢制及铝制散热器多为壁挂式安装。

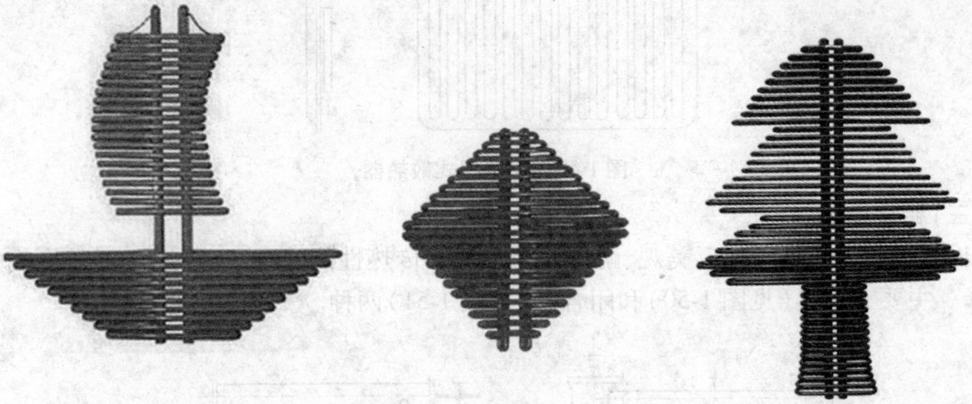

图 1-52　装饰型散热器

散热器背面距墙面的距离(≥30 mm)：

(1)一般散热器为 40～50 mm。

(2)闭式钢串片散热器为 20～30 mm。

散热器下沿距地面高度：

(1)有足的铸铁散热器及其他散热器按产品样本所列的实际尺寸，一般为 70～80 mm。

(2)壁挂式安装的散热器，其下沿距地的高度一般为 100～150 mm。

(3)暗装(或半暗装)时，散热器上沿距窗台板下沿应大于 100 mm，当小于此值时再进行散热器数量修正。

散热器支架和托钩的数量及位置依据施工验收规范相关内容确定。

复习题

1. 室内给水系统常用的管材有哪些？各有什么特点？如何连接？
2. 常用的控制附件有哪些？各自的作用是什么？
3. 常用的水表有哪些形式？分别用在什么情况下？
4. 水表安装有哪些要求？
5. 室内给水排水管道穿越基础、水池壁、楼板及墙体等部位应采取哪些措施？
6. 按照作用不同，管道支架分为哪些类型？分别应用于什么情况下？
7. 支架有哪些安装方式？
8. 离心式水泵的工作原理是什么？
9. 离心式水泵的基本参数有哪些？各表示什么意义？
10. 水泵安装有哪些要求？
11. 水箱的作用是什么？水箱上有哪些配管？
12. 气压给水装置由哪些设备组成？其工作原理是什么？
13. 散热器有哪些类型？各有什么特点？
14. 散热器布置与安装有哪些基本规定？

第二章　建筑给水排水工程

第一节　建筑给水系统

一、给水系统的分类与组成

（一）给水系统的分类

给水系统按用途一般分为三类基本系统。

1. 生活给水系统

为民用建筑和工业建筑内的饮用、盥洗、洗涤、淋浴等日常生活用水所设的给水系统称为生活给水系统，其水质必须满足国家规定的饮用水水质标准。

2. 生产给水系统

为工业企业生产方面用水所设的给水系统称为生产给水系统。如冷却用水生产给水系统的水质、水压因生产工艺不同而异。

3. 消防给水系统

为建筑物扑灭火灾用水而设置的给水系统称为消防给水系统。消防给水系统对水质的要求不高，但必须根据建筑设计防火规范要求，保证足够的水量和水压。

这三种系统可以分别设置，也可以组成共用系统，如生活—生产—消防共用系统、生活—消防共用系统等。

（二）给水系统的组成

1. 引入管

引入管又称进户管，是市政给水管网和建筑内部给水管网之间的连接管道。从市政给水管网引水至建筑内部给水管网。

2. 水表节点

水表节点是指引入管上装设的水表及其前后设置的阀门及泄水装置等的总称。水表用来计量建筑物内的总用水量，阀门用于水表检修、更换时关闭管路，泄水阀用于系统检修时排空之用，止回阀用于防止水流倒流。水表节点见图 2-1。

3. 给水管网

给水管网指建筑内给水水平干管、立管和文管。

4. 配水装置和附件

配水装置和附件即配水龙头、消火栓、喷头与各类阀门（控制阀、减压阀、止回阀等）。

5. 增压、贮水设备

当室外给水管网的水压、水量不能满足建筑给水要求或要求供水压力稳定、确保供水安全可靠时，应根据需要在给水系统中设置水泵、气压给水设备和水池、水箱等增压、贮水设备。

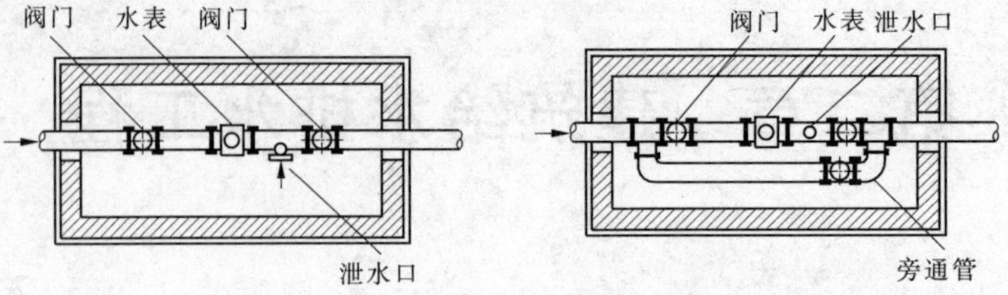

(a)水表节点　　(b)有旁通管的水表节点

图 2-1　水表节点

6. 给水局部处理设施

当有些建筑对给水水质要求很高，超出生活饮用水卫生标准或其他原因造成水质不能满足要求时，就需设置一些设备、构筑物进行给水深度处理。

二、常见给水方式

给水方式是指建筑内部给水系统的具体组成与具体布置的给水实施方案。

（一）利用外网水压直接给水的给水方式

（1）简单给水方式。室外管网水压任何时候都满足建筑内部用水要求，见图 2-2。

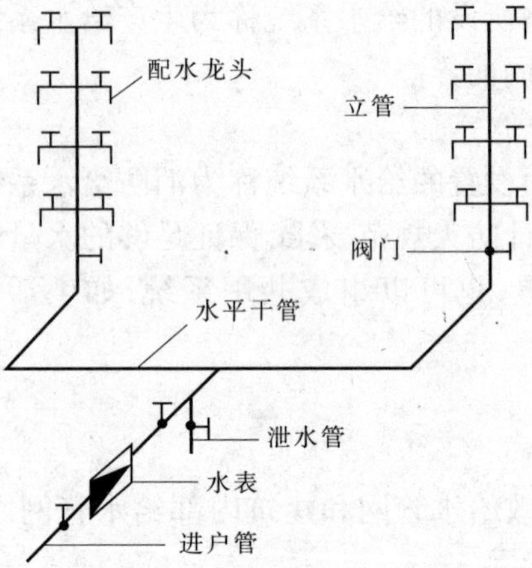

图 2-2　直接给水方式

（2）单设水箱的给水方式。室外管网大部分时间段内满足用水要求，仅用水高峰时期不能满足，或建筑内要求水压稳定，并且建筑具备设置高位水箱的条件，见图 2-3。

（二）设有增压与贮水设备的给水方式

（1）设有水池、水泵和水箱的给水方式。建筑的用水可靠性要求高，室外管网水量、水压经常不足，且室外管网不允许直接抽水；或室内用水量较大，室外管网不能保证建筑的高峰用水；或室内消防设备要求储备一定容积的水量，见图 2-4。

（2）设有气压给水装置的给水方式。室外管网压力低于或经常不能满足室内所需水压，室内用水不均匀，且不宜设置高位水箱，见图 2-5。

（3）设有变频调速给水装置的给水方式。室外管网压力经常不足，建筑内用水量较大且不均匀，要求可靠性高、水压恒定，或建筑物顶部不宜设置高位水箱，宜采用自动变频调速水泵供水，以提高水泵的运行效率，达到节能的目的，见图 2-6。

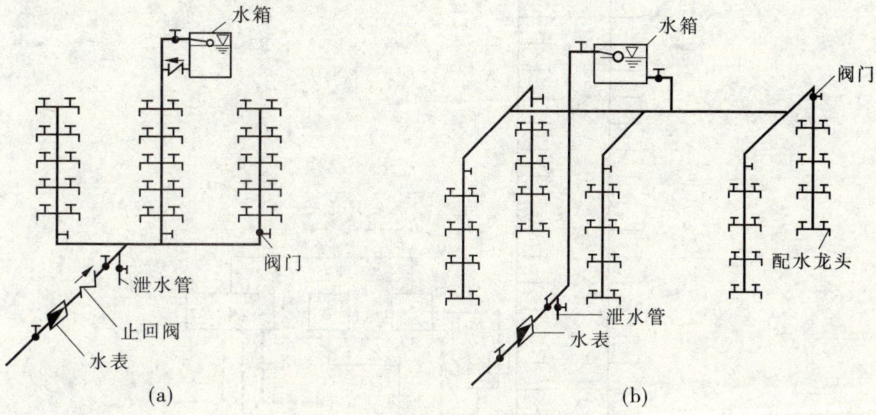

图 2-3　单设水箱的给水方式

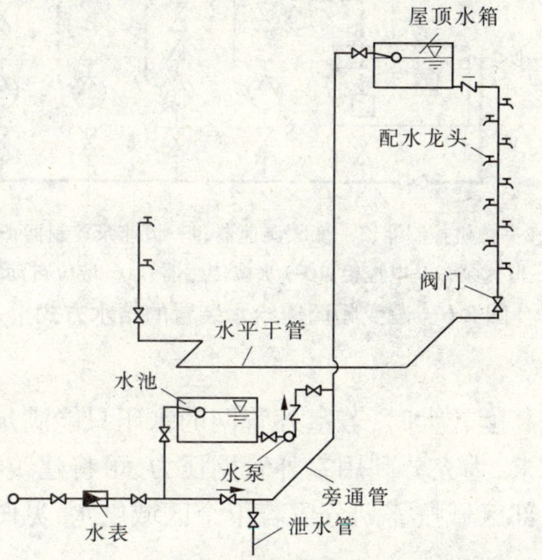

图 2-4　设水池、水泵和水箱的给水方式

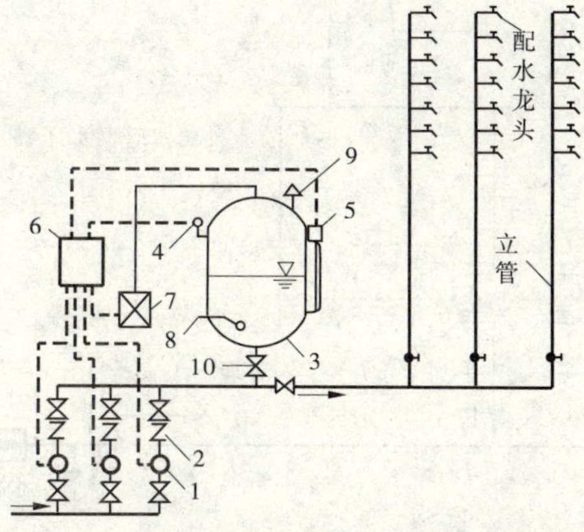

1—水泵;2—止回阀;3—气压水罐;4—压力信号器;5—液位信号器;
6—控制器;7—补气装置;8—排气阀;9—安全阀;10—阀门

图 2-5　设气压给水装置的给水方式

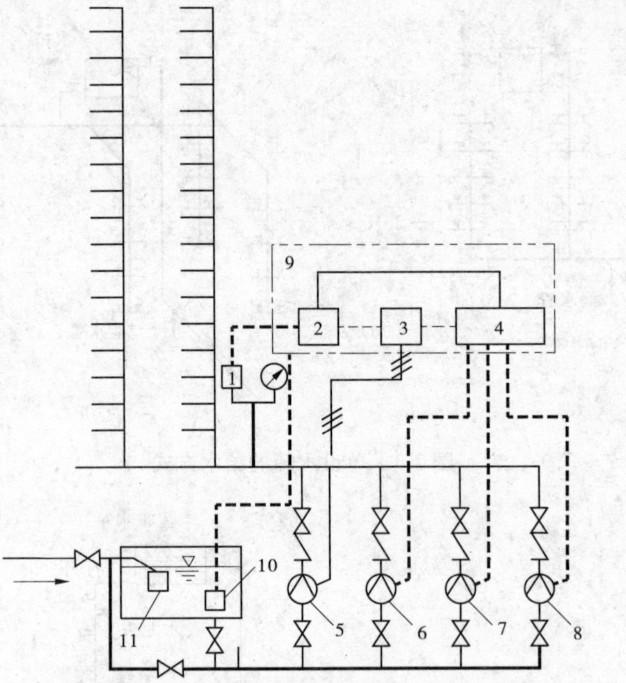

1—压力传感器;2—微机控制器;3—变频调速器;4—恒速泵控制器;5—变频调速泵;
6、7、8—恒速泵;9—电控柜;10—水位传感器;11—液位自动控制器

图 2-6　设变频调速给水装置的给水方式

(三)分区给水方式

当建筑物层数较多或高度较大时,若室外管网的水压只能满足较低楼层的用水要求,而不能满足较高楼层用水要求,为充分利用室外管网压力,可将建筑物下部几个楼层设成一个区,采用直接供水方式,上部区域按需划分成若干个区域供水,见图 2-7。

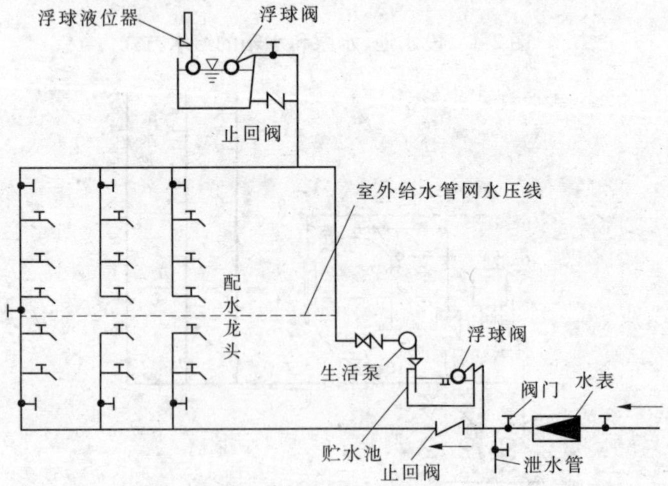

图 2-7　分区给水方式

(四)分质给水方式

根据不同用途所需的不同水质,分别设置独立的给水系统,见图 2-8。

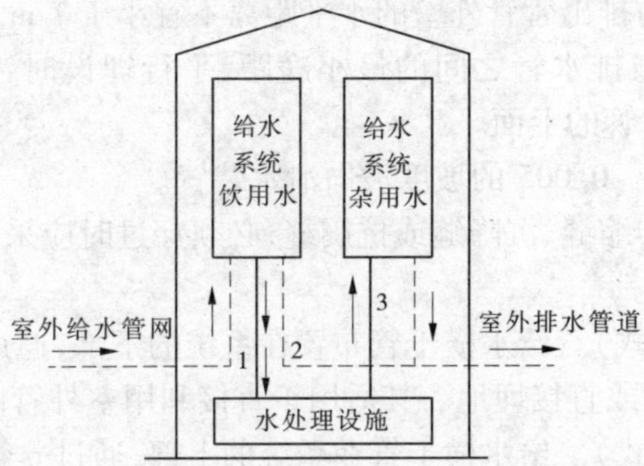

1—生活废水;2—生活污水;3—杂用水

图 2-8 分质给水方式

三、给水管道的布置与敷设

(一)给水管道的布置

1. 满足最佳水力条件

(1)给水管道布置应力求短而宜。

(2)为充分利用室外给水管网的水压,给水引入管和室内给水干管宜布置在用水量最大处或不允许间断供水处。

2. 满足安装维修及美观要求

(1)给水管道应尽量沿墙、梁、柱水平或垂直敷设。

(2)对美观要求较高的建筑物,给水管道可在管槽、管井、管沟及吊顶内暗设。

(3)为便于检修,管井应每层设检修门,检修门宜开向走廊,每两层应有横向隔断。顶棚或管槽内的管道在阀门处应留有检修门。

(4)室内给水管道安装位置应有足够的空间,以方便撤换附件。

(5)给水引入管应有不小于 0.003 的坡度坡向室外给水管网或阀门井、水表井,以便检修时排空管道。

3. 保证生产及使用安全

(1)给水管道的位置不得妨碍生产操作、交通运输和建筑物的使用。

(2)给水管道不得布置在遇水会引起燃烧、爆炸或损坏原料、产品和设备的上面,并应尽量避免在生产设备上面通过。

(3)给水管道不得穿过配电间,以免因渗漏造成电气设备故障或短路。

(4)对不允许断水的建筑,应从室外环状管网不同管段接出 2 条或 2 条以上给水引入管,在室内连成环状或贯通枝状双向供水。若条件达不到,可采取设贮水池(箱)或增设第二水源等安全供水措施。

4. 保护管道不受破坏

(1)给水埋地管道应避免布置在可能受重物压坏处。管道不得穿越生产设备基础,在特殊情况下必须穿越时,应与有关专业协商处理。

(2)给水管道不得敷设在排水沟、烟道和风道内,不得穿过大便槽和小便槽。当给水立管距小便槽端部小于 0.5 m 时,应采取建筑隔断措施。

(3)给水引入管与室内排出管管外壁的水平距离不宜小于 1 m。

(4)建筑物内给水管与排水管之间的最小净距,平行埋设时为 0.5 m,交叉埋设时为 0.15 m,且给水管应在排水管的上面。

(5)给水管宜有 0.002 ~0.005 的坡度坡向泄水装置。

(6)给水管不宜穿过伸缩缝、沉降缝或抗震缝,必须穿过时应采取有效措施。

5. 常用布置形式

(1)下分式(下行上给式)。给水横干管布置在系统的下部,通过立管向上供水,横干管可以敷设在地下室、地沟内或直接埋地。其适用于直接利用室外管网压力供水的建筑物。

(2)上分式(上行下给式)。给水横干管在系统的上部,通过立管向下供水,横干管可安装在设备层内、吊顶内、顶层天棚下或非冰冻地区的平屋顶上。适用于建筑物上部设有水箱的给水系统。

(3)中分式。给水横干管布置在中间设备层的吊顶内,向上、下两个方向供水。适用于屋顶做露天茶座、舞厅或有中间技术层的高层建筑。

(4)环绕式。给水横干管或配水立管互相连接成环,组成横干管环状或立管环状。对于不允许停水的大型公共建筑和工艺有特殊要求的工业建筑常采用这种方式,消防管网一般采用环状布置。

(二)给水管道的敷设

根据建筑物对卫生、美观方面的要求不同,建筑内部给水管道敷设分为明装和暗装两种方式。

1. 明装

管道在建筑物内沿墙、梁、柱、地板等处暴露敷设。这种敷设方式的优点是造价低、安装维修方便;缺点是由于管道表面积灰,产生凝结水而影响环境卫生,也有碍室内美观。一般的民用建筑和大部分生产车间内的给水管道可采用明装。

2. 暗装

管道敷设在地下室的天花板下或吊顶、管沟、管道井、管槽和管廊内。这种敷设方式的优点是室内整洁、美观,但施工复杂,维护管理不便,工程造价高。标准较高的民用住宅、宾馆及工艺技术要求较高的生产车间(例如精密仪器车间、电子元件车间)内的给水管道一般采用暗装。

管道暗装时,必须考虑便于安装和检修。给水水平干管宜敷设在地下室的技术层、吊顶或管沟内,立管和支管可敷设在管道井或管槽内。管道井的尺寸应根据管道的数量、管径大小、排列方式、维修条件,结合建筑的结构等合理确定。当需要进入检修时,其通道宽度不宜小于 0.6 m。管道井应每层设检修门,暗装在顶棚或管槽内的管道在阀门处应留检修门。

四、给水管道安装

(一)施工作业条件

(1)地下管道敷设必须在房心土回填夯实或挖到管底标高后进行,沿管线敷设位置清理干净,管道穿墙处已留管洞或安装套管,其洞口尺寸和套管规格符合要求,坐标、标高正确。

(2)暗装管道应在地沟盖沟或吊顶未封闭前进行安装,其型钢支架均应安装完毕并符合要求。

(3)明装托、吊干管安装必须在安装层的结构顶板完成后进行。沿管线安装位置的模板及杂物清理干净,托、吊卡件均已安装牢固,位置正确。

(4)立管安装应在主体结构完成后进行,高层建筑在主体结构达到安装条件后,适当插入进行。每层均应有明确的标高线,暗装竖井管道,应把竖井内的模板及杂物清除干净。

(5)支管安装应在墙体砌筑完毕,墙面未装修前进行(包括暗装支管)。

(二)操作工艺

给水管道安装工艺流程如下:

安装准备→预制加工→干管安装→立管安装→支管安装→管道试压→管道冲洗→管道防腐和保温。

1. 安装准备

认真熟悉图纸,根据施工方案确定的施工方法和技术交底的具体措施做好准备工作。参看有关专业设备图和装修建筑图,核对各种管道的坐标、标高是否有交叉,管道排列所用的空间是否合理。有问题及时与设计和有关人员研究解决,办好变更洽商记录。

2. 预制加工

按设计图纸画出管道分路、管径、变径、预留管口、阀门位置等施工草图,在实际安装的结构位置做上标记,按标记分段量出实际安装的准确尺寸,记录在施工草图上,然后按草图测得的尺寸预制加工(断管、套丝、上零件、调直、校对,按管段分组编号)。

3. 干管安装

(1)地下干管在上管前,应将各分支口堵好,防止泥沙进入管内;在上主管时,要将各管口清理干净,保证管路的畅通。

(2)预制好的管子要小心保护好螺纹,上管时不得碰撞。可用加装临时管件的方法加以保护。

(3)安装完的干管,不得有塌腰、拱起的波浪现象及左右扭曲的蛇弯现象。管道安装应横平竖直。水平管道纵横方向弯曲的允许偏差:当管径小于100 mm时为5 mm,当管径大于100 mm时为10 mm,横向弯曲全长25 m以上为25 mm。

(4)在高空上管时,要注意防止管钳打滑而发生安全事故。

(5)支架应根据图纸要求或管径正确选用,其承重能力必须达到设计要求。

4. 立管安装

(1)立管明装:每层从上至下统一吊线安装卡件,将预制好的立管按编号分层排开,顺序安装,对好调直时的印记,丝扣外露2~3扣,清除麻头,校核预留甩口的高度、方向是否正确。外露丝扣和镀锌层破损处刷好防锈漆。支管甩口均加好临时丝堵。立管截门安装朝向应便于操作和修理。安装完后用线坠吊直线找正,配合土建堵好楼板洞。

(2)立管暗装:竖井内立管安装的卡件宜在管井口设置型钢,上下统一吊线安装卡件。安装在墙内的立管应在结构施工中预留管槽,立管安装后吊直找正,用卡件固定。支管的甩口应露明前加好临时丝堵。

5. 支管安装

(1)支管明装:将预制好的支管从立管甩口依次逐段进行安装,有截门的应将截门盖卸下再安装,根据管道长度适当加好临时固定卡,核定不同卫生洁具的冷热水预留口高度、位置是否正确,找平、找正后栽支管卡件,去掉临时固定卡,上好临时丝堵。支管如装有水表,应先装上连接管，试压后在交工前拆下连接管，安装水表。

(2)支管暗装：确定支管高度后画线定位，剔出管槽，将预制好的支管敷在槽内，找平、找正定位后用勾钉固定。卫生洁具的冷热水预留口要做在明处，加好丝堵。

6. 阀门安装

(1)截止阀：截止阀的阀体内腔左右两侧不对称，安装时必须注意流体的流动方向，应使管道中流体由下向上流经阀盘。

(2)闸阀：闸阀不宜倒装，倒装时，使介质长期存于阀体提升空间，检修也不方便。闸门吊装时，绳索应拴在法兰上，切勿拴在手轮或阀件上，以防折断阀杆。明杆阀门不能装在地下，以防阀杆锈蚀。

(3)止回阀：止回阀有严格的方向性，安装时除注意阀体所标介质流动方向外，还须注意下列各点：①安装升降式止回阀时应水平安装，以保证阀盘升降灵活与工作可靠；②安装摇板式止回阀时应注意介质的流向（箭头方向），只要保证摇板的旋转枢轴呈水平，可装在水平或垂直的管道上。

7. 水表安装

(1)水表安装应在室内墙体砌筑和抹灰完成后进行。

(2)室内给水干管、立管已安装完成，将水表安装位置的管接头按要求预留出。

(3)先检查水表的型号、规格应与设计要求相符，要有产品质量检验合格证。

(4)核对预留水表分支的接头、口径、标高和水表位置，应满足施工安装的技术要求。

(5)安装时应在墙上标出水表、阀门、活节等配件安装位置及水表前后所需直线管段长度，再由前往后逐段测量，进行配管连接。

(6)水表两边与管道连接应有活络接头，表前应有阀门。

(7)水表安装时要注意水表箭头方向应与水流方向相一致；对螺翼式水表，表前与阀门应有 8～10 倍水表直径的直线管段；对其他水表，表前后应有不小于 300 mm 的直线管段。

(8)水表支管除表前后需有直线管段外，其他超出部分管段应按弯沿墙敷设，当支管长度大于 1.2 m 时，应设管卡固定。

(9)水表安装应牢固平整，不得歪斜。

(10)安装螺翼式水表，表前与阀门应有不少于 8 倍水表接口直径的直线管段。

第二节　建筑消防给水系统

一、室内消火栓消防给水系统

(一)组成

室内消火栓消防给水系统一般由水枪、水带、消火栓、消防管道、消防水池、高位水箱、水泵接合器和增压水泵等组成。

1. 消火栓设备

消火栓设备由消火栓、水带和水枪组成，均安装于消火栓箱内。

(1)消火栓。消火栓有单出口和双出口两种，单出口消火栓口径有 50 mm 和 65 mm 两种，双出口消火栓口径为 65 mm。如图 2-9 所示。

（a）单阀单出口消火栓　　（b）单阀双出口消火栓　　（c）双阀双出口消火栓

图 2-9　消火栓

（2）水带。水带材质有麻质和化纤两种，有衬胶与不衬胶之分，衬胶水带阻力较小，直径有 50 mm 和 65 mm 两种，长度一般为 15 mm、20 mm、25 mm 和 30 mm。

（3）水枪。水枪一般为直流式，喷嘴口径有 13 mm、16 mm、19 mm 三种，接口直径有 50 mm和 65 mm 两种。13 mm 的水枪配备直径 50 mm 的水带，16 mm 的水枪配备直径 50 mm或 65 mm 的水带，19 mm 的水枪配备直径 65 mm 的水带。

当每支水枪最小流量小于 3 L/s 时选用直径 50 mm 的消火栓和水带，口径 13 mm 或 16 mm的水枪；当流量大于 3 L/s 时选用直径 65 mm 的消火栓，口径 19 mm 的水枪。

常用消火栓箱的规格为 800 mm × 650 mm × 200 mm，由钢板或铝合金等制作而成，如图 2-10 所示。消防卷盘设备可与 DN65 的消火栓放置在同一个消火栓箱内，也可以单独设消火栓箱。图 2-11 所示为带消防卷盘的室内消火栓箱。

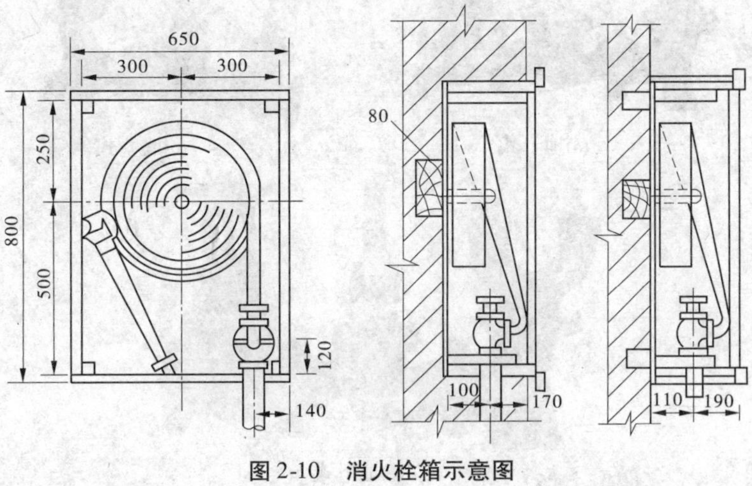

图 2-10　消火栓箱示意图

2. 水泵接合器

当建筑物发生火灾，室内消防水泵不能启动或流量不足时，消防车可由室外消火栓、水池或天然水源取水，通过水泵接合器向室内消防给水管网供水。水泵接合器是消防车或移动式水泵向室内消防管网供水的连接口。水泵接合器的接口直径有 DN65 和 DN80 两种，分地上式、地下式和墙壁式三类，如图 2-12 所示。

（二）室内消火栓给水系统的给水方式

1. 无加压水泵和水箱的室内消火栓给水系统

当建筑物高度不大，而室外给水管网的压力和流量在任何时候均能够满足室内最不利

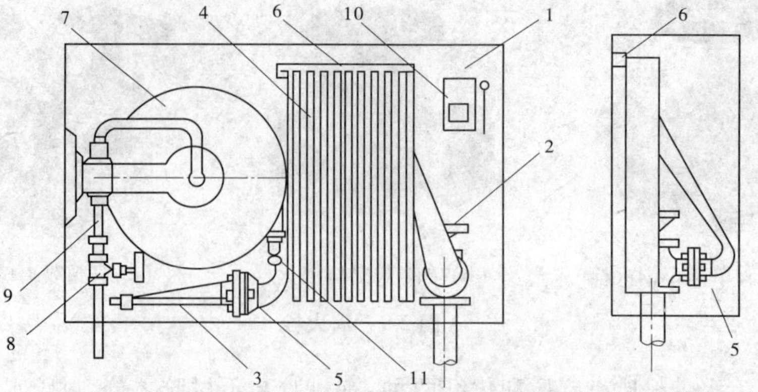

1—消火栓箱;2—消火栓;3—水枪;4—水龙带;5—水龙带接扣;6—挂架;
7—消防卷盘;8—闸阀;9—钢管;10—消防按钮;11—消防卷盘喷嘴

图 2-11　带消防卷盘的室内消火栓箱

(a)地上式

(b)墙壁式

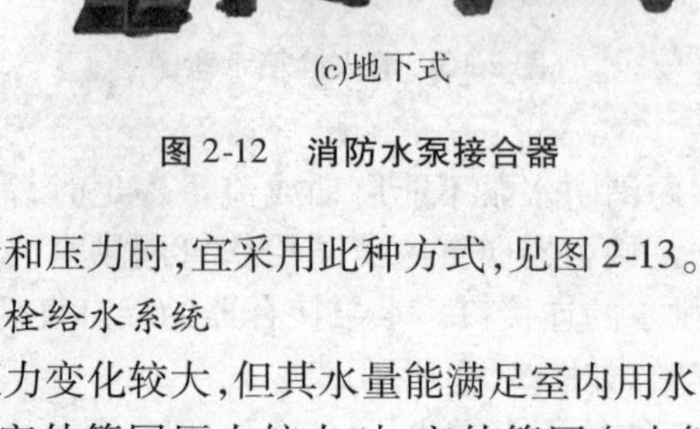

(c)地下式

图 2-12　消防水泵接合器

点消火栓所需的设计流量和压力时,宜采用此种方式,见图 2-13。

2. 设水箱的室内消火栓给水系统

当室外给水管网的压力变化较大,但其水量能满足室内用水的要求时,可采用此种供水方式,如图 2-14 所示。当室外管网压力较大时,室外管网向水箱充水,由水箱贮存一定水量,以备消防使用。

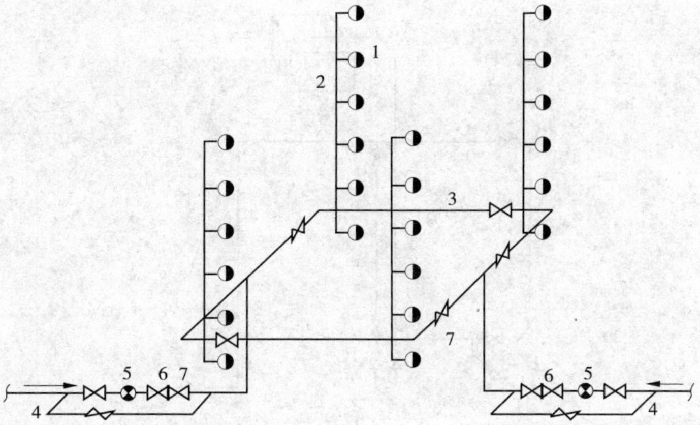

1—室内消火栓;2—消防立管;3—消防干管;4—进户管;5—水表;6—止回阀;7—闸阀

图 2-13　无加压水泵和水箱的室内消火栓给水系统

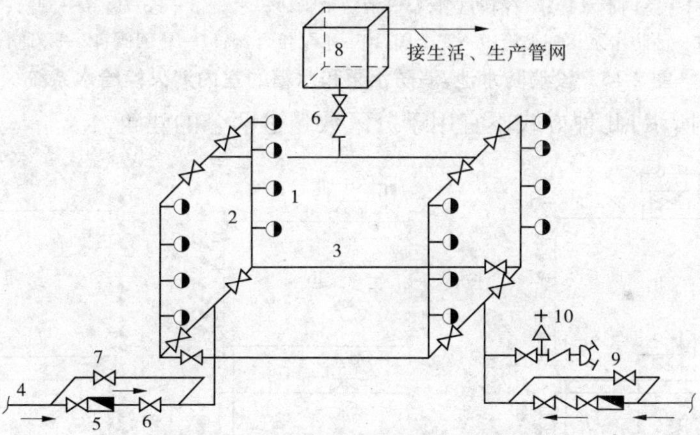

1—室内消火栓;2—消防立管;3—消防干管;4—进户管;5—水表;
6—止回阀;7—旁通管及阀门;8—水箱;9—水泵接合器;10—安全阀

图 2-14　设水箱的室内消火栓给水系统

3. 设消防水池、消防水泵和水箱的室内消火栓给水系统

当室外给水管网的压力经常不能满足室内消火栓系统所需的水量和水压的要求时,宜采用此种供水方式,见图 2-15,消防水泵应满足室内最不利点消火栓的水压要求。水箱的设置高度应保证室内最不利点消火栓所需的水压要求。

4. 分区的室内消火栓给水方式

当建筑高度超过 50 m 或建筑物最低处消火栓静水压力超过 0.80 MPa 时,室内消火栓系统难以得到消防车的供水支援,宜采用分区给水方式。常见的有三种:

(1)并联供水方式,适用于建筑高度不超过 100 m 的情况,如图 2-16(a)所示。

(2)串联供水方式,其特点是系统内设中转水箱(池),中转水箱(池)的蓄水由生活泵补给。消防时,生活给水补给流量不能满足消防要求,随着水位下降,形成信号使下一区的消防泵自动启动供水,如图 2-16(b)所示。

(3)设置减压阀供水方式,其特点是无须按分区设置水泵与中转水箱(池),初期投资较

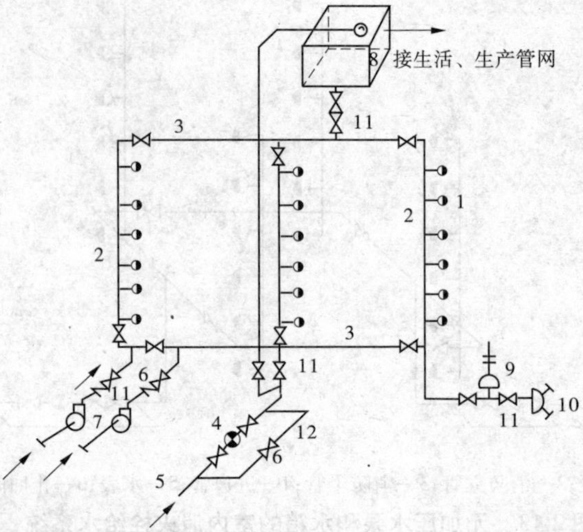

1—室内消火栓；2—消防立管；3—消防干管；4—水表；5—进户管；6—阀门；
7—消防水泵；8—水箱；9—安全阀；10—水泵接合器；11—止回阀；12—旁通管

图 2-15　设消防水池、消防水泵和水箱的室内消火栓给水系统

少，如图 2-16(c)所示，此种方式不宜用于分区数超过两个的建筑。

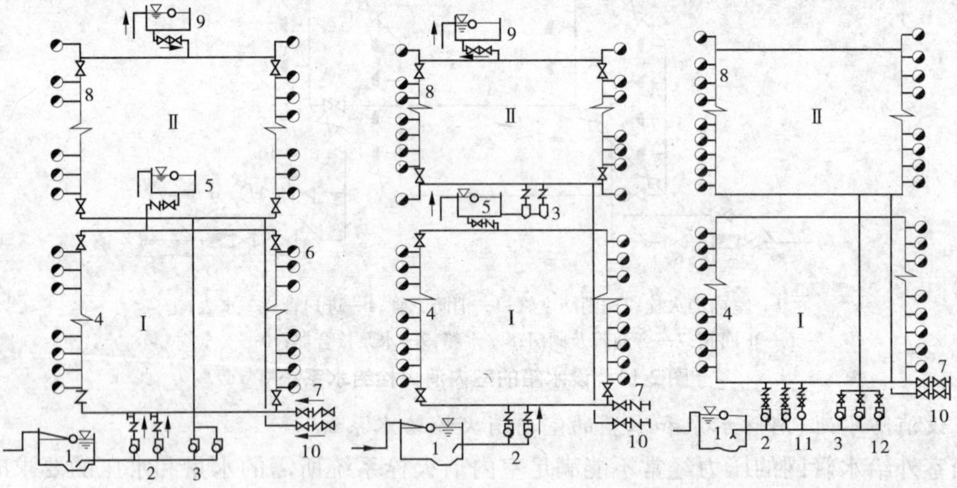

1—水池；2—Ⅰ区消防泵；3—Ⅱ区消防泵；4—Ⅰ区管网；5—Ⅰ区水箱；6—消火栓；7—Ⅰ区水泵接合器；
8—Ⅱ区管网；9—Ⅱ区水箱；10—Ⅱ区水泵接合器；11—Ⅰ区补压泵；12—Ⅱ区补压泵

图 2-16　分区的室内消火栓给水方式

(三)室内消火栓给水系统的布置

1. 消火栓的布置

(1)没有室内消火栓的建筑物，其每层(包括有可燃物的设备层)均应设置消火栓。

(2)建筑物任何部位着火，应保证有两支水枪的充实水柱同时到达着火部位(建筑高度小于等于 24 m，且体积小于等于 5 000 m^3 的库房可采用 1 支)。除建筑物最上一层外，其他部位都不应使用双出口消火栓，应采用单出口消火栓。

(3)消火栓应设在建筑物内明显而便于灭火取用的地方，如楼梯间、走廊、大厅、车间的出入口等，并应有明显的标志。消火栓栓口距室内地面高度为1.1 m，其出口方向宜向下或与设置消火栓的墙面成90°角。

(4)消防电梯前室应设室内消火栓。

(5)冷库内的消火栓应设在常温穿堂或楼梯间内，以防冻结损坏。

(6)设有室内消火栓的建筑物如为平屋顶，宜在平屋顶上设置试验和检查用的试验消火栓，用以检查消防系统的运行情况及保护建筑物免受邻近建筑火灾的波及。

(7)同一建筑物内应采用同一规格的消火栓、水枪和水带，以便串用。每根水带的长度不宜超过25 m。

(8)对于高层工业建筑或水箱设置高度不能满足最不利点消火栓和自动喷水灭火设备的水压及水量要求时，应在每个室内消火栓处设置远距离启动消防水泵的按钮，并应有保护设施，以防损坏或误启动。

2. 消防给水管道布置

(1)当室内消火栓超过10个，而且室内消防水量大于15 L/s时，室内消火栓给水管道应从建筑物不同方向至少设置两条引入管与室外环状给水管网连接，以保证安全供水。对于高层建筑，引入管数量不得少于两条，对于7~9层单元住宅，引入管可以采用一条。

(2)高层建筑室内消防管道应布置成独立的环状管网，不仅水平管道成环状，立管也应布置成环状，以保证一根管道发生事故时，仍然能够保证消防用水量和水压的要求。7~9层的单元式住宅布置成环状有困难时，允许布置成枝状管网，或者可以利用室外的管网和引入管共同组成环状。

(3)超过6层的塔楼(采用双阀双出口梢火栓的除外)和通廊式住宅，超过5层或体积超过10 000 m^3 的其他民用建筑，超过4层的厂房和库房，如室内消防立管为两条或两条以上时，应至少每两条立管连成环状；对于18层及18层以下的，每层不超过8户，建筑面积小于650 m^2 的塔式住宅，当设置两根消防立管有困难时，允许设置一根消防立管，但必须采用双阀双出口型消火栓。

(4)每根消防立管的直径应按通过的消防流量计算确定，但不应小于100 mm，对于带有两个及两个以上双阀双栓口的消防立管，其直径应为150 mm。

(5)室内消火栓给水管网与自动喷水灭火设备的管网应分开设置，如有困难，应在报警阀前分开设置。

(6)室内消防给水管道应用阀门分割成若干独立段，如某一管段损坏，停止使用的消火栓在一层中不应超过5个。阀门应该经常处于开启状态，并应有明显的启闭标志。

(四)室内消火栓给水系统的安装

1. 作业条件

(1)主体结构已验收，现场已清理干净，室内装修设计已完成。

(2)各层地面标高线、吊顶标高线、间隔墙位置线均已测定标明。

(3)安装管道必须用脚手架，脚手架已搭设完毕。

(4)认真编制施工方案，做好技术、安全交底。

2. 工艺流程

干管安装→立管安装→消火栓及支管安装→消防水泵、高位水箱、水泵接合器安装→管道试压→消火栓配件安装→系统调试。

3. 消火栓的安装

(1)消火栓安装,首先要根据栓阀位置和标高定出消火栓支管甩口位置,经核定,消火栓栓口(注意:不是栓阀中心)距地面高度约为 1. 1 m,然后稳固消火栓箱。

(2)消火栓箱体安装在轻体隔墙上时应有加固措施。

(3)箱体内的配件安装应在交工前进行。

(4)建筑物顶层或水箱间内设置的检查阀的试验消火栓处应装设压力表。

(5)若采用暗装或半暗装,需在土建砌砖墙时,预留好消火栓箱洞,当消火栓箱就位安装时,应根据高度和位置尺寸找正、找平,使箱边沿与抹灰墙保持水平,再用水泥砂浆塞满箱四周空间,将箱稳固。若采用明装,需事先在砖墙上栽好螺栓,然后按螺栓的位置在箱背面钻孔,将箱子就位,再加垫带螺母拧紧固定。

4. 消防给水管道

消防给水管道主要采用镀锌钢管,连接方式有法兰连接、卡箍连接、螺纹连接,少数位置也可焊接,但焊接后必须重新镀锌或刷银粉漆。安装方法与给水管道相类似,注意标高、坡度、立支管位置。

二、自动喷水灭火系统

自动喷水灭火系统是一种能自动作用喷水灭火,并同时发出火警信号的灭火系统。自动喷水灭火系统按喷头的开启形式可分为闭式系统和开式系统,按报警阀的形式可分为湿式系统、干式系统、干湿两用系统、预作用系统、雨淋系统等,按喷头形式可分为普通喷头、快速响应喷头、大水滴型喷头和快速响应早期抑制喷头等。采用闭式喷头的系统称为闭式自动喷水灭火系统,在实际工程中应用广泛。本节重点介绍闭式自动喷水灭火系统。

(一)系统组成与工作原理

1. 湿式自动喷水灭火系统

湿式自动喷水灭火系统由闭式洒水喷头、水流指示器、湿式报警阀组,以及管道和供水设施组成,在准工作状态下,管道中充满用于启动系统的有压水。

与其他系统相比,湿式自动喷水灭火系统结构相对简单,处于警戒状态时,由消防水箱或稳压泵、气压给水装置等稳压设施维持管道内充水的压力。发生火灾时,环境温度达到启动喷头温度时,喷头喷水灭火,水流指示器发出电信号报告起火区域,报警阀组或稳压泵的压力开关输出启动消防泵的信号,完成系统的启动。系统启动后,由供水泵向开放的喷头供水,开放的喷头按不低于设计规定的喷水强度均匀喷洒,达到灭火的目的。为保证扑救初期火灾的效果,喷头开放后,要求在持续喷水时间内连续喷水。

湿式自动喷水灭火系统适合在环境温度不低于 4 ℃且不高于 70 ℃的环境中使用。在实际工程中,这种系统是最常用的一种自动喷水灭火系统。湿式自动喷水灭火系统如图 2-17所示。

2. 干式自动喷水灭火系统

其与湿式自动喷水灭火系统的区别是采用了干式报警阀组,在准工作状态下,配水管道中充满用于启动系统的有压气体。为保持气压,需要配套设置补气系统,如图 2-18 所示。

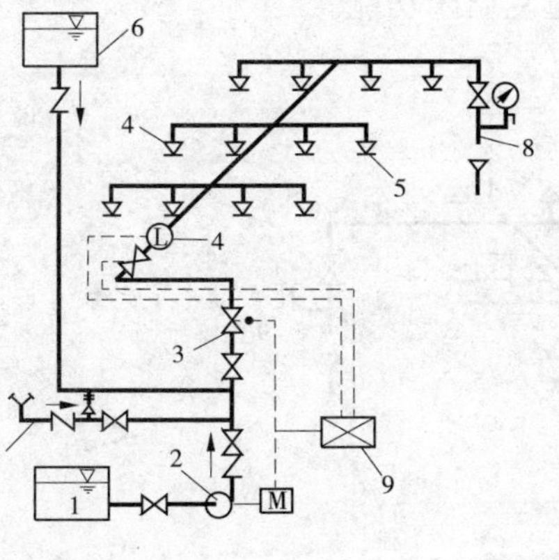

1—水池;2—水泵;3—湿式报警阀组;4—水流指示器;
5—闭式喷头;6—高位水箱;7—水泵接合器;8—末端试水装置;
9—消防报警控制器;M—驱动电机

图 2-17　湿式自动喷水灭火系统

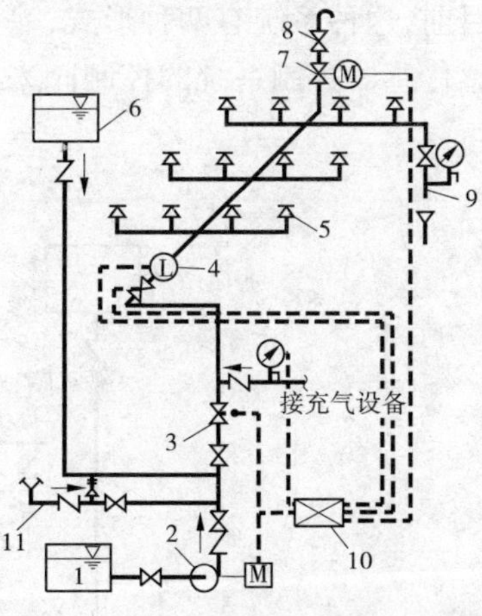

1—水池;2—水泵;3—干式报警阀组;4—水流指示器;
5—闭式喷头;6—高位水箱;7—电动阀;8—快速排气阀;
9—末端试水装置;10—消防报警控制器;
11—水泵接合器;M—驱动电机

图 2-18　干式自动喷水灭火系统

闭式喷头开放后,配水管道有一个充水排气的过程。系统开始喷水的时间会因排气充水过程而产生滞后,因此削弱了系统的灭火能力。但因配水管道内在准工作状态下没有水,所以不会由于系统误喷或管道泄漏而造成水渍损失,同时对环境温度没有要求。

3. 干、湿交替自动喷水灭火系统

采用干、湿两用报警阀,当环境条件不能满足湿式自动喷水灭火系统设置要求时,报警阀后的配水管道内充有满压气体;当环境条件满足湿式自动喷水灭火系统设置要求时,报警阀后的配水管道充满有压水。一般情况下,冬季为干式自动喷水灭火系统,其他季节为湿式自动喷水灭火系统。

4. 预作用自动喷水灭火系统

采用预作用报警阀组,并由配套的火灾自动报警系统启动。在准工作状态下,配水管道为不充水的空管,利用火灾探测器的热敏性能优于闭式喷头的特点,由火灾报警系统开启雨淋阀后为管道充水,使系统在闭式喷头动作前转换为湿式自动喷水灭火系统。准工作状态时,如果配水管道内维持一定气压,将有助于监测管道的严密性和寻找泄漏点。

具有下列条件的场所应采用预作用系统:系统处于准工作状态时,严禁管道漏水;严禁系统误喷;替代干式自动喷水灭火系统。如图 2-19 所示。

5. 重复启闭预作用自动喷水灭火系统

能在扑灭火后自动关阀、复燃时再次开阀的预作用自动喷水灭火系统称为重复启闭预作用自动喷水灭火系统,用于灭火后必须及时停止喷水的场所。为防止误动作,该系统与常规预作用自动喷水灭火系统的不同之处是采用了一种既可以输出火警信号,又可在环境恢复常温时输出灭火信号的感温探测器。当其感应到环境温度超出预定值时,报警并启动水泵和打开具有复位功能的雨淋阀,为配水管道充水,在喷头动作喷水灭火。喷水过程中,当火场温度恢复至常温时,探测器发出关停系统的信号,在按设定条件并延迟喷水一段时间后,关闭雨淋阀停止喷水。当火灾复燃、温度再次升高时,系统则再次启动,直到彻底灭火。

目前，这种系统有两种形式，一种是喷头具有自动重复启闭的功能，另一种是系统通过烟温感传感器控制系统的控制阀来实现系统的重复启闭功能。

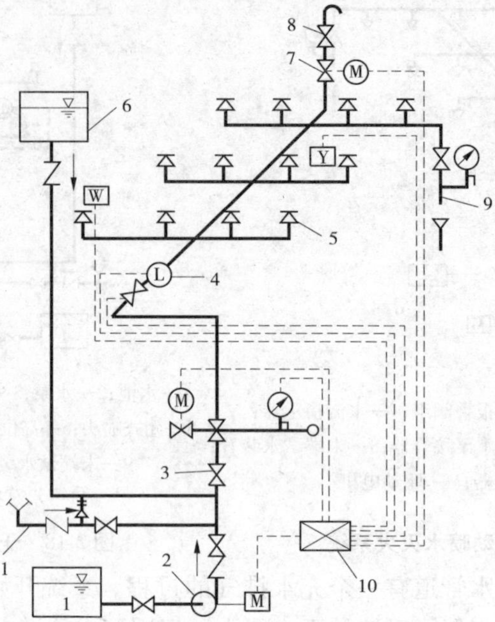

1—水池；2—水泵；3—预作用报警阀组；4—水流指示器；5—闭式喷头；6—高位水箱；7—电动阀；8—快速排气阀；9—末端试水装置；10—消防报警控制器；11—水泵接合器；M—驱动电机；W—温感探测器；Y—烟感探测器

图 2-19　预作用自动喷水灭火系统

(二)系统组件

1. 闭式喷头

闭式喷头是自动喷水灭火系统的关键，当在喷头的保护区域内失火时，热气流上升，使喷头周围空气温度上升，达到预定温度时，玻璃球内液体挥发，玻璃球破碎(或易熔合金锁片上的焊料熔化)，喷头打开，喷水灭火。根据热敏元件的不同可分为易熔合金喷头和玻璃球喷头两种；根据溅水盘的形式和安装位置不同可分为直立型、下垂型、边墙型、普通型和吊顶型等。图 2-20 为几种常见的喷头。

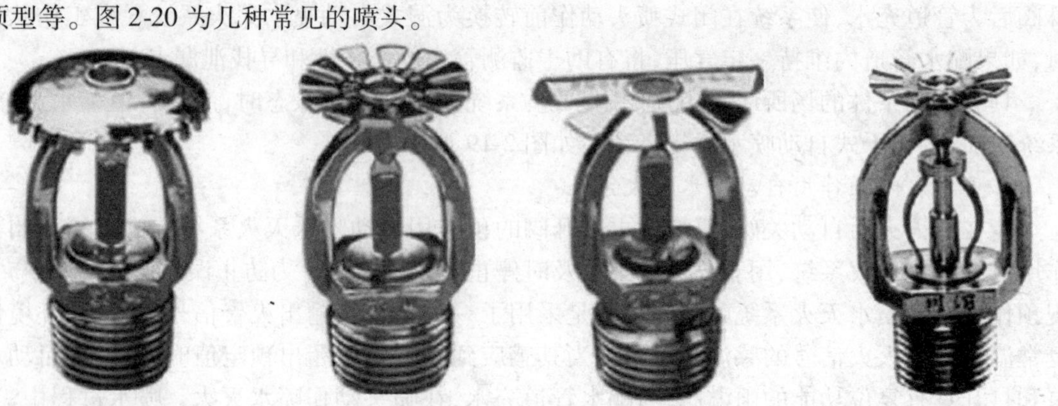

(a)直立型喷头　(b)下垂型喷头　(c)边墙型喷头　(d)易熔合金式喷头

图 2-20　闭式喷头

从火灾开始到喷头打开，一般需要几分钟的时间，它与喷头的类型、喷头动作温度、喷头到火源的距离及火势燃烧速度有关。我国生产的洒水喷头口径为12.7 mm，其感温级别有普通温级、中温级和高温级3种，动作温度为72 ℃、98 ℃、142 ℃左右。喷头的动作温度是根据环境温度确定的，闭式喷头的公称动作温度宜比环境温度高30 ℃左右。

2. 报警阀

湿式报警阀和干式报警阀的作用是：接通或关断报警水流，喷头动作后报警水流将驱动水力警铃和压力开关报警；防止水倒流。在准工作状态下，湿式报警阀阀板前后水压相等，干式报警阀阀板前的水压与阀板后的气压相等。由于阀芯的自重，其处于关闭状态。发生火灾时，闭式喷头喷水，报警阀后的压力下降，阀板开启，向管网供水，同时通过水力警铃和压力开关发出火警信号。

雨淋报警阀的作用是：接通或关断向配水管道的供水。雨淋报警阀分为隔膜式和双圆盘式两种，隔膜式雨淋报警阀启动灭火后，可以借助水的压力自动复位，工程中比较常用。

报警阀应设在安全且便于操作的地点，安装高度距地面宜为1.2 m，安装报警阀的部位应有排水设施。连接报警阀进出口的控制阀，宜采用信号阀。与报警阀连接的水力警铃应设在值班室附近，且两者之间的管道长度不宜大于20 m。

3. 水流指示器

水流指示器的作用是及时报告起火区域，因此每个防火分区、每个楼层均应设水流指示器。但当一个湿式报警阀组仅控制一个防火分区或一个层面的喷头时，由于报警阀组的水力警铃和压力开关已能发挥报告起火区域的作用，也可不设水流指示器。

4. 压力开关

当水力警铃报警时，压力开关自动接通电动警铃报警，并把信号传至消防控制室或启动消防水泵。自动喷水系统中，应采用压力开关控制稳压泵，并应能调节稳压泵的启停压力。

5. 延迟器

延迟器安装在报警阀与水力警铃之间的信号管道上，用以防止管道中的水压波动引起误报警。报警阀开启后，需将延迟器充满后方可冲打水力警铃报警。

湿式报警阀组的外形如图2-21所示。

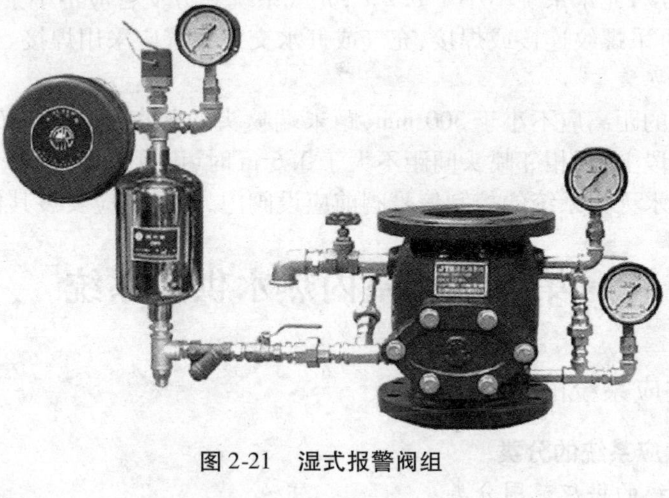

图2-21　湿式报警阀组

6. 末端试水装置

末端试水装置由试水阀、压力表和试水接头组成。试水接头出水口的流量系数应等同于同楼层或防火分区内的最小流量系数喷头，用以检验系统的可靠性：测试系统在开放一只喷头的最不利条件时能否可靠报警并正常启动。因此，每个报警阀组控制的最不利点处，应设末端试水装置，其他防火分区、楼层的最不利点喷头处，均应设直径为 25 mm 的试水阀。

末端试水装置测试的内容包括：水流指示器、报警阀、压力开关、水力警铃的动作是否正常，配水管道是否畅通，管道最不利点处的喷头工作压力等。测试时，为保证测试效果，试水装置的出水应采取孔口出流的方式排入排水管道。末端试水装置如图 2-22 所示。

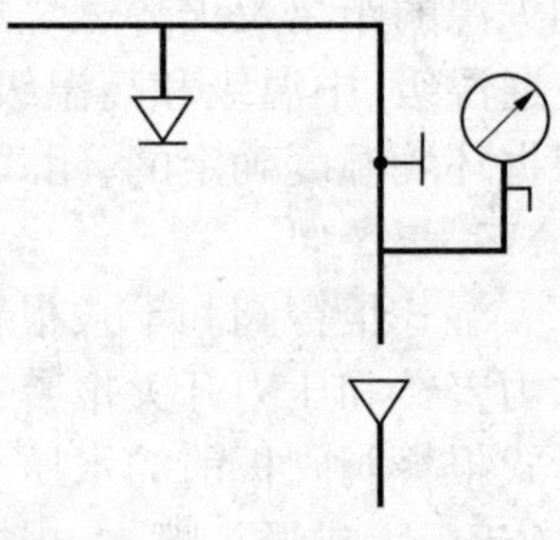

图 2-22　末端试水装置

（三）自动喷水灭火系统的安装

1. 作业条件

（1）主体结构已验收，现场已清理干净，室内装修设计已完成。

（2）各层地面标高线、吊顶标高线、间隔墙位置线均已测定标明。

（3）安装管道必须用脚手架，脚手架已搭设完毕。

（4）在有集中空气调节装置的现代化智能型建筑内，喷淋管道一般与空调风管、水管、电缆桥架、通信照明、自控线路等共同安装在吊顶空间之内。各专业设施之间相互“碰车”屡见不鲜，有些设计图根本不标明各专业管道的标高，由施工单位自行确定，即使已标明标高也只能做参考。因此，施工之前必须由各专业人员共同根据现场实际条件统筹安排，合理布局，尽量减少返工。

（5）认真编制施工方案，做好技术、安全交底。

2. 工艺流程

支架制安→供水管安装→报警控制阀安装→配水立管安装→分层配水干管、干支管安装→消防水泵安装、高位水箱安装、水泵接合器安装→管道试压→管道冲洗→喷洒头短管安装、水流指示器安装→节流装置安装→报警阀其他组件安装→系统通水调试。

3. 消防管道安装

管道应有坡度，充水系统不小于 0.2%，充气系统和分支管应不小于 0.4%；对于管道的连接，充水系统可采螺纹连接或焊接，充气或气水交替系统应采用焊接。

4. 消防装置安装

吊架与喷头的距离应不小于 300 mm，距末端喷头的距离不大于 750 mm。吊架应设在相邻喷头间的管段上，当相邻喷头间距不大于 3.6 m 时，可设一个；小于 1.8 m 时，允许隔段设置。在自动喷水灭火系统的控制信号阀前应设阀门，其后不应安装其他用水设备。

第三节　室内热水供应系统

一、热水供应系统的分类及组成

（一）热水供应系统的分类

1. 按热水系统的供应范围分类

1）局部热水供应系统

局部热水供应系统是指采用各种小型加热器在用水场所就地加热，供局部范围内的一个或几个用水点使用的热水系统。例如，采用小型电热水器、燃气热水器给水加热，供给单个浴室、厨房等用水。在大型建筑内，也可采用多个局部热水供应系统分别对各个用水场所供应热水。

局部热水供应系统简单，不需要建造锅炉房，初期投资小，维护管理容易，各用户可按需加热水。但是该系统采用的都是小型加热器，热效率低，热水成本较高，系统投资较大。一般适用于热水用水量小且用水分散的建筑，如家庭用、小型理发店等。

2）集中热水供应系统

集中热水供应系统就是在锅炉房、热交换站或加热间把水集中加热，然后通过热水管网输送给整幢或几幢建筑的热水供应系统。

集中热水供应系统设备集中，便于管理和维修，大型加热设备的热效率较高，热水成本低。但是系统比较复杂，初期投资比较大，需配备专门的管理人员，且系统热损失大。该系统适用于热水用水量较大，用水点多且比较集中的建筑，如宾馆、医院等公共建筑。

3）区域热水供应系统

区域热水供应系统是把水在热电厂、热交换站或区域性锅炉集中加热，通过市政热水管网送至整个建筑群、居住区或整个工矿企业。

区域热水供应系统采用大型锅炉房，热效率比较高，操作管理的自动化程度高，同时减少了环境污染。但设备、系统复杂，需敷设室外供水、回水管网，初期投资比较大，且需要专门的技术管理人员。该系统适用于建筑布置比较集中，热水用水量大的城市和大型工业企业。

2. 按热水管网的循环方式分类

为保证热水管网中的水随时保持一定的温度，热水管网除配水管道外，根据具体情况和使用要求还应设置不同形式的回水管道，当配水管道停止配水时，使管网中仍维持一定的循环流量，以补偿管网热损失，防止温度降低过多。常用的循环管网和循环方式有以下几种。

1）全循环管网

全循环管网即所有的配水干管、立管和分支管都没有相应的回水管道，可以保证配水管网任意点水温的热水管网。在配水分支管很短，或一次用水量较大，或对水温没有特殊要求时，分支管也可以不设回水管道。

全循环管网适用于要求随时能获得设计温度热水的建筑，如旅馆、高层民用建筑、医院、疗养院、托儿所等。

2）半循环管网

半循环管网指仅热水干管设有回水管道，只能保证干管中的设计温度的热水管网。

半循环管网适用于对水温要求不甚严格，支管、分支管较短，用水较集中或一次用水量较大的建筑，如某些工业企业的生产和生活用水，一般住宅和集体宿舍用水等。

3）不循环管网

不循环管网即不设回水管道的热水管网。

不循环管网适用于连续用水的建筑，如公共浴室、某些工业企业的生产和生活用热水等。

3. 按热水管网的运行方式分类

1）全天循环方式

全天循环即全天任何时刻，管网中都维持有不低于循环流量的水量，使设计管段的水温在任何时刻都保持不低于设计温度。

2)定时循环方式

定时循环即在集中使用以前,利用水泵和回水管道使管网中已经冷却的水强制循环加热,在热水管道中的热水到达规定温度后再开始使用的循环方式。

4.按热水管网的循环动力分类

1)自然循环方式

自然循环即利用热水管网中配水管和回水管内的温度差所形成的自然循环作用水头(自然压力),使管网内维持一定的循环流量,以补偿热损失,保持一定的供水温度。

因一般配水管与回水管内的水温差仅为10~15 ℃,自然循环作用水头值很小。所以,实际使用自然循环的很少,尤其对于大中型建筑采用自然循环有一定的困难。

2)机械循环方式

机械循环即利用水泵强制水在热水管网内循环,造成一定的循环流量,以补偿管网热损失,维持一定的水温。

目前,实际运行的热水供应系统多数采用这种循环方式。

5.按热水供应系统是否敞开分类

1)闭式热水供应系统

闭式热水供应系统就是在所有配水点关闭后,整个系统与大气隔绝,形成密闭系统,所以水质不易受外界污染。但这种系统若设计、运行不当,会使水温、水压升高后超过要求,造成事故,所以必须设置温度或压力安全阀。

2)开式热水供应系统

开式热水供应系统就是在所有配水点关闭后,系统内的水仍与大气相连通。如设有高位热水箱的系统、设有开式膨胀水箱或膨胀管的系统,因水温不可能超过100 ℃,水压也不会超过最大静水压力或水泵压力,所以不必设安全阀。

6.按热水管网布置图式分类

热水管网的布置图式与给水管网相似,也可布置成上行下给式、下行上给式、分区供水等。

(二)热水供应系统的组成

目前,我国采用比较多的是集中热水供应系统,因此我们主要介绍集中热水供应系统的组成,如图2-23所示。

集中热水供应系统的工作原理是:锅炉生产的蒸汽经热媒管道送入水加热器加热冷水,蒸汽遇冷变成凝结水由凝结水管排至凝结水池,锅炉用水由凝结水池旁的凝结水泵压入。水加热器中所需要的冷水由给水箱供给,加热器产生的热水由配水管送至各个用水点。对于带有循环管路的管网,不配水时,配水管和回水管中仍循环流动着一定量的循环热水,用以补偿配水管路在此期间的热损失。

基于以上工作原理,集中热水供应系统的组成如下:

(1)第一循环系统(热媒循环系统)。它是连接锅炉(发热设备)和水加热器之间的管道系统。如果热媒为蒸汽,就不存在循环管道,而是蒸汽管和凝结水管及其他设备,但习惯上也称为热媒循环管道。

(2)第二循环系统(配水循环系统)。它是连接水加热器和配水龙头之间的管道,由热水配水管网和回水管网组成。根据使用要求,系统可设计成不循环系统、半循环系统和全循

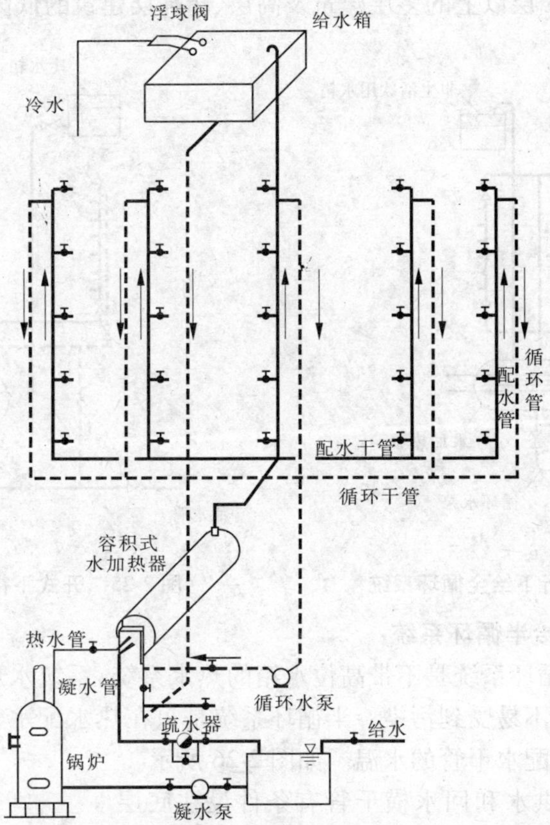

图 2-23 集中热水供应系统

环系统。

(3)附件。由于热媒系统和热水系统中控制、连接的需要，以及由于温度的变化而引起的水体积的膨胀、超压、气体的分离和排除，都需要设置附件。常用的附件有温度自动控制装置、疏水器、减压阀、安全阀、膨胀水箱、管道补偿器、自动排气阀等。

二、热水供应系统的管网形式

下面介绍几种常见的管网形式。

(一)开式上行下给全循环系统

开式上行下给全循环系统是带高位水箱的热水系统，系统水压由高位水箱的水位决定，不受市政管网压力变化及水加热器阻力变化的影响，可保证系统水压的相对稳定和供水安全可靠。如图 2-24 所示。

该系统适用于配水干管可以敷设在顶层吊顶内或吊顶下时，或在顶层设有技术层时，加热和贮存设备等可以设在底层或地下室时或者对水温要求较严格的建筑物。该系统一般用于 5 层或 5 层以上的多层建筑或高层、超高层建筑的某一分区。

(二)开式下行上给全循环系统

如图 2-25 所示，该系统适用于供水干管不能设在顶层或设在顶层不能检修时，或者供回水干管有条件设在底层管沟内或地下室时，或对水温要求较严格且有条件设置循环水泵时。一般用于5层及5层以上的多层建筑及高层、超高层建筑的低区。

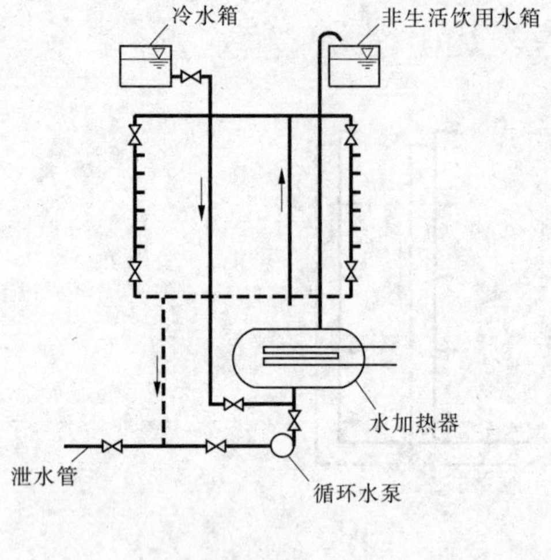

图 2-24　开式上行下给全循环系统

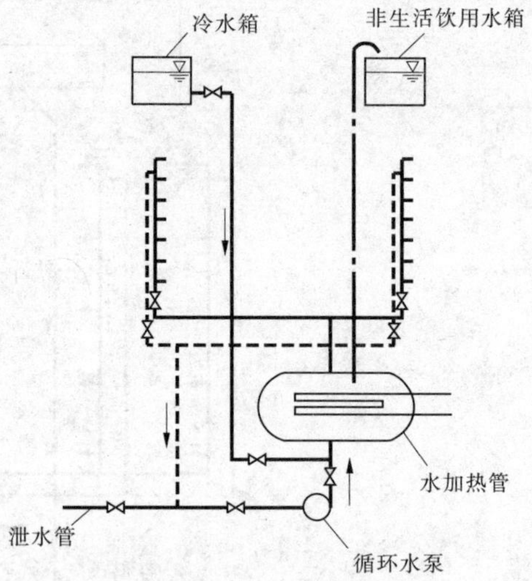

图 2-25　开式下行上给全循环系统

(三)闭式下行上给半循环系统

闭式下行上给半循环系统是不带高位水箱的热水系统,系统水压是由市政管网提供或由升压设备提供,水质不易受到污染。半循环系统是只在热水配水管网的水平干管设回水管道,这种系统能保证配水干管的水温。如图2-26所示。

这种系统适用于供水和回水横干管有条件设在底层管沟或地下室内的建筑物。一般用于低于5层且分支管长度不大的建筑物。

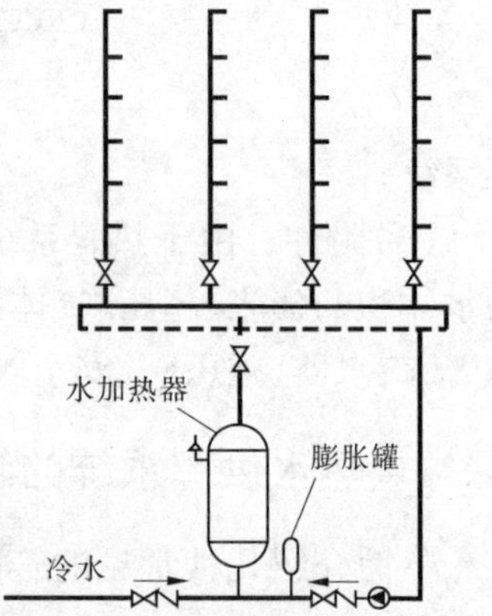

图 2-26　闭式下行上给半循环系统

(四)高层建筑热水供应系统

与给水系统相同,解决热水管网系统压力过大的问题,可采用竖向分区的供水方式。高层建筑热水系统分区的范围,应与给水系统的分区一致,各区的水加热器、贮水器的进水,均应由同区的给水系统设专管供应,也便于管理。但因热水系统水加热器、贮水器的进水由同区给水系统供应,水加热后,再经热水配水管送至各配水水嘴,故热水在管道中的流程远比同区冷水水嘴流出冷水所经历的流程长,所以尽管冷、热水分区范围相同,混合水嘴处冷、热水压力仍有差异,为保持良好的供水工况,还应采取相应措施适当增加冷水管道的阻力,减小热水管道的阻力,以使冷、热水压力保持平衡,也可采用内部设有温度感应装置,能根据冷、热水压力大小及出水温度高低自动调节冷热水进水量比例,保持出水温度恒定的恒温式水嘴。

高层建筑热水供应比较常见的图示主要有集中式和分散式两种。

1. 集中式

各区热水配水循环管网自成系统,加热设备、循环水泵集中设在底层或地下设备层,各区加热设备的冷水分别来自各区冷水水源,如图2-27所示。其优点是:各区供水自成系统,互不影响,供水安全、可靠;设备集中设置,便于维修、管理。其缺点是:高区水加热器和配、回水主立管管材需承受高压,设备和管材费用较高。所以,该分区方式不宜用于多于3个分区的高层建筑。

也可采用如图2-28所示的采用的减压阀支管减压的热水供应形式,将减压阀设置在低区的分户支管上,不影响立管和干管的循环,这样就不需要另外采取措施保证循环系统正常工作了,但是减压阀的设置数量较多,并且要求减压阀的质量要可靠。

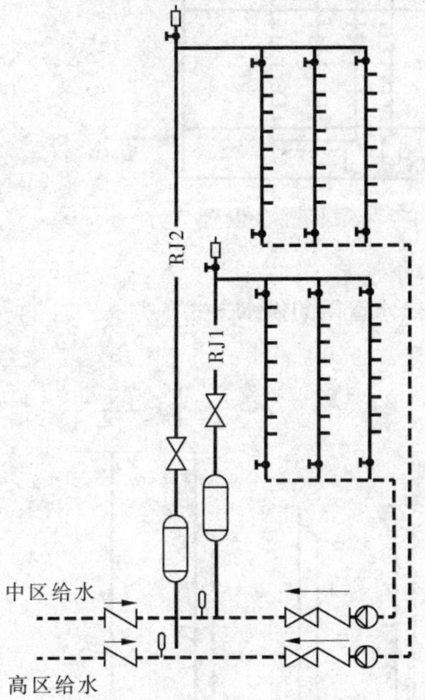

图2-27 闭式集中并联系统

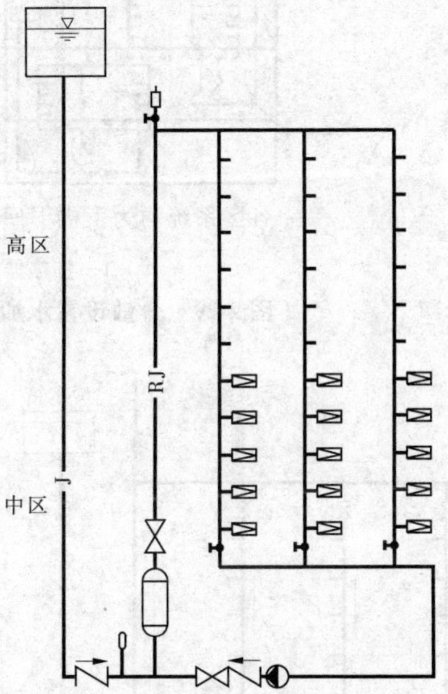

图2-28 高层热水减压阀系统(支管减压)

2. 分散式

各区热水配水循环管网也自成系统,但各区的加热设备和循环水泵分散设置在各区的设备层中,如图2-29所示。图2-29(a)所示为各区均为上供下回热水供应方式,图2-29(b)所示为各区采用上供下回与下供上回混设的热水供应方式。该方式的优点是:供水安全可靠,且水加热器按各区水压选用,承压均衡,且回水立管短。其缺点是:设备分散设置不但要占用一定的建筑面积,维修管理也不方便,且热媒管线较长。

一般高层建筑热水供应的范围大,热水供应系统的规模也较大,为确保系统运行时的良好工况,一般高层建筑热水供应的范围大,热水供应系统的规模也较大,为确保系统运行时的良好工况,进行管网布置与敷设时应注意以下几点:

(1)当分区范围超过5层时,为使各配水点随时得到设计要求的水温,应采用全循环立管循环方式;当分区范围小,但立管数多于5根时,应采用干管循环方式。

(2)为防止循环流量在系统中流动时出现断流,影响部分配水点的出水温度,可在回管上设置阀门,通过调节阀门的开启度,平衡各循环管路的水头损失和循环流量。若因管系统大,循环管路长,用阀门调节效果不明显,可采用同程式管网布置形式,如图2-30、图2-31所示,这样可使循环流量通过各循环管路的流程相当,避免发生断流现象,利于保证到水点所需的水温。

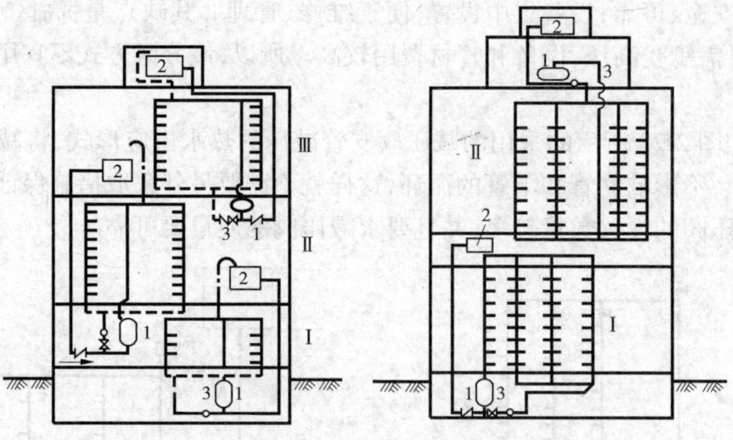

(a)各区系统均为上供下回方式　　(b)各区系统混合设置

1—加热器;2—给水箱;3—循环水泵

图 2-29　分散设置水加热器、分区设置热水管网的供水方式

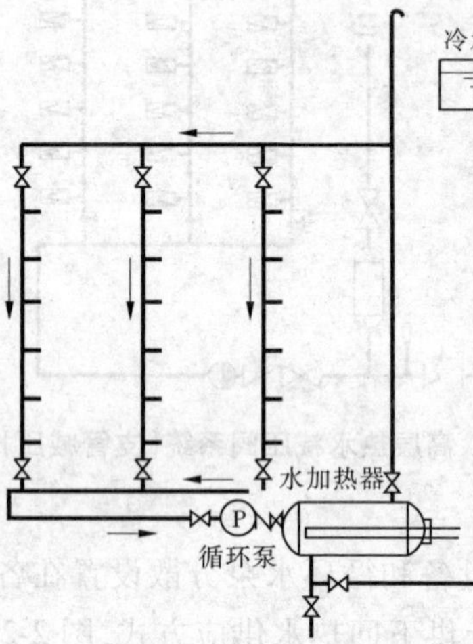

图 2-30　上行式同程系统

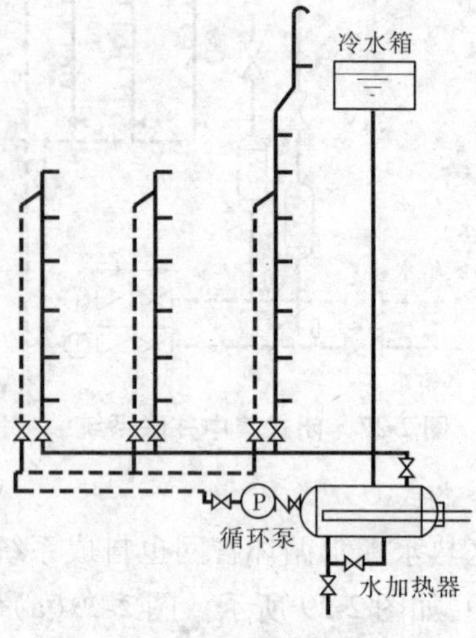

图 2-31　下行式同程系统

三、热水供应管道系统的布置和敷设

(一)施工作业条件

(1)预留孔洞尺寸、套管规格符合要求,坐标、标高正确。

(2)施工现场用水、用电符合有关规定。

(3)材料、设备确认合格,准备齐全,已到工地。

(4)暗装管道应在地沟未盖沟盖或吊顶未封闭之前进行安装。

(5)明装托、吊干管安装,应将沿线安装位置的模板及杂物清理安静,托、吊、卡件均已安装牢固,位置正确。

(6)管道穿越房间内,位置线及地面水平线已检测完毕,室内装饰的种类、厚度已确定。各种热水的附属设备、卫生洁具样品及其他用水器具已进场,进场的施工材料和机具设备能保证连续施工的要求。

(7)热水支管暗敷应在墙面未精装修前,且室内地面水平线已放好,室内装饰种类、厚度已确定;立管上连接横支管用的管件位置、标高、规格、数量、朝向经复核符合设计要求及质量标准。

(8)室内明敷管道宜在内墙面粉刷后(或贴面层)进行安装。

(二)与其他工种的配合

(1)建筑装修装饰中,不得对原有的燃气、暖气、通信设施擅自拆除,确需改动的,应与相关专业部门协调,由这些专业部门进行改动。

(2)管道井、管廊内施工时,由于各专业管道较多,为防止相互影响,应由各专业技术人员校对位置、标高,必要时应给出综合布管图,以确定各专业管道的安装位置、标高,达到合理的空间布置。有吊顶要求的,尽量让出吊顶的空间高度。

(3)吊顶内的热水管道,待试压、防腐、保温完成后,经隐蔽检验合格后方可封板。

(4)沿墙、地面敷设的暗埋热水管道安装完成后,应进行分段试压,并经业主、监理部门确认合格后方可隐蔽。

(5)穿越基础、楼板的管道安装完后,应配合土建施工人员将洞口进行补灰。

(三)施工注意事项

(1)热水管网同给(冷)水管网,有明设和暗设两种敷设方式。铜管、薄壁不锈钢管、衬塑钢管等可根据建筑、工艺要求暗设或明设。塑料热水管宜暗设,明设时立管宜布置在不受撞击处,如不可避免,应在管外加防紫外线照射、防撞击的保护设施。

(2)热水管道暗设时,其横干管可敷设于地下室、技术设备层、管廊、吊顶或管沟内,其立管可敷设在管道竖井或墙壁竖向管槽内,支管可埋设在地面、楼板面的垫层内,但铜管和聚丁烯(PB)管埋于垫层内宜设保护套。暗设管道在便于检修的地方装设法兰,装设阀门处应留检修门,以利于管道更换和维修。管沟内敷设的热水管道应置于冷水管之上,并且进行保温。

(3)热水管道穿过建筑物的楼板、墙壁和基础处应加套管,穿越屋面及地下室外墙时,应加防水套管,以免管道膨胀时损坏建筑结构和管道设备。当穿过有可能发生积水的房间地面或楼板面时,套管应高出地面 5 ~ 10 cm。热水管道在吊顶内穿墙时,可预留孔洞。

(4)上行下给式配水干管的最高点应设排气装置(自动排气阀,带手动放气阀的集气罐和膨胀水箱),下行上给式配水系统可利用最高配水点放气。

(5)下行上给式热水供应系统的最低点应设泄水装置(泄水阀或丝堵等),有可能时也可利用最低配水点泄水。

(6)下行上给式热水供应系统设有循环管道时,其回水立管应在最高配水点以下约 0.5 m 处与配水立管连接。上行下给式热水供应系统只需将循环管道与各立管连接。

(7)热水横管均应保持有不小于 0.003 的坡度,配水横干管应沿水流方向下降,便于检修时泄水和排除管内污物。这样布管还可保持配、回水管道坡向一致,方便施工安装。

(8)热水立管与横管连接时,为避免管道伸缩应力破坏管网,应采用乙字弯的连接方式,如图 2-32 所示。

(9)室外热水管道一般为管沟敷设,当不可能时,也可直埋敷设,其保温材料为聚氨酯硬质泡沫塑料,外做玻璃钢管壳,并做伸缩补偿处理。直埋管道的安装与敷设还应符合有关直埋供热管道工程技术规程的规定。

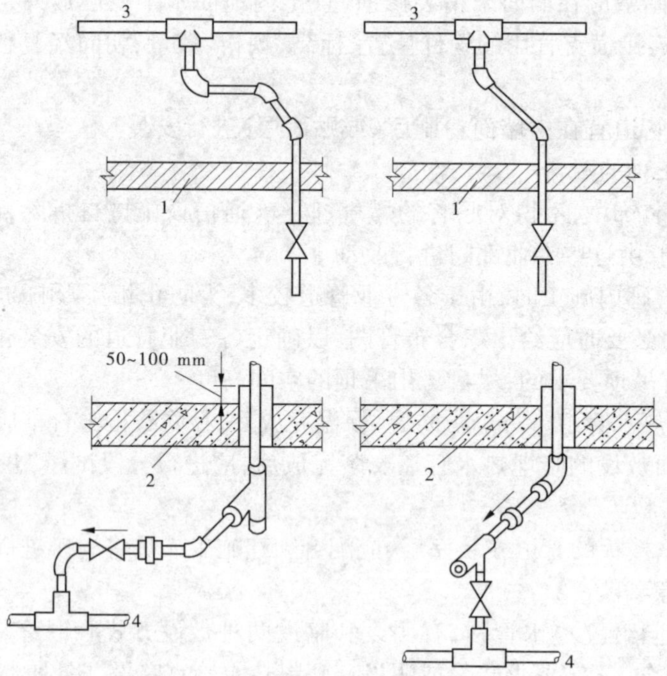

图 2-32　热水立管与横管的连接方式

(10)热水管道应设固定支架,一般设于补偿器或自然补偿管道的两侧,其间距长度应满足管段的热伸长量不大于补偿器所允许的补偿量。固定支架之间宜设导向支架。

(11)为调节平衡热水管网的循环流量和检修时缩小停水范围,在配、回水管连接的分干管上,配水立管和回水立管的端点及居住建筑和公共建筑中每一用户或单元的热水支管上,均应装设阀门。

第四节　建筑中水系统

建筑中水系统是将建筑或建筑小区内使用后的生活污废水经适当处理后回用于建筑或建筑小区作为杂用水的供水系统。它适用于严重缺水的城市和淡水资源缺乏的地区。

一、建筑中水系统的分类与组成

(一)分类

1. 建筑中水系统

建筑中水系统是指单幢(或几幢相邻建筑)所形成的中水系统,视其情况不同又可再分为两种形式:

(1)具有完善排水设施的建筑中水系统,如图 2-33 所示。这种形式的中水系统是指建筑物排水管系为分流制,且具有城市二级水处理设施,中水的水源为本系统内的优质杂排水和杂排水(不含粪便污水),这种杂排水经集流处理后,仍供应本建筑内冲洗厕所、绿化、扫除、洗车、水景、空调冷却等用水。其水处理设施可设于建筑地下室或邻近建筑的室外。这种系统的给水和排水都应该是双管系统,即室内饮用给水和中水供水采用不同的管网(也叫双管系统)分质供水,室内杂排水和污水采用不同的管网分别排除。

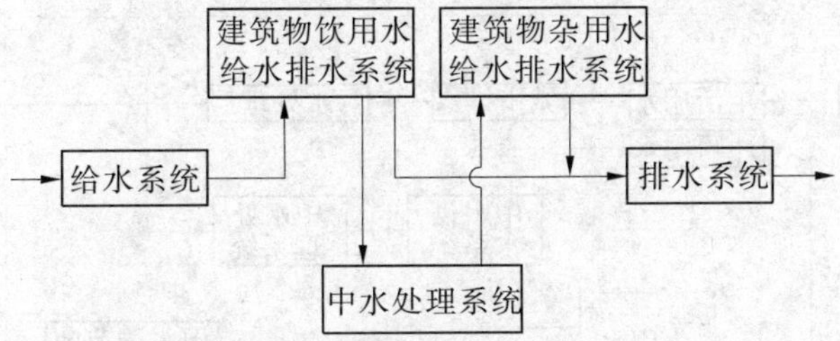

图 2-33　排水设施完善的建筑中水系统

(2)排水设施不完善的建筑中水系统,如图 2-34 所示,这种形式的中水系统是指建筑物排水管系为合流制,且没有二级水处理设施或距二级水处理设施较远。中水水源取自该建筑的排水净化池(如沉沙池、沉淀池、除油池或化粪池等)。其中,水处理构筑物根据建筑物有无地下室和气温冷暖期长短等条件设于室内和室外。这种系统室内饮用给水和中水供水也必须采用两种管系分质供水,而室内排水则不一定分流排放,应根据当地室外排水设施的现状和规划确定。

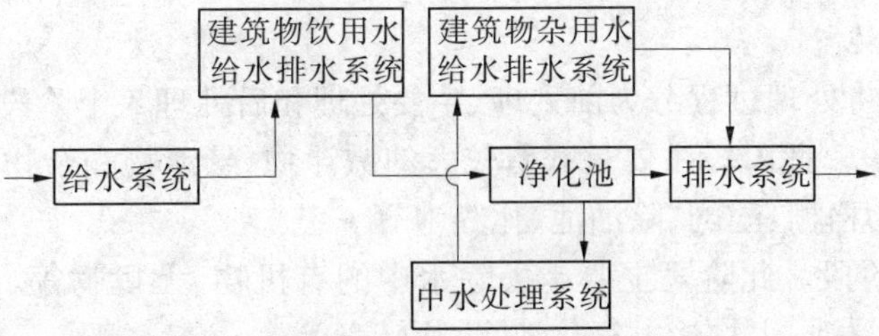

图 2-34　排水设施不完善的建筑中水系统

2. 小区中水系统

此系统适用于城镇小区、机关大院、企业学校等建筑群。中水水源取自建筑小区内各建筑物排放的污废水。室内饮用给水和中水供水应采用双管系统分质供水。室内排水应与小区室外排水体制相对应,污水排放应按生活废水和生活污水分质、分流进行排放,如图 2-35 所示。

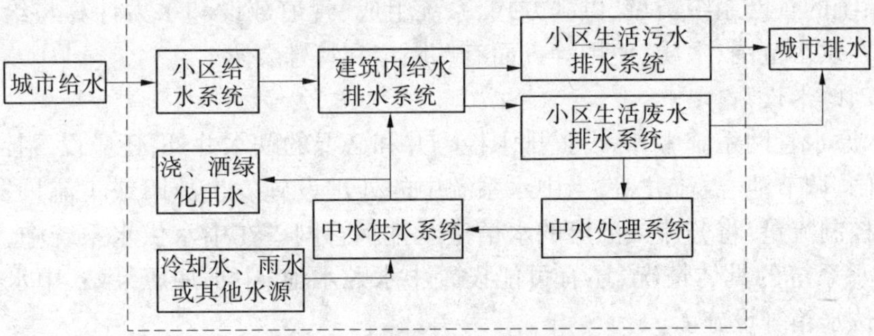

图 2-35　小区中水系统框图

3. 城镇中水系统

以城镇二级污水处理厂的出水和部分雨水作为中水水源,经提升后送到中水处理站。处理达到生活杂用水水质标准后,供城镇杂用水使用。该系统不要求室内外排水系统必须采用分流制,但城镇应设有污水处理厂,城镇和室内供水管网应为双管系统,如图 2-36 所示。

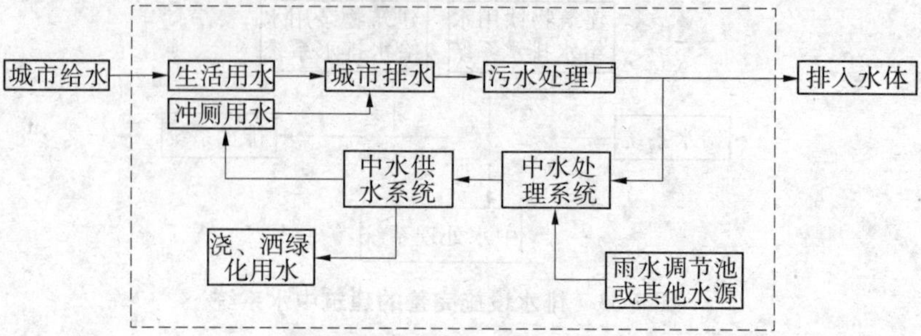

图 2-36　城镇中水系统框图

(二)组成

1. 中水原水系统

该系统指的是收集、输送中水原水至中水处理设施的管道系统和一些附属构筑物,建筑内排水系统有污废水分流制与合流制之分,中水的原水一般采用分流制方式中的杂排水和优质杂排水作为中水水源。

2. 中水处理设施

中水处理一般将处理过程分为前处理、主要处理和后处理 3 个阶段。

(1)前处理阶段。此阶段主要是截留较大的漂浮物、悬浮物和杂物,分离油脂、调整 pH 值等,其处理设施为格栅、滤网、除油池、化粪池等。

(2)主要处理阶段。此阶段主要是去除水中的有机物、无机物等。其主要处理设施有沉淀池、混凝池、气浮池、生物接触氧化池、生物转盘等。

(3)后处理阶段。此阶段主要是针对某些中水水质要求高于杂用水时,所进行的深度处理,如过滤、活性炭吸附和消毒等。其主要处理设施有过滤池、吸附池、消毒设施等。

3. 中水管道系统

中水管道系统分为中水原水集水管道系统和中水供水管道系统两大部分,中水原水集水管道系统主要是建筑排水管道系统和必须将原水送至中水处理设施的管道系统。中水供水管道系统应单独设置,是将中水处理站处理后的水输送至各杂用水用水点的管网。中水供水管道系统的管网系统类型、供水方式、系统组成、管道敷设和水力计算与给水系统基本相同,只是在供水范围、水质、使用等方面有些限定和特殊要求。

4. 调节、贮水设施

在中水原水管网系统中,除设置排水检查井和必要的跌水井外,还应设置控制流量的设施,如分流闸、调节池、溢流井等,当中水系统中的处理设施发生故障或集流量发生变化时,需要调节、控制流量,将分流或溢流的水量排至排水管网。在中水供水系统中,除管网系统外,根据供水系统的具体情况,还有可能设置中水贮水池、中水加压泵站、中水气压给水设备、中水高位水箱等设施。

二、中水水源、水质、处理工艺及防护

(一)中水水源

中水水源的选用应根据原排水的水质、水量、排水状况和中水所需的水质、水量等来确

定。一般生产冷却水和生活废、污水，其取舍顺序为:冷却水、淋浴排水、盥洗排水、洗衣排水、厨房排水、厕所排水等。医院污水不宜作为中水水源，严禁将工业污水、传染病医院污水和放射性污水作为中水水源。

(二)中水水质

1.原水水质

建筑中水原水的水质应以实测资料为准。由于在不同的地区人们的生活习惯不同，污水中污染物成分也不尽相同，所以生活污水的分项水质相差很大，但人均排出的污染浓度比较稳定。建筑物排水的污染浓度与用水量有关，用水量越大，其污染浓度越低;反之，则越高。

2.中水水质标准

中水水质必须在卫生方面安全可靠，无有害物质，外观上无使人不快的感觉，不得引起管道设备产生结垢和腐蚀。中水用于采暖系统补水等其他用途时，其水质应达到相应使用要求的水质标准，当中水同时满足多种用途时，其水质应按最高水质标准确定。

(三)中水处理工艺流程

中水处理工艺流程的确定，应充分了解本地区的用水环境、节水技术的应用情况、城市污水及污泥的处理程度、当地的技术与管理水平是否适应处理工艺的要求等，再根据中水原水的水质、水量和要求的中水水质、水量及使用要求等因素，经技术经济比较，并参考已经应用成功的处理工艺流程确定。

当以优质杂排水或杂排水作为中水原水时，可采用以物化处理为主的工艺流程，或采用生物处理与物化处理相结合的工艺流程，如图2-37所示。

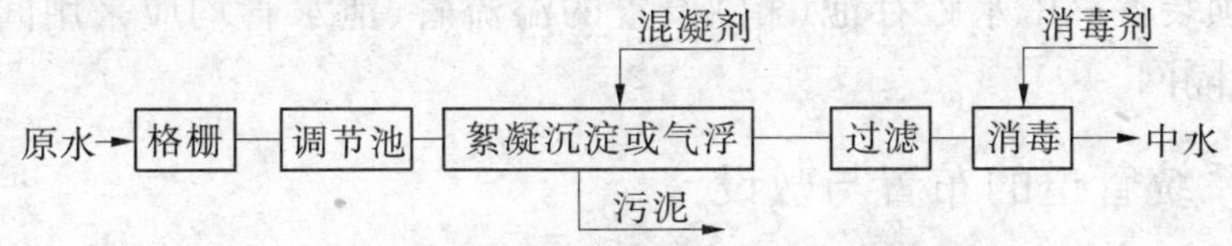

(a)物理化学处理

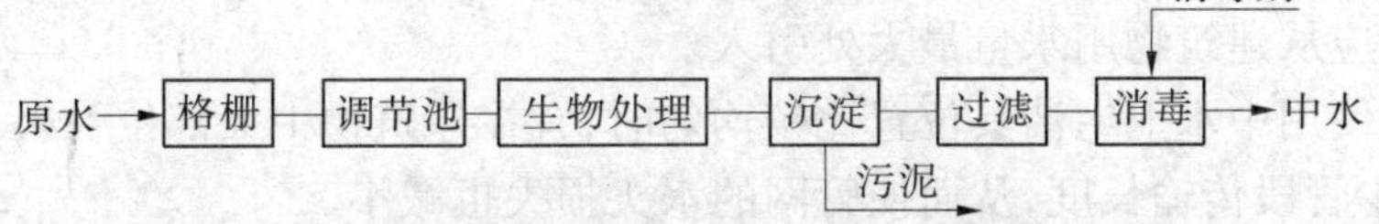

(b)生物处理与物理化学处理相结合

图2-37 以优质杂排水和杂排水为中水水源的水处理工艺流程

当以生活污水为中水水源时，因原水中悬浮物和有机物的浓度都很高，中水处理的目的是去除水中的悬浮物和有机物，此时宜采用二级生物处理或生物处理与物化处理相结合的工艺流程，如图2-38所示。

当利用污水处理站二级生物处理出水作为中水水源时，中水处理的目的是去除水中残留的悬浮物，降低水的浊度和色度，此时宜采用物化处理或三级处理工艺流程。其工艺流程如图2-39所示。

(四)中水系统的安全防护

中水管道严禁与生活饮用水管道连接，避免造成因中水管道系统与生活饮用水系统误接，污染生活饮用水。向中水池(箱)内补水的自来水管道应采取防污染措施，补水管出水

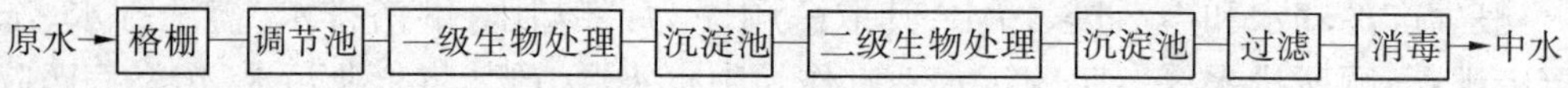

(a)二级生物处理

(b)生物处理与物理化学处理相结合

图 2-38　以生活污水为中水水源的水处理工艺流程

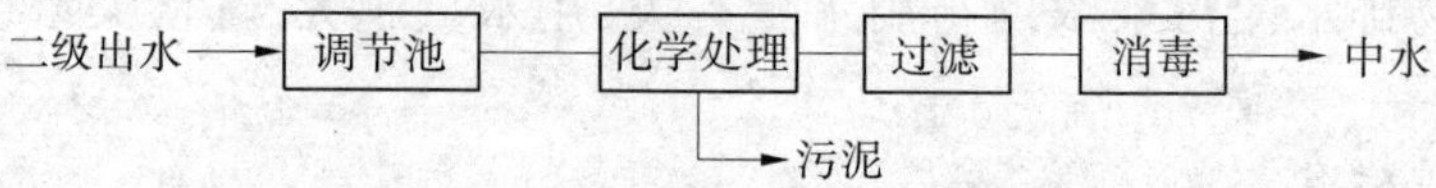

图 2-39　污水处理站二级生物处理出水为中水水源的水处理工艺流程

口应高于中水贮存池(箱)内溢流水位,其间距不得小于 2.5 倍管径,严禁采用淹没式浮球阀补水。

当中水管道与生活饮用水给水管道、排水管道等平行埋设时,其水平净距不得小于 0.5 m;当交叉埋设时,中水管道应位于生活饮用水管道下面、排水管道的上面,其净距均不得小于 0.15 m。

中水管道外壁应按有关标准的规定涂色和做标志,一般情况下,若中水管道采用外壁为金属的管材,其外壁的颜色应涂浅绿色;当采用外壁为塑料的管材时,应采用浅绿色的管道,并应在其外壁模印或打印明显耐久的"中水"标志,以避免与其他管道混淆。在中水贮存池(箱)、阀门、水表、给水栓、取水口等处均应有明显的"中水"标志。公共场所及绿化的中水取水口应设带锁装置。中水贮存池(箱)设置的溢流管、泄水管均应采用间接排水方式排出,溢流管应设隔网。

三、中水系统管道的布置与敷设

(1)建筑中水引入管的位置,要根据室外中水分配位置、建筑物的布置等因素确定。中水引入管一般应从建筑物用水量最大处引入。

当建筑物使用中水卫生洁具位置比较均匀时,宜在建筑物中央部位引入,这样可使配水均匀,同时减少管段传输长度,从而使管网的水头损失也减小。

当室内中水管网为杂用、消防共用系统,而建筑物的消火栓在 10 个以上时,为保证供水安全可靠,引入管应该设置成两条,并从建筑物不同侧的室外中水管网引入。

当受到室内中水管条件限制,只能从一侧引入时,则两根引入管间距不宜小于 10 m,并应在两根引入管之间设闸门。

(2)室内中水管道布置与建筑物性质、建筑物使用中水的卫生洁具的位置、数量以及采用的供水方式有关。管道布置时应力求长度短,尽可能呈直线走向,并与墙、梁、柱平行敷设。

(3)中水管道不允许敷设在排水沟、烟道和风道内,以避免管道过快地被腐蚀,也不应该穿越橱窗、壁柜和木装修,以利管道维修。尽量不直接穿越建筑物沉降缝,若必须穿越,要采取相应的措施,如用柔性软管等。

四、中水系统管道及设备安装

(1)当中水管道与生活饮用水管道、排水管道平行埋设时,其水平净距不小于500 mm;当交叉埋设时,中水管道应位于生活饮用水管道下面、排水管道的上面,其净距均不小于0.15 m。

(2)明装管道距墙应均匀一致,公称外径32 mm以下的管道外皮距离建筑装饰墙面20~25 mm,公称外径32 mm以下的管道外皮距离建筑装饰墙面25~50 mm。

(3)当管道上下平行安装时,要保证输送热水的管道在输送冷水的管道上方;当左右平行安装时,输送热水的管道在输送冷水的管道的左边。

(4)根据建筑物对卫生、美观要求的高低,中水管可以明装或暗装。室内明装管道,宜在土建粉饰完毕后进行。

明装管可敷设在墙、梁、柱和天花板下,也可在地板旁边暴露敷设,一般民用建筑卫生设备件数不多时可采用明装方式。暗装是指将管道敷设在技术层、地下室顶棚下、吊顶中、管道竖井内。

(5)引入管的室外部分埋深可由当地冻土深度及地面荷载情况确定,通常在冻土线以下200 mm(管顶算起),管顶上覆土不小于0.7~1.0 m。为防止因建筑物沉降而压坏引入管,应当采取防压坏的技术措施。如管道穿过基础或墙壁部分预留大于引入管直径200 mm的孔洞,在孔洞与管道之间的柔性填充,或采取预埋套管、砌分压拱或过梁等措施。室外地下水位高于引入管埋管深度时,还要在引入管穿墙基础部位采取防水措施。

第五节　建筑排水系统

一、建筑排水系统的分类、排水体制和组成

(一)分类

按系统排除的污废水种类的不同,建筑排水系统分为以下几类:

(1)生活排水系统。用于排除居住、公共建筑及工厂生活间的盥洗、洗涤和冲洗便器等污废水,可进一步分为生活污水排水系统和生活废水排水系统。

(2)工业废水排水系统。用于排除生产过程中产生的工业废水。由于工业生产门类繁多,所排水质极为复杂,根据其污染程度又可分为生产污水排水系统和生产废水排水系统。

(3)雨水排水系统。用于收集排除建筑屋面上的雨雪水。

(二)排水体制

建筑内部的排水体制可分为分流制和合流制两种,分别称为建筑内部分流排水和建筑内部合流排水。

建筑内部分流排水是指居住建筑和公共建筑中的粪便污水和生活废水及工业建筑中的生产污水和生产废水各自由单独的排水管道系统排除。建筑内部合流排水是指建筑中两种或两种以上的污废水合用一套排水管道系统排除。

建筑物宜设置独立的屋面雨水排水系统,迅速、及时地将雨水排至室外雨水管渠或地面。在缺水或严重缺水地区宜设置雨水贮水池。

（三）组成

建筑内部排水系统的组成如图 2-40 所示。

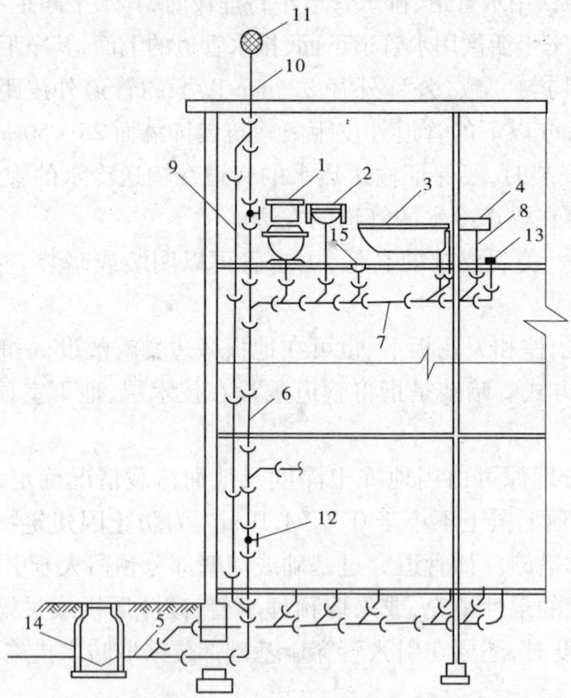

1—大便器；2—洗脸盆；3—浴盆；4—洗涤盆；5—排出管；6—立管；7—横支管；8—支管；
9—专业通气立管；10—伸顶通气管；11—网罩；12—检查口；13—清扫口；14—检查井；15—地漏

图 2-40　建筑内部排水系统的组成

（1）卫生洁具和生产设备受水器。卫生洁具是建筑内部排水系统的起点，用以满足人们日常生活或生产过程中各种卫生要求，并收集和排出污废水的设备。

（2）排水管道。排水管道包括器具排水管（指连接卫生洁具和横支管的一段短管，除坐式大便器其间含有一个存水弯外）、横支管、立管、埋地干管和排出管。其作用是将污废水迅速安全地排出室外。

（3）通气管道。建筑内部排水系统是水气两相流动，当卫生洁具排水时，需向排水管道内补给空气，以减少气压变化，防止卫生洁具水封破坏，使水流通畅，同时需将排水管道内的有毒、有害气体排放到一定空间的大气中，补充新鲜空气，减缓金属管道的腐蚀。

（4）清通设备。为疏通建筑内部排水管道，保障排水畅通，常需设检查口、清扫口、带清扫门的 90°弯头或三通、室内埋地横干管上的检查井等。

（5）提升设备。工业与民用建筑的地下室、人防建筑物、高层建筑地下技术层、地下铁道、立交桥等地下建筑物的污废水不能自流排至室外时，常须设提升设备。

（6）污水局部处理构筑物。当建筑内部污水未经处理不能排入其他管道或市政排水管网和水体时，须设污水局部处理构筑物。常用的局部水处理构筑物有化粪池、隔油井和降温池。

二、高层建筑排水系统

(一)苏维托排水系统

苏维托排水系统是采用一种气、水混合或分离的配件来代替一般零件的单立管排水系统,它包括气水混合器和气水分离器两个基本配件,如图 2-41 和图 2-42 所示。

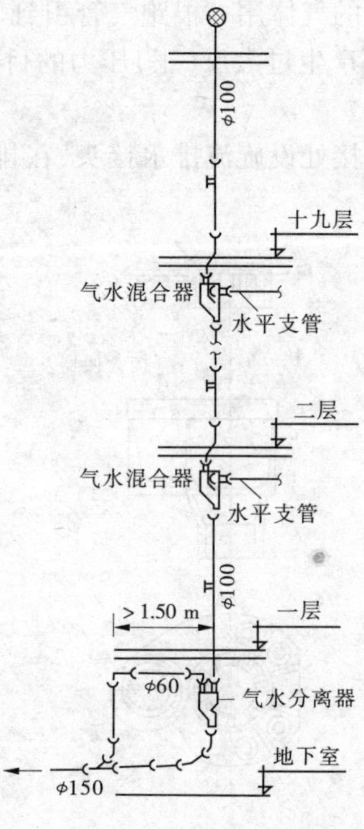

图 2-41　苏维托排水系统

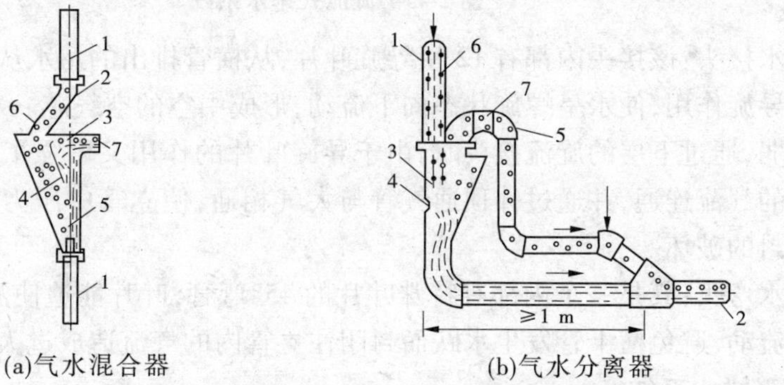

(a)气水混合器

1—立管；2—乙字弯；3—空隙；4—隔板；5—混合室；6—气水混合器；7—空气

(b)气水分离器

1—立管；2—乙字弯；3—空隙；4—隔板；5—混合室；6—气水混合器；7—空气

图 2-42　苏维托排水系统基本配件

气水混合器是由长约 80 cm 的连接配件装设在立管与每层楼横支管的连接处。横支管接入口有 3 个方向;混合器内部有 3 个特殊构造——乙字弯、隔板和隔板上部约 1 cm 高的空隙。自立管下降的污水经乙字弯时,水流撞击分散并与周围空气混合成水沫状气水混合物，比重变轻，下降速度减缓，减小抽吸力。横支管排出的水受隔板阻挡，不能形成水舌，能保持立管中气流通畅，气压稳定。

气水分离器通常装设在立管底部，它是由具有凸块的扩大箱体及跑气管组成的一种配件，作用是沿立管流下的气水混合物遇到内部的凸块溅散，从而把气体（70%）从污水中分离出来，由此减小了污水的体积，降低了流速，并使立管和横干管的泄流能力平衡，气流不致在转弯处被阻塞；另外，将释放出的气体用一根跑气管引到干管的下游（或返向上接至立管中去），这就达到了防止立管底部产生过大反（正）压力的目的。

（二）旋流式排水系统

该系统在排水立管与横管连接处设旋流排水接头，在排水立管底部与排出管连接处设旋流排水弯头，如图2-43所示。

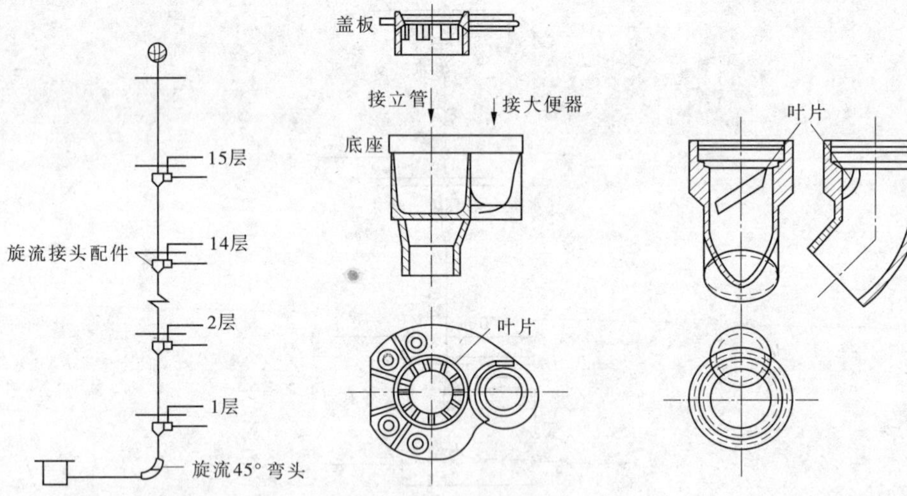

(a)旋流排水系统　(b)旋流排水接头　(c)旋流排水弯头

图2-43　旋流式排水系统

旋流排水接头：该接头内都有12块导旋叶片，从横管排出的污水从切线方向流入立管，由于叶片的导旋作用，使水呈螺旋状态向下流动，形成中空的空气芯。水流流过一段距离后旋流作用减弱，通过下层的旋流接头时，由于导旋叶片的作用又增强了旋流，使立管的空气芯与各横管的气流连通，并通过伸顶通气管与大气相通，使立管中压力变化较小，从而防止卫生洁具水封的破坏。

旋流排水弯头：其是一个内部有特殊叶片的45°弯管，叶片能迫使流下的水流溅向对壁沿弯头后方流动，避免横干管发生水跃而封闭住立管内的气流造成过大的正压。

（三）芯形排水系统

该系统将环流器装设在排水横支管与排水立管的连接处，角笛弯头装设在排水立管与横干管或排出管的连接处。

环流器外形呈倒圆锥形，平面上有2～4个可接入横支管的接入口（不接入横支管时也可作为清通用）的特殊配件，如图2-44所示。立管向下延伸一段内管，插入内部的内管起隔板作用，防止横支管出水形成水舌，立管污水经环流器进入倒锥体后形成扩散，气水混合成水沫，比重减轻，下落速度减缓，立管中心气流通畅，气压稳定。

角笛弯头外形似犀牛角，大口径承接立管，小口径连接横干管，如图 2-45 所示。由于大口径以下有足够的空间，既可对立管下落水流起减速作用，又可将污水中所携带的空气集聚、释放。又由于角笛弯头的小口径方向与横干管断面上部也连通，可减小管中正压强度。

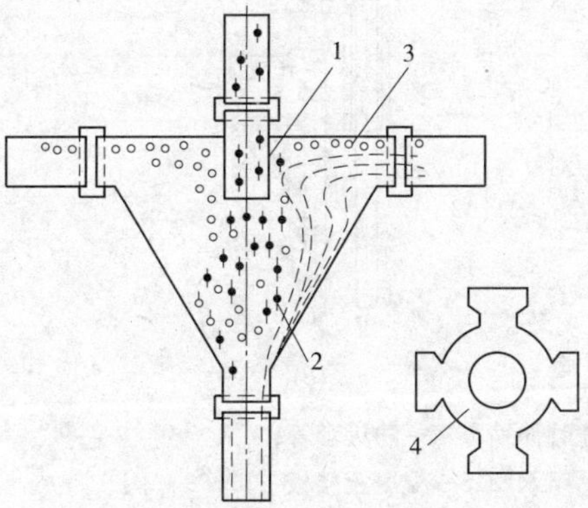

1—内管；2—气水混合物；3—空气；4—环流通路

图 2-44　环流器

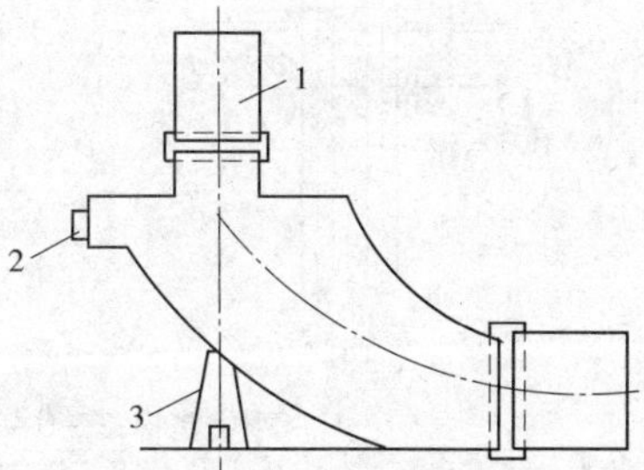

1—立管；2—检查口；3—支墩

图 2-45　角笛弯头

三、排水管道的布置与敷设

(一)敷设原则

(1)布置室内排水管道应力求管线短、转弯少，使污水以最佳水力条件排至室外管网。

(2)管道的布置不得影响、妨碍房间的使用和室内各种设备功能的正常发挥。

(3)管道敷设应便于安装和维护管理，室内明设管道应布置在不易遭受机械撞击的位置，应满足经济和美观的要求。

(4)温度升高至某一温度的硬聚氯乙烯将会熔化，故硬聚氯乙烯管道不得穿越烟道和防火墙，不得布置于热源附近或易引起燃烧的位置，管道表面受热温度不得大于 60 ℃。

(二)排水横管

(1)管道不得穿越卧室、储藏柜，且不宜布置在与卧室相邻的内墙面，不得敷设在厨房的炉灶上方，尽量避免穿过大厅和控制室等。因为管道穿越储藏室时，其表面可能产生凝结水，使贮藏室内湿度增大，导致室内壁发霉，影响储藏柜内的衣物，滴下的凝结水会污染物品。

(2)在工矿企业和仓库等建筑中，管道不得布置在遇水引起燃烧、爆炸、损坏原料、产品和设备的上方，不得布置在食品和贵重物品仓库、通风小室和变电间内。

(3)排水横管不得穿越沉降缝、伸缩缝、变形缝，否则当建筑物发生沉降或伸缩时，将造成管道变形、断裂。必须穿越伸缩缝时，应设金属软接头。排水横管不得穿越风道和烟道。

(4)为避免落差过大，排水横管的长度不大于 10 m。

(5)水平支管可以安装在楼板下方、天棚内，即与卫生设备异层敷设；水平支管也可以安装在楼板上方，即同层敷设。水平支管异层敷设是一种传统的敷设方式，不占用使用空间，但安装、维修不方便，噪声较大，卫生设备的布局受到限制。

(三)排水立管

(1)排水立管应布置在排水量最大、最脏、杂质最多的排水点。

(2)排水立管应布置在墙边(角)或立柱附近，但应避免靠近与卧室相邻的内墙。

(3)高层建筑中,管径大于110 mm的明设塑料立管穿越楼层处和横管与立管相连接处时,应设防火灾的阻火圈和防火套管(见图2-46)。

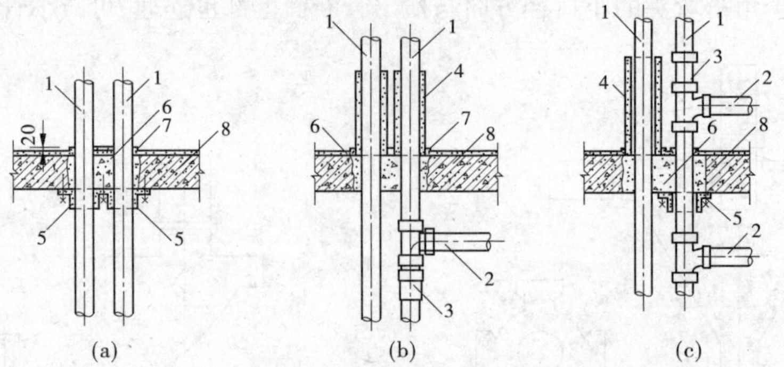

1—U－PVC立管;2—U－PVC横管;3—立管伸缩节;4—防火套管;
5—阻火圈;6—细石混凝土二次嵌缝;7—阻水圈;8—混凝土楼板

图2-46　阻火圈和防火套管

(4)排水立管应避免偏置,若必须偏置,宜用乙字弯或两个45°弯头。

(5)塑料排水管应避免布置在热源附近,如不可避免并导致管道表面受热温度大于60 ℃,应采取隔热措施。塑料排水立管与灶具的净距不得小于0.4 m。

(6)立管与横管连接时应采用顺水三通。

(四)排出管

(1)排出管通常埋地敷设或悬吊在地下室的天棚下。排出管应尽可能短地排至室外,以减少排出管的堵塞,便于清通检修,避免坡降大而造成室外管网埋深过大。

(2)排出管穿越地下室外墙时,应预埋刚性套管,套管比排出管大2号,排出管与套管之间采取防渗漏措施。

(3)为防止被冻坏,排出管埋地敷设的深度应大于当地冻土层深度;排出管不得穿越设备基础,当遇特殊情况必须穿越时应加钢套管。

(五)通气管

(1)伸顶通气管应大于最大积雪厚度,且高出屋面(含隔热层)不小于0.3 m;在经常有人活动的屋面,通气管伸出屋面不小于2 m,并根据防雷要求设置避雷装置。通气管顶端应设通气帽或网罩,以防杂物落入。

(2)在通气管出口4 m以内有门窗时,通气管应高出窗顶0.6 m或引向无门窗一侧;通气管出口不宜设在建筑物挑出部分(如屋檐口、阳台和雨篷)下面;通气管不得与建筑物的风道或烟道连接。

四、排水管道的安装

(一)作业条件

排水管道安装的作业条件如下:

(1)安装层土建结构已完成,室内模板已拆除,结构已验收合格。

(2)基础及楼板上的孔洞已预留,建筑轴线及间隔墙线已画出。

(3)安装图纸已经会审,技术资料齐备,且已进行技术及安全交底。

(4)管材管件已进场。

(二)工艺流程

排水管道安装的工艺流程如下:

安装准备→预制加工→干管安装→立管安装→支管安装→卡件固定→封口堵洞→闭水试验→通水试验。

(三)室内排水管道及配件安装

1. 室内埋设管安装

安装时应根据设计图纸要求和洁具立管清扫口等位置的实际情况,测量其尺寸,按要求的规格进行预制连接,同时将管沟挖好夯实。将管放入管沟内,找好坡度、位置、尺寸,稳固找正,并将需要的接管口工作坑挖好,而后将其接往洁具、清扫口、立管等处分别按位置尺寸接至所需高度,再将所有接口连接,然后将管两侧填土踩实,留出管口以便试水检查。安装后,将甩头和排出口堵盖好,防止污物进入管内,地下埋设管道安装后,水泥强度达到80%时进行灌水试验检查。

2. 室内立管安装

立管安装必须考虑与支管连接的可能性和排水的畅通、连接的牢固,所有用于立管连接的零件都必须是45°的斜三通,弯头一律采用45°的产品。所有立管与排出管连接时,要用两个45°弯头,底部应做混凝土支座。为了防止在多工种交叉施工中有碎砖木块、灰浆等杂物掉入管道内,在安装立管时,不应从±0.00开始,使±0.00到1 m处的管段暂不连接,等抹灰工程完成后,再将该段连接好。

3. 排水支管安装

安装支管时,必须符合排水设备的位置、标高的具体要求。支管安装需要有一定的坡度,目的是使污水能够畅通地流入立管。支管的连接件不得使用直角三通、四通和弯头,承口应逆水流向。对地下埋设和楼板下部明装的,要事先按照图纸要求多做预制,尽量减少死口。接管前,应将承口清扫干净,并打掉表面上的毛刺。插口向承口内安装时,要观察周边的间隙是否均匀;在一般情况下,其间隙不能小于8~10 mm。打完承口后再用塞刀将其表面压平压光。支管安装的吊钩,可安在墙上或楼板上,其间距不能大于1.5 m。

4. 器具支管安装

器具支管安装首先应准确定出长度,与横支管连接时均有坡度要求,因此即使卫生洁具相同,其支管长度也各不相同,它的尺寸都需要实际量出。大便器的支管要求承口露出楼板30~50 mm;测量时应从伸出长度加上楼板厚度及到横管三通承口内总长计算;对拖布槽、小便斗及洗脸盆等短管长度,也应采用这个方法量出,在地面上切断便可安装。

(四)建筑排水管道系统的验收

(1)灌水试验。建筑排水管道系统安装完毕后,用灌水法进行试验,检查管道和接头的严密性。管内灌水高度为5 m。灌水前先将放空的气囊由三通或立管送入试验的管段底部,然后打气、灌水,15 min后检查泄露,再等5 min后液面不下降为合格。试验时应做好灌水试验记录。

(2)检查管道的平面位置、标高、坡度、坡向、管径、管材是否正确。

(3)放水试验。将给水系统的1/3配水点同时开放,检查各排水点是否畅通,接口处是否有渗漏。

第六节　屋面雨水排水系统

降落在屋面上的雨水和融化的雪水，在短时间内会形成积水，如果不能及时排除，则会造成屋面积水四处溢流，甚至造成屋面漏水，形成水患，影响人们的生产和生活。为了有组织地排除屋面雨水，必须设置完整的屋面雨水排水系统。

一、屋面雨水排水系统的分类及组成

（一）按雨水管道的布置位置不同分类

1. 外排水系统

外排水系统是指屋面不设雨水斗，建筑内部没有雨水管道的雨水排放形式。按屋面有无天沟，又可分为檐沟外排水系统和天沟外排水系统。

1）檐沟外排水系统

檐沟外排水系统又称普通外排水系统或水落管外排水系统，由檐沟、雨水斗和水落管组成。屋面雨水由檐沟汇水，然后流入雨水斗，经连接管至承雨斗和水落管，排至室外散水坡，如图 2-47 所示。

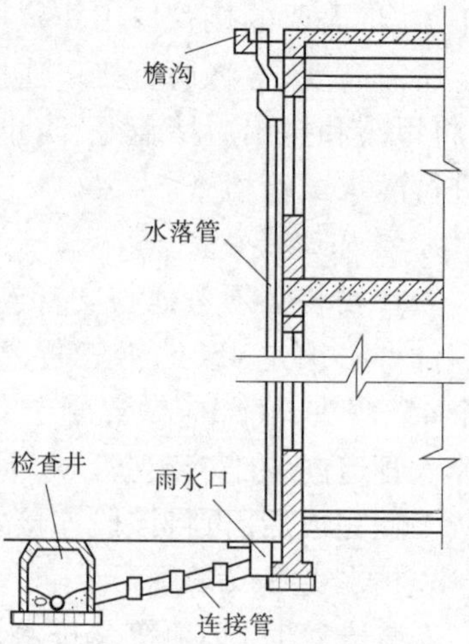

图 2-47　檐沟外排水系统

2）天沟外排水系统

天沟外排水系统由天沟、雨水斗和水落管组成，是指屋面雨水由天沟汇水，排至建筑物两端，经雨水斗、水落管排至室外地面水井，如图 2-48 所示，天沟设置在两跨中间并坡向端墙（山墙、女儿墙），外立管连接雨水斗沿外墙布置，如图 2-49 所示。

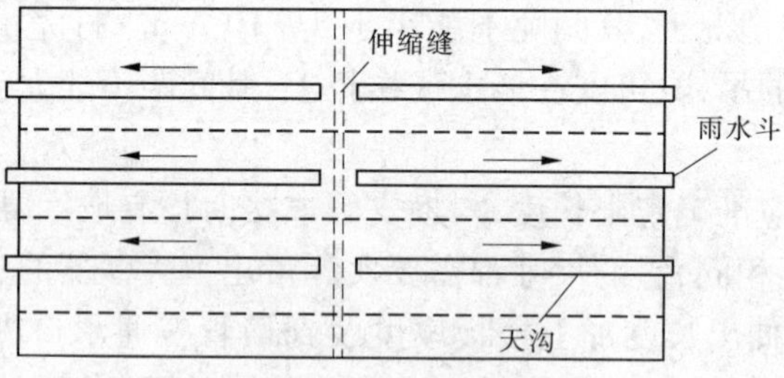

图 2-48　天沟布置示意

2. 内排水系统

内排水系统是指屋面设有雨水斗，建筑物内部设有雨水管道的雨水排水系统，由天沟、雨水斗、连接管、悬吊管、立管、排出管、埋地干管和检查井组成。该系统常用于跨度大、特别长的多跨工业厂房及屋面设天沟有困难的壳形屋面、锯齿形屋面、有天窗的厂房。建筑立面要求高的高层建筑、大屋面建筑和寒冷地区的建筑，不允许在外墙设置雨水立管时，也应考虑采用内排水形式。内排水系统可分为单斗内排水系统和多斗内排水系统、敞开式内排水系统和密闭式内排水系统。

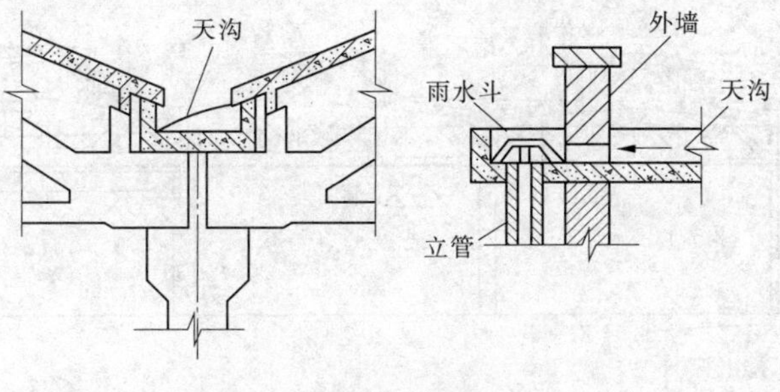

图 2-49　天沟与雨水管连接

1)单、多斗内排水系统

单斗内排水系统一般不设悬吊管,雨水经雨水斗流入设在室内的雨水排水立管排至室外雨水管渠。多斗内排水系统中设有悬吊管,雨水由多个雨水斗流入悬吊管再经雨水排水立管排至室外雨水管渠。

2)敞开式和密闭式内排水系统

敞开式内排水系统,雨水经排出管进入室内普通检查井,属于重力流排水系统。因雨水排水中负压抽吸会夹带大量的空气,若设计和施工不当,突降暴雨时会出现检查井冒水现象,雨水漫流而造成危害,但敞开式内排水系统可接纳与雨水性质相近的生产废水。

密闭式内排水系统,雨水经排水管进入用密闭三通连接的室内埋地管,属于压力排水系统,当雨水排泄不畅时,室内不会发生冒水现象,但不能接纳生产废水。对于室内不允许出现冒水的建筑,一般宜采用密闭式内排水系统。

3. 混合排水系统

大型工业厂房的屋面形式复杂,为了及时有效地排除屋面雨水,往往同一建筑物采用几种不同形式的雨水排除系统,分别设置在屋面的不同部位,由此组合成屋面雨水混合排水系统。如图 2-50 所示,左侧为檐沟外排水系统;右侧为多斗敞开式内排水系统;中间为单斗密闭式内排水系统,其排出管与检查井内管道直接相连。

(二)按管内水流情况分类

1. 重力流雨水排水系统

重力雨水流排水系统,可承接管系排水能力范围不同标高的雨水斗排水,檐沟外排水系统和敞开式内排水系统和高层建筑屋面雨水管系统都宜按重力流雨水排水系统设计。

2. 压力流雨水排水系统

压力流雨水排水系统,同一系统的雨水斗应在同一水平面上,长天沟外排水系统宜按单斗压力流设计密闭式内排水系统,且宜按压力流排水系统设计。

二、屋面雨水排水系统的布置及敷设

(一)檐沟外排水系统

檐沟外排水系统常采用重力流排水型雨水斗,雨水斗设置在檐沟内,雨水斗的间距应根据降雨量和雨水斗的排水负荷确定出 1 个雨水斗服务的屋面汇水面积并结合建筑结构、屋面形状等情况决定,一般情况下,檐沟外排水系统,雨水斗的间距可采用 8 ~ 16 m,同一建筑屋面,雨水排水立管不应少于 2 根。

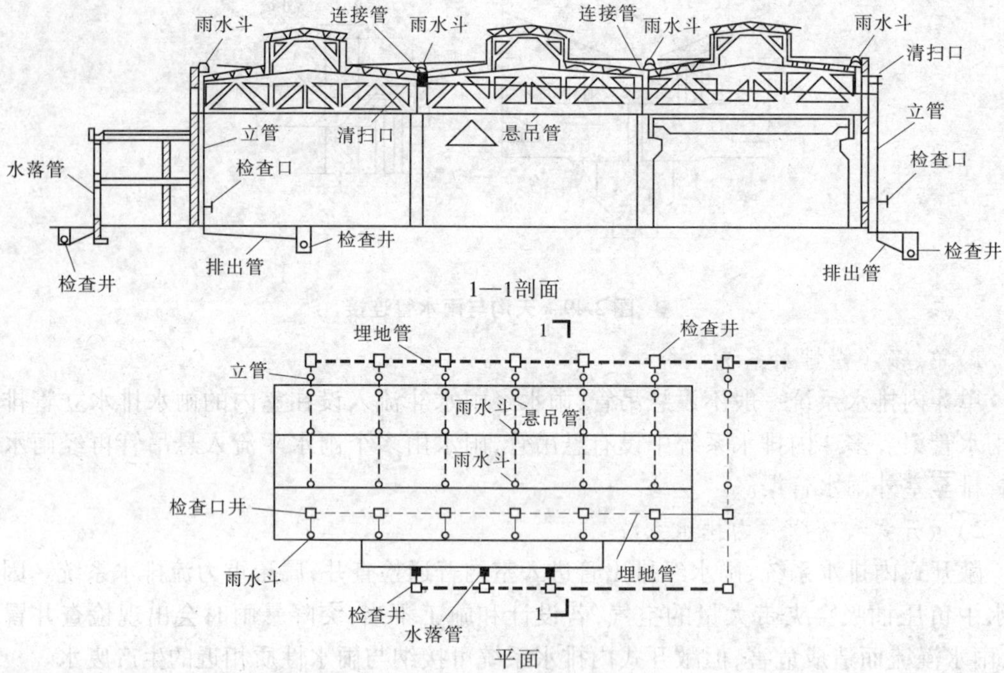

图 2-50　雨水内排水系统

雨水排水立管又称水落管,檐沟外排水系统应采用 U－PVC 排水塑料管和排水铸铁管,其最小管径可用 DN75,下游管段管径不得小于上游管段管径,距地面以上 1 m 处设置检查口,牢靠地固定在建筑物的外墙上。

(二)天沟外排水系统

天沟外排水系统采用排水型雨水斗,雨水斗通常设置在伸出山墙的天沟末端。排水立管连接雨水斗,应采用 U－PVC 承压塑料管和承压铸铁管,最小管径可采用 DN100,下游管段管径不得小于上游管段管径,距地面以上 1 m 处设置检查口,雨水排水立管固定应牢固。

天沟外排水系统,天沟应以建筑物伸缩缝或沉降缝为屋面分水线,在分水线两侧设置,天沟连续长度不宜大于 50 m,坡度太小,易积水,太大会增加天沟起端屋顶垫层,一般采用 0.003～0.006,雨水斗前天沟深度不宜小于 100 mm。天沟不宜过宽,以满足雨水斗安装尺寸为宜,天沟断面多为矩形和梯形,天沟端部应设溢流口,以排除超重现期的降雨,溢流口比天沟上檐低 50～100 mm。

(三)敞开式内排水系统

1.连接管

连接管是上部连接雨水斗,下部连接悬吊管的一段竖向短管,其管径一般与雨水斗相同,但不宜小于 DN100。连接管应牢靠地固定在建筑物的承重结构上,下端宜采用顺水连通管件与悬吊管相连接。因建筑物层间位移、高层建筑管道伸缩造成雨水斗周围屋面被破坏,在雨水斗连接管下应设置补偿装置,一般宜采用橡胶短管或承插式柔性接口。

2.悬吊管

悬吊管是上部与连接管、下部与排水立管相连接的管段,通常是顺梁或屋架布置的架空横向管道,其管径按重力流和压力流计算确定,但不应小于连接管径,也不应大于 DN300,其位置宜靠近墙柱,以利操作。

3. 立管

雨水排水立管承接经悬吊管或雨水斗流来的雨水,1 根立管连接的悬吊管根数不多于 2 根,立管管径应经水力计算确定,但不得小于上游管段管径。同一建筑,雨水排水立管不应少于 2 根,高跨雨水流至低跨时,应采用立管引流,防止对屋面冲刷。立管宜沿墙柱设置,牢靠固定,并在距地面 1 m 处设置检查口。

4. 埋地管

埋地管敷设于室内地下,承接雨水排水立管的雨水并排至室外,在埋地管转弯、变径、变坡、管道会合连接处和长度超过 30 m 的直线管段上均应设检查井,检查井井深应不小于 0.7 m,井内管顶平接,并做高出管顶 200 mm 的高流槽。

为了有效分离出雨水排除时吸入的大量空气,避免敞开式内排水系统埋地管系统上检查井冒水,应在埋地管起端几个检查井与排出管之间设排气井,从排出管排出的雨水流入排气井后与溢流墙碰撞消能,流速大幅度下降,使得气、水分离,水再经整流格栅后平稳排出,分离出的气体经放气管排放到一定空间,如图 2-51 所示。

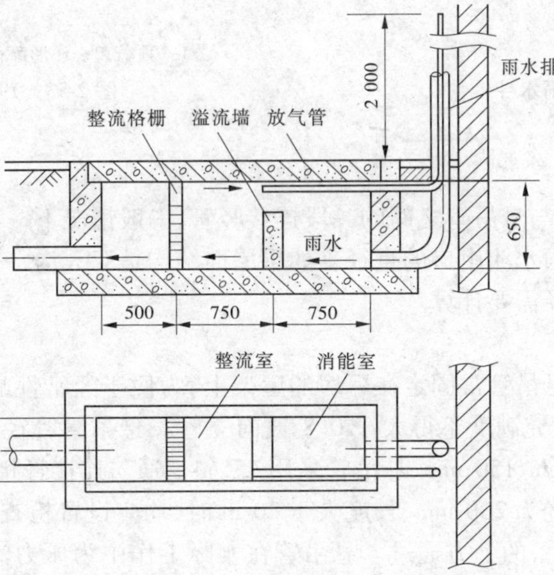

图 2-51　排气井　(单位:mm)

(四)密闭式内排水系统

该系统设计选型、布置和敷设与敞开式内排水系统相同,但两个系统的主要区别是密闭式内排水系统属于压力流,不设排气井,埋地管上检查口设在检查井内,即检查口井。

三、屋面雨水排水系统的管道安装

(一)雨水斗

雨水斗的作用是迅速地排除屋面雨雪水,并能将粗大杂物拦阻下来。因此,要求选用导水通畅、水流平稳、通过流量大、天沟水位低、水流中掺气量小的雨水斗。以前我国常用的雨水斗有 65 型和 79 型两种,其中以 65 型雨水斗的性能最好,图 2-52 和图 2-53 为两种雨水斗组合图。现在使用 87 型雨水斗。

雨水斗布置的位置要考虑集水面积比较均匀和便于与悬吊管及雨水排水立管的连接，以确保雨水能通畅流入。布置雨水斗时，应以伸缩缝或沉降缝作为屋面排水分水线，否则应在该缝的两侧各设一个雨水斗。雨水斗的位置不要太靠近变形缝，以免遇暴雨时，天沟水位涨高，从变形缝上部流入车间内。雨水斗的间距除按计算确定外，还应考虑建筑物构造（如柱子布置等）特点而确定。在工业厂房中，间距一般采用 12 m、18 m、24 m，通常采用 100 mm 口径的雨水斗。

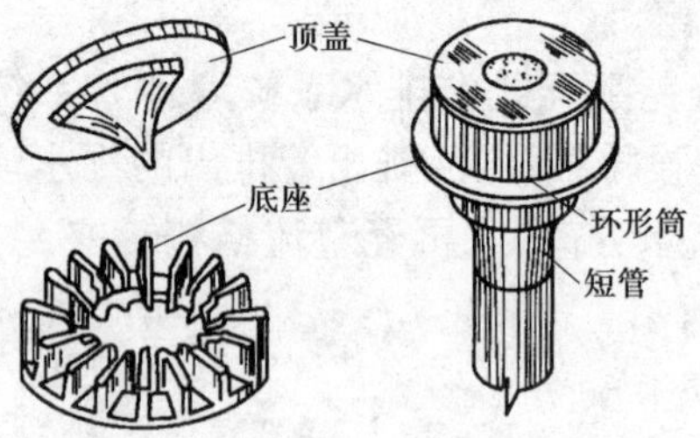

图 2-52　65 型雨水斗

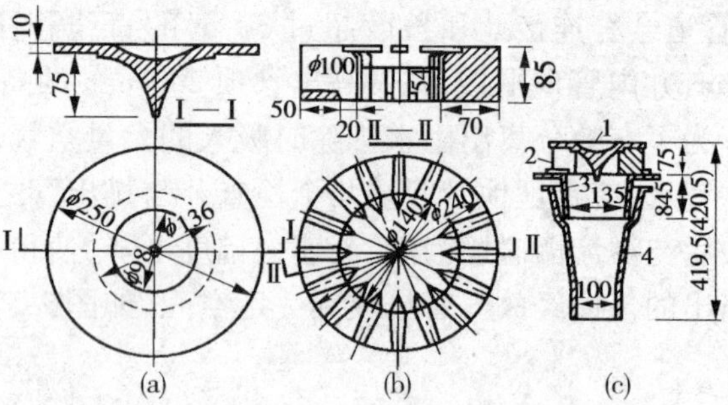

1—顶盖；2—环形筒；3—底座；4—短管

图 2-53　79 型雨水斗

（二）连接管

连接管是雨水斗与悬吊管之间的一段连接竖管，一般情况下，一根连接管上接一个雨水斗，其管径不得小于雨水斗出口的直径。如果屋面结构是双天沟，一根连接管上要连接两个雨水斗，连接管的直径需要计算。

（三）悬吊管

在工业厂房中，悬吊管常固定在厂房的屋架上，为便于经常性的维修清通，悬吊管坡度不应小于 0. 005，最大充满度不得大于 0. 8 坡向立管。悬吊管管径不得小于雨水斗连接管的管径，常采用 100 mm、150 mm，悬吊管采用 45°斜三通与连接管相连。当管径为 150 mm、长度 >15 m，或者管径为 200 mm、长度大于 20 m 时，均应设置检查口。悬吊管应避免从不允许有滴水的生产设备的上方通过。悬吊管在实际工作中为压力流，因此管材应采用铸铁管和塑料管。当需要防振或工艺有特殊要求时，可以采用钢管，焊接接口。

（四）雨水排水立管

雨水立管接纳悬吊管或雨水斗的水流，一般沿墙壁或柱子明装。雨水排水立管底部应装设检查口，检查口中心至地面的高度一般为 1 m。雨水立管一般采用铸铁管或塑料管。在可能受到振动的地方采用焊接钢管，焊接接口。

（五）地下雨水管道

地下雨水管道接纳各立管流来的雨水及较洁净的生产废水，并将其排至室外雨水管道中去。厂房内地下雨水管道大都采用暗管式，其管径不得小于与其连接的雨水立管管径，但不得大于 600 mm，因为管径太大时，埋深会增加，与旁支管连接亦困难。埋地管常用混凝土管或钢筋混凝土管，也可采用陶土管或石棉水泥管等。当敷设暗管受到限制或采用明沟有利于生产工艺时，则地下雨水管道也可采用有盖板的明沟排水。

(六)溢流口、溢流堰、溢流管

建筑屋面雨水排水系统应设置溢流口、溢流堰、溢流管等溢流设施。溢流排水不得危害建筑设施和行人安全。

第七节 卫生设备

卫生洁具是建筑给水排水系统的重要组成部分,是用来满足日常生活中各种卫生要求,收集和排除生活及生产中产生的污废水的设备。卫生洁具按其用途分为下列几类:

(1)便溺用卫生洁具:大便器、小便器、大便槽、小便槽等。

(2)盥洗、沐浴用卫生洁具:洗脸盆、盥洗槽、浴盆、淋浴器等。

(3)洗涤用卫生洁具:洗涤盆(或池)、化验盆、污水盆和地漏等。

(4)其他专用卫生洁具:如医疗、科学研究室等特殊需要的卫生洁具。

各种卫生洁具的结构、形式以及材料各不相同,根据卫生洁具的用途、装设地点、维护条件、安装等要求而定。

卫生洁具必须坚固耐用、不透水、耐腐蚀、耐冷热、表面光滑、便于清洗。目前,制造卫生洁具的常用材料有陶瓷、铸铁搪瓷、不锈钢、塑料和水磨石等。

一、便溺用卫生洁具

卫生间内的便溺用卫生洁具,主要作用是收集排除生活污水。

(一)大便器

常用的大便器有坐式、蹲式和槽式三种。

1. 坐式大便器

坐式大便器本身带有存水弯,多用于住宅、宾馆、医院。坐式大便器分低水箱坐式大便器和高水箱坐式大便器两种。

2. 蹲式大便器

蹲式大便器常用于住宅、公共建筑卫生间及公共厕所内。蹲式大便器本身不带水封,需要另外装置铸铁或陶瓷存水弯。铸铁存水弯分为S形和P形,S形存水弯一般用于低层,P形存水弯用于楼间层。

(二)小便器

小便器为公共建筑中男厕所的卫生洁具。常用的有挂式小便器和立式小便器。

1. 挂式小便器

挂式小便器一般悬挂在墙上,为了能很好的冲洗小便斗,在其内部进水孔处设有一排小孔,使水进入后经小孔均匀淋洗小便斗壁。小便斗根据同时使用人数的多少,其冲洗设备可采用自动冲洗水箱或小便器龙头,在有小便器的地板上应设置地漏或排水沟。

2. 立式小便器

立式小便器安装在卫生设备标准较高的公共建筑男厕所中,多为成组装置。

立式小便器的安装一般靠墙竖立在地面上,每个小便器有自己的冲洗进水口,在进水口下方设有扇形布水口,使冲洗水可沿内壁均匀流下。如果采用自动冲洗水箱,一般每隔15~20 min冲洗一次。

（三）大便槽

大便槽是1个狭长开口的槽。一般用于建筑标准不高的公共建筑或公共厕所。一般采用自动水箱定时冲洗，冲洗管下端与槽底有30°～45°夹角，以增强冲洗力。

（四）小便槽

小便槽为用瓷砖沿墙砌筑的浅槽，建造简单，占地小，成本低，可供多人使用。广泛用于工业企业、公共建筑、集体宿舍的男厕所中。小便槽可用普通阀门控制多孔冲洗管进行冲洗，应尽量采用自动冲洗水箱冲洗。

二、盥洗、沐浴用卫生洁具

（一）洗脸盆

洗脸盆一般安装在盥洗室、浴室、卫生间供洗脸洗手用。按其形状来分有长方形、三角形、椭圆形等，按安装方式分为墙架式、柱脚式。在洗脸盆后壁盆口下面开有溢水孔，喷身后面开有安装龙头用的孔，供接冷、热水管用，底部有带栏栅的排水口，可用橡胶塞头关闭。

（二）盥洗槽

盥洗槽一般安装在工厂、学校集体宿舍。盥洗槽一般用水磨石筑成，形状为一长条形盥洗槽。在距地面1 m高处装置水龙头，其间距一般为600～700 mm，槽内靠墙边设有泄水沟，泄沟的中部或端头装有排水口。

（三）浴盆

浴盆安装在住宅、宾馆、医院等卫生间及公共浴室内。有长方形和正方形两种。浴盆上配有冷、热水管或混合龙头，其混合水经混合开关后流入浴盆，管径为20 mm浴盆的排水口及溢水口均设置在龙头一端，浴盆底有0.02的坡度，坡向排水口。有的浴盆还配置固定式或软管式活动淋浴莲蓬喷头。

（四）淋浴器

淋浴器占地面积小、成本低、清洁卫生，广泛用于集体宿舍、体育馆场及公共浴室中。淋浴器有成品件，也有在现场组装的。莲蓬喷头下缘距地面高度为2.0～2.2 m，给水管管径为15 mm，其冷、热水截止阀离地面1.15 m，相邻两淋浴头间距为900～1000 mm。地面上应有0.005～0.01的坡度坡向排水口。

（五）妇女卫生盆

妇女卫生盆一般安装在妇产科医院、工厂女卫生间及设备完善的居住建筑和宾馆卫生间内，供妇女用。

三、洗涤用卫生洁具

（一）洗涤盆

洗涤盆一般安装在厨房或公共食堂内，供洗涤碗碟、蔬菜等食物用。以安装形式分有墙架式、柱脚式，又有单格、双格之分等。洗涤盆可设置冷、热水龙头或混合水龙头，排水口在盆底的一端，口上有十字栏栅，备有橡胶塞头。安装在医院手术室、化验室等处的洗涤盆因工作需要常设置肘式开关或脚踏开关。

（二）污水盆

污水盆一般安装在厕所或盥洗室内，供打扫卫生及洗涤拖布和倒污水之用。通常用水磨石或水泥砂浆抹面的钢筋混凝土制作，上边装有给水管，底部中心装有排水栓及排水管。

（三）化验盆

化验盆一般安装在工厂、科研机关、学校化验室中。通常为陶瓷制品，盆内已有水封，排水管上不需要装存水弯，也不需要盆架，用木螺栓固定在化验台上。根据使用要求，化验盆可装置单联、双联、三联的鹅颈龙头。化验盆内出口配有橡胶塞头。

四、卫生洁具安装

（一）作业条件

卫生洁具安装作业条件如下：

（1）所有与卫生洁具连接的管道压力、闭水试验已完毕，并已办好隐蔽预检手续。

（2）浴盆的稳装应待土建做完防水层及保护层后配合土建施工进行。

（3）其他卫生洁具应在室内装修基本完成后再进行稳装。

（二）工艺流程

卫生洁具安装流程如下：

安装准备→卫生洁具及配件检验→卫生洁具安装→卫生洁具配件预装→卫生洁具稳装→卫生洁具与墙、地缝处理→卫生洁具外观检查→通水试验。

（三）低水箱坐式大便器的安装

图2-54为低水箱坐式大便器安装图。表2-1为低水箱坐式大便器主要材料表。

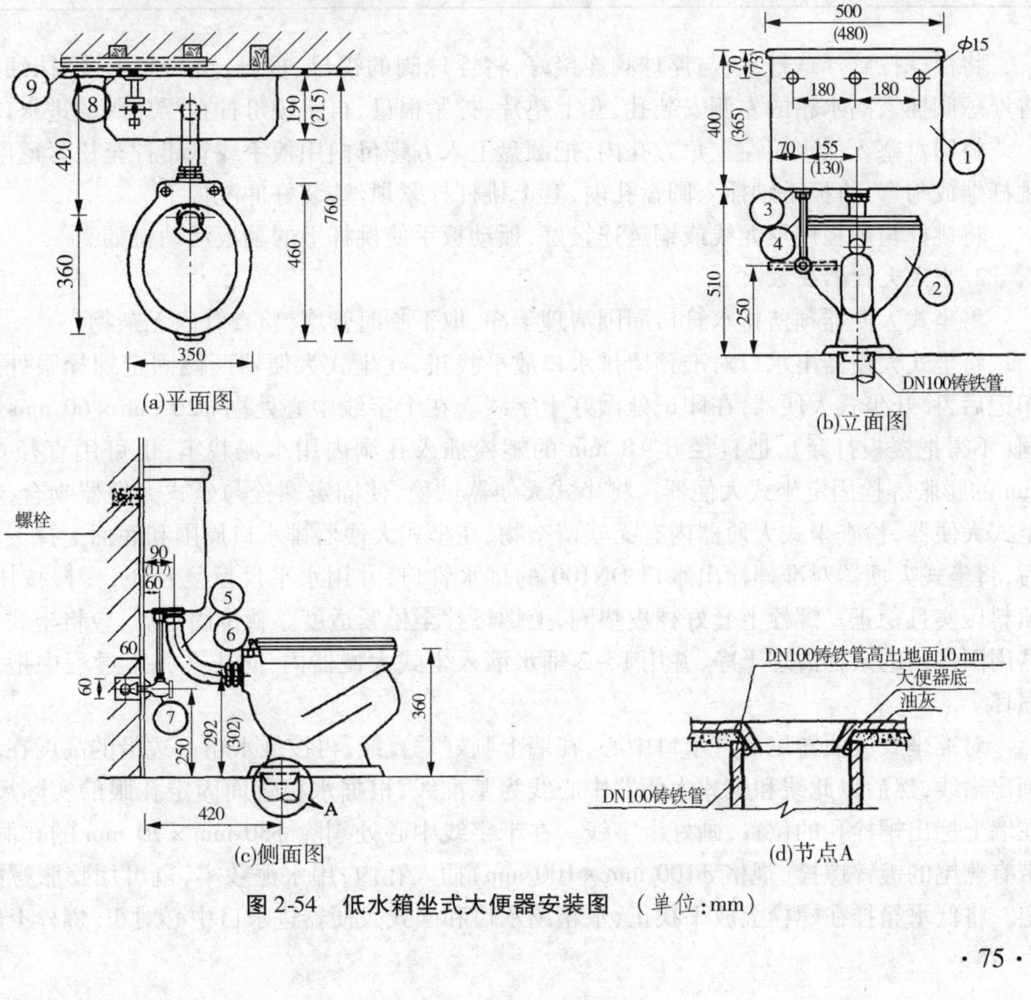

图2-54　低水箱坐式大便器安装图　（单位：mm）

1. 低水箱配件安装

先将带溢水管的排水口上的锁母、根母、垫片卸下，涂抹油灰后将排水口插入低水箱出水孔内，将胶垫、垫片套在管上，拧紧根母至松紧适度。溢水管口应低于水箱固定螺孔 10 ~ 20 mm。

表 2-1 低水箱坐式大便器主要材料表

编号	名称	规格	材料	单位	数量
①	低水箱	5 号或 12 号	陶瓷	个	1
②	坐式大便器	3 号或 4 号	陶瓷	个	1
③	浮球阀配件	DN15	铜	套	1
④	水箱进水管	DN15	铜管或镀锌钢管	m	0.26
⑤	冲洗管及配件	DN50	铜管或塑料管	套	1
⑥	锁母	DN50	铜或尼龙	套	1
⑦	角阀	DN15	铜	个	1
⑧	三通	—	锻铁	个	1
⑨	给水管	—	镀锌钢管	—	—

将浮球拧到浮球杆上，与浮球阀连接好，将浮球阀的锁母、根母、垫片卸下，涂抹油灰后将浮球阀插入高水箱的左侧安装孔，套上垫片，拧紧根母，再将锁母拧在浮球阀的进水口上。

将圆盘塞入低水箱左上角方孔内，把圆盘上入方螺母内用扳手或管钳拧至松紧适度，把挑杆煨成勺弯，将扳手轴插入圆盘孔内，套上挑杆拧紧顶丝，装好冲洗扳手。

将挑杆与翻板用尼龙线或铜链连接好，扳动扳手使挑杆上的翻板活动自如。

2. 坐式大便器安装

将坐式大便器预留排水管口周围清理干净，取下临时管堵，检查管内无杂物。

将坐式大便器出水口对准预留排水口放平找正，在坐式大便器两侧固定螺栓眼处画好印记后，移开坐式大便器，在印记处做好十字线。在十字线中心处剔 ϕ20 mm × 60 mm 的孔洞（不得把楼板打穿），把直径 6 ~ 8 mm 的螺栓插入孔洞内用水泥栽牢，也可用直径 6 ~ 8 mm 的膨胀螺栓固定坐式大便器。将坐式大便器试稳，使固定螺栓与坐式大便器吻合，移开坐式大便器，检查坐式大便器内有无残留杂物，在坐式大便器排水口周围和底面上抹上油灰后，将坐式大便器对准螺栓出水口 DN100 的排水管口，并用水平尺反复校正，慢慢按压，使填料压实且稳正。螺栓上套好橡皮垫圈，上螺母拧至松紧适度。就位固定后，应将坐式大便器周围多余的杂物清理干净，并用 1 ~ 2 桶水灌入坐式大便器内，防止在施工过程中把木盖损坏。

对准坐式大便器尾部进水口中心，在墙上画好垂直线，再按低水箱上边沿的高度在墙上画出横线，然后以此线和坐式大便器中心线为基准线，根据水箱背面固定孔眼的实际尺寸，在墙上标出螺栓孔的位置，画好十字线。在十字线中心处剔除 ϕ30 mm × 70 mm 的孔洞，把带有燕尾的镀锌螺栓（规格 ϕ100 mm × 100 mm）插入孔内，用水泥栽牢，也可用膨胀螺栓固定。将低水箱挂在螺栓上放平找正，水箱出水口和坐式大便器进水口中心对正，螺栓上套好橡皮垫，带上眼圈、螺母，拧至松紧适度。将低水箱出水口与坐式大便器进水口的锁母卸下，背靠背地套在90°铜质或塑料冲水弯上，在弯管两端套上胶圈（或缠绕铅油麻丝），一端插入低水箱出水口，另一端插入坐式大便器端进水口，两端均用锁母拧上，至松紧适度为宜。

（四）挂式小便器的安装

挂式小便器的安装如图2-55所示。表2-2为挂式小便器的主要材料表。

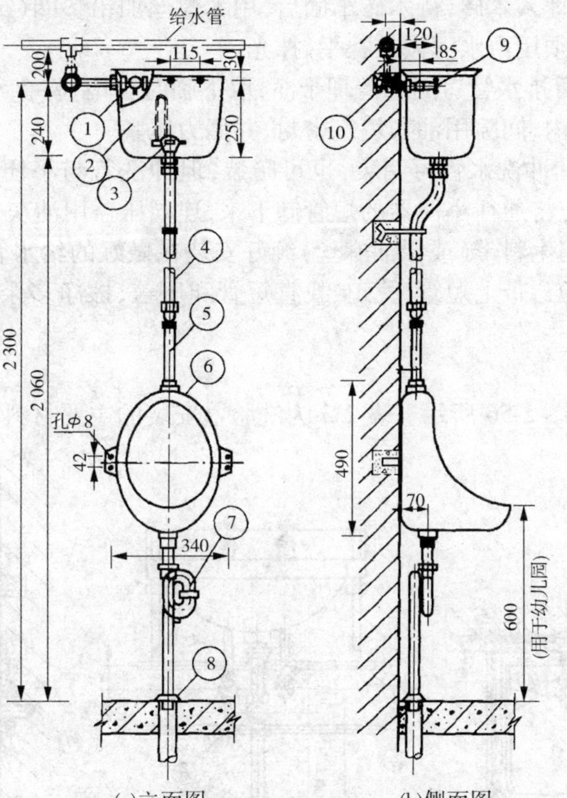

(a)立面图　(b)侧面图

图2-55　挂式小便器的安装

表2-2　挂式小便器安装主要材料表

编号	名称	规格	材料	单位	数量
①	水箱进水阀	DN15	铜	个	1
②	高水箱	1号或2号	陶瓷	个	1
③	自动冲洗阀	DN32	铸铜或铸铁	个	1
④	冲洗管及配件	DN32	铜管配件镀铬	套	1
⑤	连接管及配件	DN15	铜管配件镀铬	套	1
⑥	挂式小便器	3号	陶瓷	个	1
⑦	存水弯	DN32	铜、塑、陶瓷	个	1
⑧	压盖	DN32	铜	个	1
⑨	角阀	DN15	铜	个	1
⑩	弯头	DN15	锻铁	个	1

(1)安装挂式小便器时，按设计要求距离和高度，对准给水管中心画出一条垂线，由地面向上量出规定的高度画一水平线。根据小便器规格尺寸，由中心向两侧量出固定孔眼的距离，在横线上画好十字线，再画出上、下孔眼的位置。

(2)将孔眼位置剔成ϕ 10 mm × 60 mm 孔眼，用水泥栽入ϕ 6 mm × 70 mm 螺栓（也可用膨胀螺栓）。托起小便器挂在螺栓上，把胶垫、垫圈套入螺栓，将螺母拧至松紧适度。或根据孔眼的部位在墙内埋入木砖，待木砖牢固后，用木螺丝加铅垫圈（或胶圈）将小便器固定。小便器与墙面的缝隙须用白水泥嵌入补平、抹光。

(3)将小便器预留排水管口周围清理干净，取下临时管堵，将存水弯分别插入小便器的排水口内和排水管口内，间隙用油灰填塞密封，并用力压紧。

(4)挂式小便器的冲洗水管可明装，也可暗装，但冲洗管与小便器进、出水管中心线应重合。连接角阀时，应将通往小便器的短管卸下来，连同压盖用油灰安装在小便器上端的进水口上，而后将角阀用生料带（或铅油麻丝）缠好安装在做好的给水管道上，拧紧使其严密。对正小便器进水口中心，带上短管，找正、找直短管和压盖，擦净多余的油灰，再将角阀上的压盖拧紧在墙面上。

（五）洗脸盆安装

洗脸盆安装图如图 2-56 所示。表 2-3 为洗脸盆安装的主要材料表。

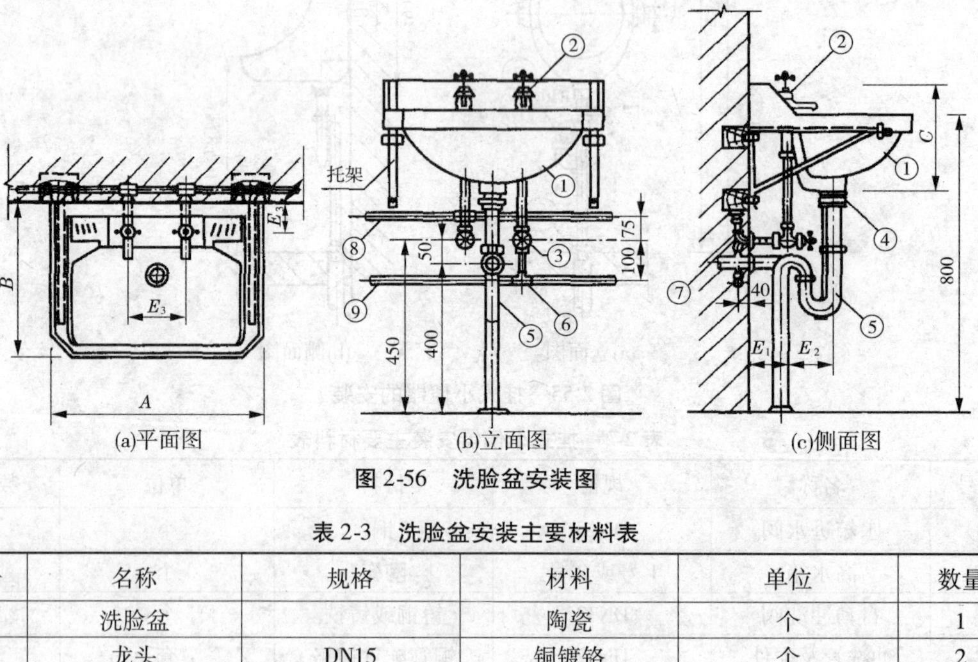

图 2-56　洗脸盆安装图

表 2-3　洗脸盆安装主要材料表

编号	名称	规格	材料	单位	数量
①	洗脸盆		陶瓷	个	1
②	龙头	DN15	铜镀铬	个	2
③	角阀	DN15	铜镀铬	套	2
④	拼水栓	DN32	铜镀铬	套	1
⑤	存水弯	DN32	铜镀铬	套	1
⑥	三通		锻铁	个	2
⑦	弯头	DN15	锻铁	个	2
⑧	热水管		镀锌钢管		
⑨	冷水管		镀锌钢管		

1. 洗脸盆给水管连接

先量好管道尺寸，配好给水短管，再将角阀装上。若是暗装管道，带铜压盖，要先将压盖套在短节上，管子上好后，将压盖内填满油灰，推向墙面找平、压实清理外溢油灰。将铜管按所需尺寸断好，需煨弯的把弯煨好。将角阀与水嘴的锁母卸下，背靠背套在铜管上，两端分别缠好铅油麻丝(或生料带)，上端插入水嘴根部，带上锁母，下端插入角阀出水口内，带上锁母，将铜管调直找正。上端用自制朝天呆扳手拧紧，下端用扳手拧紧，清除锁母处外露填料。

2. 洗脸盆排水管连接

(1)S形存水弯的连接。应在脸盆排水栓丝扣的下端涂铅油，缠少许麻丝，将存水弯上节拧在排水栓上，松紧适度。再将存水弯下节的下端插入排水管口内，将存水弯套入上节内，然后把胶垫放在存水弯的下节连接处，把锁母用手拧紧后调直找正，再用扳手拧紧。最后用油麻填塞排水管口间隙，并用油灰将排水管口塞严、抹平。

(2)P形存水弯的连接。先在脸盆排水栓丝扣下端涂铅油，缠少许麻丝，将存水弯立节拧在排水栓上，松紧适度。再将存水弯横节按需要长度配好，将锁母和铜压盖背靠背套在横节上，在端头缠好油盘根绳，先试一下安装高度是否合适，如不合适可用立节调整，然后把胶垫放在锁母口内，将锁母拧至松紧适度。把铜压盖内填满油灰后推向墙面找平、按压严实，擦净外溢油灰。

3. 洗脸盆支架安装

应根据排水管口中心在墙上画垂线，由地面向上量出规定的高度，画出水平线，洗脸盆上沿口一般距地面为800 mm或按设计要求确定。再根据盆宽在水平线上画出支架位置的十字线。按印记剔成ϕ30 mm×120 mm孔洞，将洗脸盆支架找平栽牢。再将洗脸盆置于支架上找平、找正。最后将ϕ4 mm螺栓上端插到脸盆下面的固定孔内，下端插入支架孔内，带上螺母拧至松紧适度。

4. 洗脸盆水嘴安装

先将水嘴锁母、根母、胶垫卸下，在水嘴根部垫好油灰，插入洗脸盆水嘴孔眼，下面再套上胶垫，带上根母后用左手按住水嘴，右手用自制朝天呆扳手将根母拧至松紧适度。洗脸盆装冷、热水水嘴时，一般冷水水嘴的手柄中心处有蓝色或绿色标志，热水水嘴的手柄中心处有红色标志，冷水水嘴应安装在右边的安装孔内，热水水嘴应装在左边的安装孔内。如洗脸盆仅装冷水水嘴，应装在右边的安装孔内，左边有水嘴安装孔的应用瓷压盖涂油灰封死。

5. 洗脸盆排水栓安装

先将排水栓根母、眼圈、胶垫卸下，将上垫垫好油灰后插入洗脸盆排水口孔内，排水栓中的溢流口要对准洗脸盆排水口中的溢流口眼。外面加上垫好油灰的胶垫，套上眼圈，带上根母，再用自制扳手卡住排水栓十字筋，用平口扳手拧根母使松紧适度。

(六)洗涤盆安装

图2-57为洗涤盆安装图。表2-4为洗涤盆安装主要材料表。

(1)洗涤盆的盆架用铸铁盆架或用40 mm×5 mm的扁钢制作。固定盆架前应将盆架与洗涤盆试一下是否合适。将冷、热水预留管口之间画一条垂直平分线(只有冷水时，洗涤盆中心应对准给水管口)。由地面向上量出规定的高度(洗涤盆上沿口距地面一般为800 mm)，画出水平线，按照洗涤盆架的宽度由中心线向左右画好固定螺栓位置十字线，打洞预埋ϕ10 mm×100 mm螺栓或用ϕ10 mm的膨胀螺栓，将盆架固定在墙上。把洗涤盆放于盆架上纵横方向用水平尺找平、找正。洗涤盆靠墙一侧缝隙嵌入白水泥勾缝抹光，也可用YJ

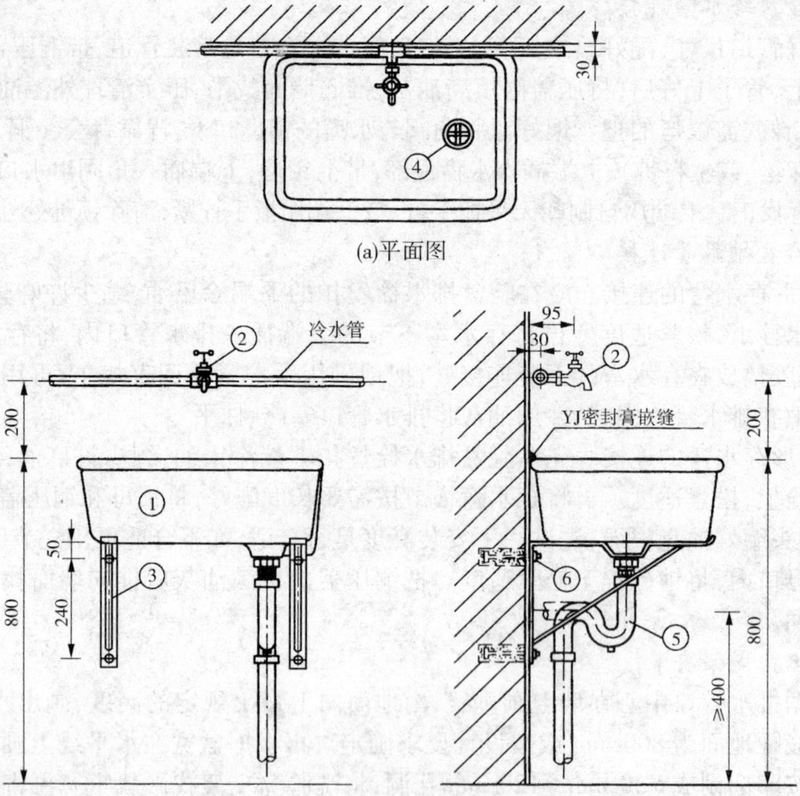

(a)平面图　(b)立面图　(c)侧面图

图 2-57　洗涤盆安装图

密封膏嵌缝。

表 2-4　洗涤盆安装主要材料表

编号	名称	规格	材料	单位	数量
①	洗涤盆		陶瓷	个	1
②	龙头	DN15	铜或锻铁	个	1
③	托架	−40×5	A_3	个	2
④	拼水栓	DN40～DN50	铸铁	套	1
⑤	螺栓	M6×100	A_3	个	4

(2)排水管的安装。先将排水栓根母卸下,将排水栓放入洗涤盆排水孔眼内,量出距排水预留管口的尺寸。将短管一端套好丝扣,涂铅油,缠好麻丝。将存水弯拧至外露丝扣 2～3 牙,按量好的尺寸将短管断好,插入排水管口的一端应做扳边处理。将排水栓圆盘下加 1 mm 厚的胶垫、抹油灰,插入洗涤盆排水孔眼内,外面再套上胶垫、眼圈,带上根母。在排水栓丝扣处涂铅油,缠麻丝,用自制叉扳手卡住排水栓内十字筋,使排水栓溢水眼对准洗涤盆溢水孔眼,用扳手拧紧根母至松紧适度。再将存水弯装到排水栓上拧紧找正。排水管接口间隙打麻捻灰,环缝要均匀,最后将接口处抹平。

(3)水嘴安装。将水嘴丝扣处涂铅油,缠麻丝(或缠生料带),装在给水管口内,找平、找正，拧紧后除净接口处外露填料。

（七）卫生洁具排水管穿越楼板预留孔洞尺寸

卫生洁具预留孔洞位置见表 2-5。

卫生洁具排水管穿越楼板预留孔洞尺寸见表 2-6。

表 2-5　卫生洁具预留孔洞位置

<table>
<tr><th>卫生洁具名称</th><th colspan="2">平面位置</th><th>图示</th></tr>
<tr><td rowspan="2">蹲式大便器</td><td colspan="2">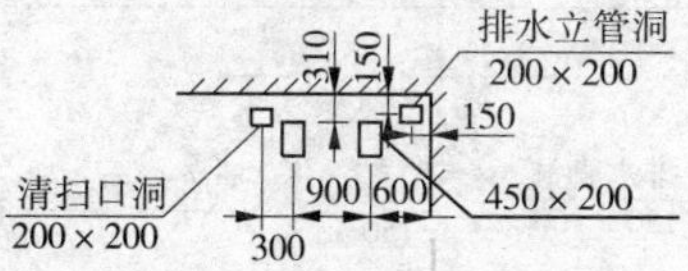
</td><td>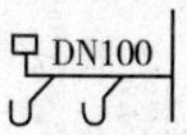
</td></tr>
<tr><td colspan="2">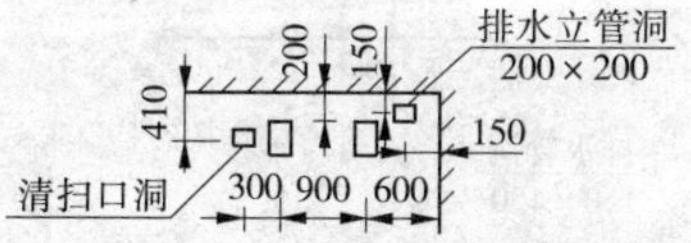
</td><td>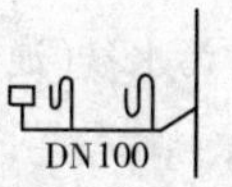
</td></tr>
<tr><td rowspan="2">坐式大便器</td><td colspan="2">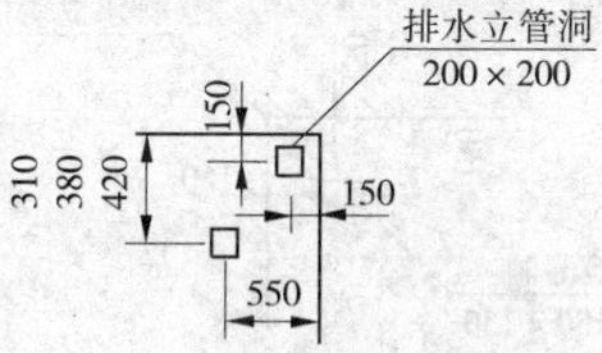
</td><td>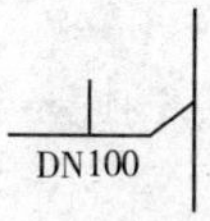
</td></tr>
<tr><td>连体
坐便器</td><td>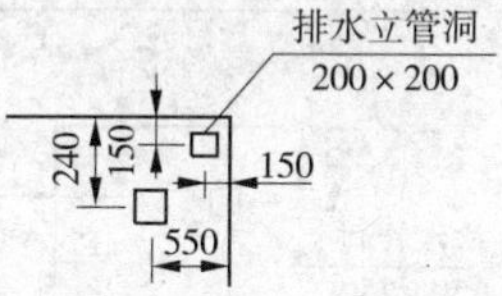
</td><td>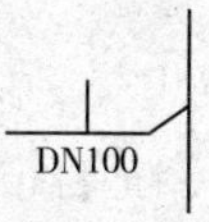
</td></tr>
<tr><td rowspan="2">小便槽</td><td colspan="2">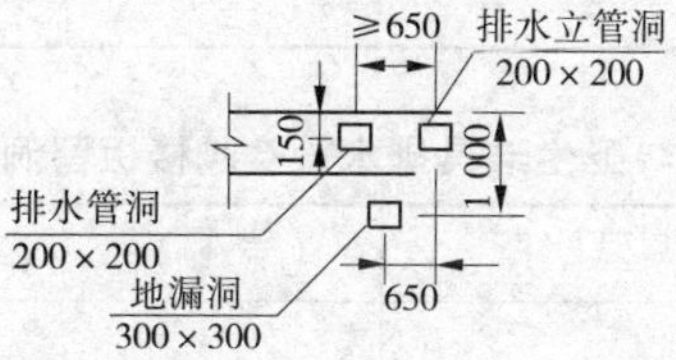
</td><td></td></tr>
<tr><td colspan="2">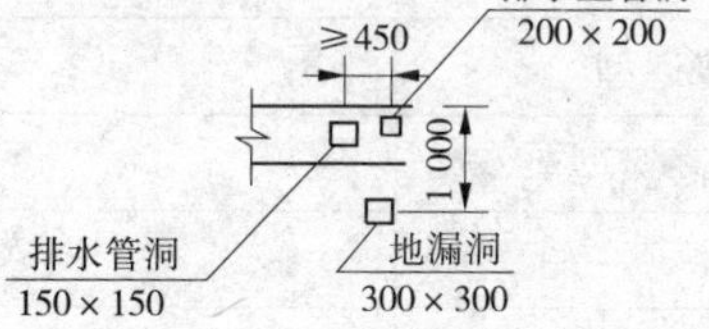
</td><td></td></tr>
<tr><td>立式小便器</td><td colspan="2">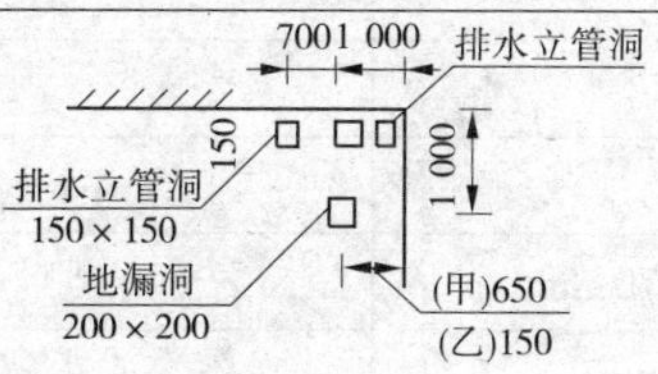
</td><td>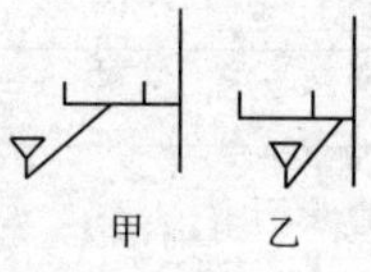
</td></tr>
</table>

续表 2-5

<table>
<tr><th>卫生洁具名称</th><th>平面位置</th><th>图示</th></tr>
<tr><td>挂式小便器</td><td>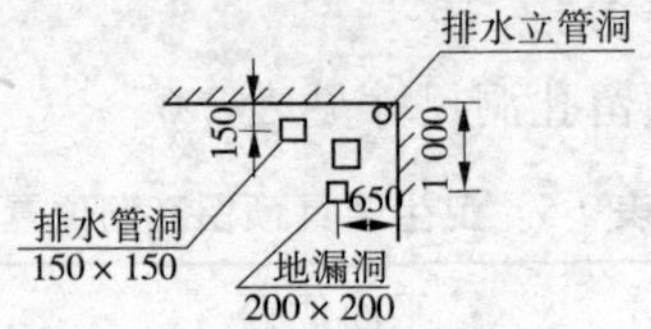
</td><td></td></tr>
<tr><td>洗脸盆</td><td>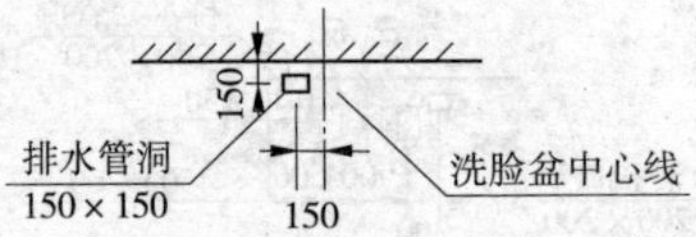
</td><td></td></tr>
<tr><td>污水盆(池)</td><td>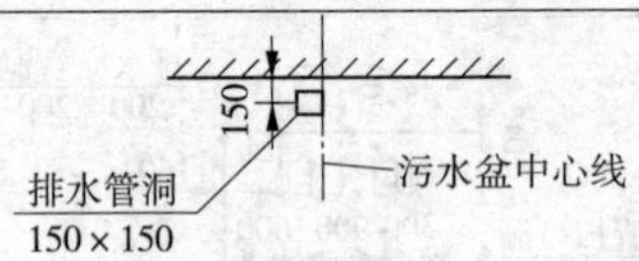
</td><td></td></tr>
<tr><td>地漏</td><td>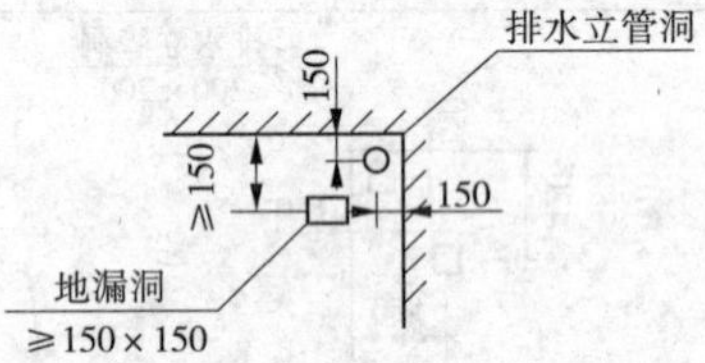
</td><td></td></tr>
<tr><td>净身盆</td><td>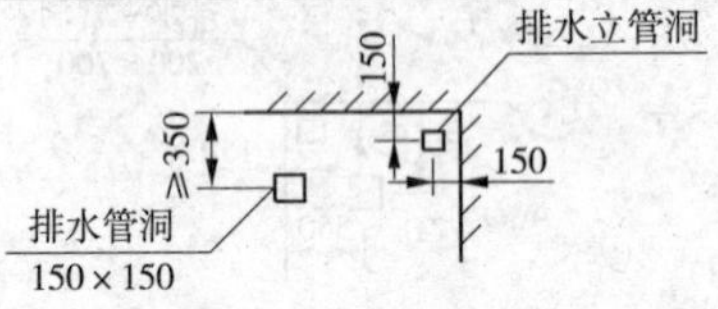
</td><td>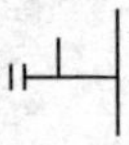</td></tr>
</table>

表 2-6　卫生洁具排水管穿越楼板留洞尺寸

卫生洁具名称		留洞尺寸(mm×mm)
大便器		200×200
大便槽		300×300
浴盆	普通型	100×100
	群高级型	250×300
洗脸盆		150×150
小便器(斗)		150×150
小便槽		150×150
污水盆、洗涤盆		150×150
地漏	50~70 mm	200×200
	100 mm	300×300

注:如留圆形洞,则圆洞内切于方洞尺寸。

复习题

一、选择题

1. 当保证一幢或几幢楼的热水供应时,我们采用的热水供应系统是(　　)。

A. 局部热水供应系统　　B. 集中热水供应系统　　C. 区域热水供应系统

2. 热水管道穿过建筑物的楼板、墙壁和基础处应加套管,穿越屋面及地下室外墙时应加防水套管,以免管道膨胀时损坏建筑结构和管道设备。当穿过有可能发生积水的房间地面或楼板面时,套管应高出地面(　　)热水管道在吊顶内穿墙时,可预留孔洞。

A. 3 ~ 5 cm　　B. 5 ~ 10 cm　　C. 5 ~ 8 cm

3. 上行下给式配水干管的最高点应设(　　),以保证系统水流畅通。

A. 泄水装置　　B. 排气装置　　C. 浮球阀

4. 热水横管均应保持有不小于(　　)的坡度,配水横干管应沿水流方向下降,便于检修时泄水和排除管内污物。

A. 0.002　　B. 0.003　　C. 0.005

5. 下行上给式热水系统设有循环管道时,其回水立管应在最高配水点以下约(　　)处与配水立管连接。

A. 0.8 m　　B. 0.5 m　　C. 0.7m

6. 热水立管与横管连接时,为避免管道伸缩应力破坏管网,应采用(　　)的连接方式。

A. 乙字弯　　B. U 形弯　　C. P 形弯

二、简答题

1. 建筑给水系统根据其用途分为哪些类型?

2. 建筑给水系统一般由哪些部分组成?

3. 建筑给水系统的给水方式有哪些? 各种方式适用的条件是什么?

4. 建筑给水管道的布置形式有哪些? 布置管道时主要考虑哪些因素?

5. 建筑给水管道的敷设形式有哪几种? 每种敷设形式都有哪些特点?

6. 建筑给水管道安装的施工作业条件是什么?

7. 建筑给水管道安装的操作工艺流程是什么? 操作过程中要注意哪些问题?

8. 室内消火栓消防给水系统由哪几部分组成?

9. 室内消火栓消防给水系统的给水方式有哪些? 各种方式适用的条件是什么?

10. 消火栓和消防管道的布置有什么要求?

11. 室内消火栓给水管道安装的施工作业条件是什么?

12. 室内消火栓给水管道安装的操作工艺流程是什么?

13. 自动喷淋消防给水系统按不同的分类方式分为哪些类型?

14. 自动喷淋消防给水系统的主要系统组件有哪些? 其作用是什么?

15. 自动喷淋消防给水系统管道安装的施工作业条件是什么? 工艺流程是怎样的?

16. 什么是建筑中水给水系统?

17. 建筑中水给水系统分为哪几类？由哪几部分组成？
18. 建筑中水给水系统管道布置敷设时要考虑哪些问题？
19. 建筑中水给水系统管道设备安装时要注意哪些问题？
20. 建筑内部排水系统可分为哪几类？排水体制有哪些并分别解释每种排水体制？
21. 建筑内部排水系统一般由哪些部分组成？各组成部分分别起什么作用？
22. 建筑内部排水系统排水管道的敷设原则有哪些？布置排水管道时要注意哪些问题？
23. 建筑内部排水系统排水管道安装的施工作业条件是什么？安装工艺流程是怎样的？
24. 屋面雨水排水系统分为哪几类？由哪几部分组成？
25. 屋面雨水排水系统布置敷设时要注意哪些问题？
26. 屋面雨水排水系统管道安装时要注意哪些问题？
27. 卫生洁具按其用途分为哪些类型？
28. 卫生洁具安装的作业条件是什么？
29. 卫生洁具安装的工艺流程是怎样的？
30. 简述热水供应系统的分类及各系统的特点。
31. 简述集中式热水供应系统的组成及工作原理。

第三章　建筑采暖系统

在冬季,北方的室外温度大大低于室内温度,因此房间里的热量不断地传向室外,为了保持人们日常生活、工作所需要的环境温度,就必须以某种方式向室内供给相应的热量。随着社会的发展,各种先进的采暖设备被广泛地采用。

第一节　建筑采暖系统的分类与组成

城市供热系统是利用集中热源,通过供热管网等设施向热能用户供应生产或生活用热能的供热方式。我国城市供热热源的形式有热电厂、锅炉房、工业余热、核能、地热、太阳能。集中供热系统广泛应用的热源主要是热电厂和锅炉房。

城市供热系统一般由三部分组成,即热源、热网和热用户。热源又称热力的生产,主要是指生产和制备一定参数(温度、压力)热媒的锅炉房或热电厂。热网是输送热媒的室外供热管路系统,是热源与热用户连接的纽带,起着输送和分配热源的作用。热用户是指直接使用或消耗热能的室内采暖、通风空调、热水采应和生产工艺用热系统等。

一、建筑采暖系统的分类与组成

为了保持室内的设定温度,必须向室内供给相应的热量,我们把这种向室内供给热量的系统,称为采暖系统。

(一)采暖系统的基本组成

采暖系统由热源、管道系统和散热设备三部分组成。

(1)热源。热源是指使燃料产生热能并将热媒加热的部分,如锅炉。

(2)管道系统。管道系统是指热源和散热设备之间的管道。热媒通过管道系统将热能从热源输送到散热设备。

(3)散热设备。散热设备是将热量散入室内的设备,如散热器、暖风机、辐射板等。

(二)采暖系统的分类

1.根据采暖的作用范围分类

(1)局部采暖系统。热源、管道系统和散热设备在构造上联成一个整体的采暖系统,称为局部采暖系统,如火炉、火墙、火炕、电热采暖和燃气采暖等。

(2)集中采暖系统。锅炉在单独的锅炉房内,热媒通过管道系统送至一幢或几幢建筑物的采暖系统,称为集中采暖系统。

(3)区域采暖系统。由一个锅炉房供给全区许多建筑物采暖、生产和生活用热的采暖系统,称为区域采暖系统或区域供热系统。

本章将介绍集中采暖系统。

2.根据采暖的热媒分类

(1)烟气采暖系统。以燃料燃烧时产生的烟气为热媒,把热量带给散热设备(如火炕、火墙等)的采暖系统,称为烟气采暖系统。

(2)热水采暖系统。以热水为热媒,把热量带给散热设备的采暖系统,称为热水采暖系统。热水采暖系统的供水温度为 95 ℃、回水温度为 70 ℃的,称为低温热水采暖系统;供水温度高于 100 ℃的,称为高温热水采暖系统。低温热水采暖系统多用于民用建筑的采暖系统,高温热水采暖系统多用于生产厂房。

(3)蒸汽采暖系统。以蒸汽为热媒,把热量带给散热设备的采暖系统,称为蒸汽采暖系统。蒸汽相对压力小于 30 kPa 的,称为低压蒸汽采暖系统;蒸汽相对压力为 30 ~ 300 kPa 的,称为高压蒸汽采暖系统。

(4)热风采暖系统。用热空气把热量直接送到房间的采暖系统,称为热风采暖系统。

二、热水采暖系统

在热水采暖系统中,热媒是热水。热源产生热水,经过输热管道流向采暖房间的散热器中,散出热量后经管道流回热源,重新被加热。热水采暖系统可按下述方法分类:

(1)按热水采暖循环动力的不同,可分为自然循环系统和机械循环系统。热水采暖系统中的水如果是靠供、回水温度差产生的压力循环流动的,称为自然循环热水采暖系统;系统中的水如果是靠水泵强制循环的,称为机械循环热水采暖系统。

(2)按每组散热器与供、回水管连接的方式不同,可分为单管系统和双管系统。热水经立管或水平供水管顺序通过多组散热器,并顺序地在各散热器中冷却的系统,称为单管系统。热水经供水立管或水平供水管平行地分配给多组散热器,冷却后的回水自每个散热器直接沿回水立管或水平回水管流回热源的系统,称为双管系统。

(3)按热媒温度的不同,可分为低温水采暖系统和高温水采暖系统。

(一)自然循环热水采暖系统的工作原理

图 3-1 是自然循环热水采暖系统的工作原理图。图中系统由散热设备 1(散热器)和热源 2(锅炉)及供水管道 3 和回水管道 4 组成,为了使系统更好地运行,在系统最高处设置一个膨胀水箱 5,用来容纳系统水受热后膨胀的体积。

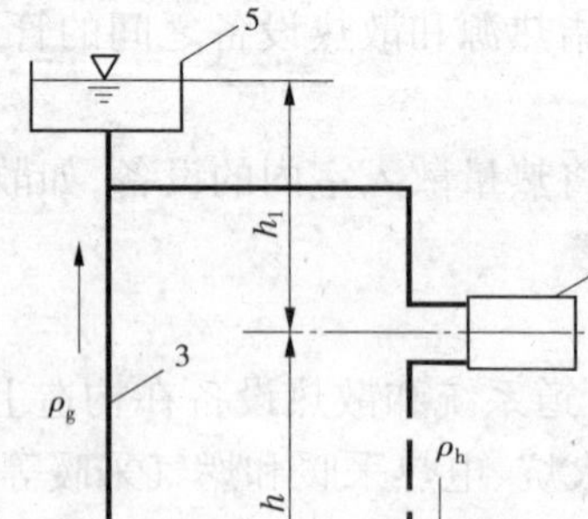

1—散热器;2—锅炉;3—供水管道;4—回水管道;5—膨胀水箱

图 3-1　自然循环热水采暖系统的工作原理图

在系统运行前,整个系统要充满冷水。系统工作时,水在锅炉中加热,密度变小,热水沿着供水管道上升流入散热器，在散热器内热水释放热量温度降低，密度变大，再沿回水管道流回锅炉。

假设热水在管道中损失的热量可以忽略不计，在散热器中心和锅炉中心以下两边水的密度相同，实际上水温只在锅炉和散热器两处发生变化，如图 3-1 所示，h 为散热器中心和锅炉中心的高度差，ρ_h 为回水水密度，ρ_g 为供水水密度，g 为重力加速度，则其循环作用力可简化为 $gh(\rho_h-\rho_g)$，即散热器中心和锅炉中心之间这段高度 h 内的水柱密度差便促使系统产生循环流动。

(二) 自然循环热水采暖系统的主要形式

自然循环热水采暖系统主要有单管和双管两类。

1. 双管上供下回式系统

双管上供下回式系统的供水干管设在系统的顶部，回水干管设在系统的下部，一般设在地沟内。如图 3-2 所示，散热器的供水管和回水管分别设置，每组散热器都能组成一个循环环路，每组散热器的供水温度基本是一致的，各组散热器可自行调节热媒流量，互相不受影响。

在双管系统中，各层散热器与锅炉间形成独立的循环，因而随着从上层到下层，散热器中心与锅炉中心的高差逐层减小，各层循环压力也出现由大到小的现象，上层作用压力大，流经散热器的流量多，下层作用压力小，流经散热器的流量少，因而造成上热下冷的"垂直失调"现象，楼层越多，失调现象越严重。

2. 单管上供下回式系统

单管上供下回式系统的散热器的供、回水立管共用一根管，立管上的散热器串联起来构成一个循环环路，如图 3-3(b)所示。从上到下各楼层散热器的进水温度不同，温度依次降低，每组散热器的热媒流量不能单独调节。为了克服单管式不能单独调节热媒流量，且下层散热器热媒入口温度过低的弊病，又产生了单管跨越式系统，如图 3-3(a)所示。热水在散热器前分成两部分，一部分流入散热器，另一部分流入跨越管内。

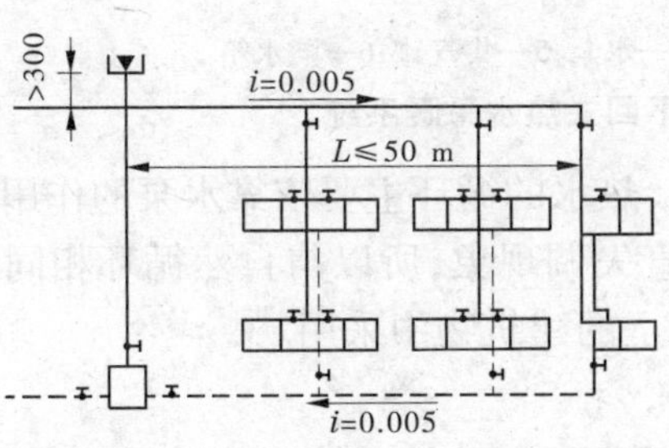

图 3-2　自然循环热水采暖系统双管上供下回式

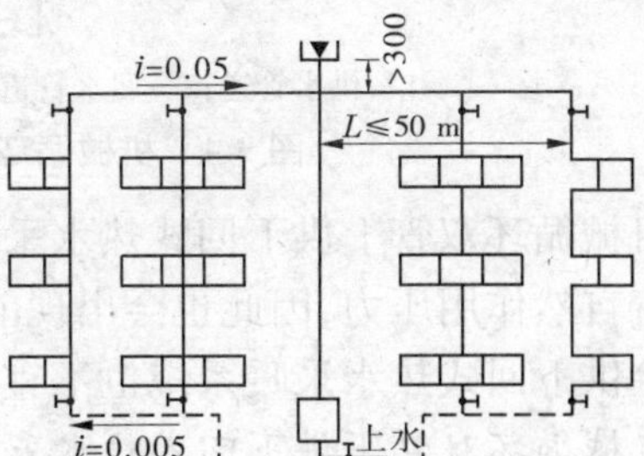

(a)跨越式　　(b)顺流式

图 3-3　自然循环热水采暖系统单管上供下回式

对于单管系统，由于各层的冷却中心串联在一个循环管路上，从上而下逐渐冷却过程所产生的压力可以叠加在一起形成一个总压力，因此单管系统不存在双管系统的垂直失调问题。即使最底层散热器低于锅炉中心，也可以使水循环流动。由于下层散热器入口的热媒温度低，下层散热器的面积比上层要多。在多层建筑和高层建筑中，宜用单管系统。

自然循环热水采暖系统具有装置简单、操作方便、维护管理省力、不耗费电能、不产生噪声等优点，但是由于系统作用压力有限，管路流速偏小，致使管径偏大，造成初次投资较高，应用范围受到一定程度的限制。自然循环系统由于循环压力较小，其作用半径（总立管至最远立管的水平距离）不宜超过 50 m，通常只能在单幢建筑物中使用。

（三）机械循环热水采暖系统

对于管路较长、建筑面积和热负荷都较大的建筑物，则要采用机械循环热水采暖系统。在机械循环热水采暖系统中，设置水泵为系统提供循环动力。由于水泵的作用压力大，使得机械循环系统的采暖范围扩大很多，可以负担单幢、多幢建筑的采暖，甚至还可以负担区域范围内的采暖，这是自然循环热水采暖系统力所不能及的，目前已经成为应用最为广泛的采暖系统。

机械循环热水采暖系统常用的几种形式如下。

1. 机械循环双管上供下回式热水采暖系统

如图 3-4 所示，机械循环热水采暖系统除膨胀水箱的连接位置与自然循环系统不同外，还增加了循环水泵和排气装置。在机械循环热水采暖系统中，水流速度较高，供水干管应按水流方向设上升坡度，使气泡随水流方向流动汇集到系统的最高点，通过在最高点设置排气装置，将空气排出系统外。回水干管的坡向与自然循环热水采暖系统相同，坡度宜采用 0.003。

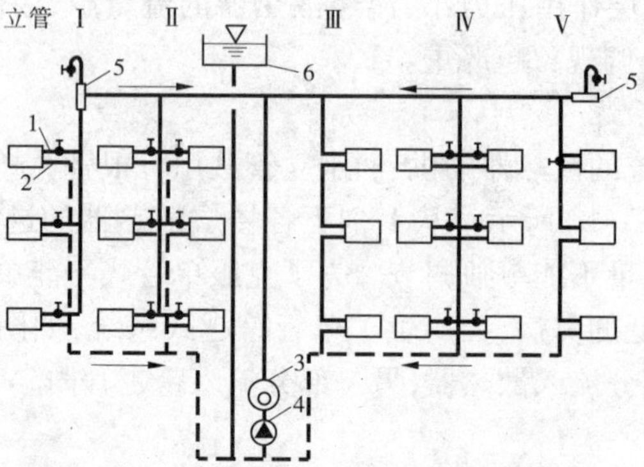

1—供水管道；2—回水管道；3—锅炉；4—水泵；5—集气罐；6—贮水箱

图 3-4　机械循环双管上供下回式热水采暖系统

在机械循环双管上供下回式热水采暖系统中，热水的循环主要依靠水泵的作用压力，同时存在着自然作用压力，因此也会出现前述的垂直失调现象，所以与自然循环相同，机械循环双管上供下回式热水采暖系统也不宜在 4 层以上的建筑物中采用。

2. 机械循环双管下供下回式热水采暖系统

机械循环双管下供下回式热水采暖系统如图 3-5 所示。该系统一般适用于顶层难以布置干管的场合以及有地下室的建筑。当无地下室时，供、回水干管一般敷设在底层地沟内。

与机械循环双管上供下回式系统比较，供水干管和回水干管均敷设在地沟或地下室内，管道保温效果好，热损失少。系统的供、回水干管都敷设在底层散热器下面，系统内空气的排除较为困难，排气方法主要有两种：一种是通过顶层散热器的冷风阀，手动分散排气；另一种是通过专设的空气管，手动或集中自动排气。

3. 机械循环中供式热水采暖系统

水平供水干管敷设在系统的中部，上部系统可用上供下回式，也可用下供下回式，下部系统则用上供下回式。中供式系统减轻了上供下回式楼层过多而易出现垂直失调的现象，同时可避免顶层梁底高度过低导致供水干管挡住顶层窗户而妨碍其开启。中供式系统可用于加建楼层的原有建筑物。

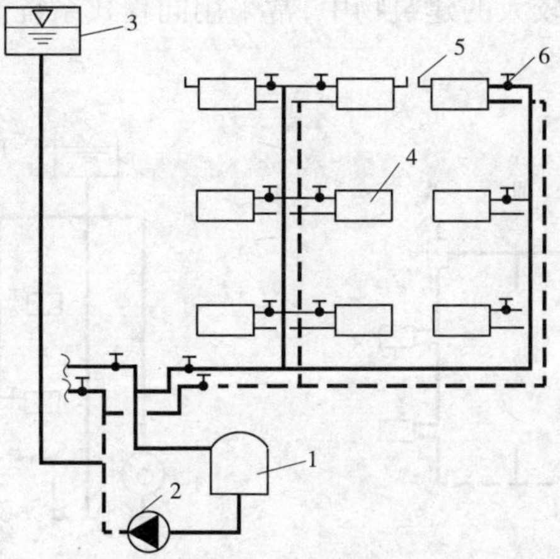

1—锅炉；2—水泵；3—膨胀水箱；4—散热器；5—手动跑风门；6—阀门

图 3-5　机械循环双管下供下回式热水采暖系统

4. 水平串联式热水采暖系统

一根立管水平串联多组散热器的布置形式（如图 3-6 所示），称为水平串联式热水采暖系统。按照供水管与散热器的连接方式可分为顺流式和跨越式两种，这两种方式在机械循环系统和自然循环系统中都可以使用。这种系统的优点是：

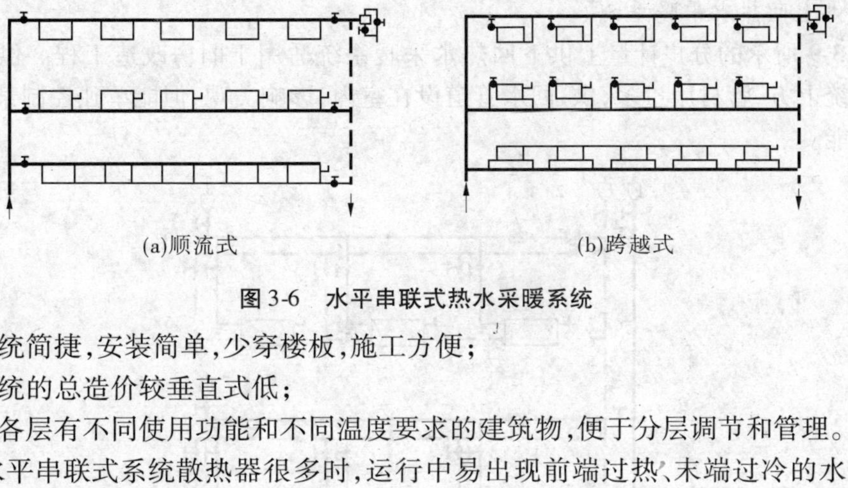

(a)顺流式　　(b)跨越式

图 3-6　水平串联式热水采暖系统

(1) 系统简捷，安装简单，少穿楼板，施工方便；

(2) 系统的总造价较垂直式低；

(3) 对各层有不同使用功能和不同温度要求的建筑物，便于分层调节和管理。

单管水平串联式系统散热器很多时，运行中易出现前端过热、末端过冷的水平失调现象。一般每个环路散热器组以 8 ~ 12 组为宜。

5. 异程式系统与同程式系统

在采暖系统供、回水干管布置上，通过各个立管的循环环路的总长度不相等的布置形式称为异程式系统，而通过各个立管的循环环路的总长度相等的布置形式则称为同程式系统。

在机械循环系统中，由于作用半径较大，连接立管较多，系统各立管循环环路长短不一，这叫做异程式，见图 3-7。在异程式系统中各个立管环路和压力损失较难平衡，会出现近处立管流量超过要求，而远处立管流量不足的现象。在远近立管处出现流量失调而引起在水平方向冷热不均的现象，称为系统的水平失调。

为了消除或减轻系统的水平失调，可采用同程式系统。如图 3-8 所示，通过最近立管的循环环路与通过最远处立管的循环环路的总长度都相等，因而压力损失易于平衡。由于同程式系统具有上述优点，在较大的建筑物中，常采用同程式系统。但同程式系统管道的金属消耗量要多于异程式系统。

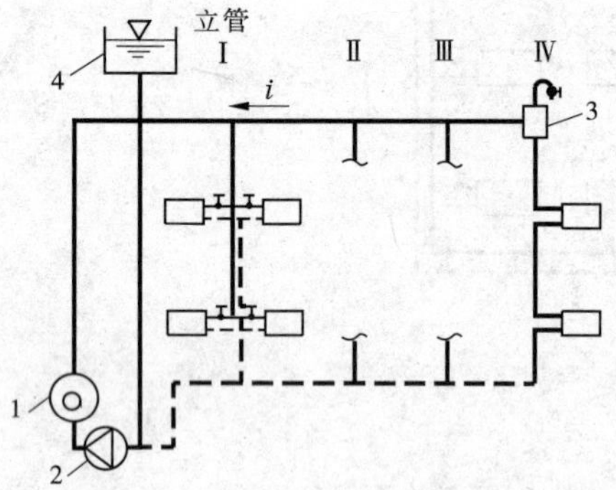

1—热水锅炉；2—循环水泵；3—集气罐；4—膨胀水箱

图 3-7 异程式系统

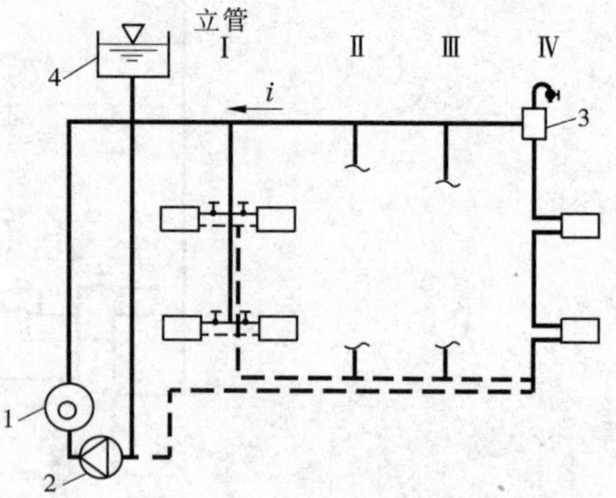

1—热水锅炉；2—循环水泵；3—集气罐；4—膨胀水箱

图 3-8 同程式系统

6. 分户计量热水采暖系统

对于新建住宅热水集中采暖系统，应设置分户热计量和室温控制装置，实行供热计量收费。分户热计量是指以户(套)为单位进行采暖热量的计量，每户需安装热量表和散热器温控阀。

1)上供上回热水采暖系统

如图 3-9 所示的分户计量上供下回热水采暖系统适用于旧房改造工程。供、回水管道均设于系统上方，管材用量多，供、回水管道设在室内，影响美观，但能单独控制某组散热器，有利于节能。

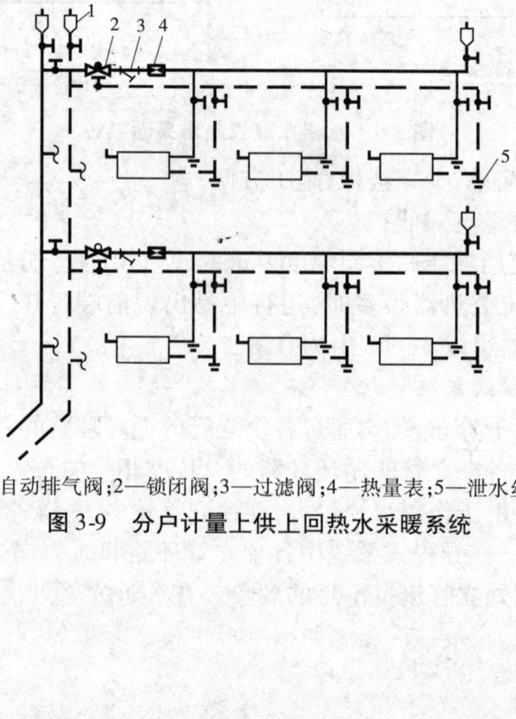

1—自动排气阀；2—锁闭阀；3—过滤阀；4—热量表；5—泄水丝堵

图 3-9 分户计量上供上回热水采暖系统

2)下供下回热水采暖系统

如图3-10所示,下供下回热水采暖系统适用于新建住宅,供、回水干管埋设在地面层内,但由于暗埋在地面层内的管道有接头,一旦漏水,维修复杂。

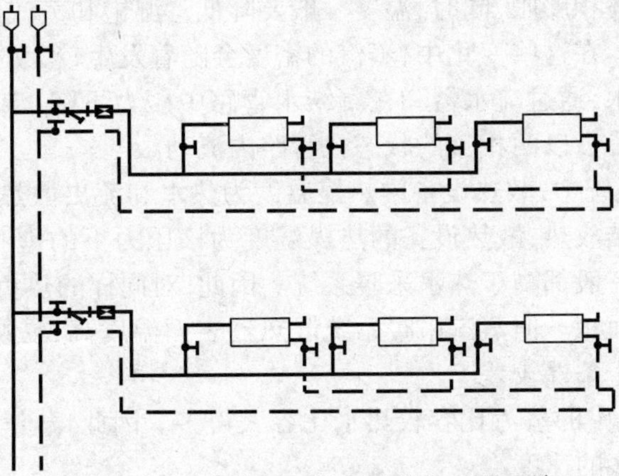

图3-10 分户计量下供下回热水采暖系统

3)水平放射式热水采暖系统

水平放射式热水采暖系统如图3-11所示,可用于新建住宅,供、回水管均暗埋于地面层内,暗埋管道没有接头。但管材用量大,且需设置分水器和集水器。

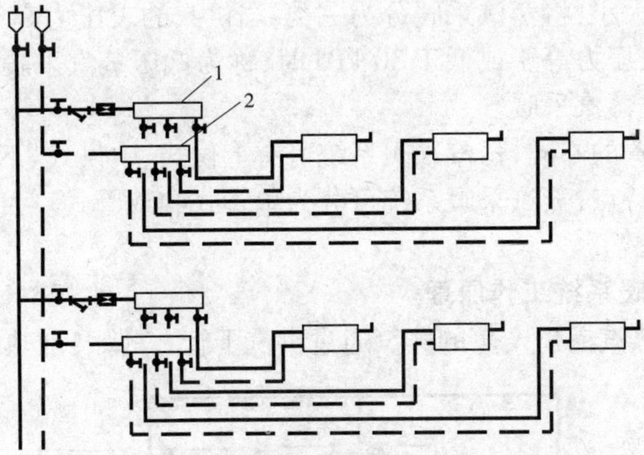

1—分水器;2—集水器

图3-11 分户计量水平放射式热水采暖系统

三、蒸汽采暖系统

(一)蒸汽采暖系统的工作原理

蒸汽作为采暖系统的热媒,应用极为普遍。与热水作为采暖系统的热媒相对比,蒸汽采暖具有如下一些特点。

(1)热水在系统散热设备中,靠其温度降低放出热量,而且热水的相态不发生变化。蒸汽在系统散热设备中,靠水蒸气凝结成水放出热量,相态发生了变化。蒸汽凝结放出汽化潜热比水通过有限的温降放出的热量要多得多,因此对同样的热负荷,蒸汽采暖时所需的蒸汽流量要比热水流量少得多。

(2)热水在封闭系统内循环流动,其参数变化很小。蒸汽和凝水在系统管路内流动时,其状态参数变化比较大,还会伴随相态变化。例如湿饱和蒸汽沿管路流动时,由于管壁散热会产生沿途凝水,使输送的蒸汽量有所减少;当湿饱和蒸汽经过阻力较大的阀门时,蒸汽被绝热节流,压力下降,体积膨胀,同时,温度一般要降低。湿饱和蒸汽可成为节流后压力下的饱和蒸汽或过热蒸汽。在这些变化中,蒸汽的密度会随着发生较大的变化。又例如,从散热设备流出的饱和凝结水,通过疏水器和在凝结水管路中压力下降,沸点改变,凝水部分重新汽化,形成所谓二次蒸汽,以两相流的状态在管路内流动。

(3)在热水采暖系统中,散热设备内热媒温度为热水和流出散热设备回水的平均温度。蒸汽在散热设备中凝结放热,散热设备的热媒温度为该压力下的饱和温度。蒸汽采暖系统散热器热媒平均温度一般都高于热水采暖系统。因此,对同样的热负荷,蒸汽供热要比热水供热节省散热设备的面积。但蒸汽采暖系统散热器表面温度高,易烧烤积在散热器上的有机灰尘,产生异味,卫生条件较差。

(4)蒸汽采暖系统中的蒸汽比容较热水比容大得多。因此,蒸汽管道中的流速,通常可采用比热水流速高得多的速度。

(5)由于蒸汽具有比容大、密度小的特点,因而在高层建筑采暖时,不会像热水采暖那样,产生很大的静水压力。此外,蒸汽供热系统的热惰性小,供汽时热得快,停汽时冷得也快,适宜用于间歇供热的用户。

(二)蒸汽采暖系统的分类

按照供汽压力的大小,将蒸汽采暖分为三类:当供汽的表压力高于 30 kPa 时,称为高压蒸汽采暖;当供汽的表压力等于或低于 30 kPa 时,称为低压蒸汽采暖;当系统中的压力低于大气压力时,称为真空蒸汽采暖。

按照蒸汽干管布置的不同,蒸汽采暖系统可有上供式、中供式、下供式三种。

按照立管的布置特点,蒸汽采暖系统可分为单管式和双管式。目前,国内绝大多数蒸汽采暖系统采用双管式。

(三)低压蒸汽采暖系统工作原理

如图 3-12 所示,蒸汽锅炉产生的蒸汽通过供汽干管、立管及散热设备支管进入散热器,

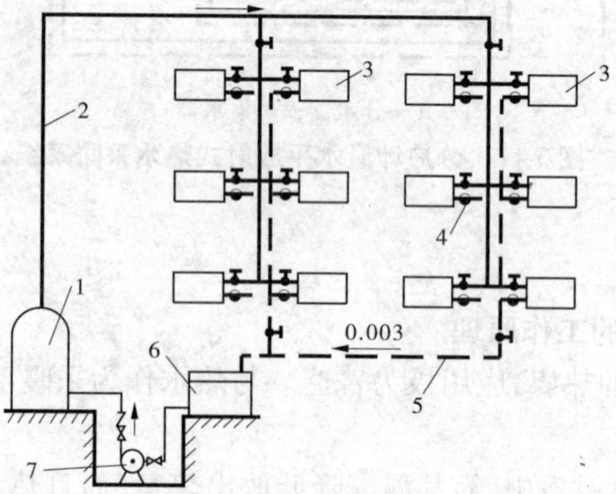

1—蒸汽锅炉;2—蒸汽管道;3—散热器;4—疏水器;
5—凝结水管;6—凝结水箱;7—凝结水泵

图 3-12　低压蒸汽采暖系统

蒸汽在散热器中放出热量后变成凝结水，凝结水经疏水器沿凝结水管流回凝结水池，由凝结水泵将凝结水送回锅炉重新加热。

为使凝结水可以顺利地流回凝结水箱，凝结水箱应设在低处。同时，为了保证凝结水泵正常工作，避免水泵吸入口处压力过低使凝结水汽化，凝结水箱的位置应高于水泵。

为了防止水泵停止工作时，水从锅炉倒流入凝结水箱，在锅炉和凝结水泵间应设止回阀。要使蒸汽采暖系统正常工作，必须将系统内的空气及凝结水顺利、及时地排出，还要阻止蒸汽从凝结水管窜回锅炉，疏水器的作用就是阻汽疏水。蒸汽在输送过程中，也会逐渐冷却而产生部分凝结水，为将它顺利排出，蒸汽干管应有沿流向下降的坡度。凡蒸汽管路抬头处，应设相应的疏水装置，及时排除凝结水。

为了减少设备投资，在设计中多是在每根凝结水立管下部装一个疏水器，以代替每个凝结水支管上的疏水器。这样可保证凝结水干管中无蒸汽流入，但凝结水立管中会有蒸汽。

当系统调节不良时，空气会被堵在某些蒸汽压力过低的散热器内，这样蒸汽就不能充满整个散热器而影响放热。最好在每一个散热器上安装自动排气阀，随时排净散热器内的空气。

（四）低压蒸汽采暖系统图式

1. 双管上供下回式

图 3-13 为双管上供下回式蒸汽采暖系统。蒸汽管与凝结水管完全分开。每组散热器可以单独调节。蒸汽干管设在顶层房间的屋顶下，通过蒸汽立管分别向下送汽，回水干管敷设在底层房间的地面上或地沟里。疏水器可以每组散热器或每个环路设 1 个。疏水器数量多效果好，是节约能源的一个措施，但是投资、维修工作量也大。

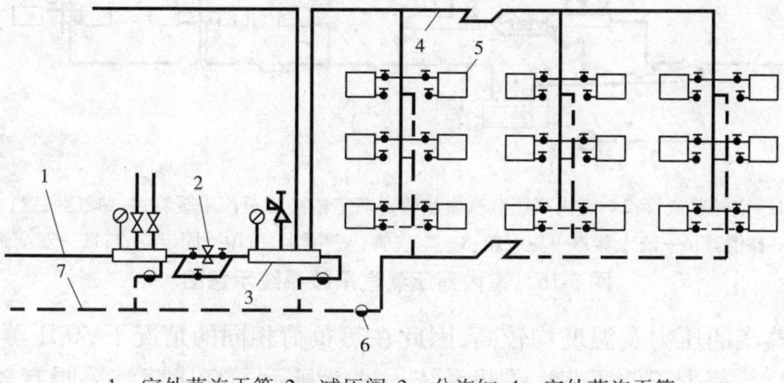

1—室外蒸汽干管；2—减压阀；3—分汽缸；4—室外蒸汽干管；
5—散热器；6—疏水器；7—回水干管

图 3-13　双管上供下回式蒸汽采暖系统

双管上供下回式系统是蒸汽采暖中使用最多的一种形式，采暖效果好，可用于多层建筑，但是费钢材，施工麻烦。

2. 双管下供下回式

当采用双管上供下回式系统蒸汽干管不好布置时，也可以采用双管上供下回式系统，如图 3-14 所示。它与双管上供下回式系统所不同的是蒸汽干管布置在所有散热器之下，蒸汽通过立管由下向上送入散热器。当蒸汽沿着立管向上输送时，沿途产生的凝结水由于重力作用向下流动，与蒸汽流动的方向正好相反。由于蒸汽的运动速度较大，会携带许多水滴向上运动，并撞击在弯头、阀门等部件上，产生振动和噪声，这就是常说的水击现象。

3. 双管中供下回式

双管中供下回式系统如图 3-15 所示。当多层建筑的采暖系统在顶层天棚下面不能敷设干管时采用。

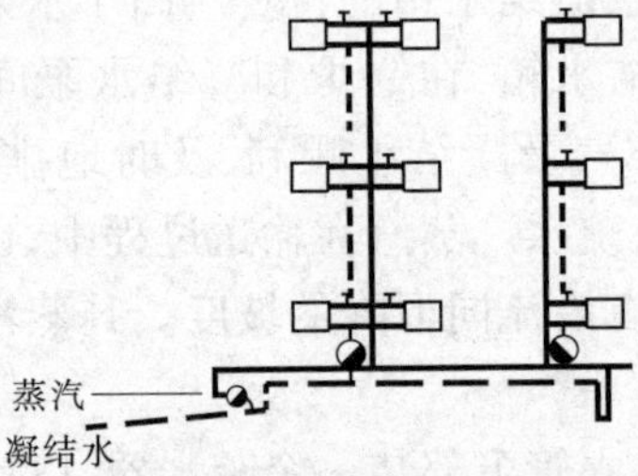

图 3-14　双管下供下回式蒸汽采暖系统

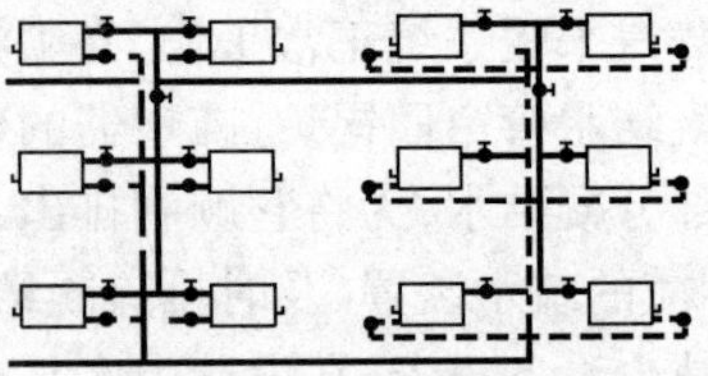
图 3-15　双管中供下回式蒸汽采暖系统

（五）高压蒸汽采暖系统

高压蒸汽采暖系统的热媒为相对压力大于 30 kPa 的蒸汽。如图 3-16 所示，高压蒸汽采暖系统由蒸汽锅炉、蒸汽管道、减压阀、散热器、凝结水管道、疏水器、凝结水池和凝结水泵等组成。

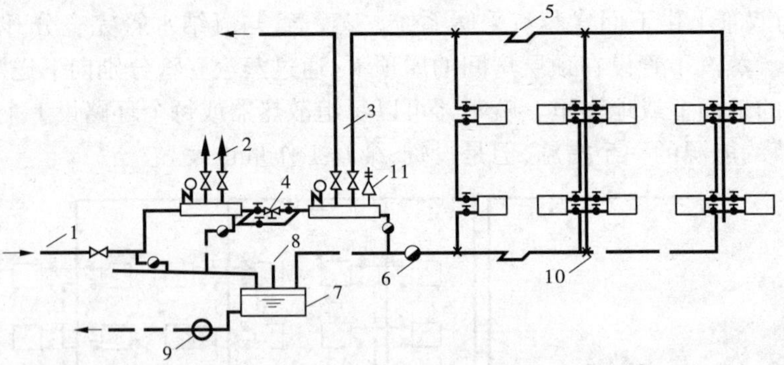

1—室外蒸汽管；2—室内高压蒸汽供热管；3—室内高压蒸汽采暖管；4—减压装置；5—补偿器；6—疏水器；7—凝水箱；8—空气管；9—凝水泵；10—固定支点；11—安全阀

图 3-16　室内高压蒸汽采暖系统示意图

由于高压蒸汽的压力及温度均较高，因此在热负荷相同的情况下，高压蒸汽采暖系统的管径和散热器片数都少于低压蒸汽采暖系统。这就显示了高压蒸汽采暖有较好的经济性。高压蒸汽采暖系统的缺点是卫生条件差，且容易烫伤人。因此，这种系统一般只在工业厂房中应用。

工业企业的锅炉房，往往既供应生产工艺用汽，同时供应高压蒸汽采暖系统所需要的蒸汽。由于这种锅炉房送出的蒸汽压力常常很高，因此将这种蒸汽送入高压蒸汽采暖系统之前，要用减压装置将蒸汽压力降至所要求的数值。一般情况下，高压蒸汽采暖系统的蒸汽压力不超过 300 kPa。

和低压蒸汽采暖一样，高压蒸汽采暖系统亦有上供、下供和单管、双管系统之分。但是，为了避免高压蒸汽和凝结水在立管中反向流动所发出的噪声，一般高压蒸汽采暖均采用双管上供下回式系统。

高压蒸汽采暖系统在启动和停止运行时，管道温度的变化要比热水采暖系统和低压蒸汽采暖系统都大,应充分注意管道的伸缩问题。另外,由于高压蒸汽供暖系统的凝结水温度很高,因此在它通过疏水器减压后,会重新汽化,产生二次蒸汽。也就是说,在高压蒸汽系统的凝水管中输送的是凝结水和二次蒸汽的混合物。在有条件的地方,要尽可能将二次蒸汽送到附近低压蒸汽供暖系统或热水供应系统中加以利用。

四、低温热水辐射采暖

低温热水辐射采暖具有节能、卫生、舒适、不占室内面积等特点,近年来在国内发展迅速。低温热水辐射采暖一般指加热管埋设在建筑构件内的采暖形式,有墙壁式、顶棚式和地板式三种。目前,我国主要采用的是地板式,称为低温热水地板辐射采暖。低温热水地板辐射采暖的供、回水温差宜小于等于 10 ℃,民用建筑的供水温度不应超过 60 ℃。

(一)低温热水地板辐射采暖构造

可采用集中采暖分户热计量系统或分户独立热源系统(如家庭燃气壁挂炉采暖系统),工程中采用塑料管预埋在地面不小于 30 mm 的混凝土垫层内,如图 3-17 所示。

低温热水地板辐射采暖的加热管及其覆盖层与外墙、楼板结构层间应设绝热层,绝热层的材料宜采用聚苯乙烯泡沫塑料板,楼板上的绝热层厚度不宜小于 25 mm,与土壤或室外空气相邻的地板上的绝热层厚度不宜小于 40 mm,沿外墙内侧周边的绝热层厚度不应小于 20 mm。当采用其他绝热材料时,宜按等效热阻确定其厚度。

填充层的材料应采用 C15 豆石混凝土,豆石粒径不宜大于 12 mm,并掺入适量的防裂剂。填充层应设伸缩缝,伸缩缝的间距与宽度由计算确定。伸缩缝的宽度大于等于 5 mm,加热管穿越伸缩缝时,宜设长度不小于 100 mm 的柔性套管。

低温热水地板辐射采暖的加热管,可采用聚丁烯(PB)管、交联聚乙烯(PE－X)管、无规共聚聚丙烯(PP－R)管和交联铝塑复合(XPAP)管。

(二)系统设置

低温热水地板辐射采暖系统的楼内分户热量计量系统构造与前面的单户计量系统相同,只是在户内需设置分水器和集水器,另外,当集中采暖热媒的温度超过低温热水地板辐射采暖的允许温度时,可设集中的换热站,以保证温度在允许的范围内,如图 3-18 所示。

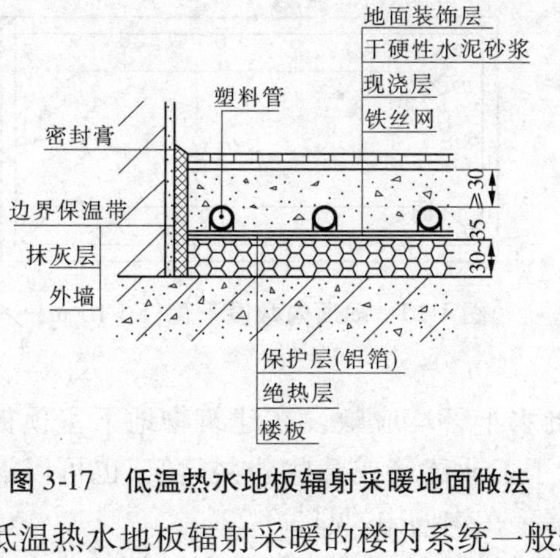

图 3-17 低温热水地板辐射采暖地面做法

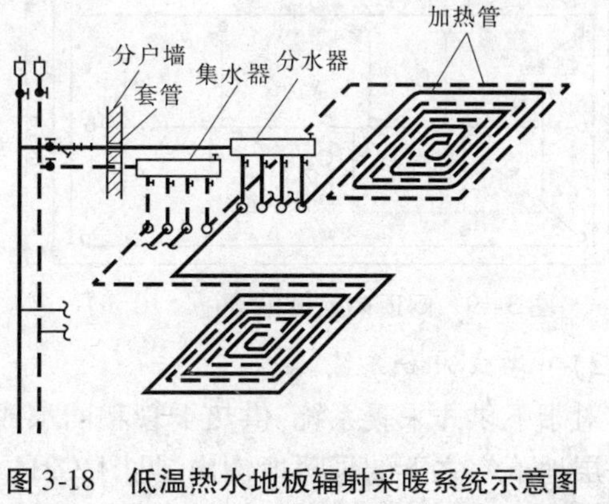

图 3-18 低温热水地板辐射采暖系统示意图

低温热水地板辐射采暖的楼内系统一般通过设置在户内的分水器、集水器与户内埋在地面层内的管路系统连接,每套分、集水器宜接 3～5 个回路,最多不超过 8 个。分、集水器宜布置在厨房、卫生间等地方,注意应留有一定的检修空间,且每层安装位置应相同。

第二节 室内采暖系统安装

一、室内采暖管道布置与敷设

室内采暖系统的种类和形式应根据建筑物的使用特点和要求来确定,一般是在选定了系统的种类(热水还是蒸汽系统)和形式(上供还是下供,单管还是双管,同程还是异程)因素后进行系统的管网布置。

(一)热水采暖管道

采暖系统的引入口一般宜在建筑物中部。系统应合理地设若干支路,而且尽量使各支路的阻力易于平衡。

布置采暖管网时,管路应沿墙、梁、柱平行敷设,力求布置合理,同时应节省管材,便于调节和排除空气,而且要求各并联环路的阻力损失易于平衡。布置系统时力求管道最短,便于管理,并且不影响房间的美观。采暖管道的安装方法有明装和暗装两种。采用明装还是暗装,要依建筑物的要求而定,一般民用建筑、公共建筑以及工业厂房都采用明装,装饰要求较高的建筑物采用暗装。

1. 干管的布置与敷设

1)上供式采热系统

对于上供式采热系统,供热干管暗装时应布置在建筑物顶部的设备层中或吊顶内;明装时可沿墙敷设在窗过梁和顶棚之间的位置。布置供热干管时应考虑供热干管的坡度、集气罐的设置要求。有门顶的建筑物,供热干管、膨胀水箱和集气罐都应设在闷顶层内,回水或凝水干管一般敷设在地下室顶板之下或底层地面以下的采暖地沟内。

在闷顶内敷设干管时,为节省管道,当房屋宽度 $b<10$ m,立管较少时,可以只设一根干管,见图 3-19;当房屋宽度 $b>10$ m 或干管与通风装置打架时,则需要沿外墙内侧布置,见图 3-20。同时为了便于检修和安装,闷顶内干管与外墙内侧的距离不小于 1 m。

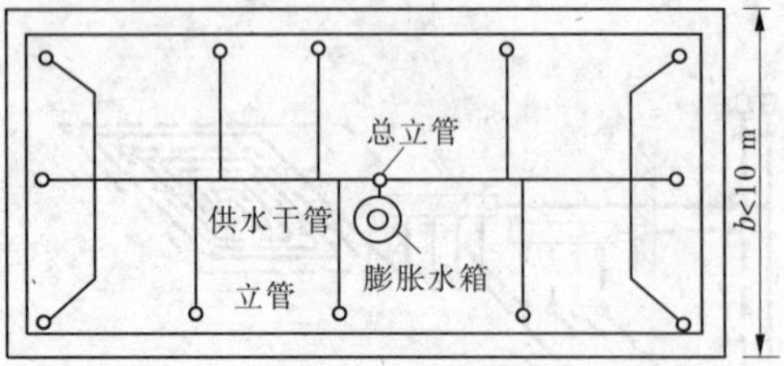

图 3-19 闷顶内敷设干管($b<10$ m)

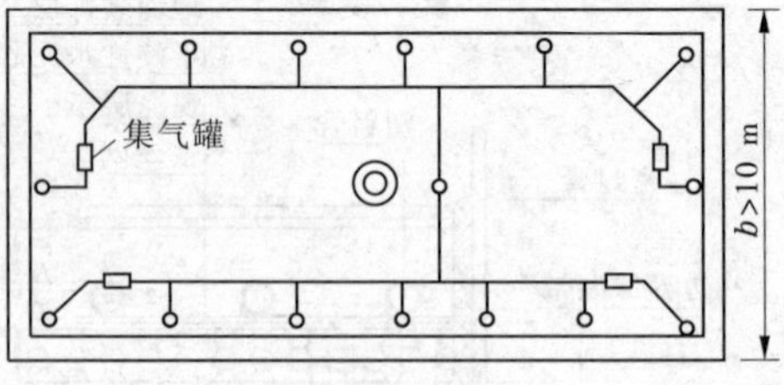

图 3-20 闷顶内敷设干管($b>10$ m)

2)下供式采暖系统

对于下供式采暖系统,供热干管和回水或凝水干管均应敷设在建筑物地下室顶板之下或底层地下室之下的采暖地沟内,见图 3-21,对于工业建筑或某些公共建筑,也可以沿墙明装在底层地面上。当干管穿越门洞时,应局部暗装在沟槽内,见图 3-22。

无论是明装还是暗装,回水干管均应保证设计坡度的要求。暗沟断面的尺寸应由沟内

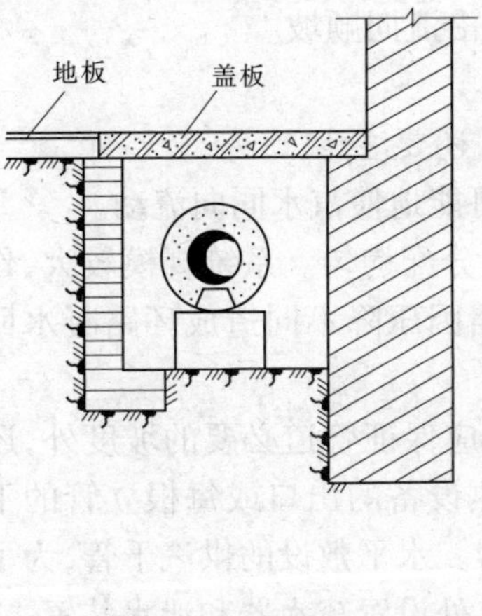

图 3-21　管道地沟敷设

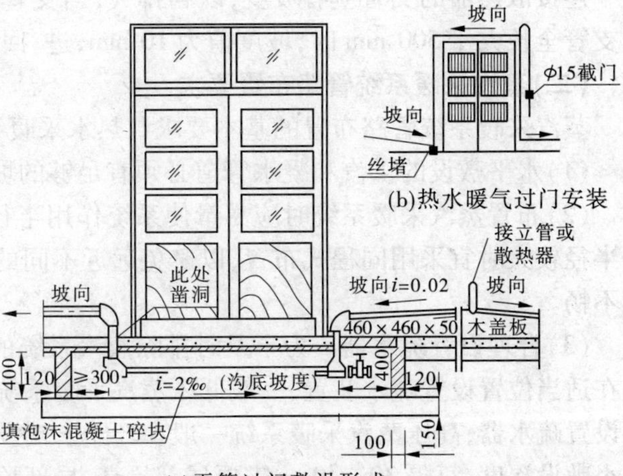

(a)干管过门敷设形式

图 3-22　干管必须穿越门洞时的安装

敷设的管道数量、管径、坡度及安装检修的要求确定，其净尺寸不应小于 800 mm×1 000 mm×1 200 mm。沟底应有 2‰的坡向采暖系统引入口的坡度用以排水。

2. 立管的布置与敷设

立管可布置在房间窗间墙或墙身转角处，对于有两面外墙的房间，立管宜设置在温度低的外墙转角处。楼梯间的立管尽量单独设置，以防结冻后影响其他立管的正常采暖。

要求暗装时，立管可敷设在墙体内预留的沟槽中，见图 3-23，也可以敷设在管道竖井内。管井每层应用隔板隔断，以减少管道井中空气对流而形成无效的立管传热损失。

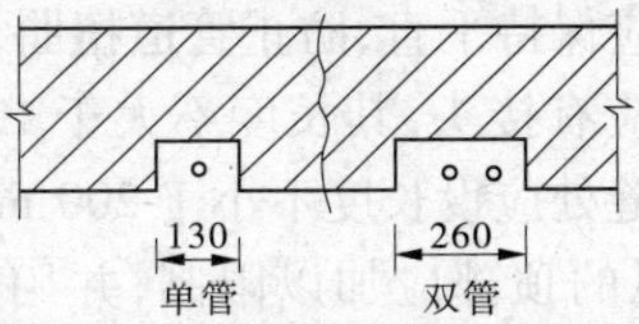

图 3-23　采暖立管墙槽

立管应垂直地面安装，穿越楼板时应设套管加以保护，以保证管道自由伸缩且不损坏建筑结构，但套管内应用柔性材料堵塞。

3. 支管的布置与敷设

支管的位置与散热器的位置、进水口和出水口的位置有关。支管与散热器的连接方式有三种：上进下出式、下进上出式和下进下出式，散热器支管进、出水口可以布置在同侧，也可以在异侧，见图 3-24。设计时应尽量采用上进下出、同侧连接方式，这种连接方式具有传热系数大、管路最短、外形美观的优点。下进下出的连接方式散热效果较差，但在水平串联系统中可以使用，因为安装简单，对分层控制散热量有利。下进上出的连接方式散热效果最差，但这种连接有利于排气。

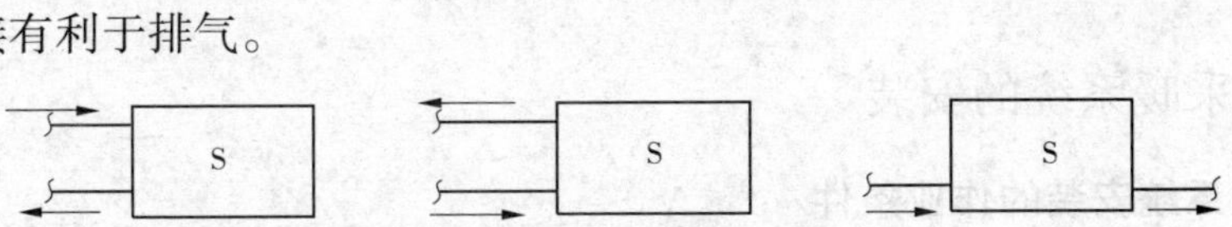

(a)上进下出式　(b)下进上出式　(c)下进下出式

图 3-24　支管与散热器的连接

连接散热器的支管应有坡度，以利排气，当支管全长小于 500 mm 时，坡度值为 5 mm；当支管全长大于 500 mm 时，坡度值为 10 mm，进、回水支管均沿流向顺坡。

（二）蒸汽采暖系统管路布置要求

蒸汽采暖系统管路布置的基本要求与热水采暖系统相同，还要注意：

（1）水平敷设的供汽和凝水管道必须有足够的坡度并尽可能地使汽水同向流动。

（2）布置蒸汽采暖系统时应尽量使系统作用半径小，流量分配均匀。系统规模较大、作用半径较大时宜采用同程式布置，以避免远近不同的立管环路因压降不同造成环路凝水回流不畅。

（3）合理设置疏水器。为了及时排除蒸汽系统的凝水，除应保证管道必要的坡度外，还应在适当位置设置疏水装置，一般低压蒸汽采暖系统每组散热设备的出口或每根立管的下部设置疏水器，高压蒸汽采暖系统一般在环路末端设置疏水器。水平敷设的供汽干管，为了减小敷设深度，每隔 30 ~ 40 m 需要局部抬高，局部抬高的低点处设置疏水器和泄水装置。

（4）为避免蒸汽管路中的沿途凝水进入蒸汽立管造成水击现象，供汽立管应从蒸汽干管的上方或侧上方接出。干管沿途产生的凝结水，可通过干管末端设置的凝水立管和疏水装置排除。

（5）水平干式凝水干管通过过门地沟时，需将凝水管内的空气与凝水分流，应在门上设空气绕行管。

（三）低温热水地板辐射加热管的布置与敷设

加热管的布置要保证地面温度均匀，一般将高温管段布置在外窗、外墙侧。加热管的敷设管间距应根据地面散热量、室内计算温度、平均水温及地面传热热阻等通过计算确定，一般为 100 ~ 300 mm。加热管应保持平直，防止管道扭曲，加热管一般无坡度敷设。埋设在填充层内的每个环路加热管不应有接头，其长度不大于 120 m。环路布置不宜穿越填充层内的伸缩缝，必须穿越时，伸缩缝处应设长度不小于 200 mm 的柔性套管。

加热管弯曲管道时，圆弧的顶部应加以限制，并用管卡进行固定，不得出现“死折”现象。采用塑料及铝塑复合管时，其弯曲半径不宜小于 6 倍管外径；采用铜管时，弯曲半径不宜小于 5 倍管外径。加热管应设固定装置。

低温热水地板采暖系统的结构见图 3-25，加热管常用的布置方式见图 3-26。

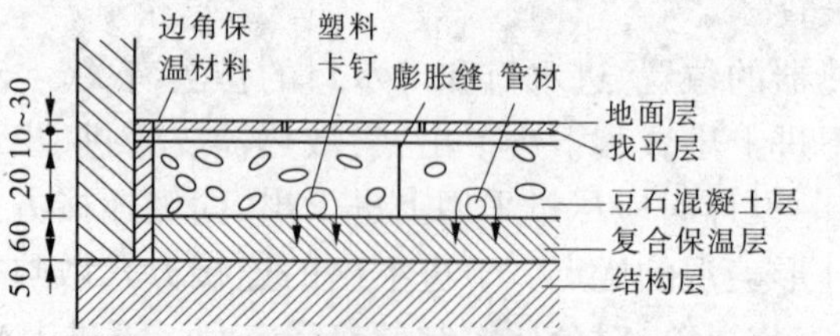

3-25 **低温热水地板采暖系统的结构** （单位：mm）

二、室内采暖系统的安装

（一）采暖系统安装的作业条件

1. 管道安装

（1）埋地管道安装应在地沟经回填夯实或挖到管底标高后进行，并在管道穿墙处安装

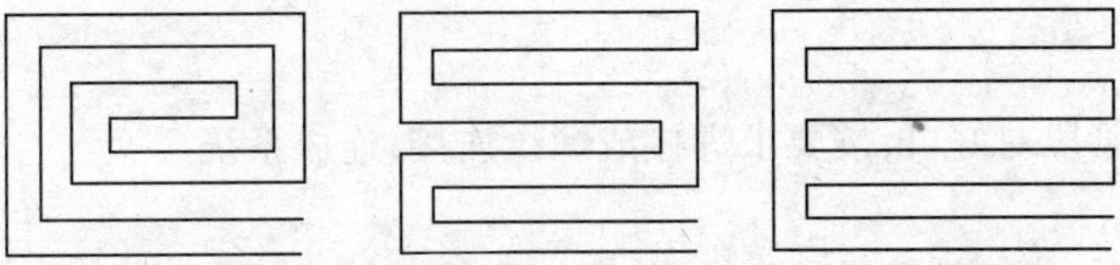

(a)旋转形(回字形)　(b)往复形(S字形)　(b)直列形

图 3-26　加热管的布置方式

套管。

(2)暗装管道应在地沟未盖沟盖或吊顶未封闭前进行。

(3)明装干管应在安装层的结构顶板完成之后进行,且支、吊架已安装牢靠。

(4)立管应在主体结构达到安装条件后适当插入进行,每层应有明确的标高线。

(5)支管安装应在墙体砌筑完毕、墙面未装修前进行。

2. 散热器安装

(1)散热器验收合格。

(2)有准确的地面标高线。

(3)供、回水干管、立管安装完毕。

(4)散热器安装预埋件核对无误。

3. 地板辐射采暖系统安装

(1)除地面外,所有作业都进行凿打完成。

(2)杂物及油漆污渍必须清除干净。

(3)门窗安装完毕。

(二)采暖管道的安装

为了更好地发挥采暖系统的作用,保证采暖系统的安装质量,安装时必须遵循以下工艺流程:热力入口→干管安装→立管安装→支管安装,即一般按安装准备→预制加工→总管及其入口装置→干管→立管→散热器→支管的施工顺序进行。

1. 热力入口安装

建筑采暖热力入口由供水总管、回水总管及配件构成。供、回水总管一般并行穿越建筑物基础预留洞进入室内。热力入口处设有温度计、压力表、旁通管、调压板、除污器、阀门等,安装时应预先装配好,必要时经水压试验合格后,整体穿入基础预留洞。

2. 干管安装

干管的安装按下列程序进行:管道定位、画线→安装支架→管道就位→接口连接→开立管连接孔、焊接→水压试验、验收。

1)确定干管位置

根据施工图所要求的干管走向、位置、坡度,检查预留孔洞,画出管道安装中心线。

2)管道预加工

根据设计图纸进行管道的预加工,包括下料、套丝、焊法兰盘、调直等。

3)管道就位

(1)干管悬吊式安装:安装前,将地沟、地下室、技术层或顶棚内的吊卡穿于型钢上,管道上套上吊卡,上下对齐,再穿上螺栓,带紧螺母,将管子初步固定。

(2)干管在托架上安装:将管子搁置于托架上,先用 U 形卡固定第一节管道,然后依次固定各节管道。

4）管道连接

在支架上把管段对好口，按要求焊接或螺纹连接，连成系统。

5）管道找坡

管道连接好后，应校核管道坡度，合格后固定管道。

3. 立管安装

立管安装应从底层到顶层逐层安装，安装时首先确定安装位置，管道距左墙净距不得少于150 mm，距右墙不得少于300 mm。

（1）画好立管垂直中心线，确定立管卡安装位置，安好各层立管卡。

（2）立管逐层安装时，一定要穿入套管，并将其固定好。再用立管卡将管子固定于立管中心线上。

（三）散热器的安装

散热器的安装主要包括散热器的组对，散热器的试压，在墙上画线、打眼、安装支架或托钩，安装散热器等。

1. 组对

常用散热器有钢制和铸铁两大类。钢制散热器在出厂前已经根据设计要求的片数焊接完成。铸铁散热器除翼形散热器外，都要根据设计要求进行组对。

散热器组对前，应检查每片散热器有无裂纹、砂眼及其他损坏，接口断面是否平整。用钢刷将对口处螺纹内的铁锈处理干净，按正扣向上，依次放齐。组对常用的对丝、丝堵、补心等部件应放在易取位置。组对密封垫采用石棉橡胶垫片，其厚度不超过1.5 mm，用机油随用随浸。组对的散热器要求平直严紧，垫片不得外露。

2. 试压

将散热器抬到试压台上，用管钳子上好临时丝堵和临时补芯，连接试压泵；试压时一般按工作压力的1.5倍作为试验压力，稳压5 min，逐个观察每个接口是否有渗漏，不渗漏者为合格。

将试压合格后的散热器，表面除锈，刷防锈漆，刷银粉漆。然后运至集中地点，堆放整齐，准备安装。

3. 画线、打眼、安装托钩和支架

根据安装位置及高度在墙上画出安装中心线、孔洞，安装托钩、支架。

4. 散热器安装

散热器的安装与外墙的距离应符合设计要求和产品说明书的要求，如未注明，应为30 mm。

（四）低温热水地面辐射采暖系统的安装

低温热水地面辐射采暖系统的施工工序为：地面清理→绝热层安装→安装分水器、集水器→安装加热管→水压试验→填充层→面层。

（1）地面清理。低温热水地面辐射采暖施工前，首先进行地面清理。清除地面上的积土和各类杂物，保持地面干净，防止损坏保温板。

（2）绝热层安装。绝热层一般采用聚苯乙烯泡沫塑料板。绝热层做在找平层上，保温板要平整，板块接缝应严密，下部无空鼓及凸起现象。保温板与四周墙壁之间留出伸缩缝。

(3)安装分水器、集水器。分水器、集水器安装宜在开始敷设加热管之前进行。水平安装时,宜将分水器安装在上,集水器安装在下,中心距宜为200 mm,集水器中心距地面不应小于300 mm。每个环路加热管的进、出水口,应分别与分水器、集水器相连接。分水器、集水器一般布置在不影响室内使用并操作方便的地方。

(4)安装加热管。加热管安装前,应对材料的外观和接头的配合公差进行仔细检查,并清除管道和管件内外的污垢和杂物。注意管与管之间的距离,固定加热管卡子的间距,加热管出地面到分水器、集水器连接处的明装部分,外部加套管,套管高出装饰面150~200 mm,以保护加热管。

(5)水压试验。地暖系统打压前,必须事先冲洗管道。水压试验进行两次,分别是在浇捣混凝土填充层前和填充层养护期满后。地暖系统试验压力为工作压力的1.5倍,且不应小于0.6 MPa。在试验压力下稳压1 h,其压力降不应大于0.05 MPa。不宜以气压试验替代水压试验。水压试验宜采用手动泵缓慢升压,升压过程中应随时观察与检查,系统各处无任何渗漏后方可带压充填细石混凝土。

(6)填充层及面层做法。细石混凝土的搅拌、运输、浇筑、振捣和养护等一系列的施工要求混凝土层的施工完毕后要进行养护。混凝土层养护期不少于21 d。

(五)室内采暖系统的试压、冲洗

1. 试压

1)试验压力

系统安装完毕,应做水压试验,水压试验的试验压力应符合设计要求,当设计未注明时,应符合下列规定:

(1)蒸汽、热水采暖系统,应以顶点工作压力加0.1 MPa做水压试验,同时在系统顶点的试验压力不小于0.3 MPa。

(2)高温热水采暖系统,试验压力应为系统顶点工作压力加0.4 MPa。

(3)使用塑料管及复合管的热水采暖系统,应以系统顶点工作压力加0.2 MPa做水压试验,同时系统顶点的试验压力不小于0.4 MPa。

2)试压方法

室内采暖系统的水压试验可分段进行,也可以整个系统进行试压。对于分段或分层试压的系统,如果有条件,还应进行一次整个系统的试压。对于系统中需要隐蔽的管段,应做分段试压,试压合格后方可隐蔽,同时填写隐蔽工程验收记录。

(1)试压准备:打开系统最高点的排气阀、阀门;打开系统所有的阀门;采取临时措施隔断膨胀水箱和热源;在系统下部安装手摇泵或电动泵,接通自来水管道。

(2)系统充水:依靠自来水的压力向管道内充水,系统充满水后不要进行加压,应反复地进行充水、排气,直到将系统中的空气排除干净,关闭排气阀。

(3)系统加压:确定试验压力,用试压泵加压。一般也应分2~3次升至试验压力。在试压过程中,每升高一次压力,都应停下来对管道进行检查,无问题再继续升压,直至升到试验压力。

(4)系统检验:采用金属及金属复合管的采暖系统,在试验压力下观测10 min,压力降不应大于0.02 MPa,然后降到工作压力进行检查,不渗不漏为合格。采用塑料管的采暖系统,在试验压力下稳压1 h,压力降不得超过0.05 MPa,然后在工作压力的1.15倍状态下稳压2 h,压力降不大于0.03 MPa,同时检查各连接处,不渗不漏为合格。

3)试压注意事项

(1)气温低于4 ℃时,试压结束后及时将系统内的水放空,并关闭泄水阀。

(2)系统试压时,应拆除系统的压力表、打开疏水器旁通阀,避免压力表、疏水器被污物堵塞。

(3)试压泵上的压力表应为合格的压力表。

2. 室内采暖系统的冲洗

系统试压合格,应对系统进行冲洗,冲洗的目的是清除系统的泥沙、铁锈等杂物,保证系统内部清洁,避免运行时发生阻塞。

热水采暖系统可用水冲洗。冲洗的方法是:将系统内充满水,打开系统最低处的泄水阀,让系统中的水连同杂物由此排出,反复多次,直到排出的水清澈透明。

蒸汽采暖系统可采用蒸汽冲洗。冲洗的方法是:打开疏水装置的旁通阀,送汽时,送汽阀门慢慢开启,蒸汽由排汽口排出,直到排出干净的蒸汽。

采暖系统试压、冲洗结束后,方可进行防腐和保温。

复习题

一、选择题

1. 当采暖系统焊接钢管管径小于等于32 mm时,应采用(　　)连接。

A. 螺纹　　B. 焊接　　C. 法兰　　D. 卡箍

2. 低温热水地板辐射采暖常用管材为(　　)。

A. PP-R　　B. PVC　　C. 镀锌钢管　　D. 铸铁管

3. 蒸汽采暖系统设置疏水器的作用是(　　)。

A. 稳压　　B. 阻气疏水　　C. 阻汽疏水　　D. 阻水排汽

4. 机械循环热水采暖系统的膨胀水箱能起(　　)作用。

A. 除污　　B. 排气　　C. 稳定水泵压力　　D. 容纳膨胀水量　　E. 阻汽疏水

5. 供热管道做水压试验时,试验管道上的阀门应(　　)。

A. 开启　　B. 半开半闭　　C. 关闭　　D. 用堵头堵上

6. 供热系统的补偿器在安装之前,需要按照设计要求或产品说明进行(　　)。

A. 预热　　B. 预加工　　C. 预拉伸　　D. 调试

二、填空题

1. 采暖系统的基本组成包括______、______、______。

2. 根据采暖热媒不同,采暖系统可分为______、______、______、______。

3. 自然循环热水采暖系统由______、______、______和______组成。

4. 常用采暖形式有______、______、______、______、______、______。

5. 分户计量热水采暖系统常采用__________、__________、__________采暖形式。

三、简答题

1. 采暖的目的是什么？
2. 写出自然循环热水采暖系统与机械循环热水采暖系统的不同之处。
3. 在采暖系统中采用同程式的优点是什么？
4. 比较热水采暖系统和蒸汽采暖系统各有什么特点？
5. 常用的采暖系统布置方式有哪些？
6. 管道布置应考虑哪些因素？
7. 简述采暖系统的试压过程。
8. 低温热水地板采暖系统常用的结构形式有哪些？
9. 采暖系统安装的作业条件是什么？
10. 低温热水地面辐射采暖系统的施工工序是什么？

第四章　燃气供应系统

燃气是指可以作为燃料的气体,通常是以可燃气体为主要成分的、多组分的混合气体。20 世纪 50 年代以前,燃气普遍采用煤加工生产,人们习惯称为煤气,但随着社会生产的发展,燃气的来源、生产方式及组分等都有了很大变化,燃气具有更广泛的含义和适用性。

燃气作为气体燃料,它同固体、液体燃料相比,有许多优点:使用方便,燃烧完全,热效率高,燃烧温度高,易调节、控制;燃烧时没有灰渣,清洁卫生;可以利用管道和瓶装供应。在人们日常生活中采用燃气作为燃料,对改善人民的生活条件,减少空气污染和保护环境,都具有重大的意义。但燃气易引起燃烧或爆炸,火灾危险性较大。人工煤气具有强烈的毒性,容易引起中毒事故。所以,对于燃气设备及管道的设计、加工和敷设,都有严格的要求,同时必须加强维护和管理,防止漏气。

一、燃气的种类及性质

燃气的种类较多,按照其来源及生产方式分为 4 大类:天然气、人工燃气、液化石油气和沼气。其中天然气、人工燃气、液化石油气可作为城镇供应气源。沼气热值低,二氧化碳含量高,不宜作为城镇气源。

(一)天然气

天然气热值高,容易燃烧且燃烧效率高,是优质、清洁的气体燃料,是理想的城市气源。一般可分 4 种:从气井开采出来的纯天然气(或称气田气)、随石油一起开采出来的石油伴生气、含石油轻质馏分的凝析气田气和从井下煤层抽出的矿井气(又称矿井瓦斯)。

天然气从地下开采出来时压力很高,有利于远距离输送。但需经降压、分离、净化(脱硫、脱水),才能作为城市燃气的气源,也可用于民用及作为汽车清洁燃料。天然气经过深度制冷,在 −160 ℃的情况下就变成液体成为液化天然气,液态天然气的体积为气态时的 1/600,有利于贮存和运输,特别是远距离越洋输送。

天然气的主要成分是甲烷,比空气轻,无毒无味,但是极易与空气混合形成爆炸混合物。空气含有 5% ~15% 的天然气泄漏量时,遇明火就会发生爆炸,供气部门在其中加入了加臭剂四氢噻吩,泄漏量只要达到 1%,用户就会闻到臭味,避免发生中毒或爆炸等事故。

(二)人工煤气

人工煤气是指以固体或液体可燃物为原料加工制取的可燃气体。一般将以煤为原料加工制成的燃气称为煤制气,简称煤气;用石油及其副产品(如重油)制取的燃气称为油制气。我国常用人工燃气有干馏煤气、气化煤气、油制气。

(1)干馏煤气。干馏煤气的主要成分为氢、甲烷、一氧化碳等,是对煤进行干馏,将煤隔绝空气加热到一定温度,所获得的煤气。

(2)气化煤气。将煤或焦炭在高温下与氧化剂(如空气、氧、水蒸气等)相互作用,通过化学反应使其转变为可燃气体,此过程称为固体燃料的气化,由此得到的燃气称为气化煤气。主要成分为氢、甲烷。

(3)油制气。利用重油(炼油厂提取汽油、煤油和柴油之后所剩的油品)制取的城市煤气,含有氢、甲烷和一氧化碳。

人工煤气有强烈的气味及毒性,含有硫化氢、系苯、氨、焦油等杂质,容易腐蚀及堵塞管道,因此出厂前均需经过净化。煤制气只能采用贮气罐气态贮存和管道输送。

(三)液化石油气

液化石油气是在石油开采和炼制过程中,作为副产品而获得的一部分碳氢化合物。根据其来源分为两种:一种是在油田或气田开采过程中获得的,称为天然石油气;另一种来源于炼油厂,是在石油炼制加工过程中获得的副产品,称为炼厂石油气。

液化石油气的主要成分是丙烷、丁烷、丙烯、丁烯等。常温常压下呈气态,常温加压或常压降温时,很容易转变为液态,以进行贮存和运输,升温或减压即可气化使用。从液态转变为气态时,其体积扩大250~300倍。气态液化石油气比空气重,约为空气的1.5倍。液化石油气可进行管道输送,也可加压液化灌瓶供应。随着我国石油工业的发展,液化石油气已成为城市燃气的重要气源之一。

(四)沼气

沼气的主要组分为甲烷(约占60%)、二氧化碳(约占35%),此外,有少量的氢、氧、一氧化碳等。在农村,利用沼气池将薪柴、秸秆及人畜粪便等原料发酵,产生人工沼气,可提供农户炊事所需燃料,偏远地区还可使用沼气灯照明。

燃气虽然是一种清洁方便的理想能源,但是如果不了解它的性质或使用不当,也会带来严重后果。燃气和空气混合到一定比例时,极易引起燃烧和爆炸,火灾危害性大,且人工煤气有剧烈的毒性,容易引起中毒。因而,所有制备、输送、贮存和使用煤气的设备及管道,都要有良好的密封性,它们对设计、加工、安装和材料选用都有严格的要求,同时必须加强维护和管理工作,防止漏气。

二、城市燃气管道的输配

目前,城市燃气的供应方式有两种:一种是管道输送,另一种是瓶装供应。这里先介绍城市燃气管道的输配。

(一)城市燃气管道的分类

燃气管道根据输气压力、用途、敷设方式、管网形状和管网压力级制进行分类。

(1)根据输气压力分类。

燃气管道漏气可能导致火灾、爆炸、中毒或其他事故,因此其气密性与其他管道相比有特别的要求。燃气管道中的压力越高,危险性越大。管道内燃气的压力不同,对管道材质、安装质量、检验标准和运行管理的要求也不同。

我国城市燃气管道根据输气压力一般分为7级:

①低压燃气管道 $p \leqslant 0.01$ MPa。

②中压B燃气管道0.01 MPa $< p \leqslant 0.2$ MPa。

③中压A燃气管道0.02 MPa $< p \leqslant 0.4$ MPa。

④次高压B燃气管道0.4 MPa $< p \leqslant 0.8$ MPa。

⑤次高压A燃气管道0.8 MPa $< p \leqslant 1.6$ MPa。

⑥高压B燃气管道1.6 MPa $< p \leqslant 2.5$ MPa。

⑦高压 A 燃气管道 2.5 MPa $<p\leqslant$4 MPa。

居民和小型公共建筑用户一般直接由低压管道供气。中压 B 和中压 A 管道必须通过区域调压站或用户专用调压站，才能给城市分配管网中的低压和中压管道供气，或给工业企业、大型公共建筑用户或锅炉房供气。

(2)根据用途分为长距离输气管线、城市燃气管道、工业企业燃气管道。

长距离输气管线的干管及支管的末端连接城市或大型工业企业，作为该供应区的气源点。城市燃气管道包括分配管道、用户引入管和室内燃气管道。

(3)按敷设方式可分为埋地管道和架空管道。

(4)根据管网形状分类可分为环状管网、枝状管网和环枝状管网。

环状管网是城镇输配管网的基本形式，同一环中，输气压力处于同一级制。枝状管网在城镇管网中一般不单独使用。环枝状管网是将环状与枝状混合使用，是工程设计中常用的管网形式。

(二)城市燃气管道输配

城市燃气管道输配系统一般由门站、贮配站、输配管网、调压站以及运行管理操作和控制设施等共同组成。门站和贮配站具有接收气源来气、控制供气压力、气量分配、计量等功能，贮配站还具有贮存燃气的功能。输配管网是将门站(接收站)的燃气输送至各贮气站、调压站、燃气用户，并保证沿途输气安全可靠，它包括了市政燃气管网和小区燃气管网。调压站能将较高的入口压力调至较低的出口压力，并随着燃气需用量的变化自动地保持其出口压力的稳定，通常由调压器、阀门、过滤器、安全装置、旁通管以及测量仪表等组成。

燃气管道应按规划道路布线，并应与道路轴线或建筑物的前沿相平行，尽可能避免在高级路面下敷设。燃气管道埋设的最小覆土厚度(路面至管顶)见表 4-1。当管道穿越铁路、高速公路、电车轨道和城市交通干道时，一般采用地下穿越。若在矿区和工厂区，一般采用架空敷设。

表 4-1　燃气管道埋设的最小覆土厚度　(单位:m)

序号	项目	最小覆土厚度
1	埋设在车行道	≥0.9
2	埋设在非车行道(含人行道)	≥0.6
3	埋设在庭院内、绿化带及载货车不能通过之处	≥0.3
4	埋设在水田	≥0.8

在大城市里，市政燃气管网大都布置成环状，只是边远地区，才采用枝状管网。燃气由街道高压管网或次高压管网，经过燃气调压站，进入市政中压管网。然后，经过区域的燃气调压站，进入市政低压管网，再经小区管网接入用户。临近街道的建筑物也可直接由小区管网引入。在小城市里，一般采用中低压或低压燃气管网。

由城市中压管网直接引入小区管网，或直接接入大型公共建筑物内时，需设置专用调压室。调压室内设有调压器、过滤器、安全水封及阀门等，因此调压室宜为地上独立的建筑物。要求其净高不小于 3 m，屋顶应有卸压措施。与一般房屋的水平净距不小于 6 m，与重要公共建筑物的净距不应小于 25 m。

小区燃气管路亦即庭院燃气管路，是指燃气总阀门井以后至各建筑物前的户外管路，应根据建筑群的总体布置。宜与建筑物轴线平行，一般敷设在人行便道或绿化带内。为了保证在施工和检修时互不影响，也为了避免由于泄漏出的燃气影响相邻管道的正常运行，甚至逸入建筑物内，燃气管不能与其他室外地下管道同沟敷设。地下燃气管道与建筑物、构筑物以及其他各种管道之间应保持必要的水平净距（见表 4-2），根据燃气的性质及含湿状况，当有必要排除管网中的冷凝水时，管道应具有不小于 0.003 的坡度坡向凝水器（见图 4-1），凝结水应定期排除。

表 4-2　地下燃气管道与建筑物、构筑物、相邻管道之间的水平距离　（单位：m）

序号	项目		地下燃气管道				
			低压	中压		次高压	
				B	A	B	A
1	建筑物的	基础	0.7	1.5	1.5		
		外墙面				4.5	6.5
2	给水管		0.5	0.5	0.5	1.0	1.5
3	污水、雨水排水管		1.0	1.2	1.2	1.5	2.0
4	电力电缆 通信电缆	直埋	0.5	0.5	0.5	1.0	1.5
		在导管内	1.0	1.0	1.0	1.0	1.5
6	热力管道	直埋	1.0	1.0	1.0	1.0	2.0
		在管沟里	1.0	1.5	1.5	2.0	4.0

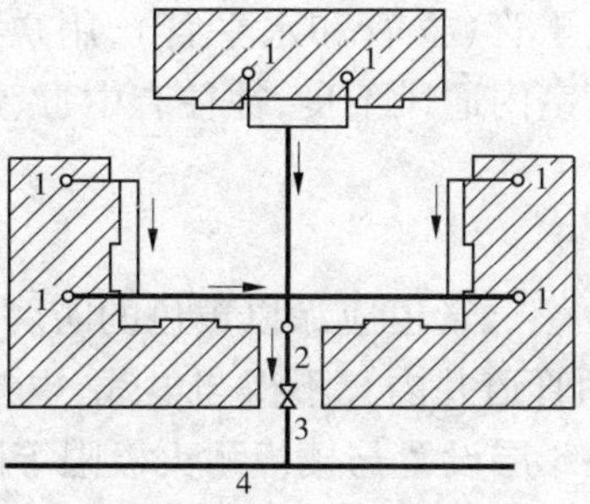

1—燃气立管；2—凝水器；3—阀门井；4—小区管网

图 4-1　庭院燃气管网

小区燃气管道材料可选用铸铁管、钢管、聚乙烯 PE 管、塑料管和复合管等，一般应根据燃气的性质、系统压力、施工要求以及材料供应情况等来选用，并满足机械强度、抗腐蚀、抗压及气密性等各项基本要求。普通铸铁管耐腐蚀，但脆性大。无缝钢管性能优良，施工时应做好防腐措施。聚乙烯塑料管耐腐蚀，流动阻力小，有一定的柔性，易绕过障碍物，是目前埋地管较为广泛使用的新材料。钢骨架聚乙烯复合管是以钢丝作为加强骨架，用高密度聚乙烯材料和钢丝网均匀复合在一起的复合管，具有金属和塑料两者的优点，在燃气工程中被广泛应用。

三、瓶装供应

目前,我国液化石油气多采用瓶装供应(也可采用管道输送)。瓶装供应具有应用方便、适应性强的特点。一般是石油炼厂生产的液化石油气用火车或汽车槽车运到使用城市的灌瓶站,利用油泵卸入球形储罐。

无论是钢瓶还是槽车式储罐,其盛装液化气的充满度不允许超过容积的85%。钢瓶的规格分为10 kg、15 kg(主要为家庭用)和20 kg、50 kg(工业或服务部门用)。钢瓶的容积和内径见表4-3。

表4-3　各种钢瓶的容积和内径

装量(kg)	10	15	20	50
容积(L)	23.5	35.3	47	118
内径(mm)	314	314	314	400

钢瓶的放置地点要考虑到便于换瓶和检查,但不得装于卧室及没有通风设备的走廊、地下室及半地下室。为了防止钢瓶过热和压力过高,钢瓶与燃气用具以及设备采暖炉、散热器等的距离至少应为1 m。钢瓶与燃气用具之间用耐油耐压软管连接,软管长度不得大于2 m。

钢瓶在运送过程中,无论是工人装卸还是机械装卸,都应该严格遵守操作规程,严禁乱扔乱甩。

四、室内燃气管道的设置

(一)室内燃气管道系统的组成

室内燃气管道系统属低压管道系统,由管道及附件、燃气计量表、用具连接管和燃气用具所组成。管道包括了引入管、干管(立管和水平管)、用户支管等。附件有阀门及其他配件。安装在室内的燃气管道,若室内通风不良,往往有中毒、燃烧、爆炸的危险。

(二)室内燃气管道的设置

1. 室内燃气管道的设置

(1)室内燃气管道应明设。燃气管道应涂以黄色的防腐识别漆。

(2)燃气管道可设置在专用管道井内。不得与电线、电缆、氧气等易燃助燃管道设置在同一管道井内。管道应每隔2~3层设置与楼板耐火极限等同的隔断层。

(3)室内燃气管道不应敷设在潮湿或有腐蚀性介质的房间内。

(4)室内燃气管道不得穿过易燃易爆品仓库、配电间、变电室、电缆沟、烟道和进风道等地方。严禁引入卧室。

(5)当室内燃气管道穿过楼板、楼梯平台、墙壁和隔墙时,必须安装在套管中。

(6)室内燃气管道在有人行走的地方,敷设高度不应小于2.2 m。

(7)燃气燃烧设备与燃气管道的连接宜采用硬管(如镀锌钢管)连接。当燃气燃烧设备与燃气管道为软管连接时,家用燃气灶和实验室用的燃烧器,其连接软管的长度不应超过2 m,并不应有接口;燃气用软管应采用耐油橡胶管;软管不得穿墙、窗和门。

(8)燃气管道安装完成后应做严密性试验,试验压力为3 kPa,3 min内压力不下降为合格。

2. 住宅厨房燃气管道及设备泄漏保护装置

燃气是易燃、易爆气体，一旦泄漏会造成人员中毒或燃烧、爆炸事故。厨房面积小又通风不良，由燃气泄漏和使用不当而造成的事故时有发生。当前，新建住宅大多是独门独户，一家发生燃气事故，邻居很难及时发现，因此一般要在厨房内安装燃气泄漏保护装置。燃气泄漏报警器应选用经国家或地方安全设备检测部门检测的、符合有关标准的产品，声响强度大于75 dB。

五、室内燃气管道的布置与敷设

（一）作业条件

(1)土建主体工程已基本完成，现浇混凝土楼板已按图纸规定的尺寸和适当位置预留好预留洞。

(2)管道穿过的房间内，管道位置的中心线及地面水平线已测量完并做出标记。室内装饰的种类、厚度已定或装饰工程已完。

(3)施工人员已参加图纸会审，并熟悉图纸及燃气工程施工验收规范，技术、质量、安全交底工作已完成。

(4)地下管道工程正在施工或已完毕，已根据图纸和有关要求，对立管位置正确甩头。

（二）引入管

引入管是室内燃气系统的始端，指小区或庭院低压燃气管网和一幢建筑物室内燃气管道连接的管段。引入管有地下管、地上管等多种形式。

燃气地下引入管穿过墙壁、基础或管沟时，均应设在套管内，并应考虑沉降的影响，常见做法是在穿墙处预留管洞，管洞与敷设的燃气管管顶的间隙应不小于建筑物的最大沉降量，两侧保留一定的间隙，并用沥青油麻堵严（见图4-2）。对于高层建筑等沉降量较大的地方，还应采取柔性接管等更有效的补偿措施。室内引入管上距地0.5 m处安装DN20或DN25的斜三通为清扫口。引入管采用无缝钢管。

图4-3为地上引入管安装示意图，地上引入管穿墙处理同地下引入管的做法。

燃气引入管应设在厨房或走廊等便于检修的非居住房间内。若确有困难，可从楼梯间引入，此时引入管阀门宜设在室外。燃气引入管不得敷设在卧室、浴室、地下室、易燃或易爆品的仓库、有腐蚀性介质的房间、配电间、变电室、电缆沟、烟道和进风道等地方。输送湿燃气的引入管，埋设深度应在土壤冰冻线以下，并且应有不小于0.01的坡度坡向凝水缸或燃气分配管道。对于引入管的最小公称直径，当输送人工燃气和矿井气等燃气时，不应小于25 mm；当输送天然气和液化石油气等燃气时，不应小于15 mm。

（三）水平干管

当引入管连接多根立管时，应设水平干管。水平干管可沿楼梯间或辅助间的墙壁敷设，坡向引入管，坡度不小于0.002。管道经过的楼梯间和房间应有良好的通风。

（四）立管

立管是将燃气由水平干管分别送到各层的管道。立管一般敷设在厨房、走廊或楼梯间内。每一立管顶端和底端设丝堵三通，作清洗用，其直径不小于25 mm。当由地下室引入时，立管在第一层应设阀门。阀门应设于室内，对重要的用户应在室外另设阀门。

立管通过各层楼板处应设套管。套管高出地面至少50 mm，套管与立管之间的间隙用

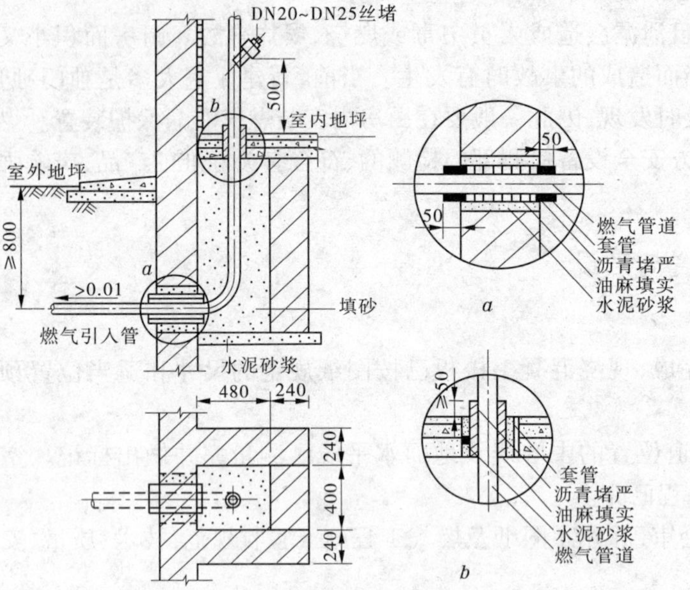

图 4-2　燃气地下引入管做法

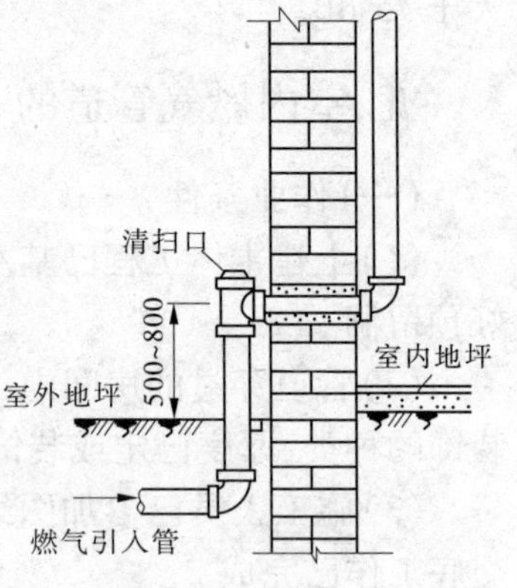

图 4-3　燃气地上引入管做法

油麻填堵，沥青封口。立管在一幢建筑中一般不改变管径，直通上面各层。

（五）用户支管

由立管引向各单独用户计量表及燃气用具的管道为用户支管。用户支管在厨房内的高度不低于 1.7 m，敷设坡度不应小于 0.002，并由燃气计量表分别坡向立管和燃气用具，支管穿墙时也应由套管保护。

室内燃气管道一般为明装敷设。当建筑物或工艺有特殊要求时，也可采用暗装。但必须敷设在有入孔的闷顶或有活盖的墙槽内，以便安装和检修。

进入建筑物的燃气管道可以采用镀锌钢管或普通钢管。连接方式可以用法兰，也可以焊接丝接，一般 DN≤50 mm 的管道均为丝接。

六、室内常用燃气设备

（一）燃气常用仪表

1. 湿式气体流量计

湿式气体流量计简称湿式表，常用于实验室中校正民用燃气计量表。

2. 家用膜式燃气计量表

家用膜式燃气表是由皮膜装配式气体流量计、滑阀、皮袋盒、计数机等部件组成的。常用的家用膜式燃气计量表规格为 1.6 ~ 6.0 m^3/h。通常是一户一表，使用量最多。

3. 家用 IC 卡燃气计量表

家用 IC 卡燃气计量表是一种具有预付费及控制功能的新型膜式燃气计量表，它是在原来的燃气计量表上加一个电子部件、一个阀门以及在机械计数器的某一位字轮处加一个脉冲发生器，计数器字轮每转一周发出一个脉冲信号送入 CPU，CPU 根据编制的程序进行计数和运算后发出报警，显示及开闭进气阀等指令。

IC 卡是有价卡，IC 卡插入卡口，燃气表内的阀门即会开启，燃气即可使用，并在燃气表上、下两个窗口显示燃气使用量和卡内货币的使用数，抽出IC卡，燃气表内阀门即行关闭。当卡内货币即将用完前，会以光和声的形式进行提示。当提示后卡内货币用完仍不换卡，燃气计量表将自动切断气源。

IC卡燃气计量表的特点是计量精确，安装方便，付费用气，避免入户抄表。

4. 家用远传信号膜式燃气计量表

为解决不入户即能抄到居民使用燃气的消费量，在有条件的居民小区设置一个计算机终端（如设置在物业管理办公室内），用电子信号将每一燃气用户的燃气消费量远传至计算机终端。这不仅可解决入户抄表的难题，而且能准确、及时地抄到所有燃气用户的燃气消费量，是目前家庭燃气用户计量燃气消费量的理想仪表。

家用膜式燃气计量表、IC卡燃气计量表、远传信号膜式燃气计量表适用于人工燃气、液化石油气、天然气、沼气、空气和其他无腐蚀性气体的计量。

燃气表宜安装在通风良好的非燃结构的房间内，严禁安装在卧室、浴室、危险物品和易燃物品存放及类似地方。当燃气表安装在灶具上方时，燃气表与炉灶之间的水平距离应大于30 cm。公共建筑和工业企业生产用气的计量装置宜设置在单独的房间。

（二）家庭用燃气用具

家用燃气灶一般有单眼灶、双眼灶、三眼灶和四眼灶等，可根据需要来选用。目前一般家庭住宅配置双眼燃气灶。

不同种类燃气的发热值和燃烧特性各不相同，所以燃气灶喷嘴和燃烧器头部的结构尺寸也不同，燃气灶与燃气要匹配才能使用。人工燃气灶具、天然气灶具或液化石油气灶具是不能互相代替使用的，否则，轻则燃烧情况恶劣，满足不了使用要求；重则出现危险、事故甚至根本无法使用。

（三）燃气热水器

燃气热水器分为燃气快速热水器和燃气容积式热水器两大类。

1. 燃气快速热水器

燃气快速热水器是当前居家主要用以供热水的燃气具，它装有水气联动装置，通水后自动打开燃气快速热水器气通路，在短时间内使流过热交换器的冷水被加热后迅速而连续地以设定温度的热水流出。燃气快速热水器比燃气容积式热水器体积小，连续出水能力大，但燃气容积式热水器较使用同等热水量的燃气快速热水器的燃气耗量要小。

燃气快速热水器根据其进、排气方式可分为直接排气式、烟道排气式、强制排气式和平衡式热水器。直接排气式热水器耗气量很小，热水的出水量很小，燃烧烟气排放在安装处所，故严禁安装在浴室内。强制排气式热水器和烟道排气式热水器基本相同，前者主体内装有鼓风机强制排烟，后者靠自然排烟。平衡式热水器燃烧所需空气和燃烧后所产生的废气均由给、排气口直接吸入和排出室外，故使用安全，可以安装在浴室内。

2. 燃气容积式热水器

燃气容积式热水器分为常压容积式热水器和容积式热水器。它是一种大容量热水器，由一个贮水箱和水、燃气供应系统组成。两种热水器基本相同，前者水箱是通大气的，水箱内的压力不会升高，一般在宿舍、学校、医院等公共场所使用。后者水箱是密闭的，热水可以远距离输送，并可用来采暖，一般适用于较大面积的住宅，尤其是别墅。

(四)燃气调压器

燃气供应的压力工况是通过调压器来控制的,其作用是根据燃气的使用情况将燃气调至不同的压力。居民家庭和大部分公共建筑使用的燃气都属于低压燃气,而城市管网上有高压、中压、低压各种管道,在用户附近设有低压燃气管道时,必须从高压或中压燃气管道上由调压器将压力降至燃气用户可使用的压力供应用户。一个区域性调压器可以供应一般家庭燃气用户约数千户。燃气调压器可以分为各种不同类型:

(1)按用途和使用对象分为区域燃气调压器、专用燃气调压器和用户燃气调压器。

(2)按进出口压力分为高—高压、高—中压、高—低压、中—中压、中—低压和低—低压燃气压调压器。

(3)按设置位置分为地上燃气调压器和地下燃气调压器。

(4)按结构分为浮筒式调压器和薄膜式调压器。

建筑物入口经常采用的用户调压器为薄膜式调压器,适用于用量不大的工业用户和民用建筑,体积小,质量轻,可以安装在箱式调压装置中。

复习题

一、选择题

1. 当燃气管道埋在车行道下时,其最小覆土深度为(　　)。

A. 0.6 m　　B. 0.9 m　　C. 0.3 m

2. 根据燃气的性质及含湿状况,当有必要排除管网中的冷凝水时,管道应具有不小于(　　)的坡度坡向凝水器,,凝结水应定期排除。

A. 0.005　　B. 0.002　　C. 0.003

3. 燃气立管一般敷设在厨房、走廊或楼梯间内。每一立管的顶端和底端设丝堵三通,作清洗用,其直径不小于(　　)。

A. 15 mm　　B. 20 mm　　C. 25 mm

4. 室内引入管上距地(　　)处安装 DN20 或 DN25 的斜三通为清扫口。引入管采用无缝钢管。

A. 0.5 m　　B. 0.8 m　　C. 0.9 m

5. 燃气管道安装完成后应做严密性试验,试验压力为(　　),3 min 内压力不下降为合格。

A. 3 kPa　　B. 6 kPa　　C. 8 kPa

二、简答题

1. 简述燃气的种类。

2. 简述燃气管道系统的组成。

第五章　管道、设备的防腐与绝热工程

第一节　管道的除锈与防腐

在建筑安装工程中,各种管材、设备常因其腐蚀损坏而引起系统的泄露,既影响生产又浪费能源。金属的腐蚀原因是复杂的,也是难以避免的。为了防止管道产生锈蚀而受到破坏,延长其使用寿命,应根据管道所处的实际环境采取相应的防腐措施。

一、管道腐蚀机理及要求

腐蚀是引发管道安全事故的最重要的原因之一。管道运行过程中通常受到来自内、外两个环境的腐蚀,内腐蚀主要由输送介质、管内积液、污物以及管道内应力等联合作用形成;外腐蚀通常因涂层破坏、失效,使外部腐蚀因素直接作用于管道外表面而造成。

内腐蚀一般采用清管、加缓蚀剂等手段来处理,近年来随着管道业主对管道运行管理的加强以及对输送介质的严格要求,内腐蚀在很大程度上得到了控制。

(一)防腐机理

管道的腐蚀损坏主要由外腐蚀导致。埋地金属管道的腐蚀主要是受到土壤化学、电化学以及微生物等多重作用而发生的,金属管道的腐蚀机理有以下几种。

1. 电化腐蚀

钢铁埋地接触到电解质溶液后发生原电池反应,即铁原子失去电子而被氧化,生成疏松的金属氧化物,丧失强度,形成腐蚀坑点,这种腐蚀称为电化腐蚀。通常金属管道的腐蚀主要是油电化腐蚀的结果。

在潮湿的空气或土壤中,钢铁管道表面会吸附一层薄薄的水膜而促使管道腐蚀。由于外界酸碱环境的差异,钢铁会发生吸氧或析氢腐蚀,一般以吸氧的电化腐蚀为主。

2. 化学腐蚀

金属管道的腐蚀除电化腐蚀外,还有金属跟接触到的物质(一般是非电解质)直接发生化学反应而引起的一种腐蚀,称做化学腐蚀。这一类腐蚀的化学反应较为简单,仅仅是铁等金属跟氧化剂之间的氧化还原反应。从本质上讲,电化腐蚀和化学腐蚀都是铁等金属原子失去电子而被氧化的过程,但是电化腐蚀过程中有电流产生,而化学腐蚀过程里都没有。在一般情况下,这两种腐蚀往往同时发生。

3. 微生物腐蚀

由微生物生命活动引起或促进材料的腐蚀破坏统称为微生物腐蚀。常见的微生物包括铁杆菌、气杆菌、梭菌、黄杆菌等,这些微生物代谢产物会破坏金属表面的钝化层,从而造成腐蚀。

(二)防腐要求

防腐要求如下:

(1)明装的管道和设备必须刷一道防锈漆、两道面漆,如需保温和防结露处理,应刷两道防锈漆,不刷面漆。

(2)暗装的管道和设备应刷两道防锈漆。

(3)埋地钢管的防腐应根据土壤的腐蚀性能来定,按表5-1来执行。

表5-1 土壤的腐蚀性

电阻测量法(Ω/m)	>100	100~20	20~10	<10
腐蚀性	低	一般	较高	高
防腐措施	普通	普通	加强	特加强

(4)出厂未涂油的排水铸铁管和管件,埋地安装前应在管道外壁涂两道石油沥青。

(5)涂刷油漆应厚度均匀,不得有脱皮、起泡、流淌和漏涂等现象。

(6)管道、设备的防腐,严禁在雨、雾、雪和大风等恶劣天气下操作。

二、管道的除锈

为了提高防腐层的附着力和防腐效果,在涂刷油漆前应对管道进行表面除锈。建筑安装工程中的管道一般要求表面除锈达到完全除去金属表面的油脂、疏松氧化皮、浮锈等杂物,并用工具清除粉尘。常用的除锈方法有人工除锈、机械除锈、化学除锈和喷砂除锈。

(一)人工除锈

人工除锈常用的工具有钢丝刷、砂布、刮刀、手锤等。人工除锈劳动强度大、效率低、质量差,但工具简单,容易操作,适合各类形状的表面处理。目前,在建筑安装工程中人工除锈依然是最主要的除锈方法。

(二)机械除锈

机械除锈使用电机驱动的旋转式或冲击式除锈设备进行除锈,除锈效率高,但不适合形状复杂的工件。常用的除锈机械有旋转钢丝刷、风动刷、电动砂轮等。

(三)化学除锈

化学除锈又称为酸洗,主要是利用酸性溶液与管道表面金属氧化物进行化学反应,使其溶解在酸性溶液中。用于化学除锈的酸液有工业盐酸、工业硫酸、工业磷酸等。

(四)喷砂除锈

喷砂除锈主要是指用压缩空气喷射砂粒进行除锈。

三、常用油漆

油漆防腐的原理就是靠漆膜将空气、水分、腐蚀介质等隔离起来,以保护金属表面不受腐蚀。

(1)红丹防锈漆。多用于地沟内保温的采暖及热水供应管道和设备。它是由油性红丹防锈漆和200号溶剂汽油按照4:1比例配制的。

(2)防锈漆。多用于地沟内不保温的管道。它是由酚醛防锈漆与200号溶剂汽油按照3.3:1比例配制的。

(3)银粉漆。多用于室内采暖管道、给水排水管道及室内明装设备的面漆。它是由银粉、200 号溶剂汽油、酚醛清漆按照 1∶8∶4比例配制的。

(4)冷底子油。多用于埋地管材的第一遍漆。它是由沥青和汽油按照 1∶2.2 比例配制的。

(5)沥青漆。多用于埋地给水或排水管道的防水。它是由煤焦沥青漆和动力苯按照 6.2∶1比例配制的。

(6)调和漆。多用于有装饰要求的管道和设备的面漆。它是由酚醛调和漆和汽油按照 9.5∶1比例配制的。

四、防腐施工

(一)埋地管道的防腐施工

埋地管道防腐是由土壤的酸性、碱性和潮湿及地下杂散电流的作用等因素引起的,以化学腐蚀为主,防止腐蚀的方法是刷沥青涂料。涂刷油漆前应清理被涂刷表面上的锈蚀、焊渣、毛刺、油污、灰尘等,保持涂物表面清洁干燥。特点是耐腐蚀性强,现场操作施工方便。

埋地管道腐蚀的强弱取决于土壤的性质。根据土壤腐蚀性质不同,可将腐蚀层结构分为三种类型:普通防腐层、加强防腐层和特加强防腐层,其结构见表 5-2。

表 5-2　埋地管道防腐层结构

防腐层层数	防腐层种类		
	普通防腐层	加强防腐层	特加强防腐层
1	沥青底漆	沥青底漆	沥青底漆
2	沥青涂层	沥青涂层	沥青涂层
3	外包保护层	加强包扎层	加强包扎层
4		沥青涂层	沥青涂层
5		外包保护层	加强包扎层
6			沥青漆涂层
7			外包保护层
防腐层厚度不小于(mm)	3	6	9
厚度允许偏差(mm)	-3	-0.5	-0.5

注:防腐层次从金属表面起。

1. 沥青漆的配制

常用沥青底漆(俗称冷底子油)和沥青涂层使用的是同一种沥青,它与汽油、煤油、柴油等溶剂按 1∶(2.5~3.0)(体积比)配制而成。常用沥青底漆配比见表 5-3。

表 5-3　常用沥青底漆配比

使用条件(环境温度)	沥青∶汽油(质量比)	沥青∶汽油(体积比)
+59 ℃以上	1∶(2.25~2.5)	1∶3
+59 ℃以下	1∶2	1∶2.5

2. 沥青涂料的配制

选用与沥青底漆同种的沥青，并准备好填充料，如橡胶粉、高岭土、石棉粉、滑石粉等材料。

3. 防腐施工

按照要求确定管道的防腐结构种类，分别进行施工。具体施工步骤为：管道除锈→涂刷沥青底漆→涂刷沥青涂料→包扎层→保护层。

4. 施工注意事项

施工中应注意：

(1)认真做好管道除锈，并清理表面灰尘。

(2)冷底子油应均匀涂满。

(3)注意施工安全，杜绝事故发生。

(二)管道的油漆防腐

1. 施工条件及特点

管道在安装就位后，并且环境洁净，无灰尘并且通风良好的条件下才可以进行。首先要清除管道表面的污物和污垢，保持表面干燥。然后涂刷防锈底漆一遍，第二遍应在第一遍彻底干透时才能再刷。油漆防腐可以增强管道的表面防腐性能。

2. 施工工艺

管道油漆防腐的施工工艺如下：

表面除锈→调配油漆→刷油漆→管道涂色分类。

3. 质量标准

(1)防腐油漆不允许有脱皮、漏刷、反锈、起泡、流坠等现象。

(2)刷油前，管道表面应处理干净。

(3)各类管道涂色标志应准确、明显。

第二节　管道的绝热施工

一、绝热概述

(一)保温绝热和保冷绝热

绝热俗称保温。工程中分保温绝热和保冷绝热两个方面，保温绝热是减少系统内介质的热量在输送过程中向外界环境传递，保冷绝热是减少外界环境中的热量传递给系统介质。

从根本上讲，保温绝热和保冷绝热没有区别，只是热量传递的方向及应用范围不同，从而造成使用性质和结构构造不同，作业人员在施工中应重视。

(二)绝热层的作用

绝热层的作用是减少在输送过程中的能量损失、节约能源，同时提高经济效益，满足用户生产要求。对于保温绝热层，可以降低绝热层表面温度，避免烫伤事故发生。对于保冷绝热层，可以提高绝热层表面温度，防止绝热层表面结露结霜。

二、绝热材料的种类

（一）绝热材料的一般要求

对绝热材料的要求是：质量轻，来源广泛，热传导率小，隔热性能好，阻燃性能好，吸音率良，绝缘性高，耐腐蚀性高，吸湿率低，施工简单，价格低廉。

（二）常用的绝热材料

保温材料的种类繁多，《民用建筑节能设计标准》（JGJ 26—95）推荐下面两种保温材料，多用于采暖管道。

（1）水泥膨胀珍珠岩管壳，如图 5-1 所示。具有较好的保温性能，产量大，价格低廉，是目前管道保温常用材料。

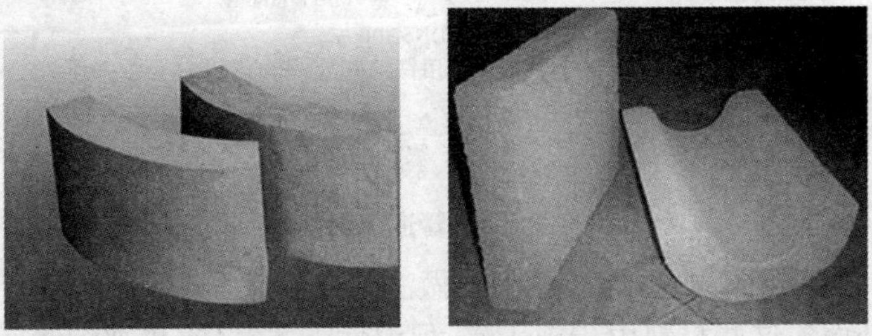

图 5-1　水泥膨胀珍珠岩管壳

（2）岩棉、矿棉及玻璃棉管壳，如图 5-2 所示。保温效果好，施工方便。

图 5-2　玻璃棉管壳

三、绝热结构的施工

（一）绝热结构

绝热结构由防锈层、绝热层、防潮层及保护层等组成。

防锈层主要指管道表面除锈后涂刷的防锈底漆，一般以 1 ~ 2 遍为宜。

绝热层是指为了减少能量损失，同时起到保温或保冷作用的主题层，附于防锈层外面。

防潮层是指为了防止空气中的水汽侵入绝热层而设置的，常采用沥青油毡、玻璃丝布和塑料薄膜制成。

保护层是指保护防潮层和绝热层不受外界机械损坏，常采用石棉石膏、石棉水泥、玻璃丝布、金属制板等制作。

防腐及识别标志是指保护层不受环境侵蚀和腐蚀，同时采用不同颜色的油漆涂抹制成的，起到防腐作用并作为识别标志。

(二)保温层的做法

保温结构一般由保温层和保护层两部分组成,如图 5-3 所示。保温层主要由保温材料组成,具有绝热保温的作用;保护层主要保护保温层不受风、雨、雪的侵蚀和破坏,同时可以防潮、防水、防腐,延长管道的使用年限。

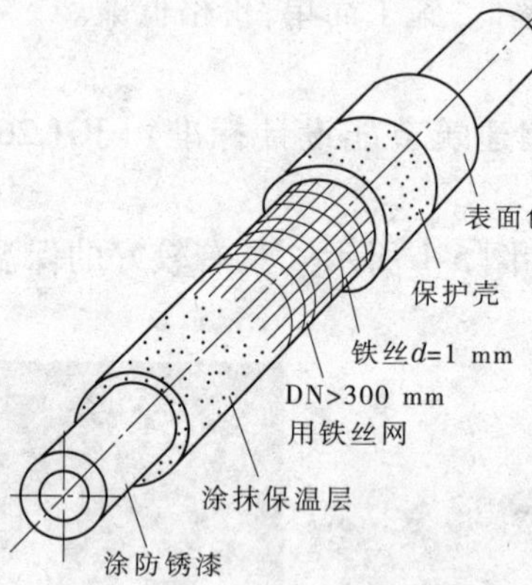

图 5-3　管道保温

(1)涂抹法。用于石棉灰、石棉硅藻土。做法是先在管子上缠以草绳,再将石棉灰调和成糊状抹在草绳外面。这些材料由于施工慢、保温性能差,已逐步被淘汰。

(2)预制法。在工厂或预制厂将保温材料制成扇形、梯形、半圆形,或制成管壳,然后将这些预制好的保温材料捆扎在管子外面,可以用铁丝扎紧。这种预制法施工简单,保温效果好,是目前使用比较广泛的一种保温做法。

(3)包扎法。用矿渣棉毡或玻璃棉毡。先将棉毡按管子的周长搭接宽度裁好,然后包在管子上,搭接缝在管子上部,外面用镀锌铁丝缠绑。包扎法保温必须采用干燥的保温材料,宜用油毡玻璃丝布做保护层。

(4)填充式。将松散粒状或纤维保温材料如矿渣棉、玻璃棉等充填于管道周围的特制外套或铁丝网中,或直接充填于地沟内或无沟敷设的槽内。这种保温方法造价低,保温效果好。

(5)浇灌式。用于不通行地沟或直埋辐射的热力管道。具体做法是把配好的原料注入钢制的模具内,在管外直接发泡成型。

(三)保护层的做法

保温层干燥后,可做保护层。

(1)沥青油毡保护层。具体做法与包扎法相似,所不同的是,搭接缝在管子的侧面,缝口朝下,搭接缝用热沥青粘贴住。

(2)缠裹材料保护层。在室内采暖管道常用玻璃丝布、棉布、麻布等材料缠裹作为保护层。如需做防潮,可在布面上刷沥青漆。

(3)石棉水泥保护层。泡沫混凝土、矿渣棉、石棉硅藻土等保温层常用石棉水泥保护层。具体做法是:先将石棉与 400 号水泥按照 3∶17 的质量比搅拌均匀,再用水调和成糊状,涂抹在保温层外面。厚度为 10 ~ 15 mm。

(4)铁皮保护层。为了提高保护层的坚固性和防潮作用,可采用铁皮保护层。铁皮保护层适用于预制瓦片保温和包扎保温结构中。具体做法是:铁皮下料后,用压边机压边,用滚圆机滚圆。铁皮应紧贴保温层，不留空隙，纵缝搭口朝下，铁皮的搭接长度为环向 30 mm，纵向不小于 30 mm，铁皮用半圆头自攻螺丝钉紧固。

复习题

一、选择题

1. 为了提高油漆防腐层的附着力和防腐效果，在刷油漆前应(　　)。

A. 检查　　B. 防油处理　　C. 除锈　　D. 敲击

2. (　　)用于室内采暖管道、给水排水管道及室内明装设备的面漆。

A. 防锈漆　　B. 银粉漆　　C. 沥青漆　　D. 冷底子油

3. (　　)用于埋地给水或排水管道的防水。

A. 红丹防锈漆　　B. 调和油　　C. 沥青漆　　D. 银粉漆

4. (　　)是人工除锈常用的工具。

A. 钢丝刷　　B. 工业盐酸　　C. 抹布　　D. 电锤

5. 采暖工程中，低温热水管道常用(　　)进行保温绝热。

A. 玻璃丝棉　　B. 水泥珍珠岩

C. 淀粉玻璃棉　　D. 聚苯乙烯泡沫塑料

6. 风管绝热层纵、横向的接缝应(　　)。

A. 方向一致　　B. 错开　　C. 重叠　　D. 方向相反

二、简答题

1. 管道防腐的目的是什么？
2. 管道腐蚀有哪几类？
3. 常用的除锈方式有哪些？
4. 绝热层的作用是什么？
5. 作为绝热材料，应具备哪些因素？
6. 常用保护层的做法有哪些？

第六章　建筑工地临时供水

建筑工地施工用水是保证工程正常开展的基本条件。临时供水设计，是土建施工管理人员应具备的基本能力，是施工组织设计的内容之一，是施工准备工作的重要内容，是工程进行施工的基本条件。

第一节　临时供水系统的组成

在工程项目的建设中，施工现场必须解决临时供水，以满足施工、生活、消防三方面用水之需。

建筑工地临时供水系统由取水设施、净水设施、贮水构筑物（水塔、蓄水池）、输水管和配水管综合而成。临时供水设计一般包括：确定工地临时用水量、选择水源、工地配水管网的布置及管径的计算。根据供水情况和条件，必要时还应设计取水、升压、净水、贮水构筑物。

第二节　临时供水管网的布置与敷设

施工现场的供水管网布置应本着管路就近、供水畅通、安全可靠的原则，在管路上设置多个供水点，并可能使这些供水点构成环路，同时考虑不同的施工阶段，管网具有移动的可能性。

临时供水管网布置一般有三种方式：环状管网、枝状管网、混合管网。一般中小型工程施工时，以枝状管网布置为宜，以节约管材。环状管网最长，枝状管网最短，混合管网居中。

临时供水管网不要设在拟建工程位置上，并应有一定距离；供水管必须通到各施工及生活用水处附近，并接出水龙头；在保证各处用水的基础上，供水管网布置总长度应越短越好。管网敷设有明敷（地面上）及暗敷（地面下）两种，以暗敷为好，可以不影响交通，但要增加敷设费用。在冬季或寒冷地区，要考虑到水管是否会冰冻，如果会出现冰冻，则宜埋置在冰冻线以下，或采用包管保温，防止水管冻裂。

施工现场消防供水。在施工现场的给水管网上，按照每栓消防半径 50 m 设置消火栓，其出水量要大于 5 L/s，高层建筑在施工高度超过 20 m 时，要安装高压水泵和直径大于 80 mm 的竖管；每层均设消火栓，配备 25 m 水龙带，口径 19 mm 的喷嘴，以确保施工现场的所有建筑物都能受到保护。消火栓一般采用地下式，并在地面做出明显标记。

拟建工程设计有永久性供水系统时，如有可能，则应与永久性供水系统管网布置联系起来考虑。如果永久性供水管网能先施工接通供水，则施工供水就方便得多了。

第三节 临时供水管网的设计计算

一、确定工地临时用水量

建筑工地临时用水量的大小主要取决于工程建设规模、性质、现场大小、施工安排、工期长短、机械多少、施工高峰期现场工人数多少、施工进度计划、消防用水的安排等因素。在经过细致分析研究以后,确定施工最高峰时期的某一天需要的最大用水量,或者计算确定施工最高峰时期平均每天最大用水量。其施工、生活、消防用水量分别按下述要求进行计算。

(1)现场施工用水量 q_1:指施工最高峰时期某一天(或高峰时期内平均每天)需要的最大用水量,包括施工现场工程直接用水、现场预制构件附属加工厂(企业、车间等)用水、各种动力设备用水。用水量可用每昼夜、每班、每小时或每秒用多少立方米(或升)计量。现场施工用水量按式(6-1)计算确定。

$$q_1 = K_1 \sum \frac{Q_1 N_1}{T_1 t} \cdot \frac{K_2}{8 \times 3\,600} \tag{6-1}$$

式中 q_1——现场施工用水量,L/s;

K_1——未预计的施工用水系数,一般为 1.05~1.15;

Q_1——年(季)度工程量(以实物计量单位表示);

N_1——施工用水定额,L(见表 6-1);

T_1——年(季)度有效作业日,d;

t——每天工作班数,班;

K_2——施工用水不均衡系数(见表 6-2)。

表 6-1 施工用水定额

序号	用水对象	单位	施工用水量(L)	说明
1	浇筑混凝土全部用水	L/m³	1 700~2 400	
2	搅拌普通混凝土	L/m³	250	
3	搅拌轻质混凝土	L/m³	300~350	
4	搅拌泡沫混凝土	L/m³	300~400	
5	搅拌热混凝土	L/m³	300~350	
6	混凝土养护(自然养护)	L/m³	200~400	
7	混凝土养护(蒸汽养护)	L/m³	500~700	
8	冲洗模板	L/m²	5	
9	搅拌机清洗	L/台班	600	
10	人工冲洗石子	L/m³	1 000	当含泥量大于2%且小于3%时
11	机械冲洗石子	L/m³	600	
12	洗砂	L/m³	1 000	

续表 6-1

序号	用水对象	单位	施工用水量(L)	说明
13	砌砖工程全部用水	L/m^3	150 ~ 250	
14	砌石工程全部用水	L/m^3	50 ~ 80	
15	抹灰工程全部用水	L/m^2	30	
16	耐火砖砌体工程	L/m^3	100 ~ 150	包括砂浆搅拌
17	浇砖	L/千块	200 ~ 250	
18	浇硅酸盐砌块	L/m^3	300 ~ 350	
19	抹面	L/m^2	4 ~ 6	不包括调制用水
20	楼地面	L/m^2	190	主要是找平层
21	搅拌砂浆	L/m^3	300	
22	石灰消化	L/t	3 000	
23	上水管道工程	L/m	98	
24	下水管道工程	L/m	1 130	
25	工业管道工程	L/m	35	

表 6-2　施工用水不均衡系数

编号	用水名称	系数
K_2	现场施工用水 附属生产企业用水	1.5 1.25
K_3	施工机械、运输机械 动力设备	2.00 1.05 ~ 1.10
K_4	施工现场生活用水	1.30 ~ 1.50
K_5	生活区生活用水	2.00 ~ 2.50

(2)施工机械用水量 q_2:

$$q_2 = K_1 \sum Q_2 N_2 \frac{K_3}{8 \times 3\ 600} \tag{6-2}$$

式中　q_2——施工机械用水量,L/s;

K_1——未预计的施工用水系数,一般为 1.05 ~ 1.15;

Q_2——同一种机械台数,台;

N_2——施工机械台班用水定额,L,可由表 6-3 中的数据换算求得;

K_3——施工用水不均衡系数(见表 6-2)。

表 6-3 施工机械台班用水定额

序号	用水机械名称	单位	耗水量(L)	说明
1	内燃挖土机	m^3·台班	200 ~ 300	以斗容量立方米数计
2	内燃起重机	t·台班	15 ~ 18	以起重量吨数计
3	蒸汽起重机	t·台班	300 ~ 400	以起重机吨数计
4	蒸汽打桩机	t·台班	1 000 ~ 1 200	以锤重吨数计
5	内燃压路机	t·台班	15 ~ 18	以压路机吨数计
6	蒸汽压路机	t·台班	100 ~ 150	以压路机吨数计
7	拖拉机	台·昼夜	200 ~ 300	
8	汽车	台·昼夜	400 ~ 700	
9	标准轨蒸汽机车	台·昼夜	10 000 ~ 20 000	
10	空压机	(m^3/min)·台班	40 ~ 80	以空压机单位容量计
11	内燃机动力装置(直流水)	马力·台班	120 ~ 300	
12	内燃机动力装置(循环水)	马力·台班	25 ~ 40	
13	锅炉	t/h	1 050	以小时蒸发量计
14	点焊机 25 型	台·h	100	
	50 型	台·h	150 ~ 200	
	75 型	台·h	250 ~ 300	
15	对焊机	台·h	300	
16	冷拔机	台·h	300	
17	凿岩机$_{01-38}^{01-30}$型	台·min	3 ~ 8	
	YQ – 100 型	台·min	8 ~ 12	
18	木工场	台班	20 ~ 25	
19	锻工房	炉·台班	40 ~ 50	以烘炉数计

(3)施工现场生活用水量 q_3:指施工现场人数最多时期职工生活用水和生活福利区内职工家属生活福利用水之和。施工现场生活用水量按式(6-3)计算确定。

$$q_3 = \frac{P_1 N_3 K_4}{t \times 8 \times 3\ 600} \tag{6-3}$$

式中 q_3——施工现场生活用水量,L/s;

P_1——施工现场高峰昼夜人数,人;

N_3——施工现场生活用水定额(一般为 20 ~ 60 L/(人·班),主要需视当地气候而定);

K_4——施工现场用水不均衡系数(见表 6-2);

t——每天工作班数,班。

(4)生活区生活用水量 q_4:

$$q_4 = \frac{P_2 N_4 K_5}{24 \times 3\ 600} \tag{6-4}$$

式中 q_4——生活区生活用水,L/s;

P_2——生活区居民人数,人;

N_4——生活区昼夜全部生活用水定额,每一居民每昼夜为 100~120 L,随地区和有无室内卫生设备而变化,各分项用水参考定额见表 6-4;

K_5——生活区用水不均衡系数(见表 6-2)。

表 6-4 分项生活用水定额

序号	用水对象	单位	耗水量(L)
1	生活用水(盥洗、饮用)	L/(人·日)	20~40
2	食堂	L/(人·次)	10~20
3	浴室(淋浴)	L/(人·次)	40~60
4	淋浴带大池	L/(人·次)	50~60
5	洗衣房	L/kg 干衣	40~60
6	理发室	L/(人·次)	10~25
7	学校	L/(学生·日)	10~30
8	幼儿园	L/(儿童·日)	75~100
9	病院	L/(病床·日)	100~150

(5)消防用水量 q_5:指施工及生活福利区内需考虑的消防用水量。可根据现场及生活区的大小、建筑物、构筑物等结构性质及人数多少等因素,考虑确定需要设置几个消防栓,用水量按(L/s)计量。消防用水量按表 6-5 确定。

表 6-5 消防用水量

序号	用水名称	火灾同时发生次数	单位	用水量(L)
1	居民区消防用水			
	5 000 人以内	一次	L/s	10
	10 000 人以内	二次	L/s	10~15
	25 000 人以内	二次	L/s	15~20
2	施工现场消防用水			
	施工现场在 25 hm^2 内	一次	L/s	10~15
	每增加 25 hm^2	一次	L/s	5

(6)总用水量 Q:根据上述 5 方面计算的用水量,分别按下列情况计算确定总用水量。

①当 $q_1 + q_2 + q_3 + q_4 \leqslant q_5$ 时，则 $Q = q_5 + \frac{1}{2}(q_1 + q_2 + q_3 + q_4)$。

②当 $q_1 + q_2 + q_3 + q_4 > q_5$ 时，则 $Q = q_1 + q_2 + q_3 + q_4$。

③当工地面积小于 5 hm^2 而且 $q_1 + q_2 + q_3 + q_4 < q_5$ 时，则 $Q = q_5$，最后计算出的总用量，还应增加10%，以补偿不可避免的水管漏水损失。

二、水源及给水系统选择

(一)水源选择

建筑工地供水水源，最好优先考虑利用城镇已有的供水系统，只有在建筑工地附近没有现成的给水管道，或现有管道无法使用时，才另选地面上的江河、湖泊等天然水源作为供水水源。

(1)天然水源的种类有：地面水，如江水、湖水、水库蓄水等；地下水，如泉水、井水等。

(2)选择水源时必须考虑下列因素：①水量充沛可靠；②应满足最大总用水量的要求；③生产用水应检验水质，符合拌制混凝土及施工机械用水的水质标准(见表6-6)，生活用水质量要求符合国家有关卫生和技术要求的规定；④取水、输水、净水设施要安全经济；⑤施工、运转、管理、维护方便。

表6-6　拌制混凝土的用水标准

序号	项目	混凝土用水标准，JGJ 63—2006
1	硫酸盐含量(按 SO_4 计)	不超过1%
2	pH值	大于4

注：1. 不允许使用污水、含油脂或糖类等杂质的水。

2. 在钢筋混凝土和预应力混凝土结构中，不得用海水拌制混凝土。

3. 一般能饮用的自来水或清洁的天然水，均能满足上述标准。

(二)临时给水系统的设置

根据供水水源和水压等不同条件，科学合理地选择给水系统。当生活用水水源和施工用水水源的水质相同时，采用生活、施工、消防联合给水系统。当生活用水水源和施工用水水源的水质不同时，一般采用施工、消防给水系统和生活给水系统各自分开的方式。当生活用水、施工用水和消防用水要求的水压相差较大时，采用分压给水系统。一般采用：消防给水加压系统，施工、消防给水加压系统，分区给水加压系统，单个建筑施工现场给水加压系统等。当生活用水和施工用水的水质不同，而施工、消防用水和生活用水的水压又存在较大差别时，应采用分质分区给水系统。

如果利用城镇已有的供水系统，则只需根据总用水量计算供水管径，选择供水管材和布置供水管网；如果抽取地下或地面水，还需解决取水设施、水泵和净水设备及贮水构筑物等问题。

1. 地面水源取水设施

地面水源取水设施一般由取水口、进水管及水泵组成。取水口距河底(或井底)不得小于0.25～0.9 m，在冰层下部边缘的距离不得小于0.25 m。给水工程所用的水泵有离心泵和活塞泵两种，所用的水泵要有足够的抽水能力和扬程。

水泵应具有的扬程按下列公式计算。

(1)将水送至水塔时,其扬程为

$$H_{泵} = (Z_{塔} - Z_{泵}) + H_{塔} + a + \sum h' + h_{吸} \tag{6-5}$$

式中 $H_{泵}$——水泵所需的扬程,m;

$Z_{塔}$——水塔处的地面标高,m;

$Z_{泵}$——水泵轴中线的标高,m;

a——水塔的水箱高度,m;

$\sum h'$——从泵站到水塔间的水头损失,m;

$h_{吸}$——水泵的吸水高度,m;

$H_{塔}$——水塔高度,m。

(2)将水直接送到用户时,其扬程为

$$H_{泵} = (Z_{户} - Z_{泵}) + H_{户} + \sum h + h_{吸}$$

式中 $Z_{户}$——供水对象(即用户)最不利处的标高,m;

$H_{户}$——供水对象最不利处必须的自由水头,一般为 8 ~ 10 m;

$\sum h$——供水管网中的水头损失,m;

其他字母含义同前。

2. 贮水构筑物

贮水构筑物有水池、水塔和水箱。在临时给水系统中,只有在水泵非昼夜工作时才设置水塔。水箱的容量由每小时消防用水量确定,但也不得小于 10 ~ 20 m^3。

水塔高度与供水范围、供水对象的位置及水塔本身的位置有关,可用式(6-6)确定

$$H_{塔} = (Z_{户} - Z_{塔}) + H_{户} + \sum h' \tag{6-6}$$

三、临时供水管径计算

配水管网布置的原则是在保证不间断供水的情况下,管道敷设越短越好,同时应考虑在施工期间各管网具有移动的可能性。

临时水管敷设可用明敷或暗敷。在严寒地区,暗管应埋设在冰冻线以下,明敷应加保温。通过道路部分,应考虑地面上重型机械荷载对埋设管的影响。

供水管径的选择方法如下。

(一)计算法

供水管径可按式(6-7)计算:

$$d = \sqrt{\frac{4Q}{\pi v 1\,000}} \tag{6-7}$$

式中 d——计算的供水管网管段直径,mm;

Q——供水管网管段的计算用水流量,L/s,供水总管段按总用水流量 $Q_{总}$ 计算,环式管网布置的各管段采用环管内同一用水流量计算,枝状管段按各枝管内的最大用水流量计算;

π——圆周率;

v——管段中的水流速度,m/s,见表 6-7。

表 6-7　临时水管经济流速参考表

管径	流速(m/s)	
	正常时间	消防时间
$d<0.1$ m	0.5~1.2	—
$d=0.1\sim0.3$ m	1.0~1.6	2.5~3.0
$d>0.3$ m	1.5~2.5	2.5~3.0

2. 供水管径的查表计算法

为了减少计算工作,只要确定供水管网中各段供水管内的水流量和流速范围,可直接查表 6-8或表 6-9,选择适当的管径 d。表 6-8、表 6-9 中的管径较大,适合于工程施工用水量较大的工地。

表 6-8　给水铸铁管计算表

流量(L/s)	管径(mm)									
	75		100		150		200		250	
	i	v	i	v	i	v	i	v	i	v
2	7.98	0.46	1.94	0.26						
4	28.4	0.93	6.69	0.52						
6	61.5	1.39	14	0.78	1.87	0.34				
8	109	1.86	23.9	1.04	3.14	0.46	0.765	0.26		
10	171	2.33	36.5	1.30	4.69	0.57	1.13	0.32		
12	246	2.76	52.6	1.56	6.55	0.69	1.58	0.39	0.529	0.25
14			71.6	1.82	8.71	0.80	2.08	0.45	0.695	0.29
16			93.5	2.08	11.1	0.92	2.64	0.51	0.886	0.33
18			118	2.34	13.9	1.03	3.28	0.58	1.09	0.37
20			146	2.60	16.9	1.15	3.97	0.64	1.32	0.41
22			177	2.86	20.2	1.26	4.73	0.71	1.57	0.45
24					24.1	1.38	5.56	0.77	1.83	0.49
26					28.3	1.49	6.64	0.84	2.12	0.53
28					32.8	1.61	7.38	0.90	2.42	0.57
30					37.7	1.72	8.4	0.96	2.75	0.62
32					42.8	1.84	9.46	1.03	3.09	0.66
34					48.4	1.95	10.6	1.09	3.45	0.70
36					54.2	2.06	11.8	1.16	3.83	0.74
38					60.4	2.18	13.0	1.22	4.23	0.78

注:v 为流速,m/s;i 为压力损失没,m/km 或 mm/m。

表 6-9　给水钢管计算表

流量(L/s)	管径(mm)									
	25		40		50		70		80	
	i	*v*	*i*	*v*	*i*	*v*	*i*	*v*	*i*	*v*
0.1										
0.2	21.3	0.38								
0.4	74.8	0.75	8.98	0.32						
0.6	159	1.13	18.4	0.48						
0.8	279	1.51	31.4	0.64						
1.0	437	1.88	47.3	0.80	12.90	0.47	3.76	0.28	1.61	0.20
1.2	629	2.26	66.3	0.95	18	0.56	5.18	0.34	2.27	0.24
1.4	856	2.64	88.4	1.11	23.7	0.66	6.83	0.40	2.97	0.28
1.6	1 118	3.01	114	1.27	30.4	0.75	87	0.45	3.76	0.32
1.8			144	1.43	37.8	0.85	10.7	0.51	4.66	0.36
2.0			178	1.59	46	0.94	13	0.57	5.62	0.40
2.6			301	2.07	74.9	1.22	21	0.74	9.03	0.52
3.0			400	2.39	99.8	1.41	27.4	0.85	11.7	0.60
3.6			577	2.86	144	1.69	38.4	1.02	16.3	0.72
4.0					177	1.88	46.8	1.13	19.8	0.81
4.6					235	2.17	61.2	1.3	25.7	0.93
5.0					277	2.35	72.3	1.42	30	1.01
5.6					348	2.64	90.7	1.59	37	1.13
6.0					399	2.82	104	1.7	42.1	1.21

四、水头损失计算

计算水头损失的目的在于确定水泵所需的扬程，并根据流量选择水泵和校核高位水池标高能否满足场内用水点最大用水时所需要的压力。水头损失计算见式(6-8)。

$$h = h_1 + h_2 = iL + \xi \frac{v^2}{2g} \tag{6-8}$$

式中　h——水头损失，m；

h_1——沿程水头损失，m；

h_2——局部水头损失，m；

i——单位管长水头损失，根据流量和管经 d 从表 6-8、表 6-9 直接查得；

L——计算管段的长度，m；

ξ——局部阻力系数；

v——管段中的平均流速,m/s;

g——重力加速度,m/s^2。

在实际工作中,局部水头损失 h_2 不做详细计算,按沿程水头损失的 15% ~20% 估计即可,故 $h=(1.15\sim1.2)h_1=(1.15\sim1.2)iL$。

五、水泵的选择

(一)水泵的类型

水泵的类型见表 6-10。

表 6-10　水泵的类型

名称	型号	型号举例	符号说明
单级单吸离心泵	IS	IS80 - 65 - 160	IS—国际标准单级单吸清水离心泵 80—泵入口直径(mm) 65—泵出口直径(mm) 160—泵叶轮名义直径
单级单吸立式离心泵	LD - Z	LD_{b0} - 160Z	LD—立式单级单吸清水离心泵 b0—泵进出口直径(mm) 160—叶轮名义直径(mm) Z—直联轴式
分段式多级离心泵	DA_1	DA_1 - 80 × 5	DA_1—分段式多级离心泵 80—泵出口直径(mm) 5—泵的级数(即叶轮数)
分段式多级离心泵	TSW TSWA	100TSWA × 4	TSWA—卧式多级离心泵 100—泵吸入口直径(mm) 4—泵的级数(即叶轮数)
立式多级分段式离心泵	DL	65DL × 5	65—进口直径(mm) DL—立式多级清水泵 5—叶轮级数
污水泵	PW	$2\frac{1}{2}PW_a$	$2\frac{1}{2}$—泵出口直径(in) P—杂质泵 W—污水 a—泵叶轮外径第一次切削

续表 6-10

名称	型号	型号举例	符号说明
立式污水泵	LP_1	$4LP_1-80/50$； $4LP_1-7-5$	4—泵出入口直径(in) LP—立式排水泵 1—第一次改进设计 7—泵的比转数除以 10 的整数值 5—泵座底平面到叶轮中心的距离(m) 80—泵设计点流量值(m^3/h) 50—泵设计点单级扬程值(m)
潜污泵	WQ WWQ QX	80WQ20	80—出口直径(mm) WQ—潜污 20—扬程(m)

(二)水泵的选用

根据管段计算流量 q 和总扬程 H 从水泵工作性能表(见表 6-11)中查出需要的水泵。

表 6-11　常用水泵性能表

型号	转速 n (r/min)	流量 Q		总扬程 H (m)	效率 η (%)	功率	
		(m^3/h)	(L/s)			轴功率(Pa)	电机功率 (kW)
IS100－65－200	2 900	60	16.7	54	65	13.6	22
		100	27.8	50	76	17.9	
		120	33.3	47	77	19.9	
	1 450	30	8.33	13.5	60	1.84	4
		50	13.9	12.5	73	2.33	
		60	16.7	11.8	74	2.61	
IS100－65－250	2 900	60	16.7	87	61	23.4	37
		100	27.8	80	72	30.3	
		120	33.3	74.5	73	33.3	
	1 450	30	8.33	21.3	55	3.16	5.5
		50	13.9	20	68	4.00	
		60	16.7	19	70	4.44	
IS100－65－315	2 900	60	16.7	133	55	39.6	95
		100	27.8	125	66	51.6	
		120	33.3	118	67	57.5	
	1 450	30	8.33	34	51	5.44	11
		50	13.9	32	63	6.92	
		60	16.7	30	64	7.67	

续表 6-11

型号	转速 n (s/min)	流量 Q (m^3/h)	流量 Q (L/s)	总扬程 H (m)	效率 η (%)	功率 轴功率(Pa)	功率 电机功率(kW)
IS125 - 100 - 200	2 900	120	33.3	57.5	67	28.0	45
		200	55.5	50	81	33.6	
		240	66.7	44.5	80	36.4	
	1 450	60	16.7	14.5	62	3.83	7.5
		100	27.8	12.5	76	4.48	
		120	33.3	11.0	75	4.79	
IS125 - 100 - 250	2 900	120	33.3	87	66	43.0	75
		200	55.6	80	78	55.9	
		240	66.7	72	75	62.8	
	1 450	60	16.7	21.5	63	5.59	11
		100	27.8	20	76	7.17	
		120	33.3	18.5	77	7.84	
IS125 - 100 - 315	2 900	120	33.3	132.5	60	72.1	110
		200	55.6	125	75	90.8	
		240	66.7	120	77	101.9	
	1 450	60	16.7	33.5	58	9.4	15
		100	27.8	32	73	11.9	
		120	33.3	30.5	74	13.5	

六、供水管材的选择

选择供水管材时,主要考虑管内水的压力大小、管网使用时间等因素,一般是:主管(总干管)选择铸铁管或钢管,支管选择钢管、普通上水镀锌钢管、工程塑料管等。

复习题

1. 施工现场临时供水设计主要包括哪几项内容?
2. 简述施工现场消防供水要求。
3. 什么是现场施工用水量?应如何计算?
4. 施工用水选择应考虑哪几方面因素?
5. 如果利用城镇已有的供水系统作为施工水源,现场供水只需考虑哪几方面工作?

第七章　水暖施工图的识读

第一节　给水排水施工图的识读

一、给水排水施工图的组成及表示方法

室内给水排水施工图是室内给水排水工程施工的依据和必须遵守的文件。施工图可使施工人员明白设计人员的设计意图,进而贯彻到工程施工的过程当中,施工图必须有正式设计单位绘制并签发。施工时,未经设计单位同意,不得随意对施工图中的规定内容进行修改。

室内给水排水施工图包括文字部分和图示部分。文字部分包括图纸目录、设计施工说明、设备材料明细表、图例等,图示部分包括平面图、系统图、详图。简单工程可不列设备材料明细表。

(一)文字部分

1. 图纸目录

根据设计顺序,按设计说明(含设备材料名细表、图例)、平面图、系统图、详图依次排列编号。

2. 设计施工说明

设计图样上用图或符号表达不清楚的问题,或有些内容用文字能够更简单明了的说清楚的问题,可用文字加以说明。

设计施工说明的主要内容有:设计依据;设计范围;设计概况及技术指标,如给水方式、排水体制的选择等;施工说明,如图中尺寸采用的单位,采用的管材及连接方式,管道防腐、防结露的做法,保温材料的选用、保温层的厚度及做法等,卫生洁具的类型及安装方式,施工注意事项,系统的水压试验要求,施工验收应达到的质量标准等。如有水泵、水箱等设备,还必须写明型号、规格及运行要点等。

3. 设备材料明细表

设备材料明细表中应列出图样中用到的主要设备的型号、规格、数量及性能要求等,用于在施工备料时控制主要设备的性能。对于重要工程,为了使施工准备的材料和设备符合图样的要求,并且便于备料,设计人员应编制一个主要设备材料明细表,包括主要设备材料的序号、名称、型号规格、单位、数量、备注等项目。此外,施工图中涉及的其他设备、管材、阀门、仪表等也均应列入表中。对于一些不影响工程进度和质量的零星材料,可不列入表中。

一般中小工程的文字部分直接写在图样上,工程较大、内容较多时另附专页编写,并放在一套图样的首页。

4. 图例

施工图中的管道及附件、管道连接、卫生洁具、设备仪表等,一般采用统一的图例表示。

《给水排水制图标准》(GB/T 50106—2001)中规定了工程中常用的图例,凡在该标准中未列入的可自设。一般情况下,图纸应专门画出图例,并加以说明。建筑给水排水施工图中常用图例见表7-1。

表7-1　建筑给水排水施工图常用图例

名称	图例	说明	名称	图例	说明
管道		用于一张图纸上,只有一种管道	水泵接合器	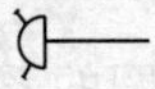	
	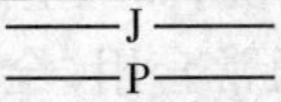	用汉语拼音字头表示管道类别	自动喷淋头	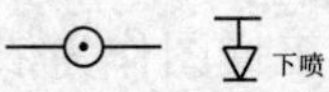	左为平面图 右为系统图
	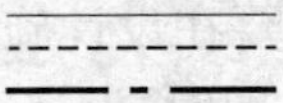	用线型区分管道类别	放水龙头		
闸阀			淋浴喷头	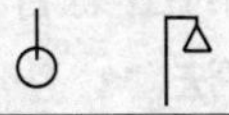	左为平面图 右为系统图
截止阀		左为DN>50 mm 右为DN<50 mm	圆形地漏		左为平面图 右为系统图
止回阀			清扫口		左为平面图 右为系统图
减压阀	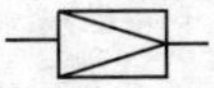		检查口		
蝶阀			存水弯		
延时自闭阀			洗脸盆		
可曲挠接头			浴盆	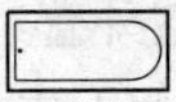	
水流指示器			大便器		
单出口消火栓		左为平面图 右为系统图	小便器	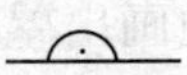	
双出口消火栓		左为平面图 右为系统图	污水池		
柔性防水套管	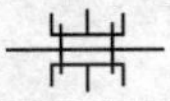		通气帽		左为成品 右为铅丝球
管道立管	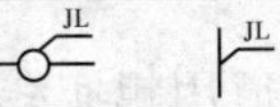	左为平面图 右为系统图	伸缩节		

(二)图示部分

1. 平面图

平面图是给水排水施工图的基本图示部分。它反映了卫生洁具、给水排水管道、附件等在建筑物内的平面布置情况。通常情况下,建筑的给水系统、排水系统不是很复杂,将给水管道、排水管道绘制在一张图上,称为给水排水平面图。

平面图所表达的主要内容有:建筑物内与给水排水有关的建筑物的轮廓、定位轴线及尺寸线、各房间的名称等,卫生洁具、水箱、水泵等的平面布置、平面定位尺寸,给水引入管、污水排出管的平面布置、平面定位尺寸、管径及管道编号,给水排水横干管、立管、横支管的位置、管径及立管编号。

2. 系统图

系统图也称轴测图,一般按45°正面斜轴测图绘制。系统图表示给水排水系统空间位置及各层间、前后、左右间的关系。给水系统图、排水系统图应分别绘制。

系统图所表达的内容有：自引入管，经室内给水管道系统至用水设备的空间走向和布置情况；自卫生洁具，经室内排水管道系统排出管的空间走向和布置情况；管道的管径、标高、坡度、坡向及系统编号和立管编号；各种设备（包括水泵、水箱等）的接管情况、设置位置和标高、连接方式及规格；管道附件的种类、位置、标高；排水系统通气管设置方式、与排水立管之间的连接方式，伸顶通气管上的通气帽的设置及标高等。

3. 详图

给水排水平面图的系统图表示了卫生洁具及管道的布置情况，而卫生洁具的安装、管道的连接，需有施工详图作为依据。常用的卫生设备安装详图，通常套用《全国通用给水排水标准图集 99S304 卫生设备安装》中的图样，不必另行绘制，只要在设计施工说明或图纸目录中写明所套用的图集名称及其中的详图号即可。当没有标准图时，设计人员需自行绘制。

（三）表示方法

1. 平面图的表示方法

1）平面图的比例

平面图是室内给水排水施工图的主要部分，一般采用与建筑平面图相同的比例，常用的比例有1:100、1:200。

2）平面图的数量

平面图的数量，一般视卫生洁具和给水排水管道布置的复杂程度而定。对于多层房屋，底层由于设有引入管和排出管且管道需与室外管道连接，宜单独画出底层完整的平面图（如能表达清楚与室外管道的连接情况，也可只画出与卫生设备和管道有关的平面图）；楼层平面图只需抄绘与卫生设备和管道布置有关的平面图，一般应分层抄绘，当楼层的卫生设备和管道布置完全相同时，只需画出相同楼层的一个平面图，称为标准层平面图；设有屋顶水箱的楼层可单独画出屋顶给水排水平面图，但当管道布置不太复杂时，也可在最高层给水排水平面图中用虚线画出水箱的位置。如果管道布置复杂，同一平面（或同一标高处）上的管道画在一张平面图上表达不清楚，也可用多个平面图表示，如底层给水平面图、底层排水平面图等。

3）管道画法

室内给水排水的各种管道一律用粗单线表示，其中，给水管道用粗实线表示，排水管道用粗虚线表示。为了在同一套图纸中区别不同类别的给排水管道，也可在管道中标识汉语拼音字头来表示。在平面图中，不论管道在楼面或地面的上下，均不考虑其可见性。给水排水立管是指穿过一层及多层房屋的竖向供水管道和排水管道。平面图上有各种立管的编号，底层给水排水平面图中还有各种管道按系统的编号，一般给水以每根引入管为一个系统，排水以每根排出管为一个系统。立管在平面图中以空心小圆圈表示，并用指引线注明管道类别代号，其标注方法是用分数的形式，分子为管道类别代号，分母为同类管道编号。当同一系统的立管数量多于一根时，还宜采用阿拉伯数字编号。

4）管径的表示

给排水管道的管径尺寸以毫米（mm）为单位，金属管道（如焊接钢管、铸铁管）以公称直径DN表示，如DN50、DN80等；无缝钢管的外径一般用字母D来表示，其后附加外径尺寸和壁厚，例如外径为108 mm的无缝钢管，壁厚为5 mm，用D108 ×5 表示；塑料管一般以公称外径

De(或 dn)表示,如 De25 等。管径一般标注在该管段旁,如位置不够,也可用引线引出标注。

2. 系统图的表示方法

给水排水系统图上各立管和系统的编号应与平面图一一对应,在给水排水系统图上还应画出各楼层地面的相对标高。系统图可采用与平面图相一致的比例,也可不严格按比例绘制。

《给水排水制图标准》(GB/T 50106—2001)规定,给水排水系统图宜采用45°正面斜轴测投影法绘制。我国习惯采用45°正面斜轴测来绘制系统图,*OZ* 与 *OX* 的轴间角为90°,*OY* 与 *OZ*、*OX* 的轴间角为135°。为了便于绘制和阅读,立管平行于 *OZ* 轴方向,平面图上左右方向的水平管道沿 *OX* 轴方向绘制,平面图上前后方向的水平管道沿 *OY* 轴方向绘制。卫生洁具、阀门等设备用图例表示。

给水排水系统图中的管道,都用粗实线表示,其他图例和线宽仍按原规定绘制。在系统图中,不必画出管件的接头形式,管道的连接方式用文字写在施工说明中。

管道系统中的给水附件,如水表、截止阀、水龙头和消火栓等,可用图例画出。相同布置的各层,可只将其中的一层画完整,其他各层只需要在主管分支处用折断线表示。

在排水系统图中,可用相应图例画出卫生设备上的存水弯、地漏或检查口等。排水横支管虽有坡度,但由于比例较小,故可按水平管道绘制,但宜注明坡度和坡向。由于所有卫生洁具和设备已在给排水平面图中表达清楚,故在排水管道系统图中没有必要画出。

当在同一系统中的管道因互相重叠和交叉而影响该系统图的清晰性时,可将一部分管道平移至空白位置画出,称为移置画法或引出画法。将管道从重叠处断开,用移置画法画到图面空白处,从断开处开始画。断开处应标注相同的符号,以便对照读图。

管道的管径一般标注在该管段旁边,标注位置不够时,可用引出线引出标注。管道各管段的管径要逐段标出,当连续几段的管径都相同时,可仅标注它的始段和末段,中间段可省略不标。

凡有坡度的横管(主要是排水管),宜在管道旁边或引出线上标注坡度(如3‰),数字下面的单边箭头表示坡向(指向下坡方向)。当排水横管采用标准坡度时,图中可省略不标,在施工说明中用文字说明。

管道系统图中的标高是相对标高,即以建筑标高的±0.000 m为±0.000 m。在给水系统图中,标高以管中心为准,一般要标注出引入管、横管、阀门、水龙头、卫生洁具的连接支管、各层楼地面及屋面等的标高。在排水系统图中,横管的标高以管内底为准,一般应标注立管上的检查口、排出管的起点标高。其他排水横管的标高,一般根据卫生洁具安装高度和管件的尺寸,由施工人员决定。此外,还要标注各楼层地面屋面等的标高。

二、给水排水施工图的识读

(一)建筑给水排水施工图的识读

图7-1～图7-6是某7层办公楼的给水排水施工图,现以此套施工图为例,说明识图步骤。

1. 看文字部分

本工程设有生活给水系统、消防给水系统及排水系统。在设计说明中,对各系统所使用的管材及相应的连接方式进行了说明,对管道安装注意事项进行了详细的说明。

设计说明

一、工程概况

本工程为火车站地方消防站营房综合楼，总建筑面积3 952.31 m²，建筑高度为25.05 m，危险等级为中危险Ⅱ级。

二、设计依据

1.《建筑给水排水设计规范》(GB 50015—2003)。
2.《高层民用建筑设计防火规范》(GB 50045—95)(2006年版)。
3.《建筑灭火器配置设计规范》(GB 50140—2005)。
4.甲方提供的委托设计任务书及设计要求。
5.建筑专业提供的作业图。

三、设计范围

包括给水系统、热水系统、排水系统、消火栓给水系统。

四、给水系统

本办公楼为7层，生活用水由市政管道直接供给。

办公楼设计使用人数：150人。

Q_d =150 m³/d, Q_h=2.82 m³/d, Q_p=13.5 m³/d。

五、热水系统

楼内热水供应采用电热器供给，二层热水器采用落地式，二层以上采用挂式热水器。

六、消火栓系统

1.消防水量

室外消防水量为20 L/s，室内消火栓系统水量为20 L/s，火灾延续时间消火栓系统按2 h计，室外消防由小区管网室外消火栓负责。

2.消防水源

消防用水由市政给水管网直接供给。

3.消火栓系统

室内消火栓:口径为65 mm，水龙带长度为25 m，水枪口径为19 mm。室内消火栓管网成环状，消火栓系统在室外设两套消防水泵接合器。

六、排水系统

1.排水系统

本系统主要排除卫生间及淋浴间污水，排水直接排入室外污水检查井。预留操作间排水管排入室外隔油池。

2.污水处理

本工程污水进入排水管网后经室外化粪池处理后排入市政排水管网。

七、灭火器配置

根据规范，本工程还设置了手提式灭火器，具体位置见平面图。

施工说明

1.图中除标高以m计外，其余尺寸均以mm计，管道标注以管中心计，管径标注均为公称直径。室外地平相对标高为-0.15 m。

2.生活给水主立管采用钢塑复合压力管，支管采用PP-R塑料管。排水管道采用内螺旋排水塑料管，排水立管底部应设支墩或采用固定措施，消火栓采用热镀锌钢管卡箍连接。

3.直接埋地的钢管，外刷热沥青两道防腐。

4.吊顶内明装给水钢管表面做隔热处理，防止结露，采用阻燃型高压聚乙烯泡沫塑料管壳，对缝黏接后外缠密纹玻璃丝布，外刷白色防火漆两遍。

5.管道安装：

(1)管道应尽可能贴墙、梁、柱安装，在墙、柱尺寸改变处可采用乙字弯曲管调整，给水管距墙、柱不小于100 mm，排水管不小于120 mm。

(2)穿墙及楼板给排水管均应埋刚性套管，施工中参见S312-8-7(Ⅱ型)。

(3)管道施工时应与其他专业密切配合，在施工中如出现与实际情况不符，可现场调整，压力管可翻越其他管道。

(4)排水管道应按照标高施工，除特殊注明外，均按标准坡度施工：DN50管道坡度为0.035，DN75管道坡度为0.025，DN100管道坡度为0.020，DN150管道坡度为0.010。

(5)排水管采用承插式连接。

(6)水平管道支吊架：给排水间距≤5 m。

(7)排水立管和排水横管用两个45° 弯头相连接。

(8)内外墙及楼板穿洞密切配合土建施工，管道穿外墙需做防水密闭套管。

(9)除本设计说明外，施工时必须严格遵守《采暖与卫生工程施工验收规范》中的规定。

6.排水管连接应该符合：

(1)卫生器具排水管与排水横管垂直连接，采用90° 斜三通。

(2)排水管道的横管与立管连接，采用45° 斜三通或斜四通和顺水三通或顺水四通。

(3)排水立管与排出管端的连接，采用两个45° 弯头成弯曲半径不小于4倍管径的90° 弯头。

(4)排水管应避免在轴线偏置，当受条件限制时，用乙字管或两个45° 弯头连接。

(5)支管接入横干管，立管接入横干管时，在横干管管顶或其两侧45° 范围内接入。

7.给水塑料管外径与公称直径对照关系见下表：

塑料管外径De(mm)	20	25	40	50	63	75	90
公称直径DN(mm)	15	20	32	40	50	65	80

8.排水塑料管外径与公称直径对照关系见下表：

塑料管外径De(mm)	50	75	110	160
公称直径DN(mm)	50	75	100	150

9.电热水器由甲方自理。

图例

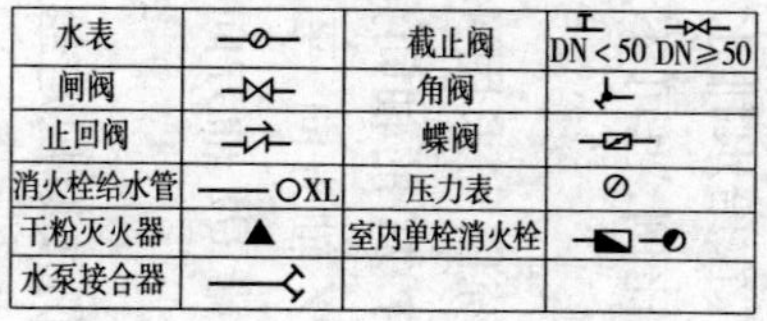

图 7-1　办公楼给水排水施工图说明

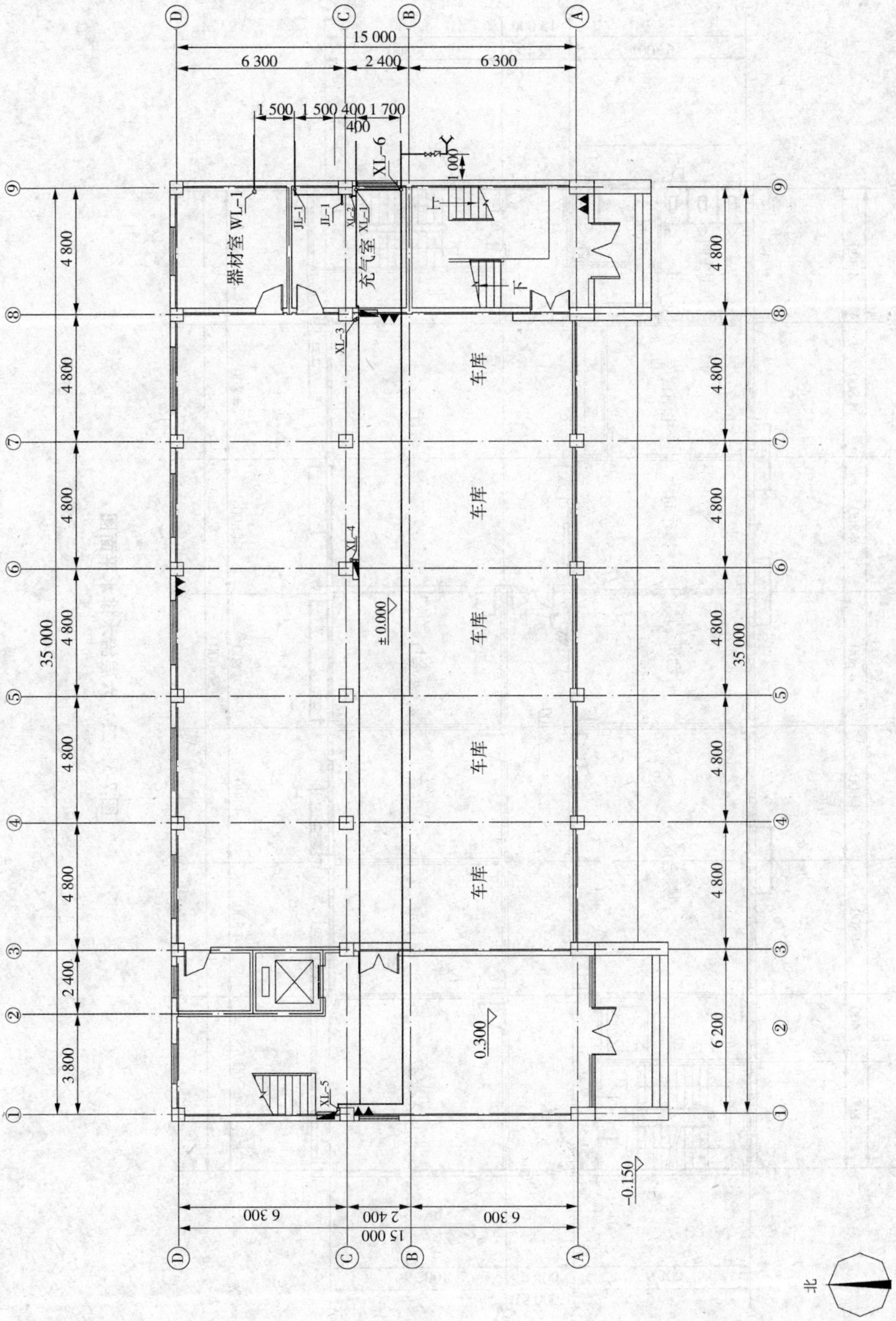

图 7-2　一层给水排水平面图

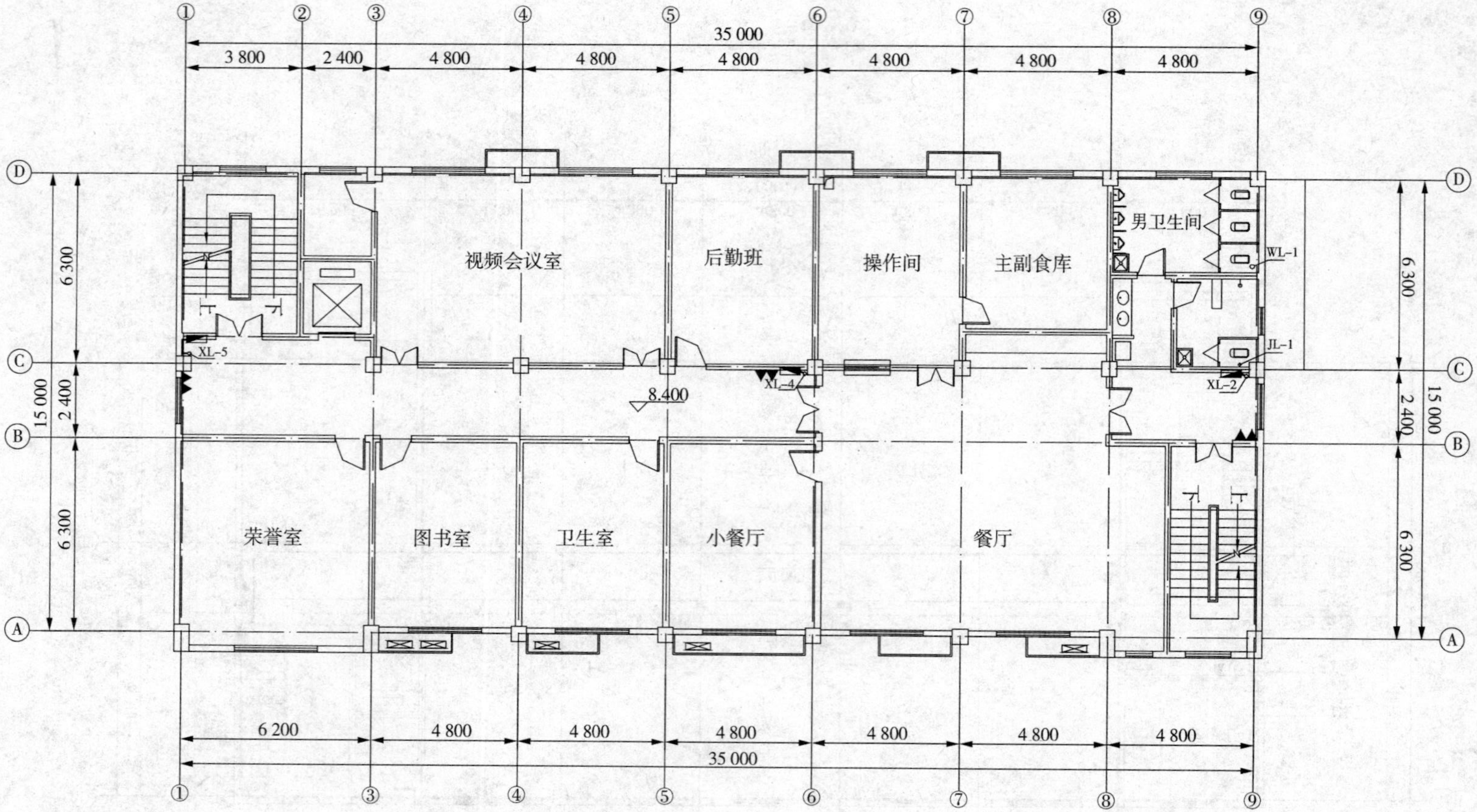

图 7-3　二～六层给水排水平面图

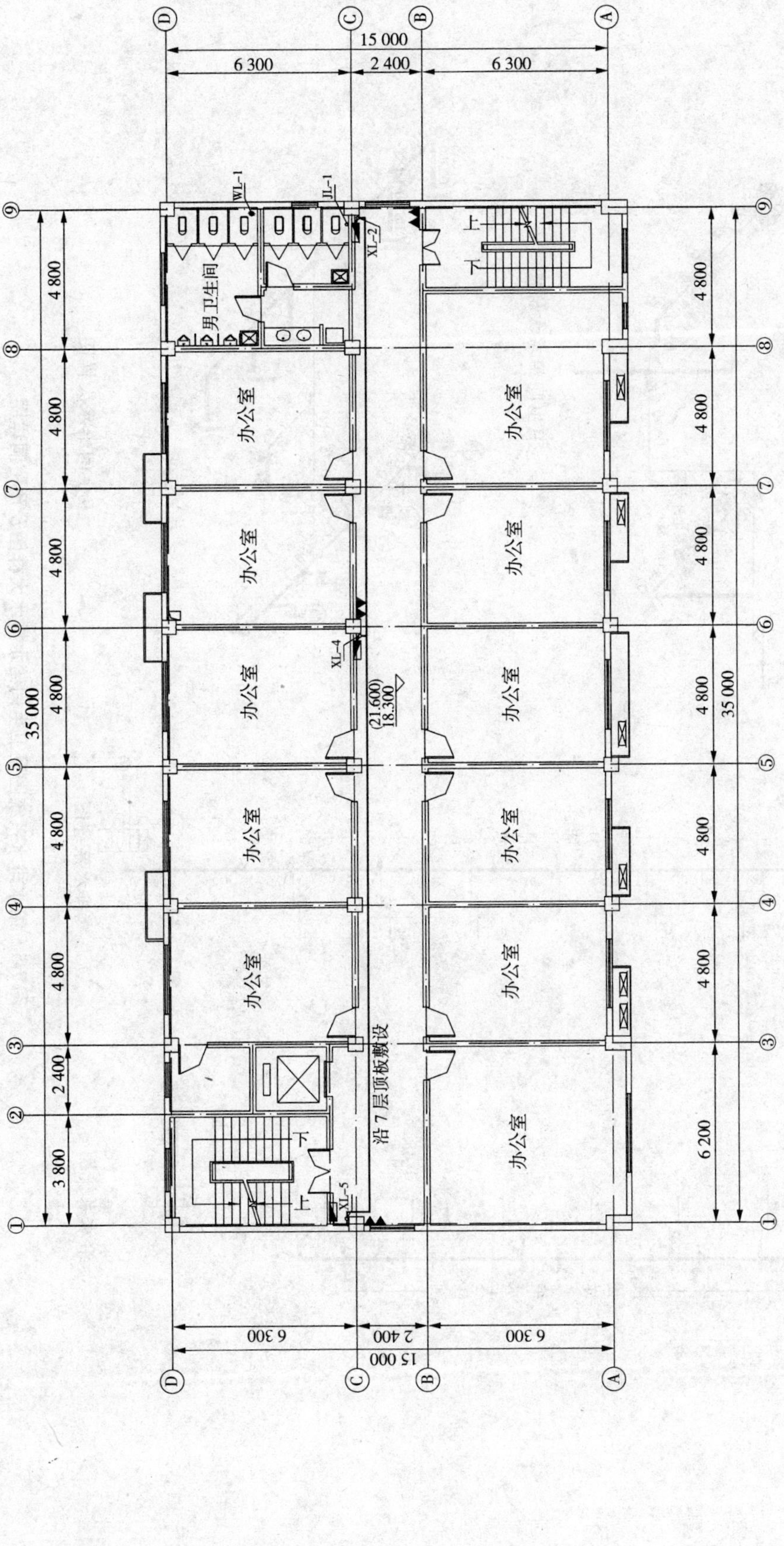

图 7-4 顶层给水排水平面图

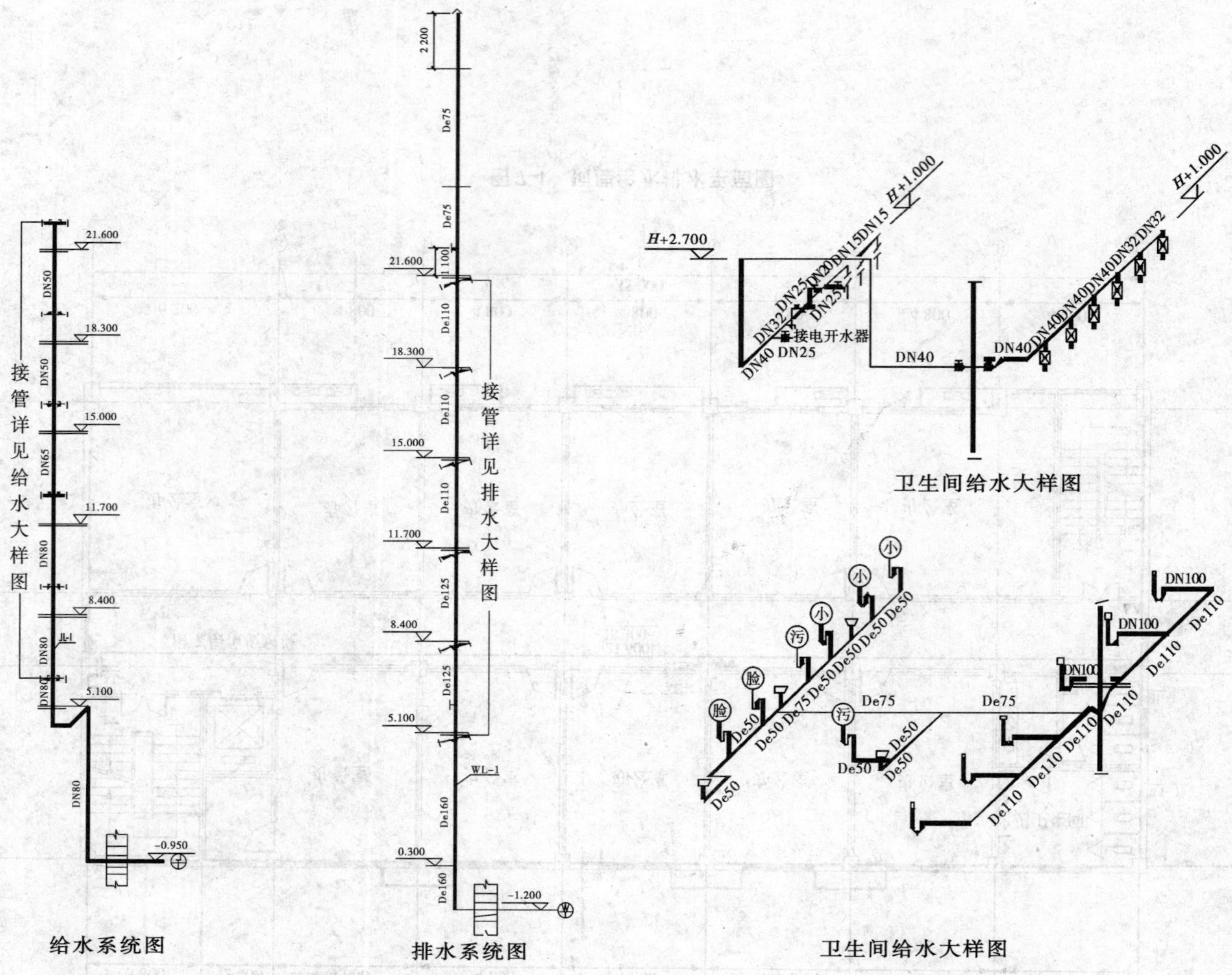

图 7-5　给水排水系统图及卫生间给水排水大样图及预留洞详图

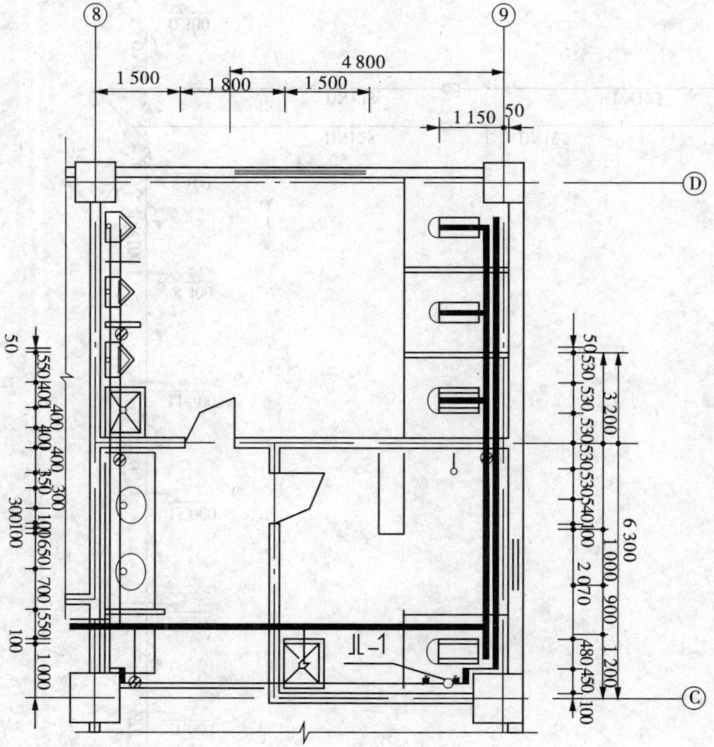

卫生间详图

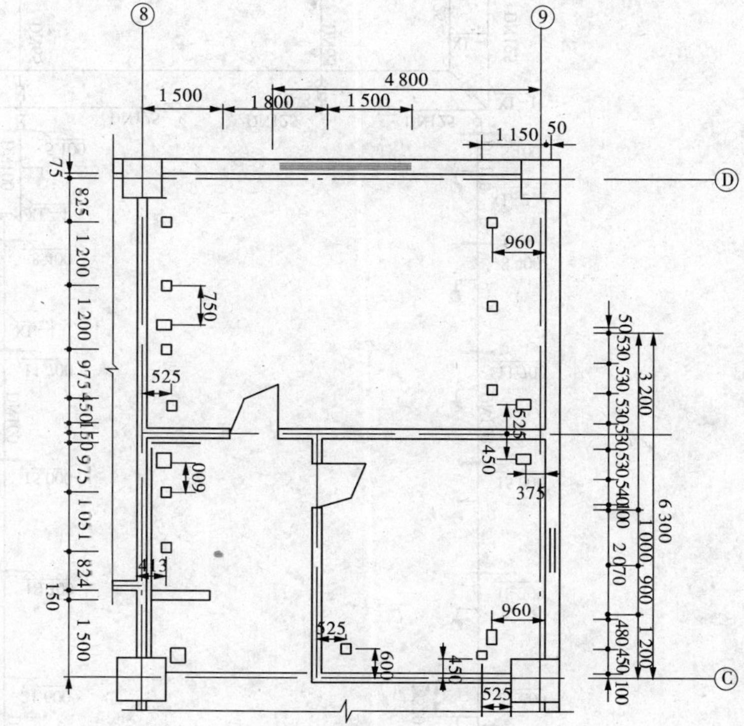

卫生间预留洞详图

续图 7-5

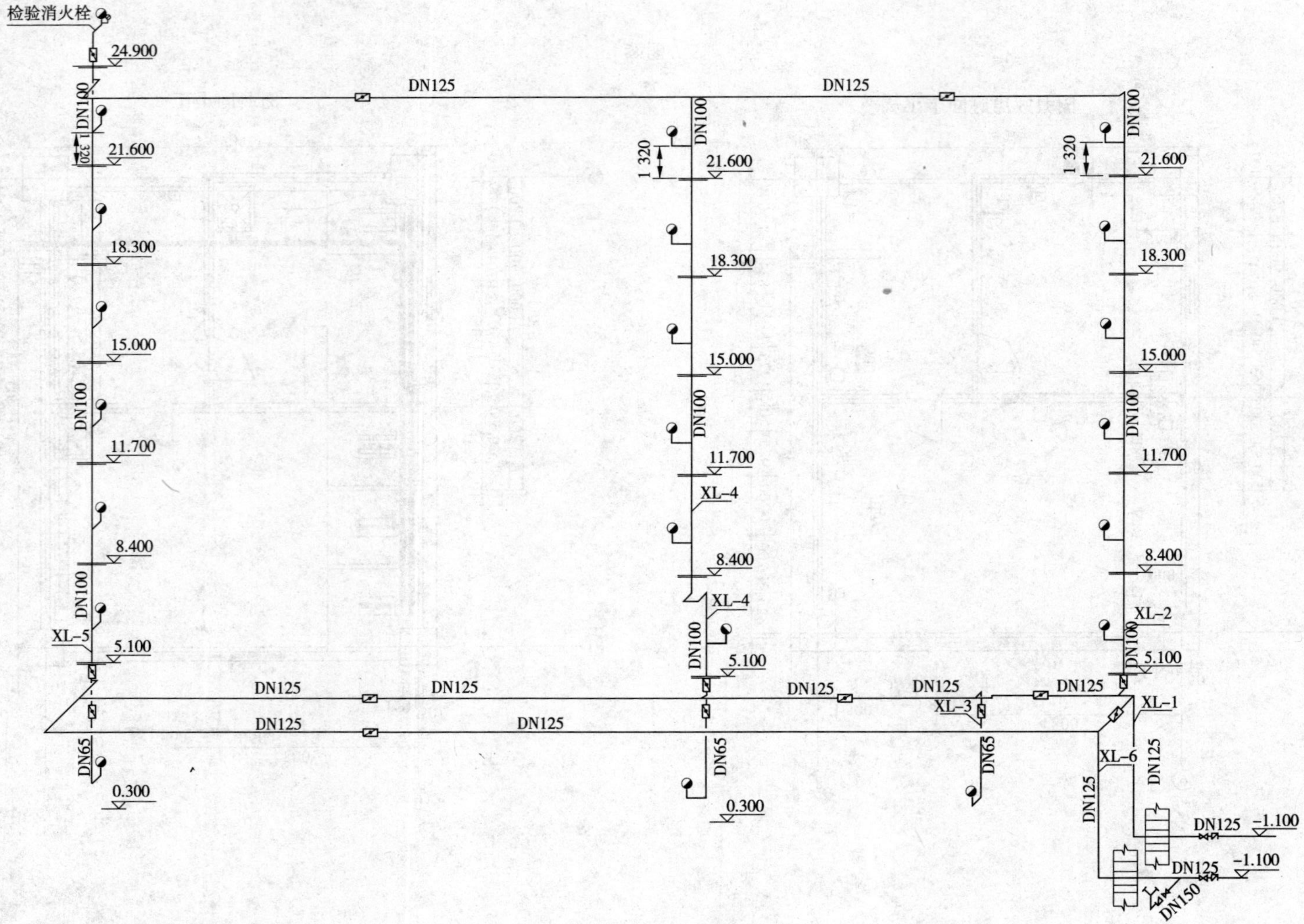

检验消火栓
24.900
DN125
DN125
DN100
1 320
21.600
18.300
15.000
11.700
8.400
5.100
XL–5
XL–4
XL–2
XL–3
XL–1
XL–6
DN65
0.300
DN150
-1.100

图 7-6　消防系统图

2. 看平面图,查明建筑物情况及主要用水房间

这是一栋7层的办公楼,主要的用水房间有男、女卫生间。其进深均为6.30 m,开间均为4.80 m。

3. 看平面图,查明卫生洁具、给水排水设备的类型、数量、安装位置、安装尺寸等

其中二层只设置男卫生间,男卫生间有6套大便器、5套小便器、1只污水池,地面上有1个地漏用以排除地面积水。大便器沿轴线⑨布置,小便器、污水池、地漏均沿轴线⑧布置。二层还设置有淋浴间,淋浴间共设置7个淋浴器,其中3个沿轴线⑥布置,剩余4个沿轴线⑦布置,两淋浴器中心间距为1 060 mm。除此之外,还设置有8个地漏用以排除使用淋浴器时产生的地面积水。二层的洗手间共设置12个洗手盆,两洗手盆中心间距为700 mm。三~七层卫生间布置相同。男卫生间有3套大便器、3套小便器、1只污水池,地面上有1个地漏用以排除地面积水。大便器沿轴线⑨布置,小便器、污水池、地漏均沿轴线8布置。两个小便器之间的距离是800 mm,靠外墙小便器中心与外墙的距离是600 mm。地漏位于进门两个小便器之间,地漏中心与两个小便器中心的距离均为400 mm。女卫生间有3套大便器、1只污水盆、1个地漏。大便器沿轴线⑨布置,大便器间距为960 mm。靠近轴线Ⓒ处的大便器中心距离靠走廊侧墙皮的水平距离为450 mm。盥洗间设有2只台式洗脸盆和2个地漏。洗脸盆间的间距为700 mm。洗脸盆下设有1个地漏可以收集洗脸盆使用时溅出的水或地面的其他积水。各卫生洁具的安装采用标准图。

在每层走廊上布置3个消火栓箱,其中一个在西楼梯口,一个在东楼梯口,另外一个在走廊接近中间的位置。以保证建筑物发生火灾时,有两支充实水柱同时到达室内的任何部位。同时,在走廊布置有2组手提式干粉灭火器。

4. 识读室内给水系统图

识读时,主要是看清楚室内给水系统的形式、管路组成、平面位置、标高、走向、敷设方式。查明管道、阀门、附件的管径、规格、型号、数量及安装要求。

本例的给水系统按水的用途不同,可分为生活给水系统和消防给水系统,识读时应分系统识读。

1)生活给水系统

在本系统的识读中,我们以三~七层的卫生间为例进行识读。该给水系统采用直接给水方式,下行上给式布置,系统编号为1/J。给水引入管管径DN80,由南向北穿越轴线⑨进入建筑物,管道埋深(管道中心线标高)为-1.200 m,入户升高至-0.500 m,然后由立管将水由一楼送至七楼,管径由DN80变为DN65,再变至DN50。

JL-1立管自地下出地面后,在三层距地面1.000 m处设置一正四通,分别向东向西引出支管。向东的支管向东走一小段距离后,向北送水至女卫生间及男卫生间的大便器,管径由DN50变为DN40。向西的支管向西接至一段距离后接出一三通,通向女卫生间的污水池管径为DN40。支管继续向西穿过女卫生间的墙上翻至距地面2.700 m的高度,走至墙边向北至洗脸盆处支管下翻至距地面0.400 m处,连接至洗脸盆,管径由DN40变为DN25,继续向北支管抬升至距地面1.000 m处给男卫生间的污水盆送水,管径变至DN20。继续向北给小便器送水,管径变至DN15。(注:在给水系统施工图中,所用标高为管中心标高)

查看图纸中的卫生间预留洞详图,可以得到相应管道及卫生设备的预留洞的大小及定位尺寸。在卫生间地面的现浇过程中,即可进行预留洞的留取。同时,结合管道的管径,可

将相应的套管预埋其中。

2）消火栓给水系统

本例中消火栓为保证供水的可靠性，设置两条引入管、一组水泵接合器，消防水源直接采用市政管网水源，采用直接供水方式。管网采用首先在一层梁底平面成环，然后向上竖向成环的布置形式。如图7-6所示，进户管其中一层梁底的环状管网分段设置了DN100的蝶阀，每根立管的底部也分别设置了DN100的蝶阀。两条给水引入管的管径均为DN125。两条引入管从建筑物的东侧引入，由东向西穿越轴线进入建筑物，管道埋深为－1.100 m。入户时，穿越基础外墙，需在外墙上做预留洞，并且须在其中预埋刚性的防水套管，入户管的管径为DN125，预埋DN150的刚性防水套管即可。穿基础入户后供给XL－1、XL－6，然后XL－1、XL－6向上登高至一层梁底，共同向一层梁底的环状干管供水。干管沿走廊由东向西依次给XL－2向上供水，给XL－3向下供水，给XL－4、XL－5分别向上向下供水。XL－2、XL－3、XL－4、XL－5管径均为DN100，XL－1、XL－6立管管径均为DN125。XL－2、XL－3、XL－4、XL－5在各层地面以上1.100 m处设置三通，连接消防支管，进而与消火栓相连。其中XL－5伸顶，在屋面上设置检验用消火栓。

5.识读室内排水系统图

了解排水系统的排水体制，查明管路的平面布置及定位尺寸，弄清管路系统的空间具体走向、管路分支情况、管径尺寸与横管坡度、管道各部位标高、存水弯类型、清通设备及设置情况、弯头及三通选用。

该办公楼排水系统是合流制，只设一个系统，系统编号为1/W，穿基础处的标高为－1.200 m。1/W在1/J的北侧，两者的水平距离为1 500 mm，承担收集来自每层的所有卫生洁具的污水的任务，从底层至顶层与排水支管相连。由于从二楼开始才有卫生间，因此蹲式大便器均设P形存水弯，与大便器相连的支管管径均为De110。地漏自带水封，管道上不设存水弯。污水池、洗脸盆、小便器均设置S形存水弯。连接小便器洗脸盆及地漏的排水横支管的管径为De50或De75。每一层排水横支管与立管连接处采用顺水四通进行连接，且在连接处以下设置一个伸缩节。该办公楼的排水系统采用的是U－PVC管材，在立管三层和七层距地面1.000 m处设置一个检查口。立管与排出管连接处采用两个45°弯头。

与排水立管相连的伸顶通气管管径也为De75，伸出屋面向上2 000 mm，顶端各设铅丝球一个。

6.了解管道支架、吊架的形式及设置要求，查看设计说明，弄清楚管道的油漆、涂色、保温等要求

室内给水排水管道的支吊架一般在图纸上不显示，由具体施工人员按照有关规程和习惯做法自己决定。管道的防腐、保温、防结露等做法应根据管道的具体特点及图纸的相关说明及有关规定具体执行。

（二）建筑给水排水施工图识读应注意的问题

（1）看图时先看设计施工说明，明确设计要求，了解工程概况。

（2）把施工图按给水、排水分别阅读，把平面图和系统图对照起来看。

（3）给水系统从引入管起顺着管道的水流方向看图，经干管、立管、横支管到用水设备。把平面图和系统图对应起来，弄清管道的方向，分枝位置，各段管道的管径、标高、坡度、坡向、管道上的阀门及配水龙头的位置和种类等。

(4)最后结合平面图、系统图和设计施工说明看详图，弄清卫生洁具的类型、安装方法，设备的型号、配管形式等，把整个给水排水系统施工安装的具体要求搞清楚。

(5)如果仍然有不明确的问题或设计不合理、无法施工等，可在图纸会审时向设计人员提出，由设计单位、施工单位、建设单位三方协商解决。如有需要变更的设计内容，由设计单位以变更单(用文字或补充图纸)的形式签发，图纸变更须经设计单位盖章后生效执行。

第二节　建筑采暖施工图的识读

一、建筑采暖施工图常用图例

建筑采暖施工图常用图例见表7-2。

表7-2　建筑采暖施工图常用图例

符号	名称	说明	符号	名称	说明
	供水(汽)管			疏水器	也可用
	回(凝结)水管			自动排气阀	
	绝热管			集气罐、排气装置	
	套管补偿器			固定支架	右为多管
	矩形补偿器			丝堵	也可表示为:
	波纹管补偿器		i=0.003 或 i=0.003	坡度及坡向	
	弧形补偿器		T 或	温度计	左为圆盘式温度计 右为管式温度计
	止回阀	左为通用式 右为升降式	或	压力表	
	截止阀			水泵	左侧为进水， 右侧为出水
	闸阀			活接头	
15　15	散热器及手动放气阀	左为平面图画法 右为系统图画法		可曲挠橡胶接头	
15　15 15　15	散热器及控制阀	左为平面图画法 右为系统图画法		除污器	左为立式除污器， 中为卧式除污器， 右为Y形过滤器

采暖施工图中，采暖管道是主要表达的对象，这些管道的截面形状变化小，一般细而长，

分布范围广,纵横交错,管道多用粗单线条表示。在采暖施工图中,与本专业有关的设备轮廓用中粗线表示,其余均用细线表示。采暖施工图应遵守《房屋建筑制图统一标准》(GB/T 50001—2001)、《暖通空调制图标准》(GB/T 50114—2001)及国家现行的有关强制性标准的规定。采暖施工图中的管道及附件、管道连接、阀门、采暖设备及仪表等,采用统一的图例表示。表 7-2 摘录了《暖通空调制图标准》(GB/T 50114—2001)中的部分图例,凡在标准图例中未列入的可自设,但在图纸上应专门画出图例,并加以说明。在识读采暖施工图时,应先了解图纸中的有关图例及表现内容。

二、建筑采暖工程施工图的组成

室内采暖系统由室内采暖管道、散热设备、附属装置(如膨胀水箱、集气罐、疏水器、补偿器等)、管道附件(指各种类型的阀门)几部分组成。

采暖工程施工图由文字部分和图示部分组成。

图 7-7 ~ 图 7-11 为某办公楼的采暖通风设计,现以此为例说明采暖工程施工图的组成。

(一)文字部分

文字部分包括设计说明、图例、图纸目录、主要设备材料明细表等。

无法用图或符号表达清楚的问题,或用文字能更简单明了说明的问题,用文字加以说明就组成了设计说明。主要内容有:建筑物的采暖面积;采暖系统的热源种类、热媒参数、系统总的热负荷;采暖系统的形式,进出口压力差(即室内采暖所需资源压力);各房间的设计温度;散热器形式及安装方式;管材种类及连接方式;管道防腐、保温的做法;所采用的标准图号及名称;施工注意事项;施工验收应达到的质量要求;系统试运行的要求等。此外,还应说明需要设计、施工过程中应执行的有关技术规范、规程等。

图例:在绘图过程中宜按照制图标准绘制,对于标准中没有的图例允许设计人员自行设计。为准确识图,设计人员应把本套图纸所用图例以表格形式列出来,这就组成了图例部分。

图纸目录:包括设计人员绘制部分和所选用的标准图部分。

主要设备材料明细表:为了使施工准备的材料和设备符合图纸要求,并且便于备料,设计人员应编制一个主要设备材料明细表。它包括序号、名称、型号规格、单位、数量、备注等项目,施工图中涉及的采暖设备、采暖管道及附件等均列入表中。一般中小型工程的文字部分直接写在图纸上,工程较大、内容较多时另附专页编写,并放在一套图纸的首页。

(二)图示部分

1. 平面图

平面图所表达的主要内容:与采暖有关的建筑物轮廓,包括建筑物墙体、主要的轴线及轴线编号、尺寸线等;采暖系统主要设备(集气罐、膨胀水箱、补偿器等)的平面位置;干管、立管、支管的位置和立管编号;散热器的位置、片数;热力入口位置和编号等。

由于各层的管道和设备布置情况不同,平面图应分层表示。如果楼层的采暖设备、采暖管道布置完全相同,可只画一个平面图,该平面图称为标准层平面图。一般情况下,应绘制底层平面图、标准层平面图、顶层平面图。图 7-8 ~ 图 7-10 是办公楼采暖工程平面图。

设 计 说 明

本工程系青岛隧道出口公交换乘站工程西区办公楼单体采暖通风设计。建筑面积710 m^2，建筑高度12.155 m，本工程在施工时应与土建及其他专业密切配合，发现问题应及时与本设计联系解决。

一、设计依据

1. 由建设方提供的工程建设批准文件及设计委托要求。
2.《采暖通风与空气调节设计规范》(GB 50019—2003)。
3.《供热计量技术规程》(JGJ 173—2009)。
4.《公共建筑节能设计标准》(BJ 14—036—2006)。
5.《建筑设计防火规范》(GB 50016—2006)。
6. 其他国家及地方现行规范。

二、设计范围

1. 采暖通风设计。
2. 防排烟设计。

三、采暖设计计算参数

1. 青岛市室外冬季采暖计算温度：-6 ℃。
2. 室内冬季设计温度：办公室，t_n = 18 ℃；卫生间，t_n = 16 ℃。

四、节能设计说明

1. 体形系数、各朝向窗墙比及体形系数详见建筑专项说明，围护结构的传热系数见下表

围护结构名称	传热系数 (W/(m^2·k))	围护结构名称	传热系数 (W/(m^2·k))	围护结构名称	传热系数 (W/(m^2·k))
外墙	0.45	非采暖楼梯间隔墙	0.64	外窗	2.6
屋顶	0.44	不采暖空间相邻的楼板	1.215		

2. 采暖热负荷计算采用稳态计算方法。采暖热负荷指标为43 W/m^2。
3. 散热器供水支管设置自力式温控阀，回水支管设置闸阀来调节室内温度。

五、采暖设计说明

1. 采暖系统热源由场区热力管网提供95/70 ℃的低温热水供本工程采暖使用。
2. 采暖系统出入口均设入口装置，作法参见详图，过滤器采用SG型，平衡阀采用KPF型平衡阀，管径同干管管径。
3. 采暖系统采用上供上回双管顺流同程式系统，采暖的运行方式采用连续供热的采暖方式。
4. 采暖系统的热负荷、系统阻力见单体建筑的采暖施工图。
5. 散热器采用TYZ3-6-8型无砂铸铁散热器，散热器表面涂非金属漆，其工作压力为0.8 MPa。所有房间散热器采用明装方式。若散热器与电源插座相冲突，把插座移至距散热器水平距离大于300 mm处。
6. 散热器与支管的连接方式如下：(接口管径同散热器支管管径)散热器底部距地面150 mm。安装做法详见山东省省标L60N902，进水管设二通温控阀，回水管设闸阀，同支管管径。

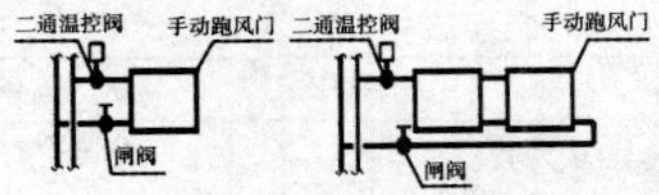

7. 每组散热器上端均设手动跑风门，要求散热器及支、立管的安装必须严格按照有关施工验收规范执行，以防集气。散热器及系统安装详见省标L06N902。
8. 所有供水立管应设T40H-16型手动调节阀，回水立管设闸阀。管道的固定、活动支吊架做法见山东省省标L07N903-9~23。
9. 所有采暖管道在穿墙、穿楼板时应设套管，做法详见山东省省标L07N903-7。
10. 室外、非采暖房间的管道均应做保温，保温材料采用玻璃棉管壳，保温层厚度40 mm，外包铝箔保护层，做法参见山东省省标L04N905。
11. 当管道的管径小于等于100 mm时，采用热镀锌钢管，丝接；管径大于100 mm，采用无缝钢管，焊接。当管道的水流方向与排气方向一致时，其管道坡度为 i = 0.003；当方向相反时，其管道坡度为 i = 0.005。未注明坡度处应以利排气为原则，按施工质量验收规范的规定执行。
12. 采暖系统的试压。

(1) 散热器工作压力为0.8 MPa。散热器安装前应进行水压试验，试验压力为1.2 MPa，2~3 min不漏不渗为合格。

(2) 采暖系统水压试验按试验压力1.0 MPa进行，系统顶点压力不应小于0.3 MPa，试验压力下，10 min内压力降不大于0.02 MPa，降至工作压力0.8 MPa后不渗不漏为合格。

13. 采暖系统安装竣工并经试压合格后，应对系统进行冲洗。

(1) 冲洗前应将管道上安装的平衡阀、水过滤器、温度计、调节阀及恒温阀等拆除，待冲洗合格后再装上。

(2) 采暖系统供回水管用清水冲洗，冲洗时以系统所能达到的最大的压力和流量进行，反复注水排水，直至排出水中不含泥沙、铁屑等杂质，且排出的水色和透明度与入水口目测一致为合格。

六、通风系统设计

卫生间换气次数为10次/h。

七、其他未说明处详见《建筑给排水及采暖工程施工质量验收规范》(GB 50242—2002)、《通风与空调工程施工质量验收规范》(GB 50243—2002)等有关规定执行。

工程编号 2010-029　青岛隧道出口公交换乘站工程

建设单位　西区办公楼

工程设计图纸目录

本工程新绘制图纸目录				本工程新绘制图纸目录		
序号	图号	图纸名称		图集编号	名称	出版单位
1	暖施-1	本目录 设计说明 图例	1#			中国建筑工业出版社
2	暖施-2	一层采暖通风平面图	1#			
		二层采暖通风平面图				
		三层采暖通风平面图				
		采暖系统图				山东省标准设计办公室

本工程利用其他工程图纸目录			需随工程晒图的标准图目录		
序号	图号	图纸名称	序号	图号	名称

出图日期　2010年2月

图 例

符号	名称	符号	名称
DN50	采暖供水管及管径		固定支架
DN50	采暖回水管及管径	15 20	散热器及片数
○●	采暖供回水立管	Ⓐ	立管编号
i=0.003	管道坡度及坡向		壁式排气扇
+0.000	管道标高		检修及调节阀

图7-7　设计说明

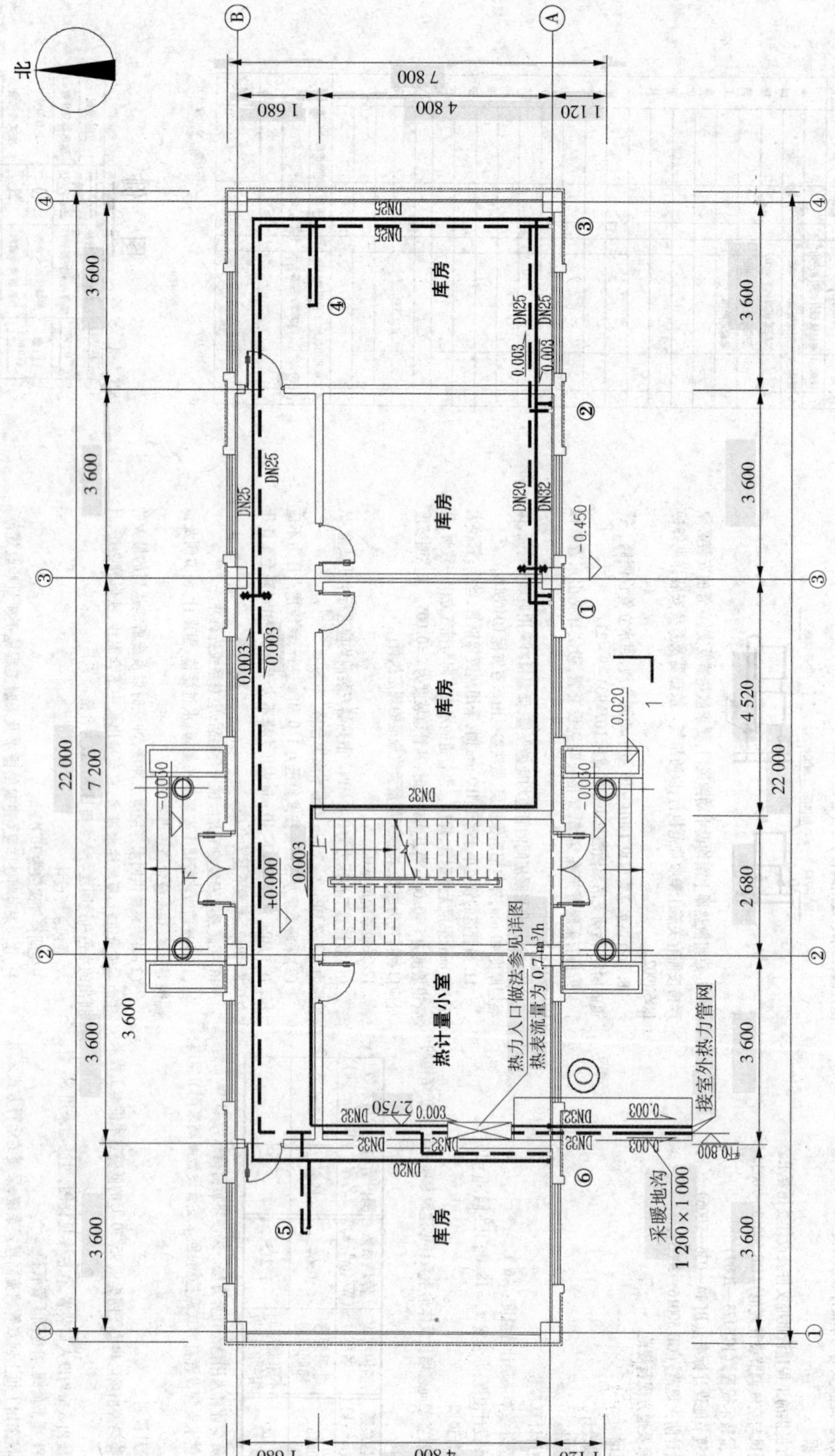
北
库房
库房
库房
库房
热计量小室
热力入口做法参见详图
热表流量为 0.7 m³/h
接室外热力管网
采暖地沟
1 200×1 000
DN25
DN32
DN20
22 000
7 800
4 800
1 680
1 120
3 600
7 200
4 520
2 680
+0.000
-0.450
0.020
-0.030
0.003
2.750
-0.800

图 7-8　一层采暖平面图

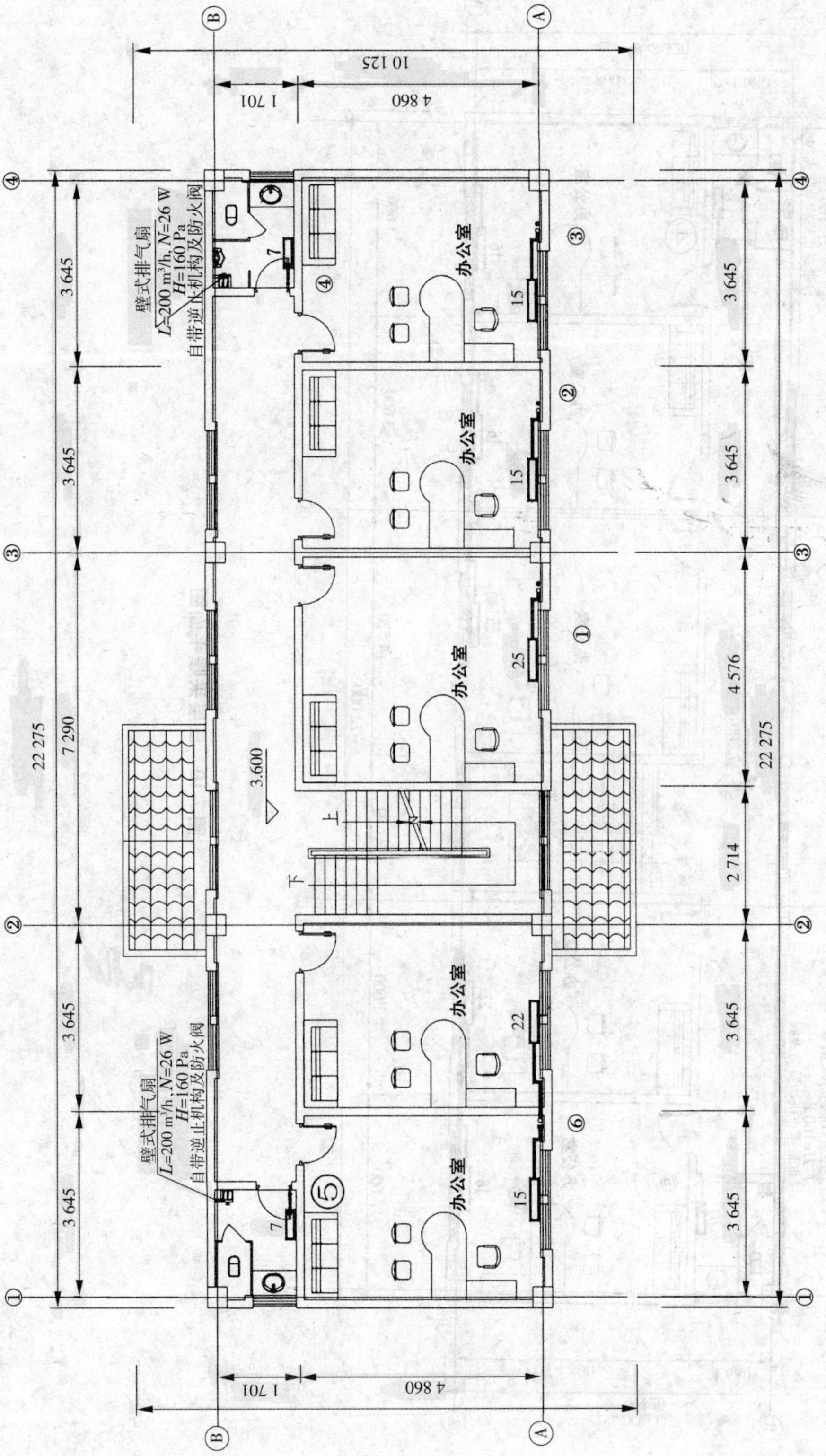
壁式排气扇
L=200 m³/h, N=26 W
H=160 Pa
自带逆止机构及防火阀
办公室
3.600
上
下
22 275
7 290
3 645
4 576
2 714
10 125
1 701
4 860

图 7-9　二层采暖平面图

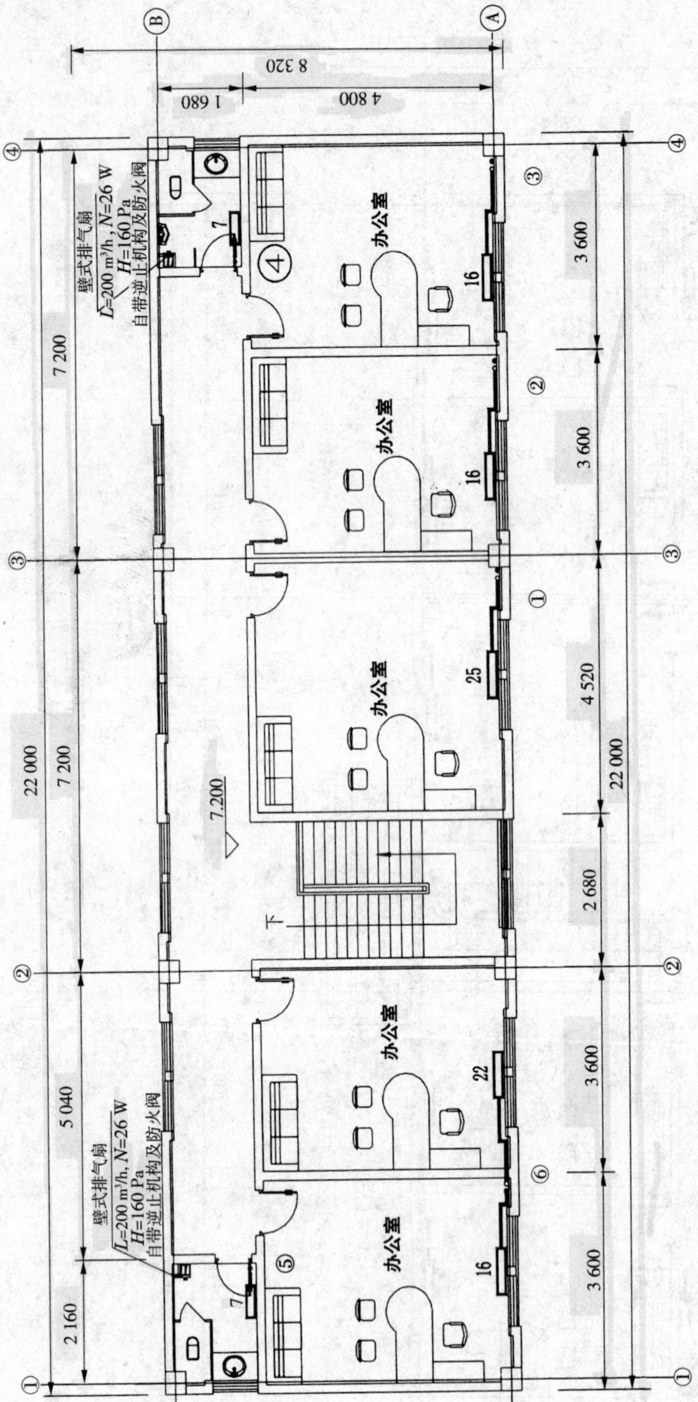

图 7-10　三层采暖平面图

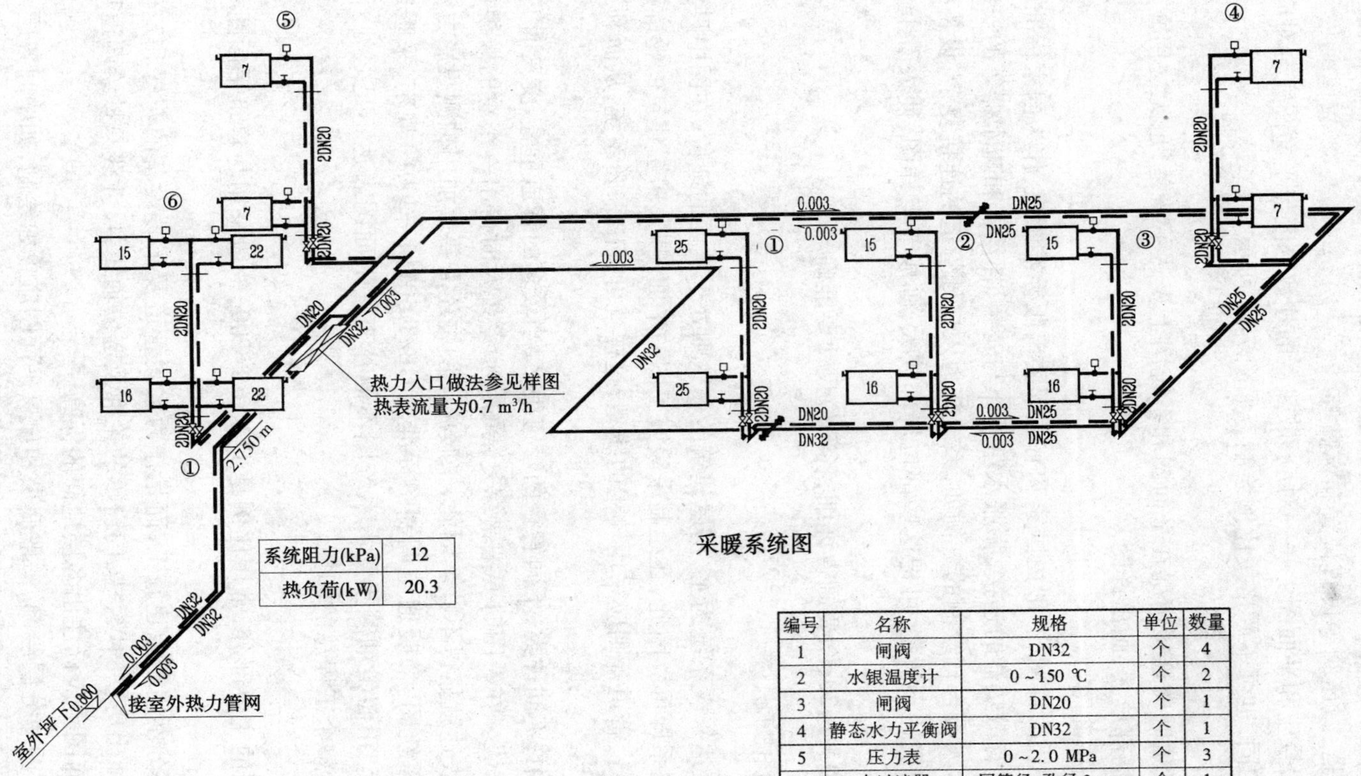

系统阻力(kPa)	12
热负荷(kW)	20.3

采暖系统图

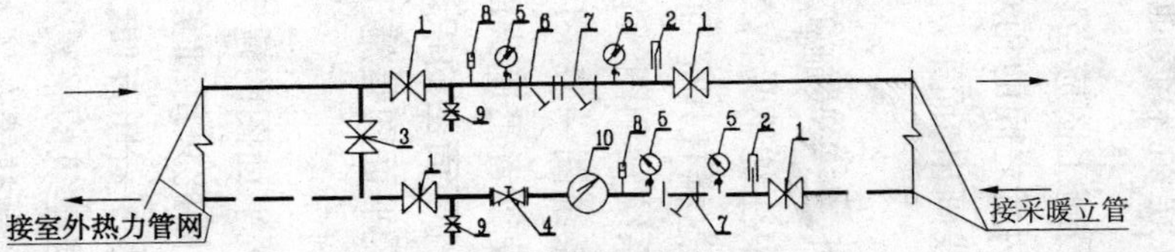

热力入口安装示意图

编号	名称	规格	单位	数量
1	闸阀	DN32	个	4
2	水银温度计	0～150 ℃	个	2
3	闸阀	DN20	个	1
4	静态水力平衡阀	DN32	个	1
5	压力表	0～2.0 MPa	个	3
6	水过滤器	同管径，孔径 3 mm	个	1
7	水过滤器	同管径，60 目	个	2
8	温度传感器	与热表配套	个	2
9	泄水球阀	DN25	个	2
10	热表流量传感器	计算流量 0.7 m^3/h 压力损失 4 kPa 温度范围 15～130 ℃	个	1
11	热表计算器	与热表配套	个	1

图 7-11　采暖系统图

2. 系统图

系统图也称轴测图，一般宜按 45°正面斜轴测图的方式绘制。表示的内容有：采暖管道、附件及散热器的空间位置及空间走向；管道与管道之间的连接方式，立管编号，各管道的管径和坡度；散热器与管道的连接方式，散热器的片数；供、回水干管的标高，膨胀水箱、集气罐（或自动排气阀）、疏水器、减压阀等设置位置和标高等。

系统图上各立管的编号应和平面图上一一对应，散热器的片数也应与平面图完全对应。系统图的比例可与平面相同，也可不严格按比例绘制。如图 7-11 所示。

3. 详图

某些设备的构造或管道间的连接情况在平面图和系统图上表达不清楚，也无法用文字说明时，可以将这些部位局部放大，画出详图。

详图包括节点详图和标准图。

标准图是具有通用性质的详图，一般由国家和有关部委出版标准图集，作为国家标准或部标准颁发。标准图主要有散热器的连接、膨胀水箱制作与安装、补偿器和疏水器等的安装详图等。节点详图是设计人员自行绘制的。例如，系统热力入口处管道的连接复杂，设备种类较多，用系统图、平面图表达不清楚，可把这些部位局部放大，画成节点详图，使人看上去清楚明了。

详图常用比例为 1∶10 ~ 1∶20，图要画得详细，各部位尺寸要准确。

三、建筑采暖施工图的识读

采暖施工图应当以表达采暖系统为主，房屋建筑的表达则处于次要的地位，在图中只要表达出两者之间的相对关系即可。因此，在绘制采暖施工图的平面图时，房层建筑的轮廓都要用细线画出，而采暖设备、管道等则应采用较粗的线型，这样就可突出采暖系统，从而利于阅读。

此外，在采暖施工图中，不同种类、不同管径的管道很多，当较多的管道重叠、交叉时，在各视图中往往不易清楚辨认。在看图时要把错综复杂的管道系统及时得出一个总的概貌也较困难，这样仅用平面图表达就显得不够。因此，采暖施工图中还需要增加用轴测投影方法绘制的系统轴测图，简称系统图。《暖通空调制图标准》（GB/T 50114—2001）规定，采暖施工图中系统图一般采用 45°正面斜轴测投影。系统图不但补充了平面图表达不足之处，而且可以使读者迅速获得对整个工程总的印象。

（一）平面图的识读

采暖平面图是施工图的主要部分，常用比例是 1∶100、1∶200，一般采用与建筑平面图相同的比例。

采暖平面图的建筑部分不用于土建施工，而是作为采暖管道及采暖设备的布置和定位的基准，因此只用细实线画出房屋的墙、柱、门窗等的轮廓及定位轴线，尺寸线只抄绘两道尺寸线。为了看图方便，平面图上应标注出各层地面的标高。

多层建筑的采暖平面图应分层绘制，一般底层和顶层平面图应单独绘制，如中间各层采暖管道和散热器布置相同，可仅画出标准层（楼层的采暖设备、采暖管道布置如果完全相同，可只画一个平面图，该平面图称为标准层平面图）。各层采暖平面是在各层管道系统之上水平剖切后，向下水平投影的投影图，这与建筑平面图的剖切位置不同。

采暖平面图中，管道均采用粗线表示，一般情况下，供水（汽）管道、支管用粗实线表示，回水管道或凝结水管道用粗虚线表示。管材及连接方法在施工说明中用文字说明，在平面图中不予表示。

平面图按投影关系表示了管道和设备的平面布置，但管道的空间走向及管道与散热器的连接方式都必须用系统图表示。平面图要求表达出房屋内部各房间的分布和过道、门窗、楼梯位置等情况，以及供暖系统在水平方向的布置情况。它把供暖系统的供、回水干管、立管、支管和散热器及其他附属设备等，在水平方向的连接和布置都表达出来。

应当指出，这种平面布置图，对于管道和散热器的位置不能精确表达。因为管线之间、管线与设备之间靠得很近，精确表达反而无法识别，此时往往采用一些夸张的画法表达清楚。具体的定位，将由安装详图表达并按图施工；对一些普遍性要求，则在施工说明中做出相应的规定。除图形外，还需标注出相关尺寸。对于房屋建筑，要标注出定位轴线的距离、外墙总长度、地面和楼板标高等。对于管道系统，要标注出各管段的管径，在立管的附近标注立管的编号，在散热器旁注出散热器的片数或长度。管道和散热器的定位尺寸，通常在安装详图中说明，平面图就不再标注，散热器的画法如图 7-12 所示。

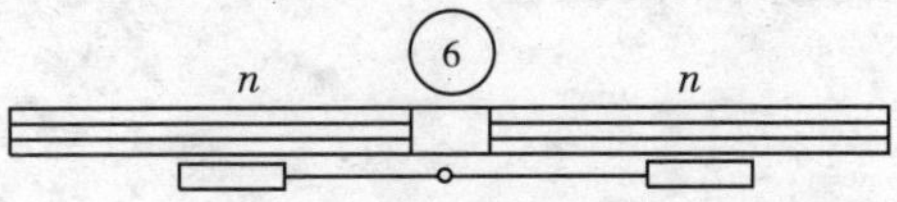

n—散热器的规格、数量；⑥—立管编号

图 7-12　散热器的画法

采暖散热器在平面图上一般用窄长的小长方形表示，无论由几片组成，每组散热器一般要画成同样大小。采暖立管无论管径多大，均画成同样大小的小圆圈，然后按照顺序编号。

如图 7-8 中的①、②…等，我们把这样的数字称为立管编号。

注意：平面图中，管道用粗线（粗实线、粗虚线）表示；采暖设备及附件用中粗线表示，如散热器；其余均用细线表示，如采暖地沟的位置等。

（二）系统图的识读

系统图一般采用与平面图相同的比例，这样在绘图时按轴向量取长度较为方便，但有时为了避免管道的重叠，可不严格按比例绘制，适当将管道伸长或缩短，以达到可以看清楚的目的。

管道线型与平面图一样，供水（或供汽）管道用粗实线表示，回水（或凝结水）管道用粗虚线表示，当空间交叉的管道在图中相交时，在相交处将被遮挡的管线断开。

系统图中管径、标高、立管的标注方向与平面图相同，散热器规格、数量的标注与平面图有所不同。系统图中的设备、管路往往重叠在一起，为表达清楚，在重叠、密集处可断开引出绘制。有管道断开处用相同的小写英文字母或阿拉伯数字注明，以便相互查找，如图 7-13 所示。

采暖系统图中，散热器用中实线按其立面图图例绘制，画法如图 7-13 所示。散热器的数量一般标注在散热器图例内，在图例内注不下时，可注在其上方。

如需表示管道与建筑物的关系，在系统图上可以画出管道穿外墙、地面、楼板等处的位置。

系统图上应表示出各管段的管径，如各组立管、支管管径相同，也可用文字说明。横管

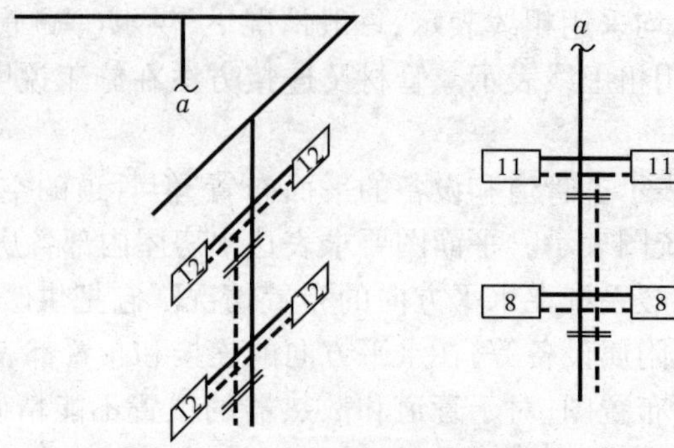

图 7-13　系统图中的引出画法

需标注坡度、坡向。在立管的上方标注立管的编号，热力入口处标注系统编号(如多于一个热力入口)，编号应与平面图上的编号相对应。如在图上绘有楼地面线，还应注出楼地面标高。

系统图上还应表示出集气罐、自动排气阀、疏水器等的位置和规格及与管道的连接情况，管道上的阀门、伸缩器、固定支架的位置。

四、识图举例

图 7-8 ~ 图 7-10 是某办公楼一至三层的平面图，图 7-11 是该办公楼的系统图。识图时将平面图和系统图结合起来看。

第一，读懂设计说明，了解工程概况。根据设计说明能看出该工程是某办公楼单体采暖通风设计，建筑面积为 710 m^2，建筑高度为 12.155 m，采暖系统采用室外管网提供热源，低温热水水温为 95 ℃/70 ℃，系统采用下供下回双管顺流同程式。

第二，通过平面图对建筑物平面布置进行了解。本办公楼共三层，共设有两个出入口，设有走廊，在轴线②处设有楼梯，一层为库房，二、三层为办公室，建筑物长度为 22.27 m，宽度为 7.80 m，建筑物的方向是南北朝向。

第三，结合平面图和系统图，了解采暖情况。从图 7-8(一层采暖平面图)可以看到该系统的热力入口设置在轴线①和轴线②之间热计量小室内。供水干管沿一层天花板敷设。从图 7-11采暖系统图可以看出供、回水干管标高为 2.75 m，管道坡度 $i = 0.003$，根据管道长度可以计算出各管道转弯点的标高。供水干管由热计量小室进入，由南向北沿墙敷设，绕行楼梯间进入库房由西向东敷设，最后沿走廊由东向西进入最西面的库房，回水干管同向敷设。

平面图和系统图都标注了立管编号，本系统共设置 6 根立管，供水立管和回水立管分别设置温控阀和闸阀，干管及立管管径都标注在系统图上，供水干管从 DN32 逐渐减少到 DN20 ，回水干管由 DN20 逐渐增大到 DN32 ，所有立管均为 DN20 。

第四，看系统图。系统图应从热力入口沿着水流方向看，经干管、立管、支管到散热器、回水支管、立管、干管到总回水管的出口。如图 7-11 所示，供回水干管由室外标高为 -0.8 m 的采暖地沟从前往后敷设，上升至标高为 2.75 m 进入室内，安装热力入口，供、回水干管继续向前敷设，供、水干管往前通过 90°弯头从左到右敷设，再通过另一个 90°弯头从后往前敷设，再通过另一个 90°弯头从左往右敷设引出了立管①、立管②直到立管⑥。每根立管设置两组散热器，热水通过供水干管到达立管，再由立管供给每层散热器，经散热器再回到回水立管，并进入回水干管，最终进入回水总管排出建筑物进入室外管网。

另外，在系统图上无法表达出的也要考虑，例如，组装散热器需要的对丝、丝堵、垫片的数量，以及安装散热器需要的乙字弯的数量，图中哪些管道需要煨弯等。此外，还要结合设计说明，对系统管道和设备的防腐、保温及冲洗试压进行了解。

复习题

一、选择题

1.《给水排水制图标准》（GB/T 50106—2001）规定，给水排水系统图宜采用45°正面斜轴测投影法绘制，我国习惯采用（　　）正面斜轴测来绘制系统图，*OZ* 与 *OX* 的轴间角为90°，*OY* 与 *OZ*、*OX* 的轴间角为135°。

A．45°　　B. 90°　　C. 135°

2. 给水排水管道的管径尺寸以（　　）为单位，金属管道以公称直径DN表示；无缝钢管的外径一般用字母D来表示，其后附加外径尺寸和壁厚；塑料管一般以公称外径De（或dn）表示。

A. m　　B. cm　　C. mm

3. 管道系统图中的标高是相对标高，即以建筑标高的±0.000 m为基准。在给水系统图中，标高以（　　）为准，在排水系统图中，横管的标高以管内底为准，一般应标注立管上的检查口、排出管的起点标高。

A. 管中心　　B. 管内底　　C. 管内顶

4. 设计图纸上用图或符号表达不清楚的问题可以采用（　　）表示。

A. 系统图　　B. 设计说明　　C. 平面图　　D. 详图

5. 某些设备的构造在平面图和系统图上表达不清楚，也无法用文字说明时，就可以将这些部位局部放大，画出（　　）。

A. 系统图　　B. 设计说明　　C. 平面图　　D. 详图

6.（　　）也称轴测图，表示管道的空间位置及各层间、前后、左右的关系。

A. 系统图　　B. 设计说明　　C. 平面图　　D. 详图

7. 水暖设备、管道的准确位置可以在（　　）中确定。

A. 系统图　　B. 设计说明　　C. 平面图　　D. 详图

8. 下列（　　）属于采暖施工图中详图所表达的内容。

A. 热力入口处管道的连接　　B. 采暖设计热负荷大小

C. 建筑物采暖面积　　D. 管道标高

9. 采暖施工图主要由（　　）组成。

A. 系统图　　B. 设计说明　　C. 平面图　　D. 详图　　E. 设备材料表

10. 采暖施工图的识读方法包括（　　）。

A. 看平面图，掌握主要管道及设备的平面位置

B. 看设计说明，了解建筑物轮廓及系统的基本情况

C. 看设备材料表,掌握需要采购的材料数量

D. 看系统图,掌握管道的空间走向

11. 采暖施工图中,散热器的片数可以在(　　)中查到。

A. 系统图　　B. 设计说明　　C. 平面图　　D. 设备材料表

二、简答题

1. 给水排水施工图的组成是什么?

2. 设计说明主要表达的内容有哪些?

3. 画出散热器在平面图和系统图中的表示方法。

4. 什么情况下需要用到断开符号?

第二篇　空调工程

第八章　空调工程

第一节　空调系统概述

空气调节就是利用技术手段,把特定空间内的温度、湿度、清洁度、气流速度等影响室内环境的因素控制在一定的状态,以满足生产工艺或人体舒适的要求。本章主要介绍空气调节系统、空气处理、空调房间及空调与建筑、空调与其他设备系统的关系,空调系统的冷热源、机房设置的基本要求等。通过本章的学习,将使学生对空调系统的基本概念和内容有一个完整的了解与认识,以便在建筑装饰的设计与施工中,有一个完整的建筑空间与使用功能概念。

一、空调系统的分类与组成

(一)空调系统的分类

空气调节的基本手段是将室内的空气进行冷却、加热、加湿、除湿、净化等处理,以达到消除室内的余热、余湿、有害物,或为室内加热、加湿、提供一定的新鲜空气,来满足生产工艺或人体舒适的要求。

1.根据服务对象的不同分类

根据服务对象的不同,空气调节系统可分为舒适性空调和工艺性空调。

(1)舒适性空调:以室内人员为服务对象,以创造舒适环境为目的。如住宅、办公室、宾馆、商场、图书馆、体育馆等所应用的空调就属于此类。舒适性空调主要控制的参数可根据具体的建筑物形式确定。

(2)工艺性空调:以满足生产工艺或储存物品,或以室内运行的机器、设备保持最佳的室内条件为目的,如精密机械加工业、仪器制造业、医药食品、纺织工业、无菌手术室、计算机房等。工艺性空调的控制参数因具体的应用目的不同而不同。

2.根据空气处理设备的设置情况分类

根据空气处理设备的设置情况来分,可分为集中式、半集中式、分散式三种。

(1)集中式空调系统:所有的空气处理设备(如风机、冷却器、加湿器、过滤器等)都设在一个集中的空调机房内。

(2)半集中式空调系统:除集中的空调机房外,半集中系统还设有分散在空调房间的末端装置。末端装置的功能主要是对集中空调机房来的空气,在其进入房间前做进一步的处理,末端装置多半设有冷热交换装置,如风机盘管等。

(3)分散式空调系统(局部空调机组):这种机组把冷、热源和空气处理、输送设备集中设置在一个箱体内,形成一个紧凑的空调系统。如家庭使用的窗式、分体、柜式空调等。

3. 根据负担室内冷热负荷所用的介质种类分类

根据负担室内冷热负荷所用的介质种类来分,可分为全空气系统、全水系统、空气－水系统、制冷剂系统。

全空气系统:空调房间内的冷、热、湿负荷全部由经过处理的空气来负担的空调系统。此系统要求有较大断面的风道或较高的风速。

全水系统:空调房间内的冷、热、湿负荷全部由携带冷量或热量的水来负担的空调系统。由于此系统无法解决室内通风换气的问题,因此常使用在空气标准要求不高的场所。

空气－水系统:将前面全空气和全水两个系统的优点结合起来,用风和水来共同负担室内的全部冷、热、湿负荷。如带新风的风机盘管系统。

制冷剂系统:这种系统是将制冷系统的蒸发器直接放在室内来吸收余热、余湿。此种方式通常用于分散安装的局部空调中。

图 8-1 是上述四个系统的示意图。

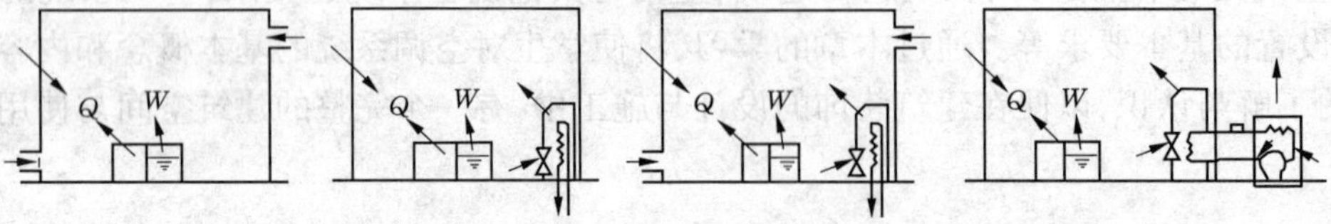

图 8-1　按负担室内负荷所用介质的种类对空调系统分类

(二)空调系统的组成

空调系统是指需要采用工程技术手段来实现的具有一定温、湿度等参数要求的室内空间及所使用的各种设备的总称,通常由空调房间、空调机房、制冷机房及锅炉房系统组成,如图 8-2 所示。

1. 空调房间(又称为工作区)

空调房间通常指距地面 2 m、离墙 0.5 m 的空间。为保持在此空间内所要求的室内空气参数,需将冷热媒或处理后的空气通过管道和风机盘管或风管、风机、风口输送到空调房间并均匀分布。

空调房间内常用的空调设备有输送和分配空气的风管(新风)系统、冷冻水风机盘管系统等。

2. 空调机房

为了满足空调房间的送风要求,在空气调节系统中必须设专用设备对空气进行热湿处理和净化处理,安装空气处理设备的专用房间,即为空调机房。目前,常用的空气处理设备有两类:在机房用喷水室集中处理空气的大型空调系统和设置在各楼层使用空调箱分散处理空气的小型空调系统或新风系统。

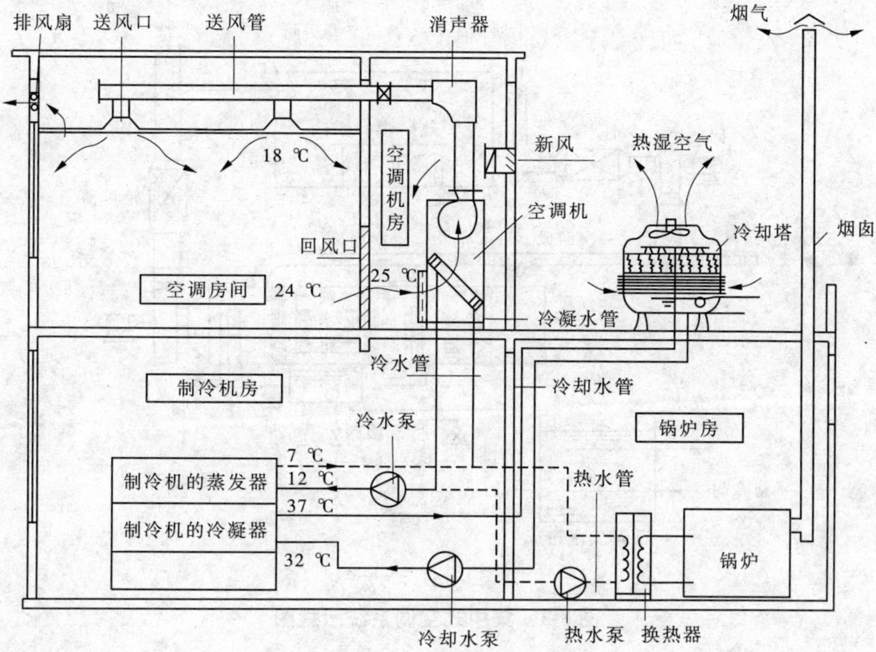

图 8-2　集中式空调系统示意图

3. 制冷机房

制冷机房指为空气处理设备提供冷热源的场所,主要由冷水机组、冷却水泵组、冷冻水泵组和冷却塔等设备组成。

4. 锅炉房或热交换站

冬季供暖及以热源为能源的空调系统需设置锅炉房或热交换站。

二、常用空调系统及工作原理

(一)集中式空调系统

图 8-3 是集中式空调系统的工作原理图。系统中的所有空气处理设备,包括风机、冷却器、加热器、加湿器、过滤器等都设置在一个集中的空调机房里,空气经过集中处理后,通过一套送回、风系统再送往各个空调房间。

(二)半集中式空调系统(风机盘管空调系统)

除有集中的空调机房外,还有分散设置在每个空调房间的二次空气处理装置(又称末端装置)。集中的空调机房内空气处理设备将来自室外的新鲜空气处理后送入空调房间(即新风系统),分散设置的末端装置处理来自空调房间的空气(即回风),与新风一道或单独送入空调房间。图 8-4 是半集中式空调系统的工作原理图。

(三)分散式空调系统(局部空调机组)

如图 8-5 所示为分散式空调系统原理图。这种机组把冷、热源和空气处理、输送、控制设备等集中设置在一个箱体内,形成一个紧凑的空调机组。可以按照需要,灵活而分散地设置在空调房间内,因此局部空调机组不需要集中的机房。例如,空调房间所使用的窗式和柜式空调器就属于这类系统。

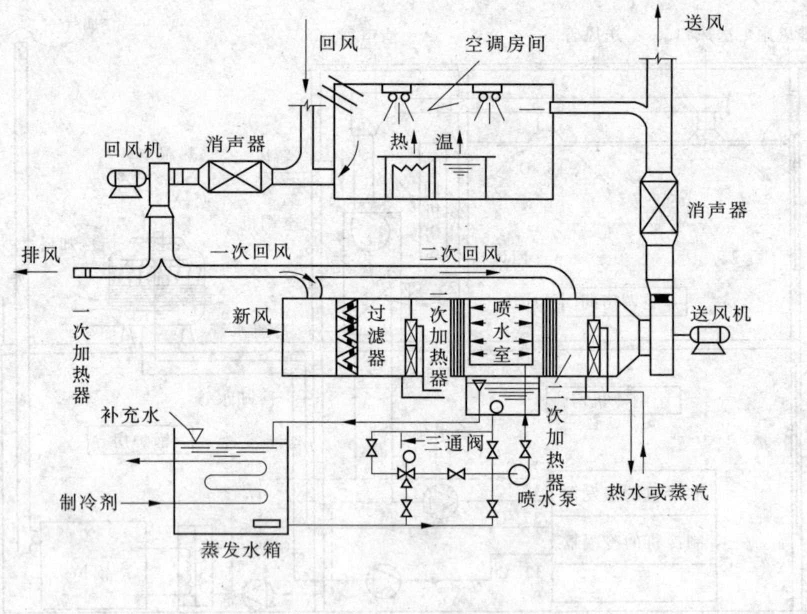

图 8-3　集中式空调系统示意图

1—新风调节阀；2—过滤器；3—加热器；4—喷淋室；5—表冷器；6—预加热器；7—送风机；
8—送风管；9—诱导器；10—冷水机组；11—消声器；12—冷却水泵；13—冷却塔；14—一次水泵；
15—热交换器；16—热媒；17—二次水泵

图 8-4　半集中式空调系统示意图

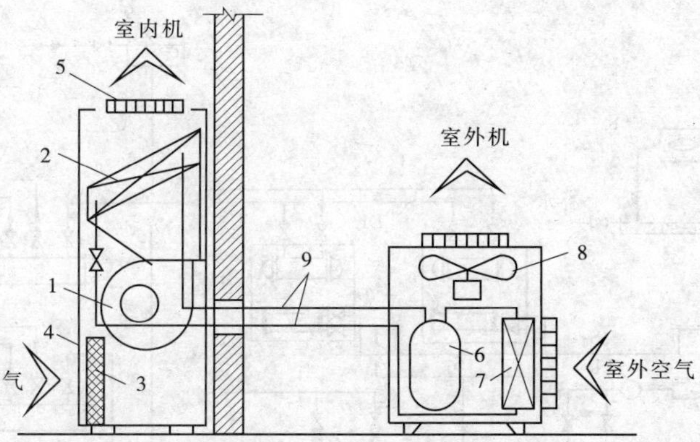

1—离心式风机;2—蒸发器;3—过滤器;4—进风口;5—送风口;6—压缩机;7—冷凝机;8—轴流风机;9—制冷剂配管

图 8-5　分散式空调系统原理图

第二节　空调系统机房

一、空调系统机房概述

空调系统机房主要包括空调制冷和空气处理两部分。冷冻水泵、集水器、分水器和冷却水泵、冷却塔两个系统通过冷水机组联系在一起共同工作的房间,称为制冷机房或冷冻站。

(一)制冷机房

制冷机房主要由冷冻水系统、冷却水循环系统、软化水系统、补水系统和制冷机组组成。

图 8-6 为空调制冷系统流程。其工作原理是:冷冻水系统经集水器、分水器将室内末端与制冷机组连在一起,通过冷冻水将室内冷热负荷输送至冷水机组蒸发器;制冷机组消耗电能或热能将冷热负荷由蒸发器搬运至冷凝器;冷却水系统经冷凝器、冷却水泵、冷却塔,通过冷却水将冷热负荷输送至冷却塔与空气进行热交换,完成冷热负荷由室内到室外的搬运过程。软化水系统、补水系统不断补充系统运行过程中损失的冷冻水和冷却水。

1. 冷冻水循环系统

该部分由集水器、制冷机组、冷冻水泵组、分水器组成。从主机蒸发器流出的低温冷冻水由冷冻水泵加压送入分水器通过冷冻水管道(出水),进入室内进行热交换,带走房间内的热量后,通过集水器回到主机蒸发器(回水)。

2. 冷却水循环部分

该部分由冷却水泵组、冷却水管道、冷却水塔及主机冷凝器等组成。冷冻水循环系统进行室内热交换的同时,必将带走室内大量的热能。该热能通过主机内的冷媒传递给冷却水,使冷却水温度升高。冷却泵将升温后的冷却水压入冷却水塔(出水),使之与大气进行热交换,降低温度后送回主机冷凝器(回水)。

3. 主机

主机部分由压缩机、蒸发器、冷凝器及冷媒(制冷剂)等组成,其工作循环过程如下:

首先,低压气态冷媒被压缩机加压进入冷凝器并逐渐冷凝成高压液体。在冷凝过程中冷媒会释放出大量热能,这部分热能被冷凝器中的冷却水吸收并送到室外的冷却塔上,最终

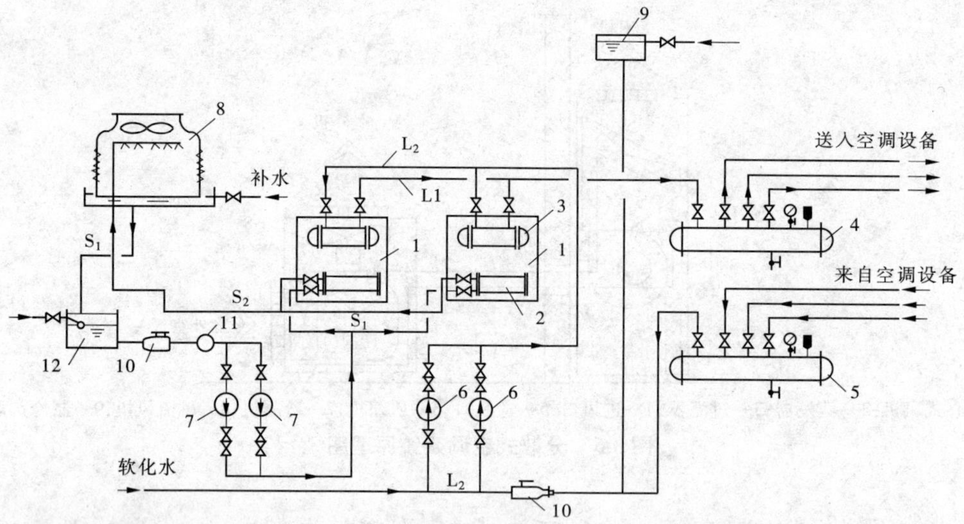

1—冷水机组;2—冷水机组冷凝器;3—冷水机组蒸发器;4—分水器;5—集水器;6—冷冻水循环泵;7—冷却水循环泵;8—冷却塔;9—膨胀水箱;10—除污器;11—水处理设备;12—冷却水循环水箱;S_1、S_2—冷却水管道系统;L_1、L_2—冷冻水管道系统

图 8-6　空调制冷系统流程

释放到大气中去。随后冷凝器中的高压液态冷媒在流经蒸发器前的节流降压装置时,因为压力的突变而汽化,形成气液混合物进入蒸发器。冷媒在蒸发器中不断汽化,同时会吸收冷冻水中的热量使其达到较低温度。最后,蒸发器中汽化后的冷媒又变成了低压气体,重新进入了压缩机,如此循环往复。

(二)空气处理系统

集中空调系统的空气处理系统按其设备及工艺不同可分为集中空调处理室和空调箱处理系统。集中空调处理室主要包括新风系统、回风机、加热器(预加热或二次加热)、表冷器、喷水室、送风机等。新风系统包括进风口、进风调节阀、空气过滤器。如图 8-7 所示为利

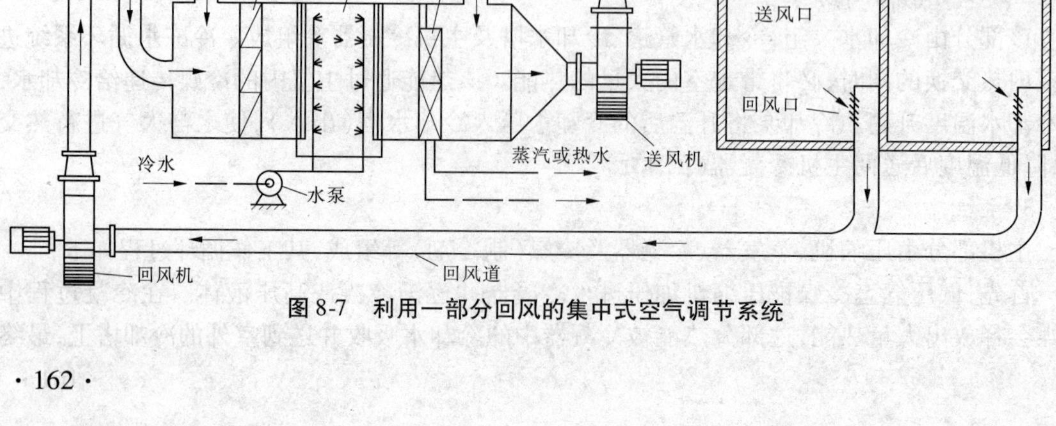

图 8-7　利用一部分回风的集中式空气调节系统

用一部分回风的集中式空气调节系统。

二、空调机房的设置要求

(一)机房位置的选择

空调机房应尽量设置在负荷中心,靠近空调房间,这样可以缩短送、回风管道,节省空气输送能量,减少风道占用空间。但应防止其振动、噪声、灰尘及排风等因素对空调房间的影响。例如对室内声学要求较高的广播、电视、录音棚等建筑物,空调机房最好设置在地下室,而一般的办公楼、宾馆、厂房的空调机房可以分散在各楼层上。

(二)空调机房的大小

空调机房的大小与采用的空调方式、系统的风量、空气处理的要求等因素有关,与空调机房内放置设备的数量和占地面积有关。一般全空气集中式空调系统,当空气处理参数要求严格或有净化要求时,空调机房的面积为空调面积的10% ~20%;舒适性空调和一般降温系统,空调机房的面积为空调面积的5% ~10%;仅处理新风的空气 - 水系统,新风机房为空调面积的1% ~2%。如果空调机房、通风机房、冷冻机房通体估算,总面积为总建筑面积的3% ~7%。

空调机房的高度应按空调箱的高度及风管、水管与电缆高度及检修空间决定,一般净高4 ~6 m。

(三)空调机房的结构

当空调设备布置在楼板或屋顶上时,结构的承重应按设备重量和基础尺寸计算,而且应包括设备中充注的水或制冷剂的重量及保温材料的重量等。对于一般系统,也可采用500 ~600 kg/m^2 的荷载进行估算,而屋顶机组的荷载应根据机组的大小而定。空调机房与其他房间的隔墙以240 mm以上的砖墙为宜,机房的门应采用隔声门,内墙表面应粘贴吸声材料,进行消声处理。空调机房的门和拆装设备的通道应考虑顺利地运入最大空调构件的可能,如构件不能从门进入,则应预留安装孔洞和通道,并应考虑拆换的可能。空调机房应有非正立面的外墙,以便设置新风口。如果机房位于地下室或大型建筑的内区,则应有足够断面的新风竖井或新风通道。

(四)机房内的布置

大型机房应设单独的管理人员值班室,值班室应设在便于观察主要设备的位置。控制及操作屏宜放在值班室内。机房最好有单独的出入口,以防止人员、噪声对空调房间的影响。经常操作的操作面应有不小于1 m的净距离,需要检修的设备要有不小于0.7 m的检修距离。风管布置应尽量避免交叉,以减小空调机房与吊顶的高度。放在吊顶内的阀门等需要操作的部件,应预留检查孔。若吊顶要求能够上人,则应留上人孔洞,并在吊顶上设人行通道。以下为机房布置要求:

(1)制冷机房位置尽可能靠近冷负荷中心,力求缩短输送管道;氨制冷机房应考虑到氨制冷剂的易燃易爆特性。

(2)大中型机房内主机宜与辅助设备及水泵分间布置,可单设泵房。

(3)压缩机一般情况下不少于两台,布置成对称或有规律的形式。压缩机的所有压力表、温度计等仪表,均应设置在操作时便于观察的地方,通常使其面向主要操作通道。

(4)立式冷凝器一般装在室外,距外墙一般不宜超过5 m;卧式冷凝器一般装在室内;蒸发式冷凝器一般布置在制冷站屋顶上。

(5)蒸发器位置应尽可能靠近压缩机,以缩短吸气管,减小压力降。

(6)设备间的净间距符合要求。

第三节　新风系统

一、新风系统概述

(一)新风

所谓新风就是指室外的新鲜空气。人要保持清醒的头脑和充分的活力,就需要不断地补充新鲜空气。新鲜空气补入量取决于系统的服务用途和卫生要求。一些极端情况,如对于有大量有害或放射性物质的室内,空气不允许循环,这时室内空气需全部由新风来替代。多数情况下,室内空气可循环使用,但补充的新风量不应低于总风量的10%,一般可按30 $m^3/(h \cdot 人)$的量按人数来计算新风量。

(二)新风系统

新风－风机盘管系统,一般由空调箱处理新鲜空气,其新风处理量只需满足每人每小时所需的新风量即可,而其他热(冷)负荷由设在空调末端(空调房间)内的风机盘管来完成。

二、新风系统的组成

常用的新风系统主要由新风箱(空调箱)、风机、风管、进出风口、消声器(静压箱)和阀门组成。图8-8为空调新风系统。

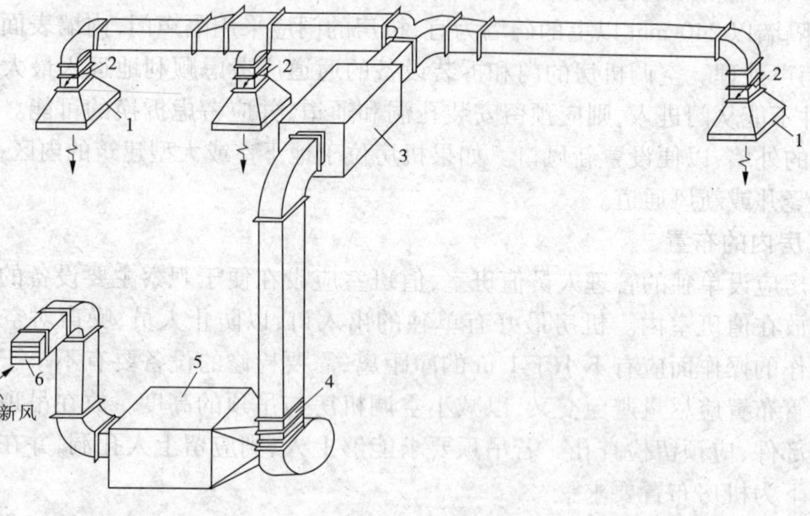

1—送风口;2—风量调节阀;3—消声器;4—总风量调节阀;5—空调箱;6—进风网格

图8-8　空调新风系统

(一)风机

风机是为通风系统中的空气流动提供动力的机械设备。在排风系统中,为了防止有害物质对风机的腐蚀和磨损,通常把风机布置在空气处理设备的后面。风机可分为离心风机和轴流风机两种类型。

离心风机主要由叶轮、机壳、机轴、吸气口、排气口等部件组成,构造如图 8-9 所示。

离心风机的工作原理是:当装在机轴上的叶轮在电动机的带动下做旋转运动时,叶片间的空气在随叶轮旋转所获得的离心力的作用下,从叶轮中心高速抛出,压入螺旋形的机壳中,随着机壳流通断面的逐渐增加,气流的动压减小,静压增大,以较高的压力从排气口流出。当叶片间的空气在离心力的作用下,从叶轮中心高速抛出后,叶轮中心形成负压,把风机外的空气吸入叶轮,形成连续的空气流动。

轴流风机的构造如图 8-10 所示,叶轮安装在圆筒形外壳内,当叶轮在电动机的带动下做旋转运动时,空气从吸风口进入,轴向流过叶轮和扩压管,静压升高后从排气口流出。

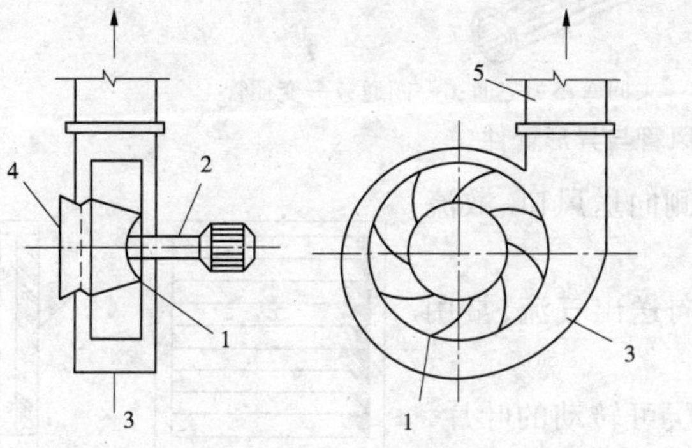

1—叶轮;2—机轴;3—机壳;4—吸气口;5—排气口

图 8-9　离心风机构造示意图

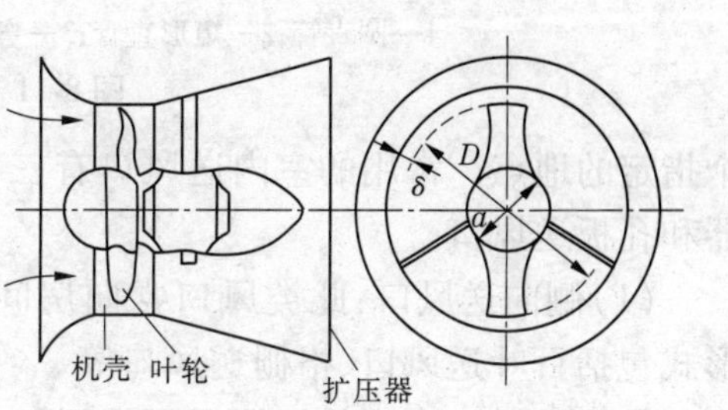

图 8-10　轴流风机构造示意图

两者进行比较:与离心风机相比,轴流风机产生的压头小,一般用于不需要设置管道或管路阻力较小的场合。对于管路阻力较大的通风系统,应当采用离心风机提供动力。

风机的主要性能参数有:

(1)风量 L。指风机在工作状态下,单位时间输送的空气量,单位为 m^3/s 或 m^3/h。

(2)全压 P。指每立方米空气通过风机后所获得的动压和静压之和,单位是 Pa。

(二)风管

在新风系统中,通风管道主要起向室内送入新鲜空气的作用。常用风管形状有圆形和矩形,在工业与民用建筑中,根据制作材料的不同,风管主要可分为金属风管和非金属风管。用于制作金属风管的主要材料有普通薄钢板、镀锌钢板、不锈钢板、铝板和塑料复合钢板等,用于制作非金属风管的主要材料有硬聚氯乙烯、有机玻璃钢和无机玻璃钢等。另外,还有采用不燃材料面层、复合绝热材料板制成的复合材料风管;采用不燃、耐火材料制成,能满足一定耐火极限的防火风管。

常用的通风管道与管件如图 8-11 所示。

(三)风口

通常在新风管道的始端和末端,设有室外进风口、室内送风口、回风口。

1. 室外进风口

室外进风口将室外的新鲜空气采集进来,供新风系统使用。常用的室外进风口是百叶窗,如图 8-12 所示。

2. 室内送风口

室内送风口是新风系统的末端。风管送来的空气,通过送风口以适当的速度分配到各

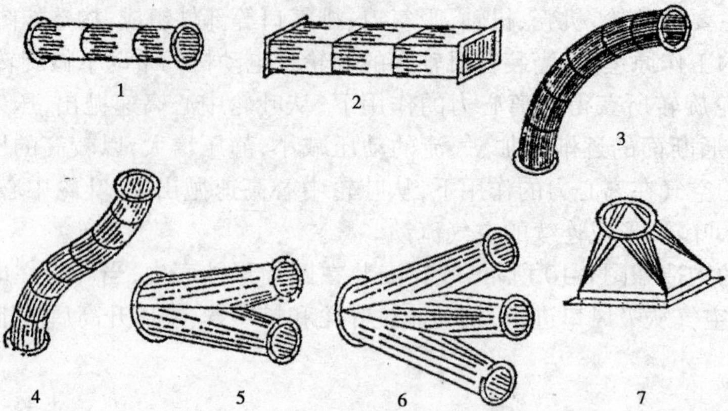

1—圆直管;2—矩形直管;3—弯头;4—来回弯;5—三通;6—四通;7—变径管

图 8-11　通风管与异形管件

个指定的地点。常用的室内送风口有三种:侧向送风口、散流器和孔板送风口。

(1)侧向送风口:此类风口常向房间横向送出气流,常用形式包括百叶送风口、格栅送风口等。

百叶送风口内一般根据需要设置 1 ~3 层可转动的叶片,外层叶片可设置成水平或垂直叶片,以调整气流方向和角度,内层叶片为对开式,以调节送风量。见图 8-13(a)。

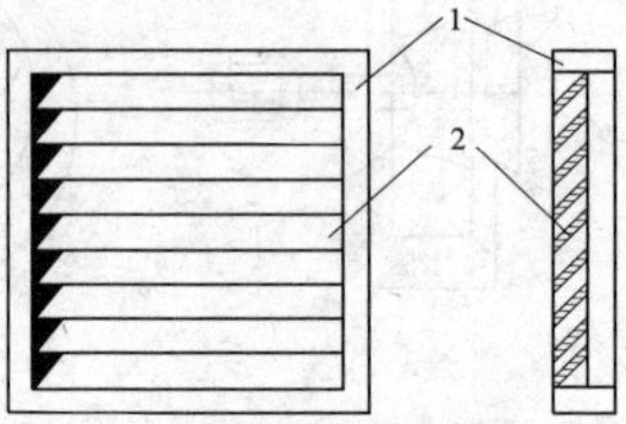

1—框;2—栏护风格

图 8-12　室外进风口示意图

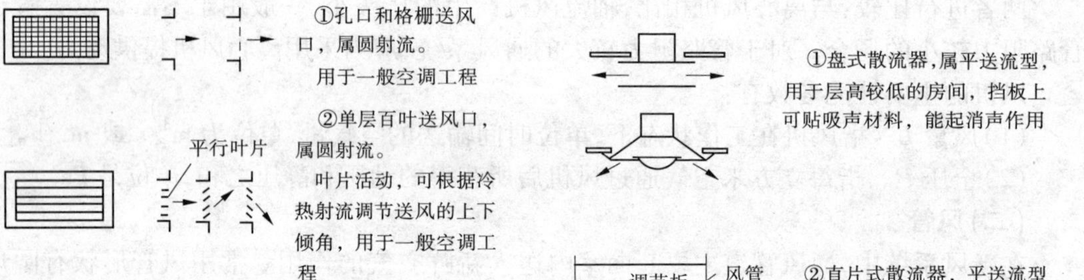

(a)常用侧送风口　　(b)常用散流器

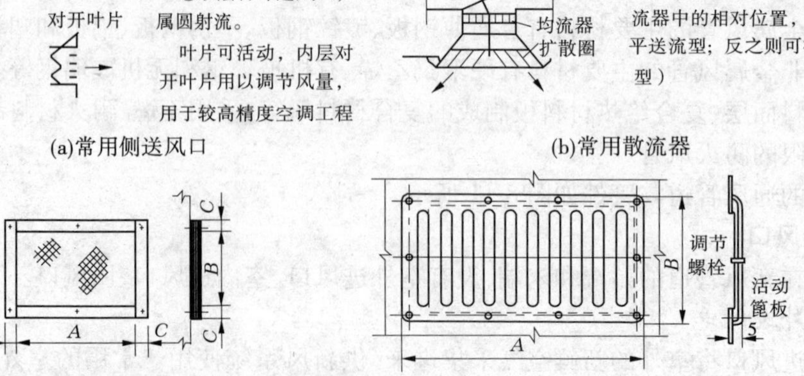

(c)矩形网式回风口　　(d)活动篦板式回风口

图 8-13　送、回风口举例

格栅送风口除可装横竖薄片组成的格栅外，还可用薄板冲制成的带有各种装饰图案的空花格栅。见图8-13(a)。

(2)散流器：散流器是一类安装在顶棚上的送风口，可与顶棚平齐，也可在顶棚表面以下。其特点是气流从风口向四周辐射状射出，由于出口方向的不同而形成两种气流流型——平送流型和下送流型。平送流型是指气流贴附着平顶向四周扩散的流动，下送流型是指气流向下扩散的流动，见图8-13(b)。

散流器的诱导性能较侧送风口好，送出气流能与室内空气充分混合。

3. 回风口

回风口对室内气流组织影响不大，构造简单，类型也不多。如在洞口上，根据需要装上阻挡杂物的金属网或为了美观装上各种图案的格栅、活动百叶等。回风口若装在房间下部，为避免灰尘和杂物的吸入，风口下缘离地面至少为0.15 m。

回风口见图8-13(c)、(d)。

(四)消声器(静压箱)

空调系统的主要噪声源是风机。风机的噪声在经过各种自然衰减后，仍然不能满足室内噪声标准时，就应在管路上安装专门的消声装置——消声器。在风机出口处或在空气分布器前设置静压箱并贴以吸声材料，就成了消声静压箱，它既可以稳定气流，又起到了消声器的作用。

消声器是根据消声原理来制作的，用于制作消声器的材料一般是具有多孔性、松散性的吸声材料。常用的消声器有管式消声器、片式、格式消声器和共振式消声器(见图8-14)，以及将前面几种消声器的优点集合起来的复合式消声器，还有利用风管构件作为消声元件的，如消声弯头、消声静压箱。

(a)管式　(b)片式　(c)格式　(d)共振式

图8-14　消声器举例

(五)阀门

插板阀：一般用在通风机的出口和主干风管上，做开关使用。如图8-15所示。

蝶阀：一般安在各支风管上，起着开启、关闭和调节风量的作用。常用的蝶阀有拉链式及手柄式两种。如图8-16所示。

多叶调节阀：安装在新风进风口或系统分支路的管道上，具有良好的调节风量功能，开启角度随意，比蝶阀阻力小，气流组织均匀，关闭时漏风小，其有手动及电动两种。

防火阀：一般安装在新风箱的送风干管附近，当风管穿越防火分区时，应设置防火阀。主要作用是在发生火灾时能自己切断气流，防止火势蔓延。如图8-17所示。

(六)风管检查孔和测定孔

风管检查孔为清扫风管内灰尘或检修通风管道上安装的设备(电加热器等)之用。

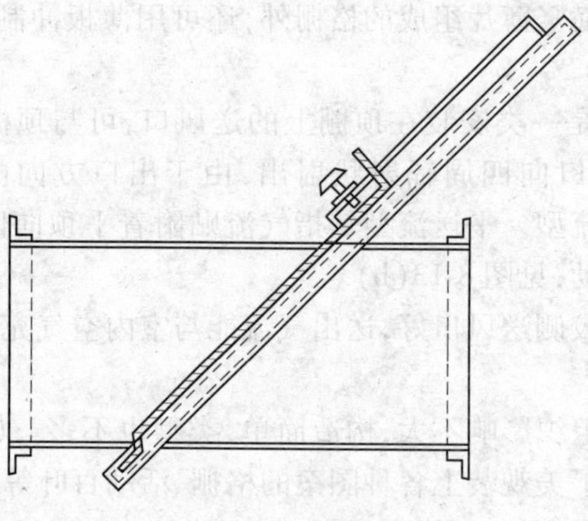

图 8-15　插板阀

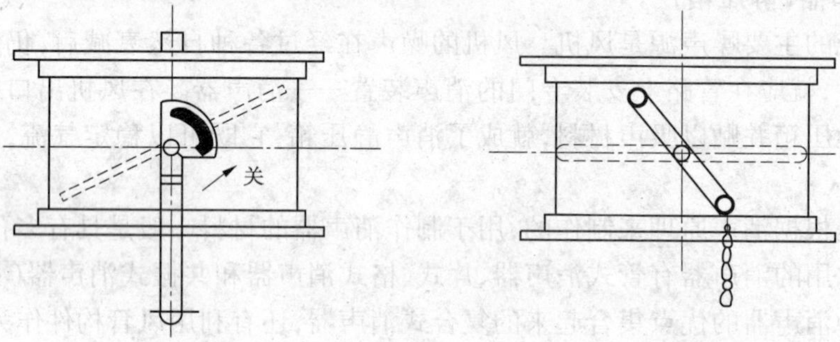

(a)手柄式　　(b)拉链式

图 8-16　蝶阀

测定孔分温度测定孔和风量测定孔两种。对于非保温度可以不预留测定孔，在测定时需要钻孔。保温风管现场钻孔会破坏保温层，因而要预留测定孔。

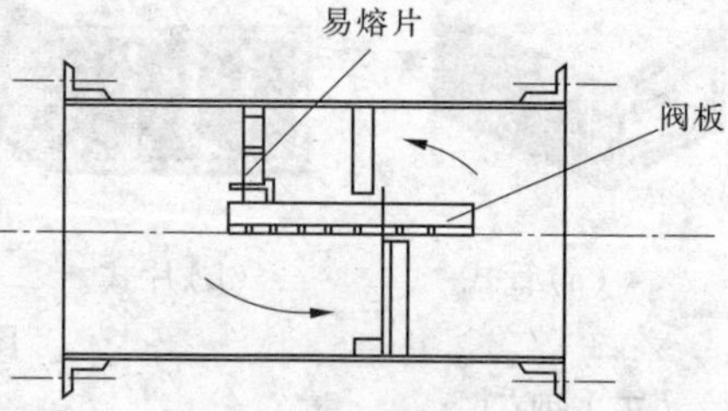

图 8-17　防火阀构造

三、风量单位、风量换算表和制冷量单位的换算

（一）风量单位

CFS：Cubic Feet Per Second，立方英尺/秒（ft^3/s）；

CFM：Cubic Feet Per Minute，立方英尺/分（ft^3/min）；

CMS：Cubic Meter Per Second，立方公尺/秒（m^3/s）；

CMM：Cubic Meter Per Minute，立方公尺/分（m^3/min）；

CMH：Cubic Meter Per Hour，立方公尺/时（m^3/h）；

L/s：Liter Per Second，公升/秒（L/s）；

L/min：Liter Per minute，公升/分（L/min）。

（二）风量换算表

风量换算表如表 8-1 所示。

表 8-1　风量换算表

CMS	CMM	L/s	L/min	CMH	CFS	CFM
1	60	1K	60K	3.6K	35.3	2.118K
0.016 7	1	16.7	1K	60	0.588	35.35
1mili	0.06	1	60	3.6	0.035 3	2.118
16.7u	1mili	0.016 7	1	0.06	588u	0.035 3
277u	0.016 7	0.277	16.7	1	9.81mili	0.588
0.028 3	1.698	28.3	1.69K	101.9	1	60
0.47mili	0.028 3	0.472	28.3	1.698	0.167	1

K = 1 000，mili = 0.001，u = 0.000 001

（三）制冷量单位的换算

制冷量是指空调进行制冷运行时，单位时间内从密闭空间、房间或区域内去除的热量总和。民用空调的制冷量单位是“匹”；机房用的空调的制冷量一般比较大，单位是“kW”。

各种制冷量单位的换算关系如下：

（1）1 kcal/h（大卡/小时）= 1.163 W，1 W = 0.859 8 kcal/h。

（2）1 Btu/h（英热单位/小时）= 0.293 1 W，1 W = 3.412 Btu/h。

（3）1 USRT（美国冷吨）= 3.517 kW，1 kW = 0.284 34 USRT。

（4）1 kcal/h = 3.968 Btu/h，1 Btu/h = 0.252 kcal/h。

（5）1 USRT = 3 024 kcal/h，10 000 kcal/h = 3.306 9 USRT。

（6）1 匹 = 2.5 kW（用于风冷机组），1 匹 = 3 kW（用于水冷机组）。

说明：

（1）“匹”用于动力单位时，用 Hp（英制匹）或 Ps（公制匹）表示，也称“马力”，1 Hp（英制匹）= 0.745 7 kW，1 Ps（公制匹）= 0.735 kW。

（2）中小型空调制冷机组的制冷量常用“匹”表示，大型空调制冷机组的制冷量常用“冷吨（美国冷吨）”表示。

第四节　冷冻水系统

一、冷冻水系统概述

在空调系统中，随着季节的变化，需要向空气处理设备供给冷水或热水来消除空调房间的热湿负荷。常用系统是风机盘管系统，系统中冷冻水这个介质扮演着传递冷量或热量的角色。正确合理的空调水系统是保证整个空调系统正常、节能运行的重要条件。

二、冷冻水系统的分类

空调水系统的类型有多种。按水的循环方式来分有闭式、开式两种；按管路布置形式来分有同程式、异程式两种；按供、回水管道数目来分有两管制、三管制、四管制三种；按空调水系统中水量是否变化来分有定流量、变流量两种。

（一）闭式和开式空调水系统

闭式空调水系统：图 8-18 所示为闭式系统。在系统的最高点设置了膨胀水箱，因系统不与大气相接触，因此水在循环时不易受污染，管道和设备不易腐蚀，循环水泵的扬程无需克服静水压力，扬程小，能耗低。

开式空调水系统：图 8-19 所示为开式系统。各空调用户使用过的空调回水都先进入回水箱，然后由回水泵加压送至冷水机组制冷。该系统水中含氧量较高，因此管道和设备易腐蚀，水泵需克服静水压力，因而扬程较高。

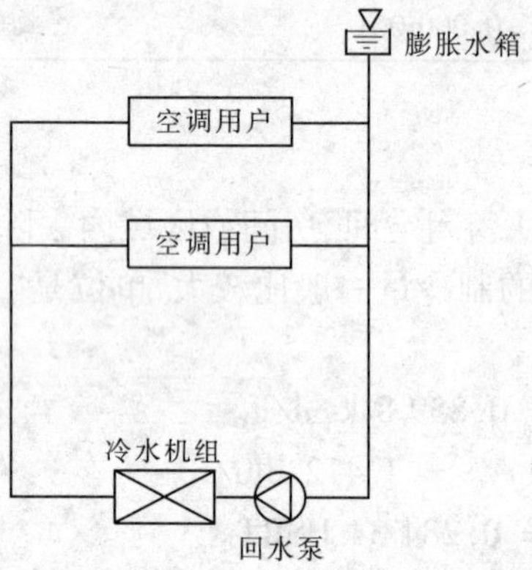

图 8-18　闭式空调水系统

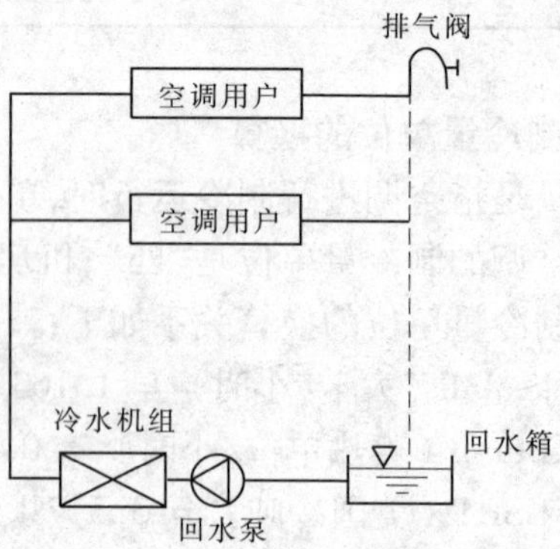

图 8-19　开式空调水系统

（二）同程式和异程式空调水系统

（1）同程式空调水系统：图 8-20 所示为同程式系统。此系统中，冷冻水流经各空调用户的路程均相等，因而水量的分配和调节较为方便，但管材用量较大，初期投资较高。

（2）异程式空调水系统：图 8-24 所示为异程式系统。空调水流经每个空调用户的管程均不相同，因此水量的分配和调节较为困难。

（三）两管、三管、四管制空调水系统

（1）两管制空调水系统：图 8-24 所示为两管制系统。进出空调用户的供、回水管各一根，夏季供冷水，冬季供热水。系统管路布置简单，投资省，但无法满足同时供应冷水和热水的要求。

（2）三管制空调水系统：图 8-21 所示为三管制系统。进空调用户的供水管有冷、热两根，可根据用户的需要同时供应冷、热水，但回水管只有一根，因此存在冷、热回水混合的损失，运行效率低，冷、热水环路的互相连通导致系统水力工况复杂。

（3）四管制空调水系统：图 8-22 所示为四管制系统。系统中冷水、热水、冷水回水、热水回水四根管道分别设置，冷、热两套系统完全独立，适用于空调负荷变化幅度很大、舒适度要求很高的建筑物中，但系统复杂，初期投资大，占用建筑空间大。

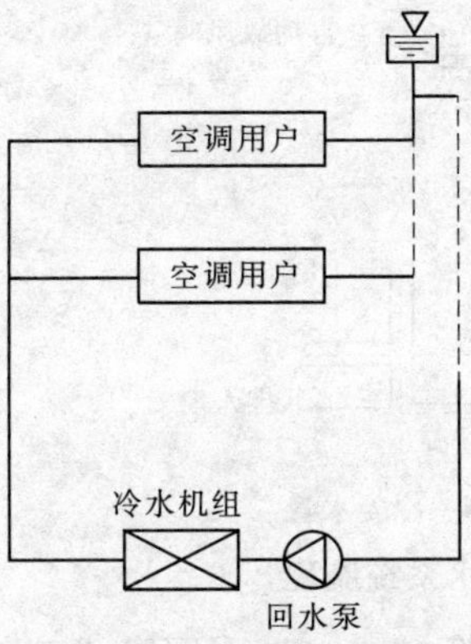

图 8-20　同程式空调水系统

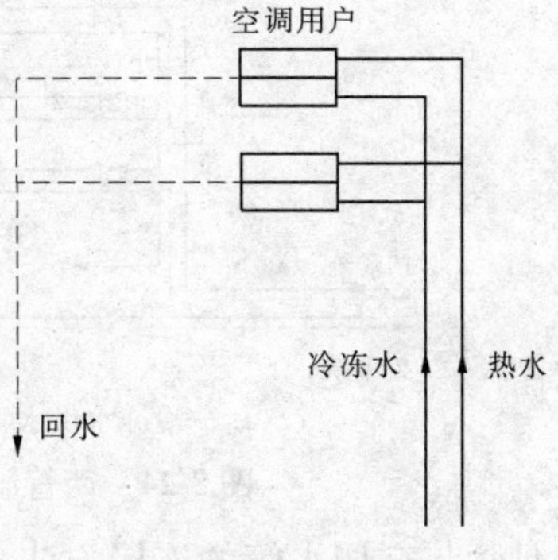

图 8-21　三管制空调水系统

（四）定流量和变流量空调水系统

（1）定流量空调水系统：定流量空调水系统是指系统中的循环流量为一定值，依靠改变供、回水温度来调节空调用户的负荷变化。该系统操作简单，自控程度不高，能耗较大。

（2）变流量空调水系统：图 8-23 所示为该系统简图。系统中供、回水温度保持恒定，利用一根旁通管来保证冷水机组流量不变而使空调用户侧处于变流量运行。此系统较简单地解决了空调用户要求变流量而冷水机组要求定流量的矛盾。

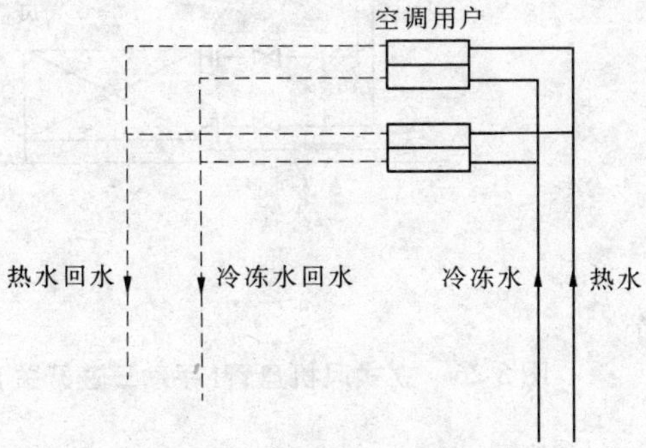

图 8-22　四管制空调水系统图

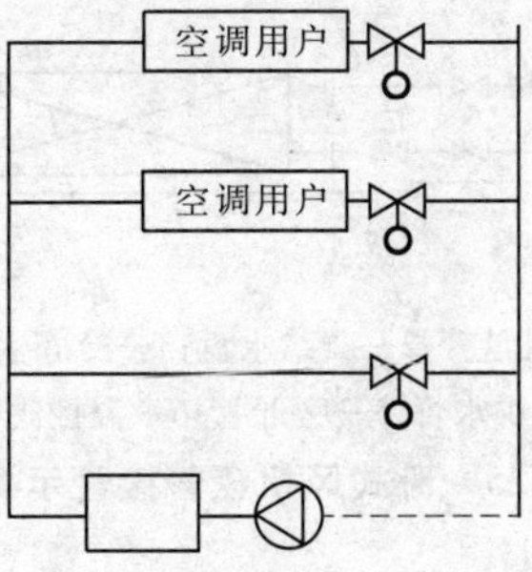

图 8-23　变流量空调水系统

三、冷冻水系统组成

新风－风机盘管系统常采用两管制供给空调水，其管道布置如图 8-24 所示。

由图 8-24 可知，空调冷冻水系统主要由以下部分组成：

（1）供水管。

（2）回水管。

（3）冷凝水管。

（4）自动放风阀。

其工作原理：从主机蒸发器流出的低温冷冻水由冷冻泵加压送入冷冻水管道（出水），进入室内风机盘管进行热交换，带走室内的热量，再经回水管最后回到主机蒸发器（回水）。室内风机用于将空气吹过冷冻水管道，降低空气温度，加速室内热交换。

风机盘管根据安装部位的不同，可分为立式明装、立式暗装、卧式暗装三种形式。

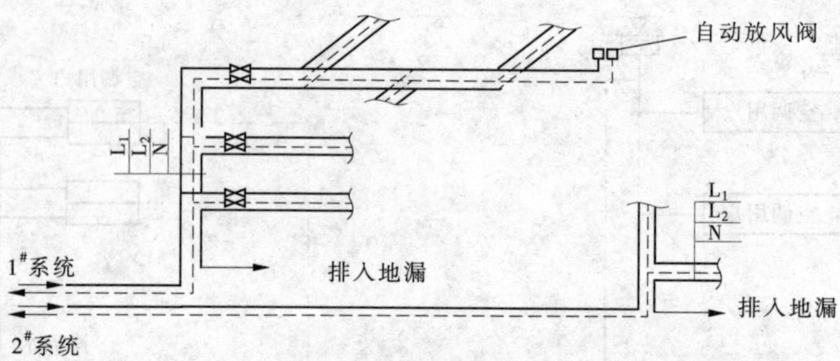

L_1—冷冻水供水管;L_2—冷冻水、回水管;N—冷凝水管

图 8-24 两管制冷冻供、回水及冷凝水系统流程

风机盘管与空调水管的连接方法多为下进上出的接管方式。当采用卧式暗装风机盘管时,其与空调水管连接如图 8-25 所示。图中进出口支管间的连接管叫旁通管,进行机外循环过户,避免污物进入堵塞盘管。当确定无杂物时,方可关闭旁通管,打开进水阀门进行正常运行。某些工程也采用不设旁通管,在进水管上增设一除污阀的做法来解决系统除污物问题。

立式风机盘管接管如图 8-26 所示。

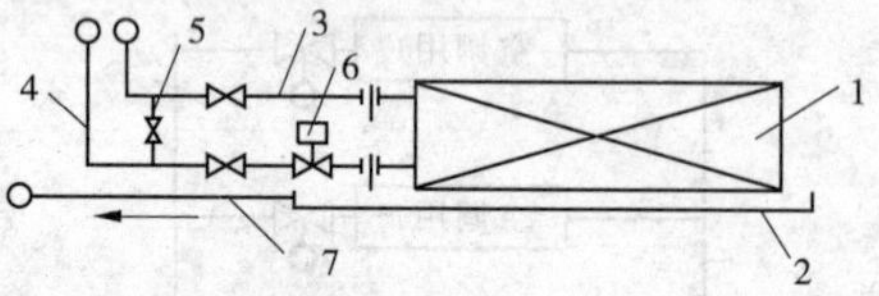

1—风机盘管;2—凝结水盘;3—冷冻水回水管;
4—冷冻水供水管;5—旁通管;6—温控阀;7—冷凝水管

图 8-25 卧式风机盘管接管示意图

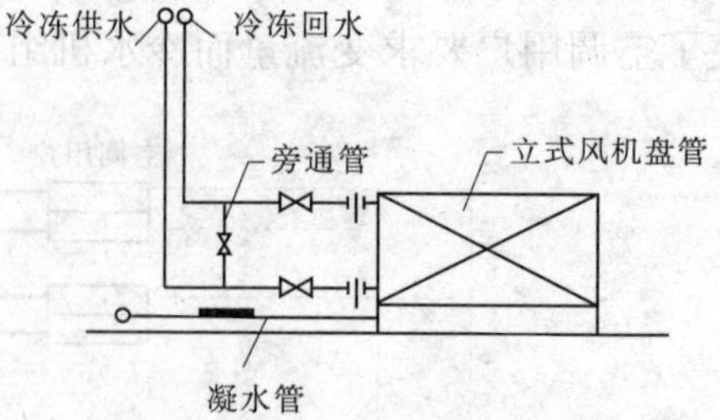

图 8-26 立式风机盘管(手动三速开关)接管图

第五节 空调施工图的识读

一、空调系统施工图

施工图一般包括如下内容:

(1)图纸目录:一般目录前面列出的是新绘制的图纸,后面列出的是选用的标准图或重复利用图。

(2)设计说明:对于大型复杂的设计,设计说明会单独出一张图纸;对于简单的工程,设计说明内容少,一般合并写在底层平面图上。表 8-2 为通风空调系统常用图例。

(3)空调平面图。

(4)空调剖面图。

(5)空调机房平面图。

(6)空调机房剖面图。

(7)系统图:按正等测或斜等测画法绘制的系统图。对大型复杂的系统还配有系统流程图。

(8)详图。

(9)计算书。

表 8-2　通风空调系统常用图例

图例	名称	图例	名称
——LG——	冷冻水供水管		橡胶软接头
——LH——	冷冻水回水管		压力表
——QG——	冷却水供水管		温度计
——QH——	冷却水回水管		静压箱
——LN——	冷凝水管		多叶调节阀
——PZ——	膨胀管		帆布软接头
	动态平衡阀		圆形散流器
	止回阀		方形散流器
	闸阀		70 ℃常开防火阀
	截止阀		单层百叶回风口
	Y 型过滤器		双层百叶回风口
	蝶阀		变径
	电动蝶阀		流量计
	自动排气阀		冷水表

二、识图的步骤

(一)看图纸目录

首先看图纸目录,看有多少张图纸,大致是哪些图纸。

(二)详细阅读设计说明

通过阅读设计说明,可了解室内外的空调设计参数,冷源、热源的情况,风、水系统的形式和控制方法,消声、隔振、支吊、防火、防腐、保温的做法,管道、管件的材料选取及安装要求,系统试压的要求及应遵守的施工规范等。有的图纸还绘制了图例和所使用的符号表,这对看懂图纸有着至关重要的作用。多花点时间在设计说明上,领会设计意图,对吃透图纸有很大帮助。

(三)阅读系统轴测图

为了能快速切入主题,可阅读系统轴测图。这些图能让我们对系统有一个整体的认识和了解,迅速抓住系统的来龙去脉,结合设计说明,更好地理解设计意图。

当一个系统较小、较简单时,可用轴测画法形象具体地描述整个系统。轴测图与平面图在设备及管道的相对位置、相对标高、实际走向上是一一对应的,但不要求按比例和实际尺寸绘制。鉴于两者的对应关系，两个图需交替着、对照着看，更利于理解。

根据需要，有对整个系统进行描述的轴测图，也有对某个层面或某个局部进行描述的轴测图。

系统轴测图的识读步骤如下。

1. 空调水系统图

(1)首先阅读图中文字说明，通过图中管道的标识文字、线型、线条的粗细、管径的标识方式来区分图中表示的是一个系统，还是多个系统，都是什么系统(如空调冷、热水系统，空调冷却水系统、凝结水系统等)。

(2)针对每个系统，从源头出发，查清有几根横干管或几根立管，先识读干管再识读分支管。干、支管的识读内容：

①管道的标识是什么，管内介质是什么，管道的材质如何，管径是多少，管径随标高或走向的变化如何，管道的坡度如何。

②管道上有几个分支，分支口径如何，去向是何处。

③管道上有哪些管件、阀门和仪表，哪些设备及部件，都安装在哪些部位，安装顺序如何。

④设备及部件的型号、规格及数量如何，设备接口的数量、口径如何，设备标高如何。

2. 空调风系统图

(1)首先阅读图中文字说明，分清图示的是什么系统(如新风系统、排风系统、空调系统等)。

(2)找到新风竖井，或者排风竖井，或者空调箱。考察竖井随标高的变化，竖井上有多少个多大口径的分支进出，其总进口(总出口)上有多少及什么规格和型号的设备及部件，设备及部件的连接顺序如何。

(3)考察与竖井或空调箱连接的分支上的情况。

(四)阅读平面图、剖面图和详图

在对系统有了大致了解后，再开始详细阅读平面图、剖面图和详图。平面图、剖面图需与轴测图对照着看，再加上详图的补充说明，就能更好地从空间上和局部上理解图纸。

1. 平面图的识读步骤

(1)首先阅读图中文字说明，弄清平面图表达的主要是什么内容。

(2)识读水平和纵向轴线，看清平面图表达的是哪个部位，建筑结构的情况如何。

(3)读取平面图上有几台主要设备，设备的平面定位尺寸如何，设备的接口数量及规格如何。

(4)从设备的接口出发或从进出此平面的管道源头出发，来识读各部分的干管和分支管，鉴于平面图的特点，在识读时需注意管道的平面定位尺寸。

(5)识读平面图中的剖切符号及剖视方向。

2. 剖面图的识读步骤

(1)首先阅读图中文字说明。确认相应的平面图上剖切符号所在的位置及剖切方向，将剖面图与平面图上剖切符号对应起来看，进一步确认剖切位置和方向。查看剖切到的建筑结构方面的情况。

(2)识读剖面图上主要设备的型号、位置、标高及与建筑结构的关系，设备接口的数量、口径大小及位置。

(3)顺着设备的接口去查看每个管道分支。

3.详图的识读步骤

详图一般表达的是一些设备的接管详细做法,一些阀组的安装做法等,可用单线图或双线图表示。

识读时抓住主要设备或阀件为源头,梳理每个分支,识读每个分支管路。

三、识图举例

首先按照前面讲的识读步骤来识读一套空调机房风系统的图纸。

(一)系统轴测图的识读

【例 8-1】 试识读空调机房风管轴测图 8-27。

(1)通过文字说明,了解到图中一些字母组合代表的含义,如 AHU 代表空调机组,OA 表示的是新风。图中表示的是一台空调机组及与其相连的风管,是一个空调系统图。

(2)图中只有一个空调机组 AHU1。

(3)与空调机组连接的风管有两个:进风管(新风管 OA 与回风管 RA 的混合风)和送风管(SA)。

下面来识读每根风管:

(1)新风管(OA)。新风管取风口规格为 3 400 mm×800 mm,进口装有铝合金防雨防虫百叶。新风管规格为 1 000 mm×500 mm,管底标高为距室内地坪 4.10 m,此段管上装有一台微穿孔板消声器,其规格为 1 000 mm×500 mm×1 800 mm。此后,新风管在竖直方向上走了一个乙字弯,标高上升到 4.45 m 处,乙字弯后的直管段上,预留了风量测定孔,随后风管在水平方向上又走了一个乙字弯,在乙字弯后的直管段上安装了一个风量调节阀,最后新风管接入了消声静压箱的一侧。

(2)回风管(RA)。回风管规格为 2 000 mm×800 mm,管底标高 4.45 m,直管段上装有 2 000 mm×800 mm 的防火阀,随后经过水平方向上的乙字弯,接入消声静压箱的另一侧。

(3)新风+回风。新风和回风从两侧进入规格为 2 400 mm×1 800 mm×1 000 mm 的消声静压箱,在此充分地混合后,从消声静压箱的下部,通过 2 000 mm×600 mm 的风管及风量调节阀进入空调机组。

(4)送风(SA)。经空调机组处理后的新风+回风,从上部出了空调机组,经过 2 000 mm×600 mm 的调节风阀后垂直上行,经过 2 400 mm×1 000 mm×1 000 mm 的消声静压箱后,送风管转为标高为 4.45 m 的水平风管,经过 2 000 mm×800 mm 的防火阀送出空调机房。

由于轴测图与平面图一一对应,可以看与前面轴测图 8-27 对应的平面图。

(二)平面图的识读

【例 8-2】 试识读空调机房风管平面图 8-28。

(1)图中虽没有文字说明,但我们知道,轴测图中的说明同样适于本图。从图名看,此图描述的是空调机房内的风管,比例是 1∶100。根据管道的标识可知,图中描述了新风、回风和送风管。

(2)纵向轴线有两根:1、2,水平轴线有三根:A、B、C。从建筑的墙体来看,此图应当是取的空调机房的一部分。

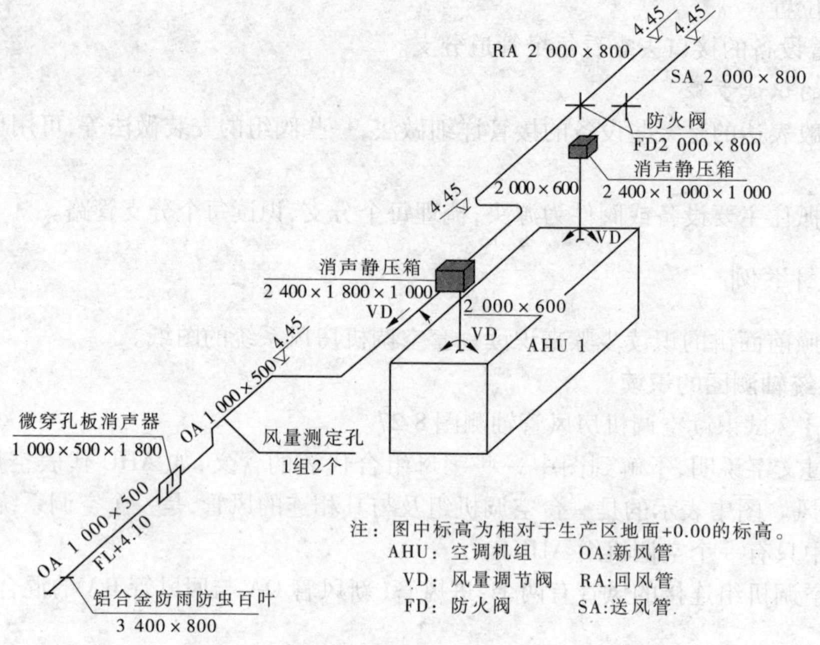

图 8-27 空调机房风管轴测图

(3)图中设备只有一台 AHU1，其定位中心线距②轴 1 800 mm，距 C 轴 5 100 mm。设备的接口有两个。

(4)从进出空调机房的三根风管的源头起，识读每根风管的内容同前面轴测图，不再详述。鉴于平面图的平面定位功能，我们来识读几个定位尺寸。送风管距②轴 500 mm，送风管与回风管距离 500 mm。取新风静压箱距①轴 650 mm，新风管距②轴 4 150 mm。

(5)图中②轴附近有一对剖切符号 A—A，剖视方向是向①轴方向看。

前面一套有关空调机房的图纸是比较简单的，而且比较单一，只描述了风管，下面我们再来识读一套较复杂的图纸。

【例 8-3】 试识读某公寓楼的空调系统轴测图和平面图、剖面图及详图，见图 8-29 至图 8-33。

此建筑共十二层，均为高级单身公寓。房室内是风机盘管加新风的空调系统，空调冷冻水由已有系统供给。

1. 系统轴测图的识读

1)空调水系统图 8-29

(1)图中文字说明告诉我们，粗实线是冷冻水供水管，粗虚线是冷冻水回水管，细虚线是空调凝结水管，FP－5P 是风机盘管。本图表示了空调冷冻供、回水和凝结水两个系统。

(2)先看空调冷冻供回水系统。

干管部分：图纸左下部“制冷站来，冷冻水供回水管”文字标识处，是整个系统的供、回水总管接口。供、回水总管管径均为 D219×8，管材为无缝钢管，从接口开始经过一个水平段后，转为上升的立管，由于水平段是整个系统的低点，因而此处安装了 DN32 的放水阀。

立管在 8.85 m 标高处，分为两路，管径均为 D159×4.5，为便于计量，两路供水管上均安装了水表，其中一路继续上升到 45.7 m 标高处，供应八至十二层的空调用水，为便于排

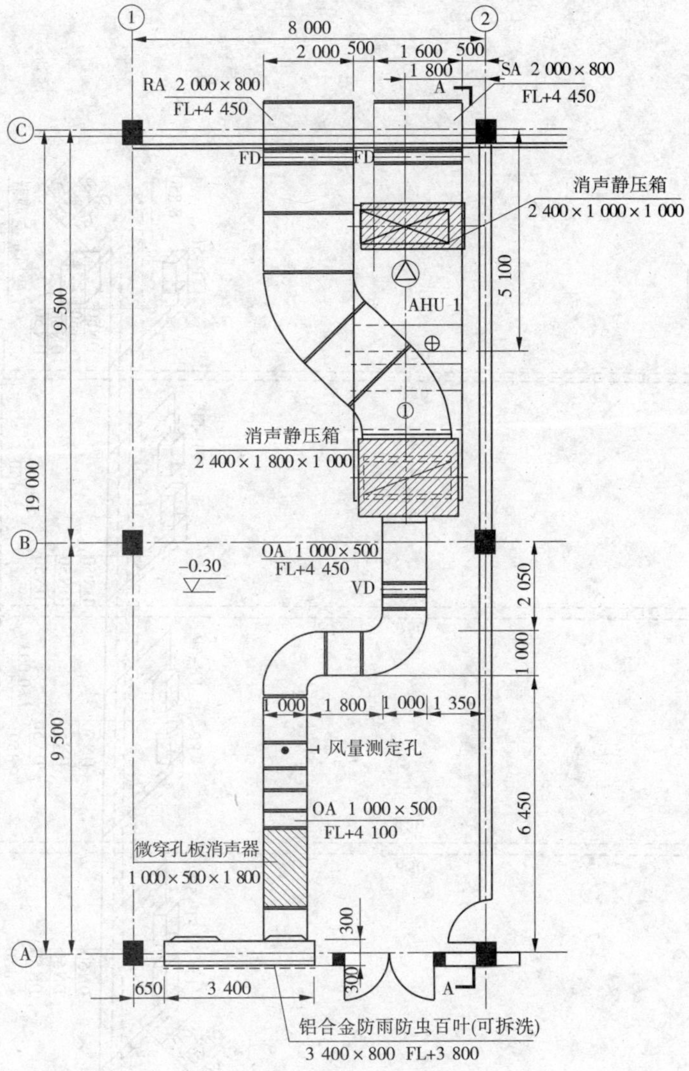

图 8-28　空调机房风管平面图 1∶100

气,管顶安装了 DN15 的自动排气阀;另一路经过一个水平段后,向上开出 D108×4 的立管,供应三至七层的空调用水,随后分成两路分别供应一层和二层的空调用水。

供水支管部分:管径均为 DN50,为平衡每层的供水量,在每层的回水支管上均安装了平衡阀。从盘管供、回水的先后顺序看,最先供水的最后回水,供、回水方式为同程式。

再看空调凝结水系统:

干管部分:凝结水立管共计四组八根,口径均为 d50,材质为塑料管,这八根立管最后汇合成 d75 的立管,并接至室外雨水管道。

凝结水支管部分:接入最左边凝结水立管的盘管每层有两台,即 FP-10P(凝水支管为 d25)、FP-5P(凝水支管为 d20);接入最右边凝结水立管的盘管每层有两台,即 DBKB-15X(凝水支管为 d25)、FP-5P;接入其余凝结水立管的盘管每层只有一台:FP-5P。

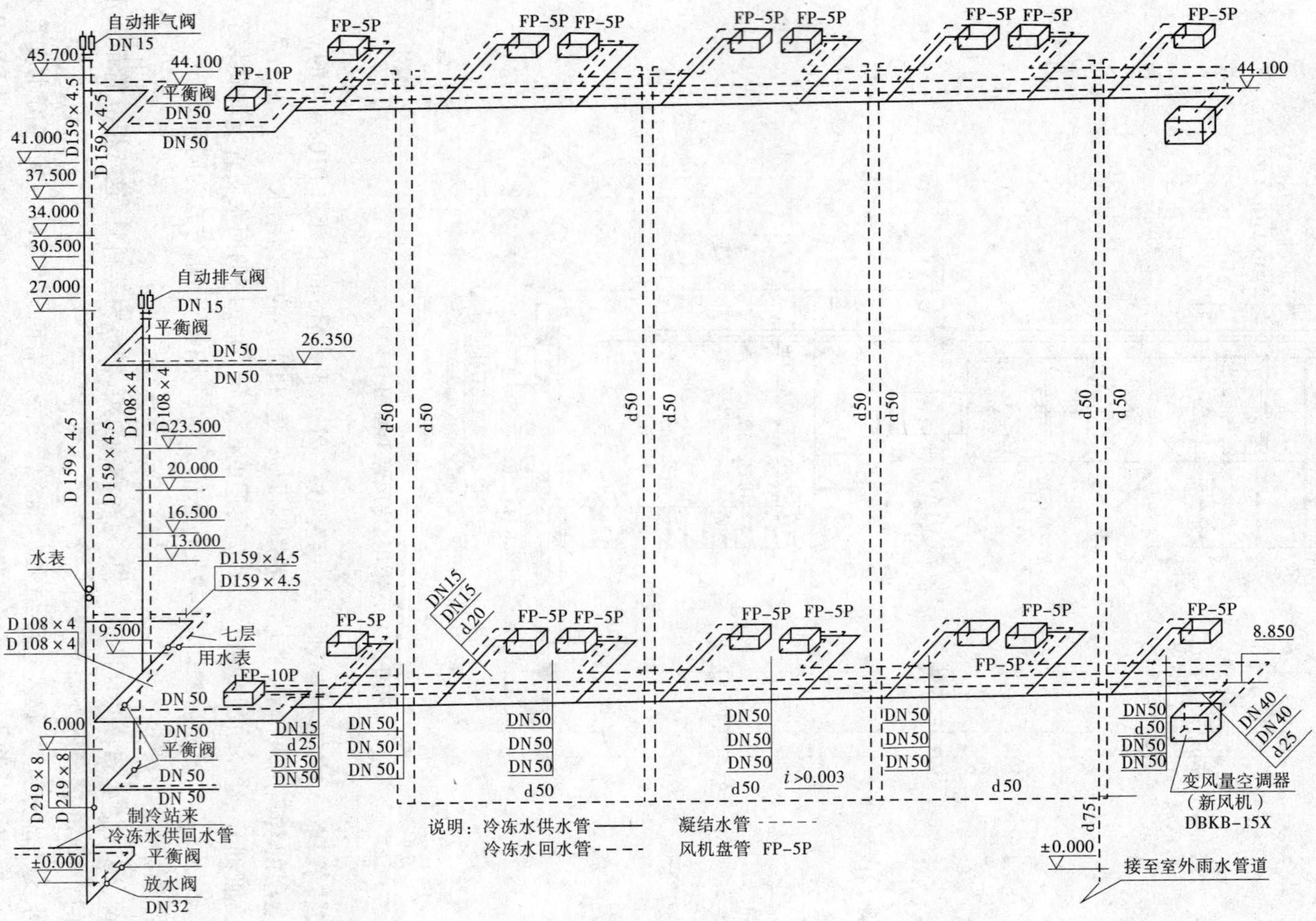
自动排气阀
DN 15
45.700
44.100
平衡阀
DN 50
DN 50
FP-10P
FP-5P
D159 × 4.5
41.000
37.500
34.000
30.500
27.000
26.350
23.500
20.000
16.500
13.000
D159 × 4.5
D108 × 4
水表
D 108 × 4
9.500
七层
用水表
6.000
D219 × 8
制冷站来
冷冻水供回水管
放水阀
DN32
±0.000
DN15
d25
d20
d50
d75
i >0.003
8.850
DN40
变风量空调器
（新风机）
DBKB-15X
接至室外雨水管道
说明：冷冻水供水管
冷冻水回水管
凝结水管
风机盘管 FP-5P

图 8-29　空调水系统图

2）空调新风系统图 8-30

（1）图中无文字说明。由图名可知，本图表示的是新风系统。

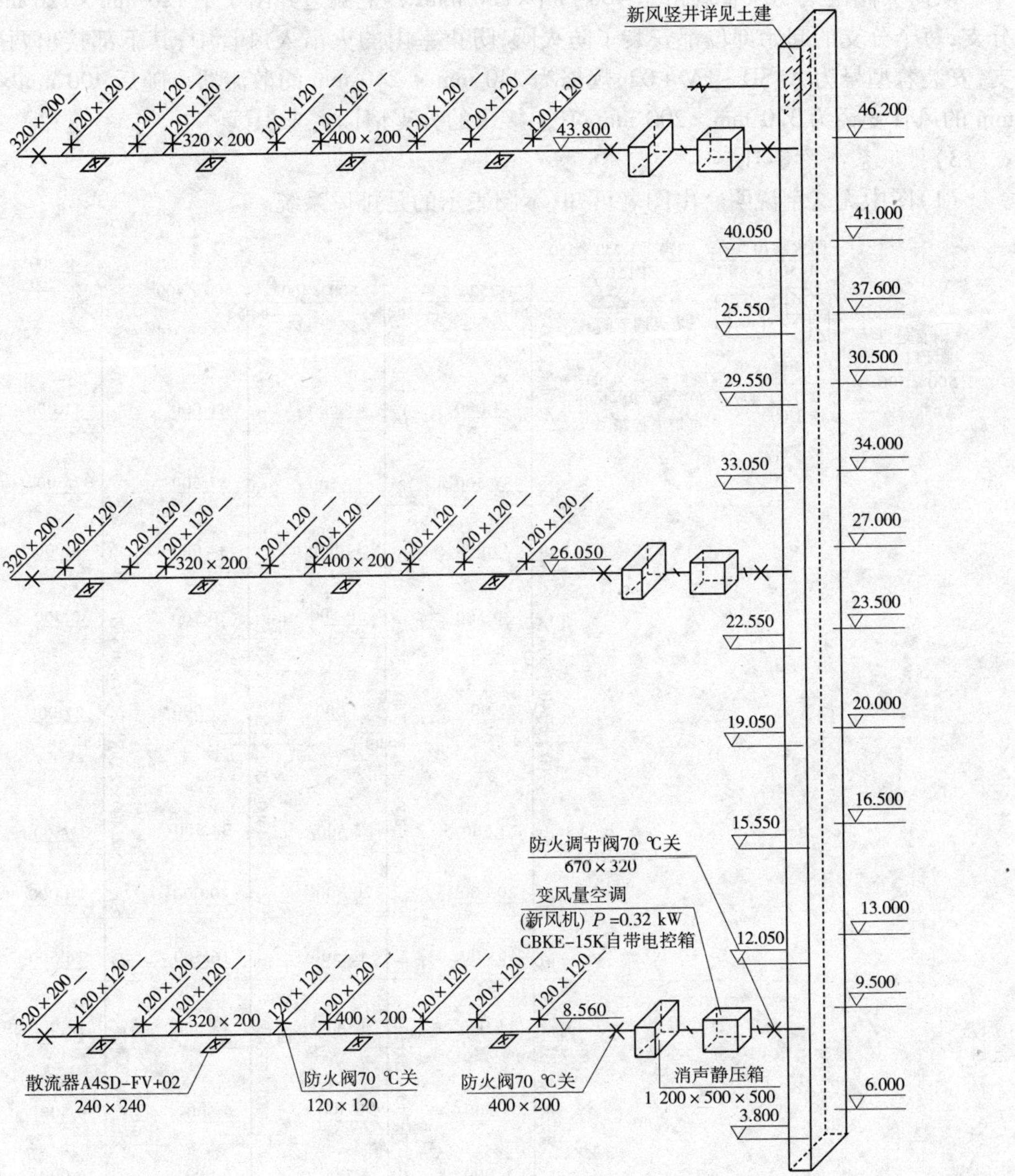

图 8-30　空调新风系统图

（2）图中右边部分就是新风竖井，从底部到顶部均为同一规格，每层均从竖井引出 670 mm×320 mm 的支管，竖井的上部是总进风口。

（3）考察每层分支的情况。每层的新风管上都装有防火调节阀、新风机、消声静压箱、防火阀。

防火调节阀平时调节风量，发生火灾时能防止新风竖井中的火窜入本层风管中；新风机根据室内用户的要求对新风进行冷（热）处理，并根据调节的需要，来调整送风量；消声静压箱一方面消除新风机产生的噪声，一方面让处理后的风在此降低风速，得到缓冲、调整、增压后平稳地送出；防火阀是防止本层的火通过风管窜入新风竖井，以危及其他层面。

从防火阀出来的风管规格是 400 mm×200 mm，其上侧边开出 5 个 120 mm×120 mm 的分支，每个分支的起始部位都安装了防火阀，防止室内的火窜入风管中；其下部接出两个分支，安装着型号为 A4SD－FV＋02，规格为 240 mm× 240 mm 的散流器。随后 400 mm×200 mm 的风管变径为 320 mm×200 mm，其上接出的分支请读者来识读。

3）排风系统图 8-31

（1）图中无文字说明。由图名可知，本图表示的是排风系统。

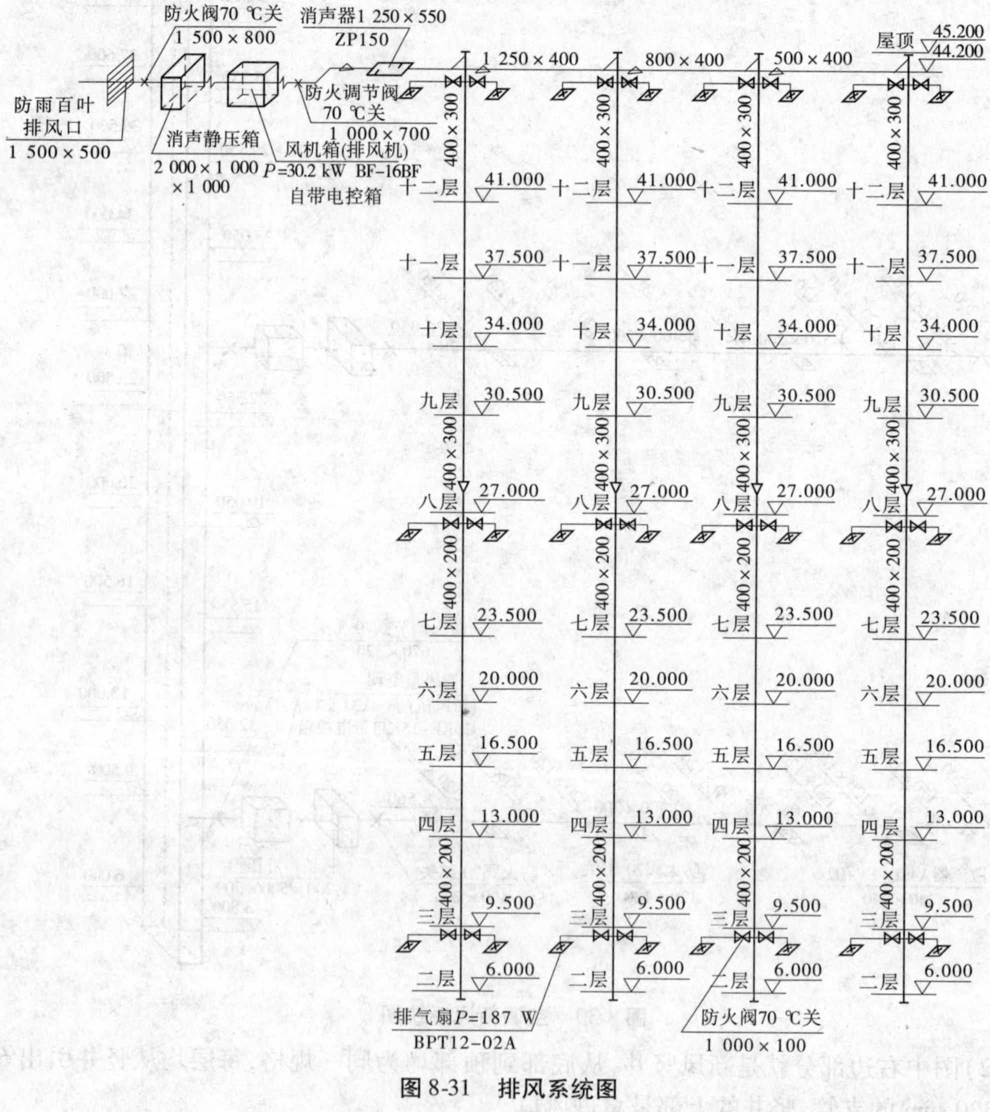

图 8-31　排风系统图

（2）图中四根由一层开始口径为 400 mm×200 mm，在八层变径为 400 mm× 300 mm，并一直通向 44.2 m 标高的就是排风竖井。在顶层四个排风竖井汇合后经过消声器、防火调节阀、排风机、消声静压箱、防火阀、防雨百叶排风口后通向大气。

消声器用来消除风管中的噪声；防火调节阀平时调节排风量，火灾时阻止排风系统中的火窜入排风机；排风机用来抽吸系统中的气体并加压后送出系统；消声静压箱用来消除排风机产生的噪声；防火阀可防止外界的火种窜入本排风系统。

(3)考察每层分支的情况。每根排风竖井在每层都有两个分支接入，每个分支的起始部位都安装了排气扇，型号为 BPT12－02A，在分支进入竖井附近安装了防火阀。排气扇将室内浊气抽吸并排入排风竖井，防火阀可防止室内的火窜入排风竖井。

2. 平、剖面图及详图的识读

1)二层平面图 8-32

(1)图中无文字说明，但前面系统图的说明同样适用于本图。本图描述的是二层空调平面。根据线型及线条的粗细，可知道图中有空调供、回水系统和凝结水系统，根据风管的画法及设备的文字标识，可知道图中有新风和排风系统。

(2)水平轴线从 A 到 G 共计 7 根，竖直轴线从 1 到 7 共计 12 根，本图描述的是公寓楼二层的平面，不过截去了 1/2 轴与 3 轴之间的部分及 5 轴与 1/5 轴之间的部分。公寓楼两端是楼梯间和电梯间，中间部位是公寓套房和公共走道。

(3)水系统中的主要设备是风机盘管和新风机，位于合用前室的盘管型号是 FP－10P，其水平方向距②轴与Ⓒ轴相交处的柱子 1 600 mm。位于每套公寓内的盘管型号是 FP－5P，其位于每套住房进门走道上部的位置。新风机位于⑥到⑦轴之间Ⓑ轴的上方。

新风管上的散流器型号为 A4SD－FV＋02，水平方向距其左侧柱子 4 000 mm。新风支管上的防火阀装在紧靠总风管的位置。排风系统的排气扇，型号为 BPT12－02A，其水平方向距管道井壁 600 mm，竖直方向距卫生间墙壁 500 mm。

(4)对于各个系统的识读可见系统图的识读部分，在此，我们主要识读管道的平面布置。对照着系统图，从平面图中可看出，空调水的总供水立管在①轴与Ⓓ轴交界附近，供应三至七层的供水立管在①轴右侧，Ⓒ轴上方，供应一层的立管在Ⓒ轴下方。供应本层的空调供、回水干管布置在公共走道中靠近房间的一侧，新风管布置在公共走道中紧靠柱子的位置。对于每套公寓，空调供、回水水管走在卫生间内门的上方，新风管避开水管走在走道内，两个卫生间合用一个管道井，管道井内布置了排风竖井和凝结水立管。

(5)图中⑥轴附近有一对剖切符号 D—D，剖视方向是向⑤轴方向看。

2)剖面图 8-33

(1)平面图 8-32 中⑥轴处有一对剖切符号，剖视方向是向⑤轴方向看。站在平面图剖切位置线上向⑤轴方向看，右手边是风机盘管，左手边是新风干管，所看到的与剖面图是对应的。剖切后所看到建筑方面的情况：室内地坪标高是 6.0 m，公共走道及室内走道均有吊顶，房间内不设吊顶。

(2)剖面图上的主要设备是风机盘管 FP－ 5P，其位于房间走道的吊顶内，并吊装在天花板上。盘管的水管接口有 3 个，管口规格可见系统图，风管接口有两个，一个是通过安装在走道吊顶下 500×200 带过滤网的百叶风口 A1H 进行回风，另一个是通过 1 250 mm×200 mm 的侧送百叶风口 A2H 与新风一起进行送风。

(3)顺着盘管的水管接口，可看到供回水干管处于 9.500 m 标高下 650 mm 处，凝结水干管处于 9.500 m 标高下 970 mm 处。120×120 的新风管从新风干管上部平开出来，上有同样规格的防火阀，并一直延伸至室内百叶风口 A2H 处。新风干管位于距公共走道壁

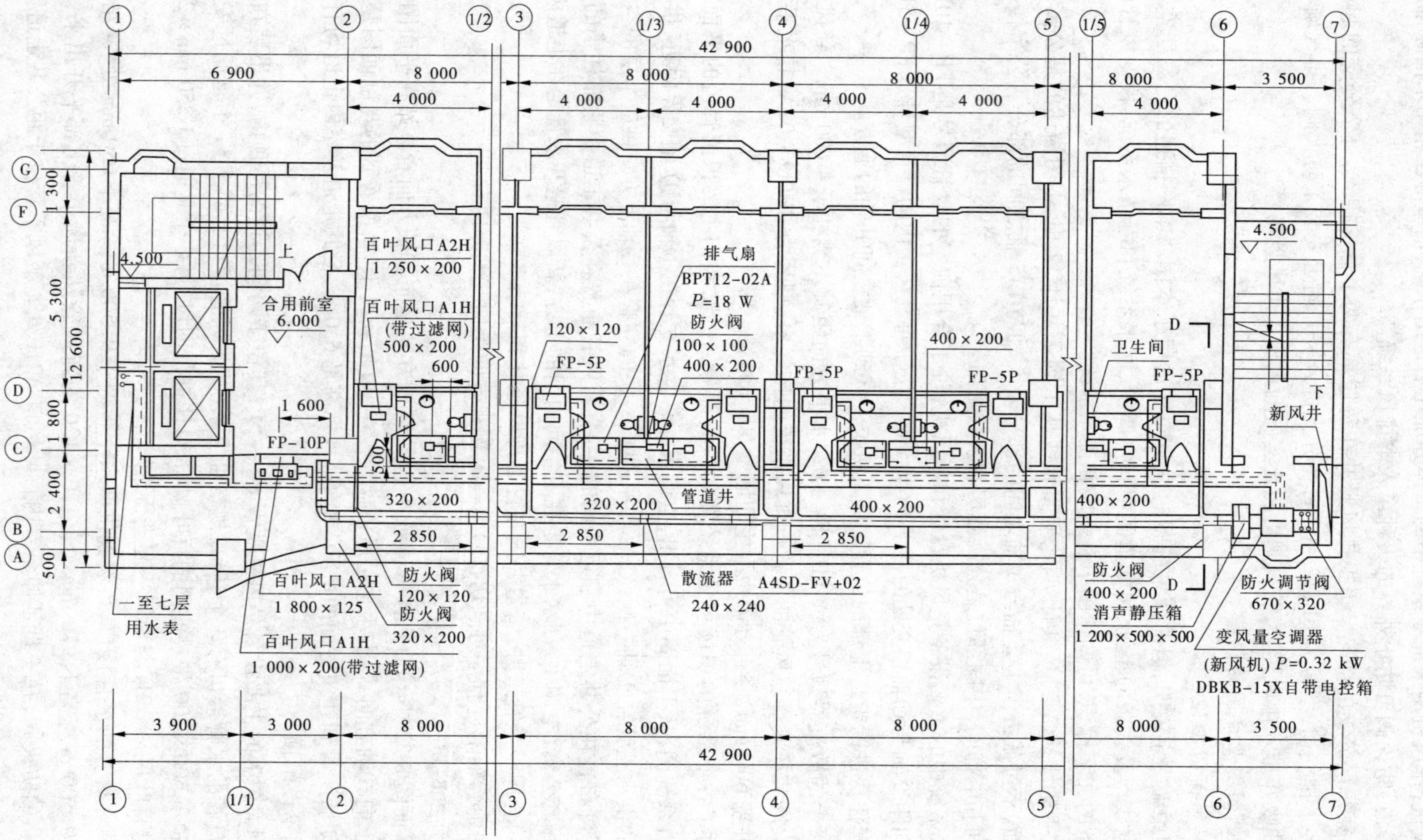

图 8-32　二层空调平面图

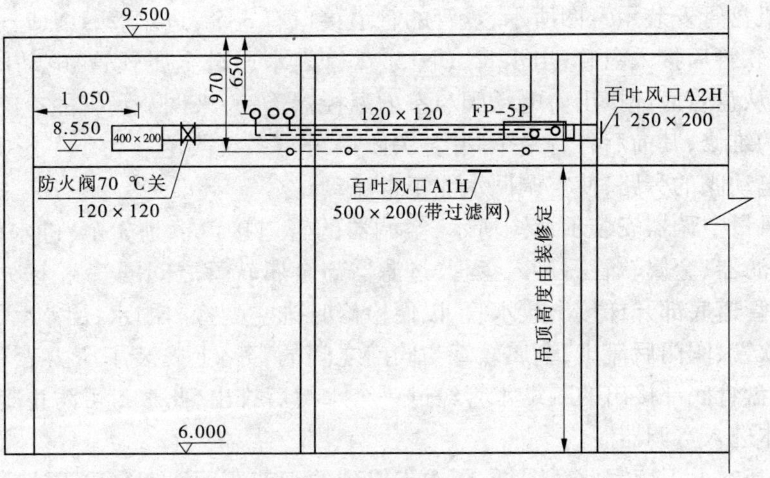

图 8-33 D—D 剖面图

1 050 mm 处,管底标高 8. 550 m。

3)详图 8-34

前面的水系统图、平面图及剖面图对盘管的接口管道均有所表述,但不够详尽和全面,为此我们来识读详图 8-34。

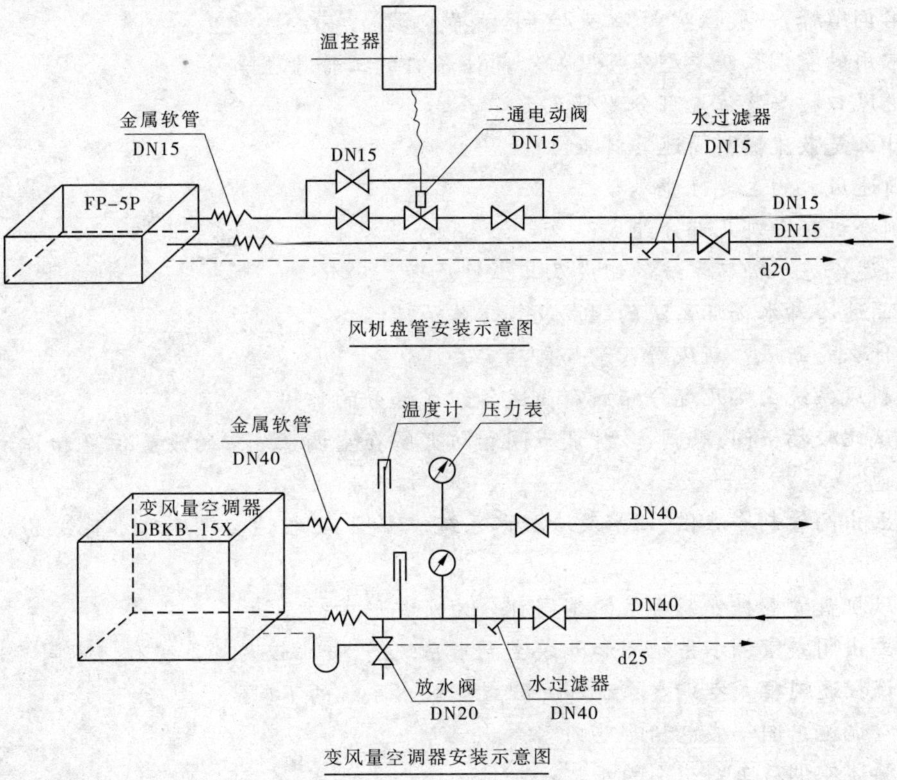

图 8-34 详图

此图有两部分，一个是风机盘管安装示意图，另一个是变风量空调器安装示意图。

如风机盘管安装示意图所示，盘管的管道接口有3个：进水管，DN15，进水通过阀门、过滤器、金属软管后接入盘管；出水管，DN15，盘管内水通过金属软管、电动阀组后流出；凝结水管，d20，从盘管底部接出。电动阀与室内温控器连锁，来调节盘管的冷冻水供水量。为便于电动阀的维修，其前后各有一个阀门，关闭后可与系统隔绝。为了不影响盘管的运行，这时可打开电动阀的旁路，使空调回水能正常流动。

如变风量空调器安装示意图所示，空调器的管道接口也是3个：进水管，DN40，进水通过阀门、过滤器、金属软管后接入盘管，过滤器与金属软管之间的管路上安装了压力表和温度计，并在管道底部开梯接出放水管，以便检修时排空盘管内的水；出水管，DN40，盘管内水通过金属软管、阀门后流出，金属软管与阀门之间的管路上安装了压力表和温度计；凝结水管，d25，从盘管底部接出的凝结水管经过一个水封后排出，此水封可防止凝结水排水系统中的不良气体进入空调器。

至此，基本上识读完此套图纸，图中未提到的细节还请读者自己识读。

复习题

1. 什么是空气调节？一个空调系统通常由哪几部分组成？

2. 按空气处理设备的设置情况来分，空调系统有哪些类型？试说明各自的特点。

3. 名词解释：一般性空调，工业空调，洁净空调。

4. 常用的空调系统类型有哪几种？简述各自的工作原理。

5. 送风口按安装位置可分为哪几类？

6. 什么是散流器？简述其特点。

7. 简述风机的主要性能参数。

8. 制冷机房由哪几部分组成？

9. 简述冷冻水循环系统的组成及其工作原理。

10. 简述冷却水循环系统的组成及其工作原理。

11. 什么是新风？新风补入量如何确定？

12. 新风系统由哪几部分组成？简述各组成部分的作用。

13. 试比较插板阀、蝶阀、多叶调节阀和防火阀在空调系统中的设置位置和作用有何不同？

14. 画出两管制冷冻供、回水及冷凝水系统流程图，并描述空调冷冻水系统的组成及其工作原理。

15. 风机盘管根据安装部位的不同可分为哪些形式？

16. 画出闭式空调水系统图和开式空调水系统图，并比较两类系统有何不同？

17. 试描述同程式空调水系统和异程式空调水系统的不同点。

18. 空调施工图一般包括哪些内容？

19. 简述空调施工图识图的步骤。

20. 识读图8-30空调新风系统图，试分析顺着气流流动方向风管规格是如何变化的？

第三篇　建筑电气工程

第九章　电工基础知识和电气材料

第一节　电路组成和基本物理量

所谓正弦交流电路，是指电压和电流均按正弦规律变化的电路。生产和生活中所用的交流电，一般是指由电网供应的正弦交流电。

一、交流电的三要素

正弦电压和电流（见图9-1）等物理量，常统称为正弦量。正弦量的特征表现在变化的快慢、大小及初始值三个方面，而它们分别由频率（或周期）、幅值（或有效值）和初相位来确定。因此，频率、幅值和初相位就成为确定正弦量的三要素。

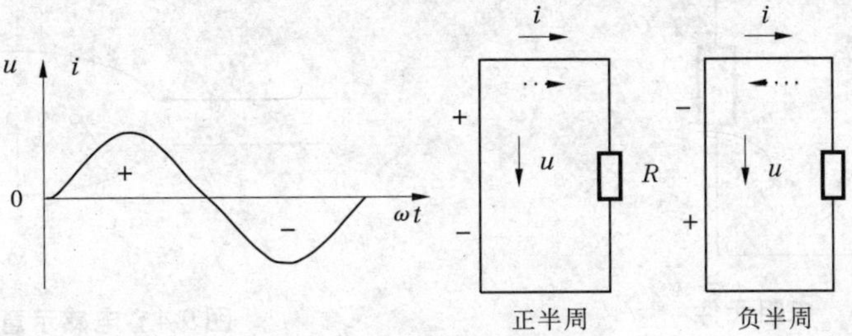

图9-1　正弦电压和电流

（一）周期与频率

正弦量变化一次所需的时间称为周期 T。每秒变化的次数称为频率 f，它的单位是赫兹（Hz）。频率与周期之间具有倒数关系，即

$$f = \frac{1}{T} \text{或者} T = \frac{1}{f} \tag{9-1}$$

（二）幅值与有效值

正弦量在任一瞬时的值称为瞬时值，用小写字母表示，如 i、u 及 e 分别表示电流、电压及电动势的瞬时值。正弦波形如图9-2所示。瞬时值中最大的称为幅值，用带下标 m 的字母来表示，如 I_m、U_m 及 E_m 分别表示电流、电压及电动势的幅值。

(三)初相位

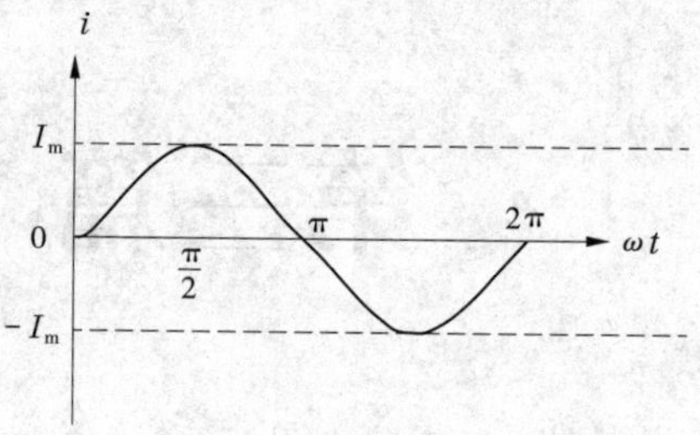

图 9-2　正弦波形

正弦量是随时间而变化的,一个正弦量所取的计时起点不同,正弦量的初始值(当 $t=0$ 时的值)也就不同,到达幅值或某一特征值的时间也就不同。

由以上可见,正弦量可以用旋转的有向线段来表示。有向线段表示正弦量,即是正弦量的向量表示法。

二、交流电路组成元件

电阻元件、电感元件、电容元件都是组成电路模型的理想元件。所谓理想,就是突出其主要性质,而忽略其次要因素。电阻元件具有消耗电能的电阻性,电感元件突出其电感性,电容元件突出其电容性。其中,电阻元件是耗能元件,后两者是储能元件。

(1)电阻元件:如图 9-3 所示,根据欧姆定律得出

$$i=\frac{u}{R} \text{或} u=iR \tag{9-2}$$

即电阻元件上的电压与通过的电流呈线性的关系。

(2)电感元件:当导体作切割磁力线的运动时,导体中会产生感应电动势,在联通的电路中会产生感应电流,如图 9-4 所示。

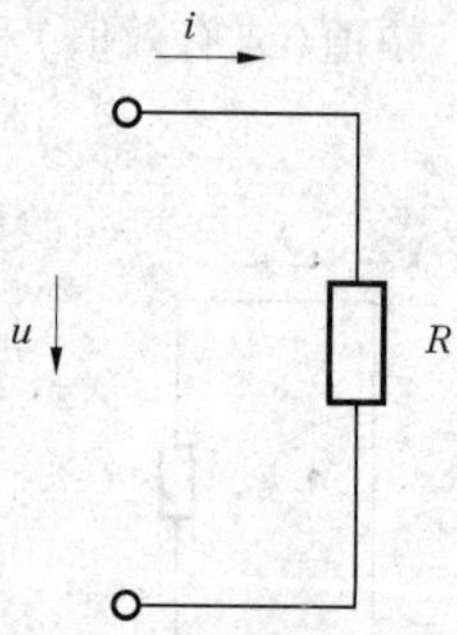

图 9-3　电阻元件

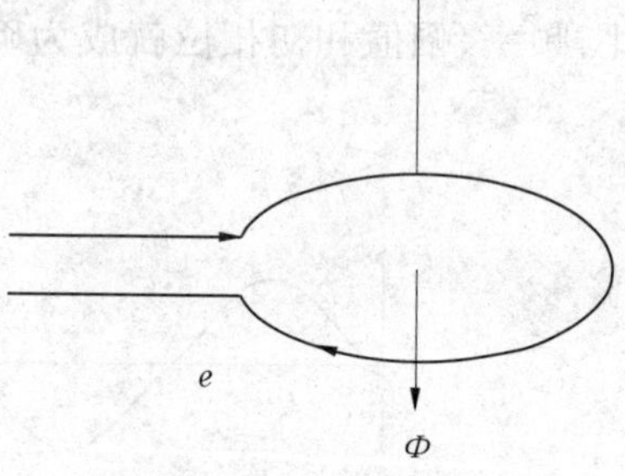

图 9-4　电感示意图

通常,磁通量 Φ 是由通过线圈的电流产生的,当线圈中没有铁磁材料时,Φ 与 i 有正比的关系。当电感元件中电流增大时,磁场能量增大;在此过程中,电感元件从电源取用能量,并转换为磁能。当电流减小时,磁场能量减小,磁能转换为电能,即电感元件向电源释放能量。

(3)电容元件:图 9-5 为一电容器。电容器极板上所储集的电量与其上电压成正比,即当电容元件上电压增高时,电场能量增大;在此过程中电容元件从电源充电。当电压降低时,电场能量减小,即电容元件向电源放电。

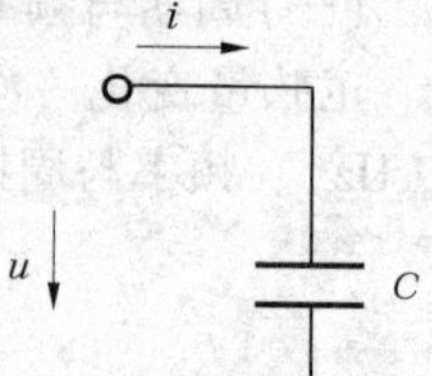

图 9-5　电容元件

第二节　单相交流电路

分析各种正弦交流电路，目的就是要确定电路中电压与电流之间的关系（包括大小和相位），并讨论电路中能量转换和功率问题。

分析各种交流电路时，首先从最简单的单一参数（电阻、电感、电容）元件的电路入手，分析其电压与电流之间的关系，因为其他电路都是由一些单一参数元件组合而成的。这里首先分析电阻元件的正弦交流电路，白炽灯照明电路就是这种电路的典型代表。

一、电阻元件交流电路

图 9-6（a）是一个线性电阻元件的交流电路。电压和电流的正方向如图所示，两者关系由欧姆定律确定，即 $u = iR$。

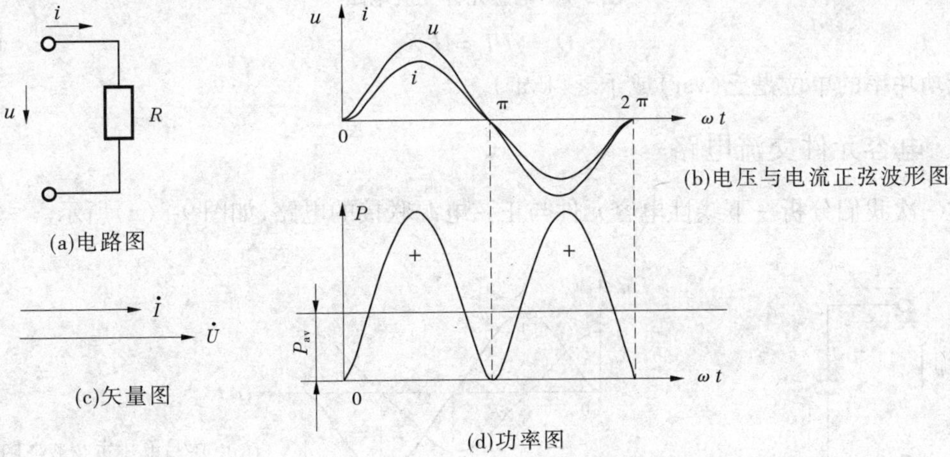

图 9-6　电阻元件交流电路

在电阻元件电路中，电压与电流的幅值（或有效值）之比值就是电阻 R。电阻元件从电源取用能量后转换成了热能，这是一种不可逆的能量转换过程。我们通常这样计算电能：$W = PT$，P_{av} 是一个周期内电路消耗电能的平均功率，即瞬时功率的平均值，称为平均功率。在电阻元件电路中，平均功率为

$$P_{av} = \frac{U^2}{R} \tag{9-3}$$

瞬时功率 P 与平均功率 P_{av} 如图 9-6（d）所示。

二、电感元件交流电路

我们分析线性电感线圈与正弦电源联接的电路。假设这个线圈只有电感 L，而电阻 R 可以忽略不计。

电感元件电路的平均功率为零，即电感元件的交流电路中没有能量消耗，只有电源与电感元件间的能量互换。这种能量互换的规模我们用无功功率 Q 来衡量，我们规定无功功率等于瞬时功率 P_L 的幅值，即

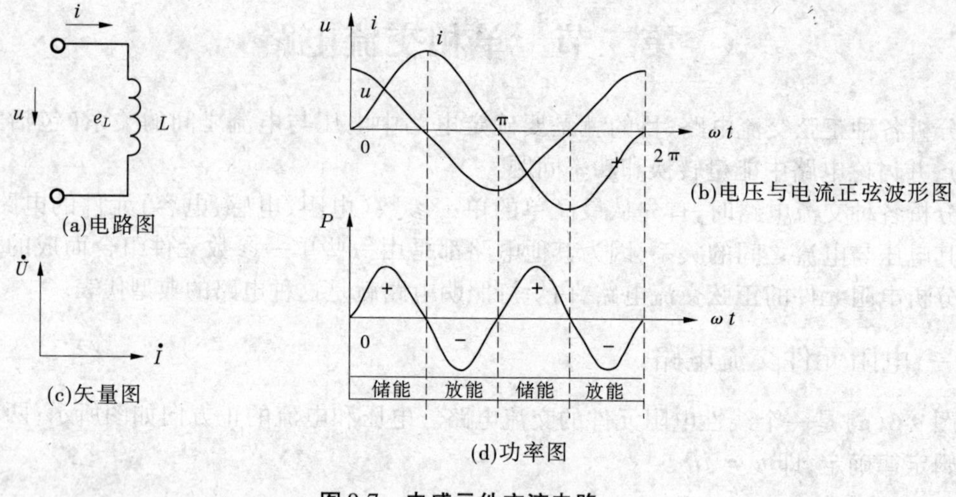

图 9-7　电感元件交流电路

$$Q = UI = I^2 X_L \tag{9-4}$$

无功功率的单位是乏(var)或千乏(kvar)。

三、电容元件交流电路

这一次我们分析一下线性电容元件与正弦电源联接的电路,如图 9-8(a)所示。

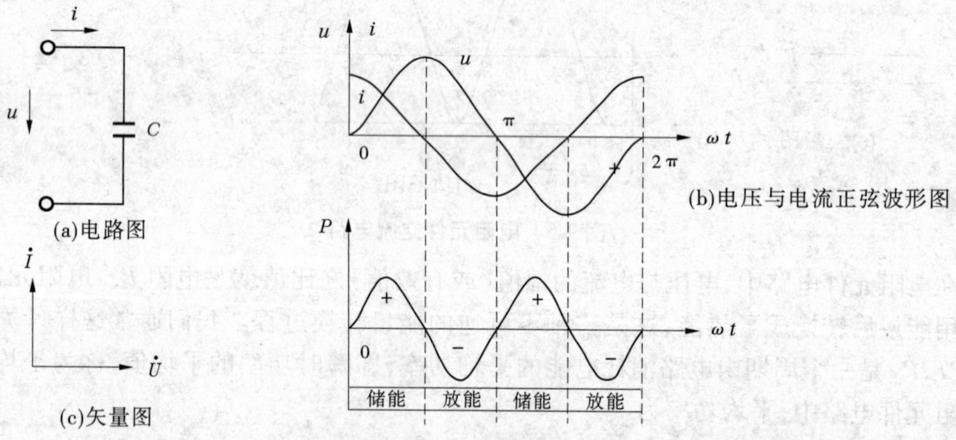

图 9-8　电容元件交流电路

电容元件电路的平均功率也为零,即电容元件的交流电路中没有能量消耗,只有电源与电容元件间的能量交换。这种能量互换的规模我们用无功功率 Q 来衡量,我们规定无功功率等于瞬时功率 P_C 的幅值,则电容元件的无功功率为

$$Q = UI = I^2 X_C \tag{9-5}$$

四、*RLC* 混合电路及功率因数

电阻、电感与电容元件串联的交流电路如图 9-9(a)所示,电路中的各元件通过同一电

流，电流与电压的正方向在图中已经标出。

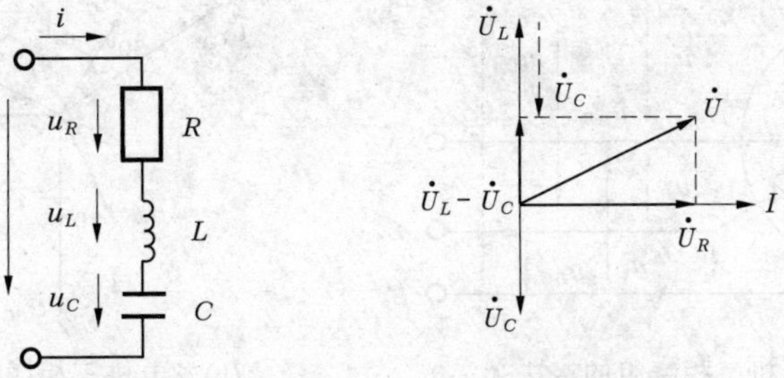

(a)电路图　　(b)向量图

图 9-9　电阻、电感与电容串联的交流电路

这种电路中电压与电流的有效值（或幅值）之比为 $\sqrt{R^2+(X_L-X_C)^2}$，它的单位也是欧姆，具有对电流起阻碍作用的性质，我们称它为电路的阻抗，用 $|Z|$ 表示，即

$$|Z|=\sqrt{R^2+(X_L-X_C)^2}=\sqrt{R^2+(\omega L-\frac{1}{\omega C})^2} \tag{9-6}$$

可见 $|Z|$、R、(X_L-X_C) 三者之间的关系也可用直角三角形（称为阻抗三角形）来表示，如图 9-10 所示。

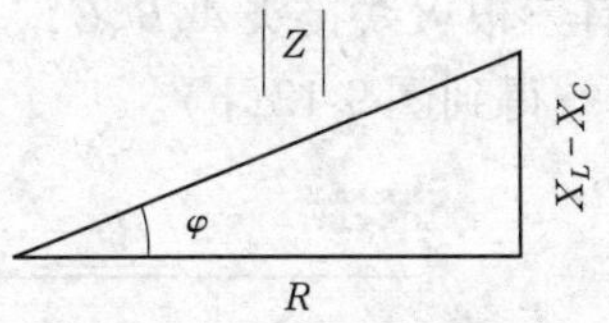

图 9-10　阻抗三角形

由 R、L、C 混合电路中负载取用的功率与电路（负载）的参数有关。电路所具有的参数不同，电压与电流之间的相位差 φ 也就不同，在同样的电压 U 和电流 I 下，电路的有功功率和无功功率也就不同。电工学中将 $P=U_RI=I^2R=UI\cos\varphi$ 中的 $\cos\varphi$ 称为功率因数。并联电容器以后，总电压 u 和线路电流 i 之间的相位差 φ 变小了，即 $\cos\varphi$ 变大了，线路电流也减小了，功率损耗也降低了。

第三节　三相交流电路

在生产生活中，三相电路应用广泛，发电机和输配电一般采用三相电源。因此，有必要介绍一些三相电路的基本知识，本节着重介绍三相交流发电机和负载在三相电路中的连接使用问题。

一、三相电压

通常用到的发电机三相绕组的接法如图 9-11（a）所示，即将三个末端连在一起，这一连接点称为中点或零点，用 N 表示。这种连接方法称为星形连接。从中点引出的导线称为中线，从始端 A、B、C 引出的三根导线 L_1、L_2、L_3 称为相线或端线，俗称火线。

$$U_l=\sqrt{3}U_P \tag{9-7}$$

通常在低压配电系统中相电压为 220 V，线电压为 380 V。

二、三相负载的连接方法

生活中使用的各种电器根据其特点可分为单相负载和三相负载两大类。照明灯、电扇、

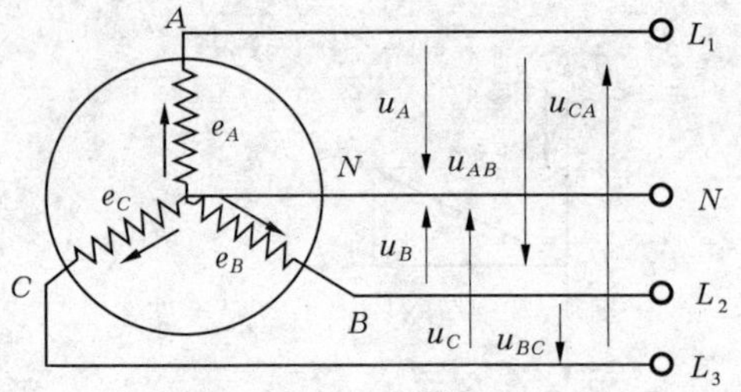

(a)发电机三相绕组的接法

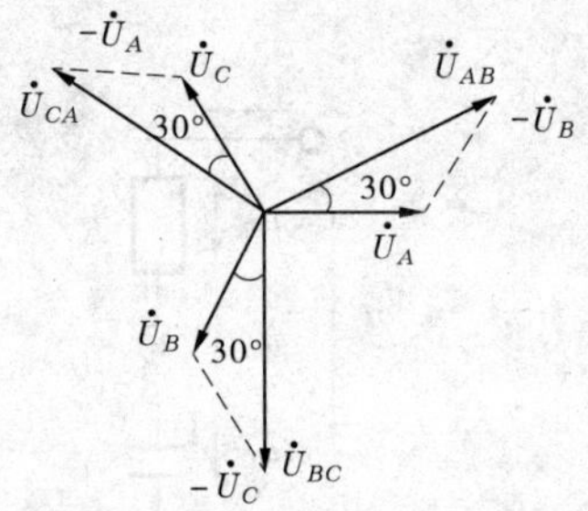

(b)发电机三相绕组电压向量图

图 9-11　发电机的星形连接及其电压向量图

电烙铁和单相电动机等都属于单相负载。三相交流电动机、三相电炉等三相用电器属于三相负载。三相负载的阻抗相同(幅值相等、阻抗角相等)则称为三相对称负载,否则均称为不对称负载。三相负载有 Y 形和△形两种连接方法,各有其特点,适用于不同的场合。

(一) 三相对称负载的 Y 形连接

该电路的基本连接方法如图 9-12(a)所示,三相交流电源(变压器输出或交流发电机输出)有三根火线接头 A、B、C,一根中性线接头 N。对于三相对称负载,只需接三根火线,中性线悬空得到图 9-12(b)。

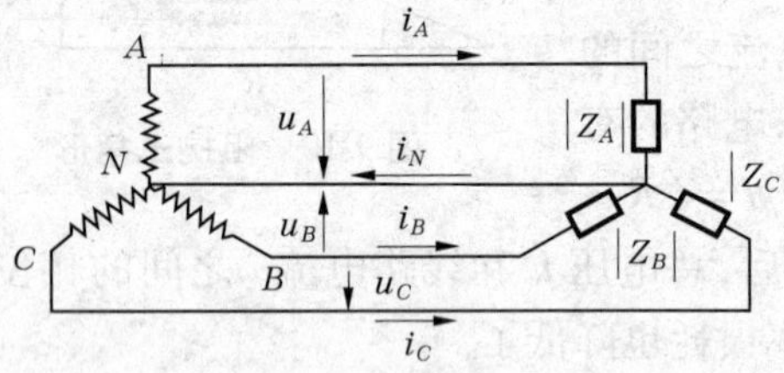

(a)

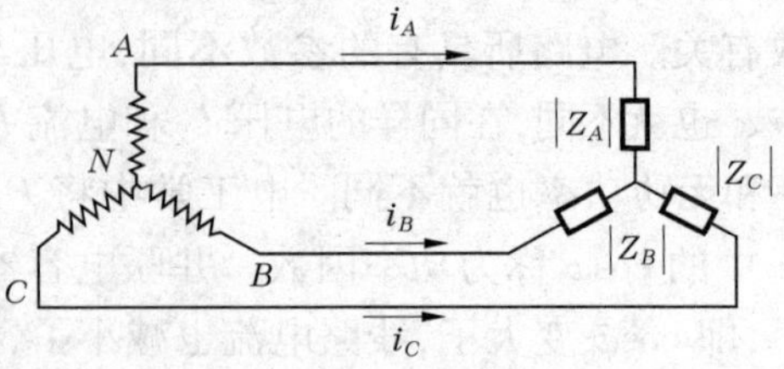

(b)

图 9-12　对称负载的 Y 形连接

(二)三相负载的△形连接

当用电设备的额定电压为电源线电压时,负载电路应按△形连接。该电路没有零线,连接的电路如图 9-13 所示。

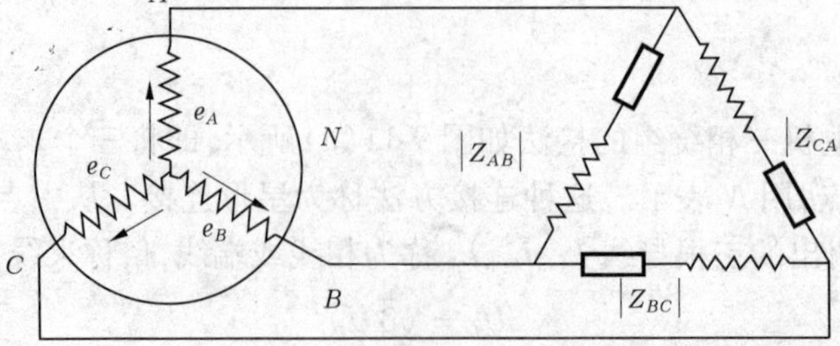

图 9-13　三相负载的△形连接

三相负载的△连接只能配接三相三线制电源,各相负载承受的电压均为线电压;各相负载与电源之间独自构成回路,互不干扰;各相负载的相电流为 $I_P = U_P / |Z| = U_l / |Z|$。

第四节　常用电气材料

一、电线

(一)电线的种类

室内配线工程常用绝缘导线按绝缘材料有橡皮绝缘和聚氯乙烯绝缘之分,按线芯材料有铜线和铝线之分,按线芯结构有单股和多股之分,按线芯硬度有硬线和软线之分。常用绝缘导线的型号、名称和用途见表9-1。

表9-1　常用绝缘导线的型号、名称和用途

型号	名称	用途
BX(BLX) BXF(BLXF) BXR	铜(铝)芯橡皮绝缘线 铜(铝)芯氯丁橡皮绝缘线 铜芯橡皮绝缘软线	适用于交流500 V及其以下,或直流1 000 V及其以下的电气设备及照明装置之用
BV(BLV) BVV(BLVV) BVVB(BLVVB) BVR BV-105	铜(铝)聚氯乙烯绝缘线 铜(铝)聚氯乙烯绝缘聚氯乙烯护套圆型电线 铜(铝)芯聚氯乙烯绝缘氯乙烯护套平型电线 铜芯聚氯乙烯绝缘软线 铜芯耐热105 ℃聚氯乙烯绝缘软线	适用于各种交流、自流电器装置,电工仪表、仪器,电信设备,动力及照明线路固定敷设之用
RV RVB RVS RV-105 RXS RX	铜芯聚氯乙烯绝缘软线 铜芯聚氯乙烯绝缘平行软线 铜芯聚氯乙烯绝缘绞型软线 铜芯耐热105 ℃聚氯乙烯绝缘连接软电线 铜芯橡皮绝缘棉纱编织绞型软电线 铜芯橡皮绝缘棉纱编织圆型软电线	适用于各种交、直流电器、电子仪器、家用电器、小型电动机具、动力及照明装置的连接

(二)绝缘导线的允许载流量

绝缘导线的允许载流量是指导线在额定的工作条件下,允许长期通过的最大电流。不同的材质、不同的截面面积、不同的敷设方法、不同的绝缘材料、不同的环境温度和穿过不同材料的保护管等因素都会影响导线的载流量。塑料绝缘导线空气中敷设长期负载下的允许电流见表9-2。

绝缘导线型号的表示方法如下:

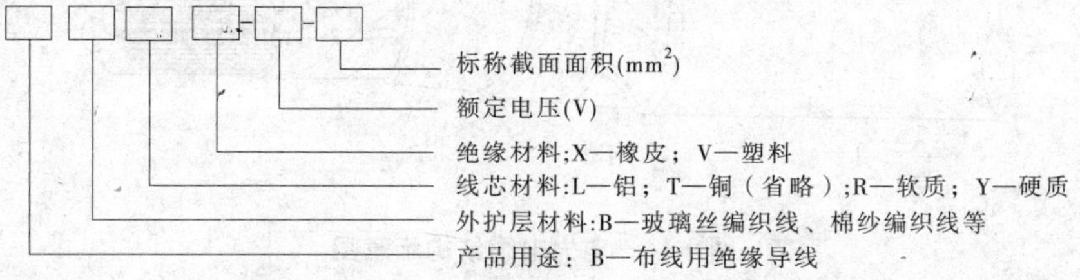

例如:BLV-500-25表示铝芯塑料绝缘塑料导线,额定电压为500 V,线芯截面面积为25 mm^2。

表 9-2　塑料绝缘导线空气中敷设长期负载下的载流量

（导线型号为 BLV、BV、BVR、RVB、RVS、RFB、RFS）

标称截面面积（mm^2）	载流量（A）		标称截面面积（mm^2）	载流量（A）	
	铝芯	铜芯		铝芯	铜芯
0.2	—	4	8	54	70
0.3	—	5	10	62	85
0.4	—	7	16	85	110
0.5	—	9	20	100	130
0.6	—	11	25	110	150
0.7	—	14	35	140	180
0.8	—	17	50	175	230
1	15	20	70	225	290
1.5	19	25	95	270	350
2	22	29	120	330	430
2.5	26	34	150	380	500
3	28	36	185	450	580
4	34	45	240	540	710
5	38	50	300	630	820
6	44	57	400	770	1 000

二、电缆

（一）电缆分类

电缆按其构造及作用的不同，可分为电力电缆、控制电缆、电话电缆、射频同轴电缆、移动式软电缆等。按电压可分为低压电缆（小于 1 kV）、高压电缆，工作电压等级有 500 V 和 1 kV、6 kV 及 10 kV 等。

电力电缆由缆芯、绝缘层和保护层三个主要部分构成，其结构见图 9-14。

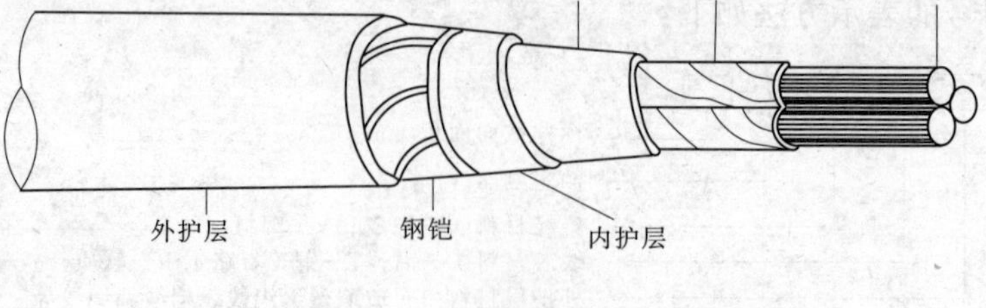

图 9-14　电力电缆结构示意图

（二）电缆的型号表示法

电缆型号的内容包括用途类别、绝缘材料、导体材料、铠装保护层等。一般型号表示如下：

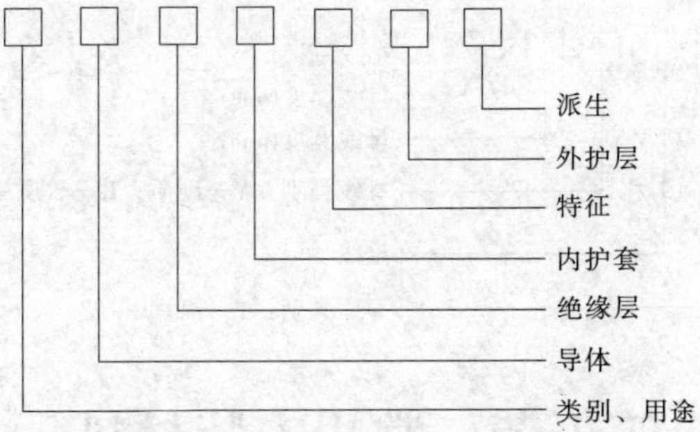

电缆的型号组成及含义见表 9-3。在电缆型号后面还注有芯线根数、截面、工作电压和长度。

表 9-3　电力电缆型号组成及含义

绝缘代号	导体代号	内护层代号	特征代号	外护层代号	
				第 1 数字	第 2 数字
Z—纸绝缘 X—橡皮绝缘 V—聚氯乙烯 YJ—交联聚乙烯	T—铜(可省略) L—铝	Q—铅包 L—铝包 H—橡套 V—聚氯乙烯 Y—聚乙烯	D—不滴流 P—贫油式 (即干绝缘) F—分相铅包	2—双钢带 3—细圆钢丝 4—粗圆钢丝	1—纤维绕包 2—聚氯乙烯 3—聚乙烯

还有一些变通标法,如外护层:11—裸金属护套一级外护套;12—钢带铠装一级丝铠装一级外护层;15—粗钢丝铠装一级外护层, 21—钢带加固麻被护层;22—钢带铠装二极外护层;23—细钢丝铠装二级外护层;25—粗钢丝铠装二级外护层;29—内钢带铠装有外护层;30—裸细钢丝铠装;39—内细钢丝铠装;50—裸粗钢丝铠装;59—内粗钢丝装。

在实际建筑工程中,一般优先选用交联聚乙烯电缆,其次用不滴油纸绝缘电缆,最后选普通油浸纸绝缘电缆。当电缆水平高差较大时,不宜使用黏性油浸纸绝缘电缆。工程中直埋电缆必需选用铠装电缆。

三、母线

硬母线通常用铝和铜质材料加工制成,其截面的形状有矩形、管形、槽形等。由于铝质母线价格适宜,目前母线装置多采用铝质,但其载流量与热稳定的性能远小于铜质母线。为便于识别相序,母线安装后按表 9-4 的规定做色别标记。

表 9-4　母线相序色别

母线类别	L1(A)	L2(B)	L3(C)	正极	负极	中性线	接地线
涂漆颜色	黄	绿	红	赭	蓝	紫	紫底黑条

硬母线型号的表示方法如下:

例如:TMY－125×10 为硬铜母线,宽度为 125 mm,厚度为 10 mm。

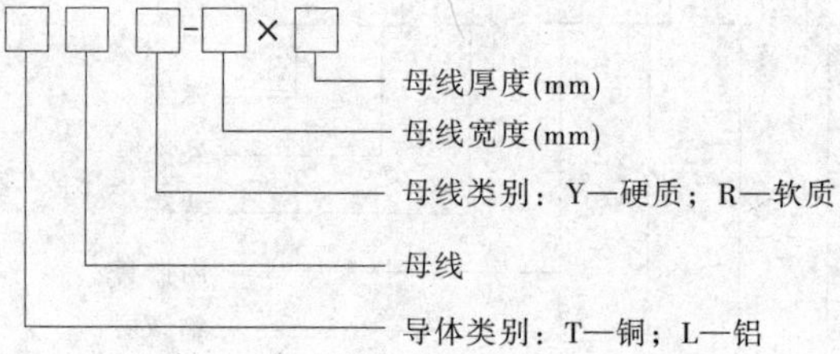

第五节　常用安装材料

常用安装材料分为金属材料和非金属材料两类。金属材料中常用的有各种类型的钢材及铝材，如水煤气管（或称厚壁钢管）、电线管（或称薄壁钢管）、角钢、扁钢、钢板、铝板等；非金属材料中常用的有塑料管、瓷管等。

一、常用线管

在室内电气工程施工中，为使电线免受腐蚀和外来机械损伤，常把绝缘导线穿入电线管内敷设。常用的电线管有金属管和塑料管等。

（一）常用的金属管

常用的金属管有水煤气管、薄壁钢管、金属软管等。

（1）水煤气管又称焊接管或瓦斯管，管壁较厚（3 mm 左右），一般用于输送水煤气及制作建筑构件（如扶手、栏杆、脚手架等），适合在内线工程中有机械外力或有轻微腐蚀气体的场所作明线敷设和暗线敷设。按表面处理分为镀锌管和普通管（不镀锌）；按管壁厚度不同可分为普通钢管和加厚钢管。

（2）薄壁钢管壁厚 1.5 mm 左右，又称电线管。管子的内外壁均涂有一层绝缘漆，适用于干燥场所的线路敷设。目前，常使用的管壁厚度不大于 1.6 mm 的扣接式（KBG 管）或紧定式（JDG 管）镀锌电线管，也属于薄壁钢管。

（3）金属软管又称蛇皮管，由厚度为 0.5 mm 以上的双面镀锌薄钢带加工压边卷制而成，轧缝处有的加石棉垫，有的不加。金属软管既有相当的机械强度，又有很好的弯曲性，常用于需要弯曲部位较多的场所及设备的出线口处等。

（二）常用的塑料管

常用的塑料管有硬型塑料管、半硬型塑料管、软型塑料管等。按材质主要有聚氯乙烯管、聚乙烯管、聚丙烯管等。其特点是常温下抗冲击性能好，耐碱、耐酸、耐油性能好，但易变形老化，机械强度不如钢管。

（1）硬型塑料管适合在腐蚀性较强的场所作明线敷设和暗线敷设。

（2）半硬型塑料管韧性大、不易破碎、耐腐蚀、质轻、钢柔结合易于施工，适用于一般民用建筑的照明工程暗配敷设。常用的有阻燃型 PVC 工程塑料管。

（3）软型塑料管质轻，刚柔适中，适用于作电气软管。

二、常用钢材料

钢材料在电气工程中一般作为安装设备用的支架和基础，也可作为导体使用（如避雷针、避雷网、接地体、接地线等)。

(一)作为导体使用的钢材料

作为导体使用的钢材料主要有扁钢、角钢和圆钢。

(1)扁钢常用来制作各种抱箍、撑铁、拉铁,配电设备的零配件,分镀锌扁钢和普通扁钢。作为导体主要为接地引下线和接地母线等,一般使用镀锌扁钢。规格以厚度(d)×宽度(a)表示,如—25×4 表示宽为 25 mm、厚为 4 mm 的扁钢。

(2)角钢常用来制作输电塔构件、横担、撑铁、各种角钢支架、电气安装底座和滑触线。作为导体主要为接地体等。角钢按其边宽分为等边角钢和不等边角钢。其规格以长边(a)×短边(b)×边厚(d)表示。如∟63×40×5 表示该角钢长边为 63 mm、短边为 40 mm、边厚为 5 mm。

(3)圆钢也有镀锌圆钢和普通圆钢之分,主要用来制作各种金具、螺栓、钢索等。作为导体主要为接地引下线、接地母线、防雷带等。其规格以直径(mm)表示,如 $\phi 8$ 表示圆钢标称直径为 8 mm。

(二)安装用的钢材料

安装用的钢材料主要有角钢、槽钢、工字钢和钢板等。

(1)槽钢一般用来制作固定底座、支撑、导轨等。其规格的表示方法与工字钢基本相同。如"槽钢 120×53×5"表示其腹板高度(h)为 120 mm、翼宽(b)为 53 mm、腹板厚(d)为 5 mm。

(2)工字钢常用于各种电气设备的固定底座、变压器台架等。其规格是以腹板高度(h)×腹板厚度(d)表示,其型号是以腹高(cm)表示。如 10 号工字钢,表示其腹高为 10 cm(100 mm)。

(3)钢板常用于制作各种电器及设备的零部件、平台、垫板、防护壳等。钢板按厚度一般分为薄钢板(厚度≤4 mm)、中厚钢板(厚度为 4.5~6.0 mm)、特厚钢板(厚度>6.0 mm)三种。薄钢板有时称铁皮。

复习题

1. 交流电路主要有哪三要素?如何用三要素来表达单相交流电路和三相交流电路?

2. 某线圈接入正弦交流电路中,其电阻 $R=6\ \Omega$,感抗 $X_L=8\ \Omega$,通过电路的电流为 $i=5\sqrt{2}\sin(\omega t+30°)A$,在电压和电流取关联参考方向时,求:

(1)总阻抗 Z;

(2)电阻电压 $\dot{U}_R$、电感电压 $\dot{U}_L$ 和总电压 $\dot{U}$;

(3)电路的功率因数 $\cos\varphi$ 和有功功率 P。

3. 什么是三相对称负载?这种连接形式相对于不对称负载接法有什么好处?

4. 施工图中常以型号来表示各种绝缘导线,总结各种导线的型号字母所代表的含义。

5. 讨论电气工程中常用的管材分类及每种管材适用的场合。

第十章　建筑供配电系统

第一节　电力系统及电力负荷

电力是工农业生产、国防及民用建筑中的主要动力，在现代社会中得到了广泛的应用。对于从事建筑工程的技术人员，了解如何安全可靠地获得电力资源，合理、经济地利用国家的电力资源是十分必要的。

一、电力系统概念

在电力系统中，如果每个发电厂孤立地向用户供电，其可靠性不高。当某个电厂发生故障或停机检修时，该地区将被迫停电，因此为了提高供电的安全性、可靠性、连续性、运行的经济性，并提高设备的利用率，减少整个地区的总备用容量，常将许多的发电厂、电力网和电力用户连成一个整体。由发电厂、电力网和电力用户组成的统一整体称为电力系统。典型电力系统示意图如图 10-1 所示。

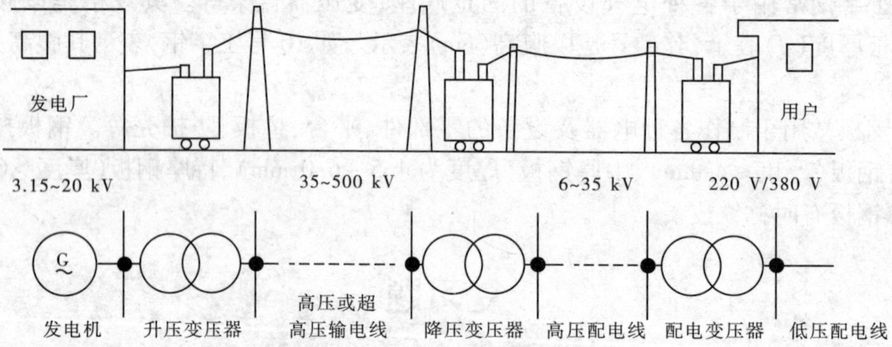

图 10-1　电力系统示意图

(一)发电厂

发电厂是将一次能源(如水力、火力、风力、原子能等)转换成二次能源(电能)的场所。我国目前主要以火力和水力发电为主，近年来在原子能发电能力上也有很大提高，相继建成了广东大亚湾、浙江秦山等核电站。

(二)电力网

电力网是电力系统的有机组成部分，它包括变电所、配电所及各种电压等级的电力线路。

变电所与配电所是为了实现电能的经济输送和满足用电设备对供电质量的要求，需要对发电机的端电压进行多次变换。变电所是接受电能、变换电压和分配电能的场所，可分为升压变电所和降压变电所两大类。配电所不具有电压变换能力。

电力线路是输送电能的通道。由于发电厂与电能用户相距较远，所以要用各种不同电压等级的电力线路将发电厂、变电所与电力用户之间联系起来，使电能输送到用户。一般将发电厂生产的电能直接分配给用户或由降压变电所分配给用户的 10 kV 及其以下的电力线路称为配电线路，而把电压在 35 kV 及其以上的高压电力线路称为送电线路。

(三)电力用户

电力用户也称电力负荷。在电力系统中，一切消费电能的用电设备均称为电力用户。电力用户按其用途可分为动力用电设备、工艺用电设备、电热用电设备、照明用电设备等，它们分别将电能转换为机械能、热能和光能等不同形式，适应生产和生活的需要。

二、我国电力网电压等级

电力网的电压等级比较多，从输电的角度来讲，电压越高，则输送的距离就越远，传输的容量越大，但电压越高，要求绝缘水平也相应提高，因而造价也越高。目前，我国根据国民经济发展的需要、技术经济上的合理性及电机电器制造工业的水平等因素，由国家颁布制定了我国电力网的电压等级，主要有 0.22 kV、0.38 kV、3 kV、6 kV、10 kV、35 kV、110 kV、220 kV、330 kV、550 kV 等 10 级。其中电网电压在 1 kV 及其以上的称为高压，1 kV 以下的称为低压。

三、电力负荷分级及供电要求

在电力系统上的用电设备所消耗的功率称为用电负荷或电力负荷。根据电力负荷对供电可靠性的要求及中断供电在政治、经济上所造成的损失或影响的程度，电力负荷分为三级。

(一)一级负荷

中断供电将造成人身伤亡、重大政治影响和经济损失，或造成公共场所秩序严重混乱的电力负荷，属于一级负荷。如国家级的大会堂、国际候机厅、医院手术室、省级以上体育场(馆)等建筑的电力负荷。对于某些特等建筑，如重要的交通枢纽、重要的通信枢纽、国宾馆、国家级及承担重大国事活动的会堂、国家级大型体育中心，以及经常用于重要国际活动的大量人员集中的公共场所等的一级负荷，为特别重要负荷。一级负荷应由两个电源供电，一用一备，当一个电源发生故障时，另一个电源应不致同时受到损坏。一级负荷中的特别重要负荷，除上述两个电源外，还必须增设应急电源。为保证对特别重要负荷的供电，禁止将其他负荷接入应急供电系统。

常用的应急电源可有以下几种：独立于正常电源的发电机组、供电网络中有效地独立于正常电源的专门馈电线路、蓄电池。

(二)二级负荷

中断供电将造成较大政治影响、较大经济损失或将造成公共场所秩序混乱的电力负荷，属于二级负荷。如省(部)级的办公楼、甲等电影院、市级体育场馆、高层普通住宅、高层宿舍等建筑的照明负荷。对于二级负荷，要求采用两个电源供电，一用一备，两个电源应做到当发生电力变压器故障或线路常见故障时不致中断供电(或中断供电后能迅速恢复)。在负荷较小或地区供电条件困难时，二级负荷可由一路 6 kV 及其以上的专用架空线供电。

(三)三级负荷

不属于一级负荷和二级负荷的一般电力负荷，均属于三级负荷。三级负荷对供电电源无要求,一般为一路电源供电即可,但在可能的情况下,也应提高其供电的可靠性。

第二节　10 kV 变(配)电所及高压设备

变(配)电所是联系发电厂与用户的中间环节,它起着变换与分配电能的作用。本节仅介绍常见的 10 kV 变电所。10 kV 变电所主要由变压器、高压开关柜(断路器)、低压开关柜(隔离开关、空气开关、电流互感器、计量仪表)、母线等组成。

一、变(配)电所位置的选择原则

一般来讲,变(配)电所位置选择应考虑下列条件来综合确定:

(1)接近负荷中心,这样可降低电能损耗,节约输电线用量。

(2)进出线方便。

(3)接近电源侧。

(4)设备吊装、运输方便。

(5)不应设在有剧烈振动的场所。

(6)不宜设在多尘、水雾(如大型冷却塔)或有腐蚀性气体的场所,当无法远离时,不应设在污染源的下风侧。

(7)不应设在厕所、浴室或其他经常积水场所的正下方或贴邻。

(8)当变(配)电所为独立建筑物时,不宜设在地势低洼和可能积水的场所。

(9)高层建筑地下层变(配)电所的位置,宜选择在通风、散热条件较好的场所。

(10)当变(配)电所位于高层(或其他地下建筑)的地下室时,不宜设在最底层。当地下仅有一层时,应采取适当抬高该所地面等防水措施,并应避免洪水或积水从其他渠道淹渍变(配)电所的可能性。

二、主接线的方式及特点

变(配)电所的主接线(一次接线)是指由各种开关电器、电力变压器、互感器、母线、电力电缆、并联电容器等电气设备按一定次序连接的接受和分配电能的电路。它是电气设备选择及确定配电装置安装方式的依据,也是运行人员进行各种倒闸操作和事故处理的重要依据。用图形符号表示主要电气设备在电路中连接的相互关系,称为电气主接线图。电气主接线图通常以单线图形式表示。

主接线的基本形式有单母线接线、双母线接线、桥式接线等多种,本书只介绍建筑电气中常见的单母线接线。

(一)单母线不分段主接线

这种接线的优点是线路简单,使用设备少,造价低;缺点是供电的可靠性和灵活性差,母线故障检修时将造成所有用户停电。因此,它适应于容量较小、对供电可靠性要求不高的场合。单母线不分段主接线如图 10-2 所示。

(二)单母线分段主接线

它在每一段接一个或两个电源,在母线中间用隔离开关或断路器来分段。引出的各支路分别接到各段母线上。这种接线的优点是供电可靠性较高,灵活性增强,可以分段检修;

缺点是线路相对复杂，当母线出现故障时，该段母线的用户停电。采用断路器连接分段的单母线，可适用于一、二级负荷。采用这种供电方式注意保证两路电源不并联运行。单母线分段主接线如图 10-3 所示。

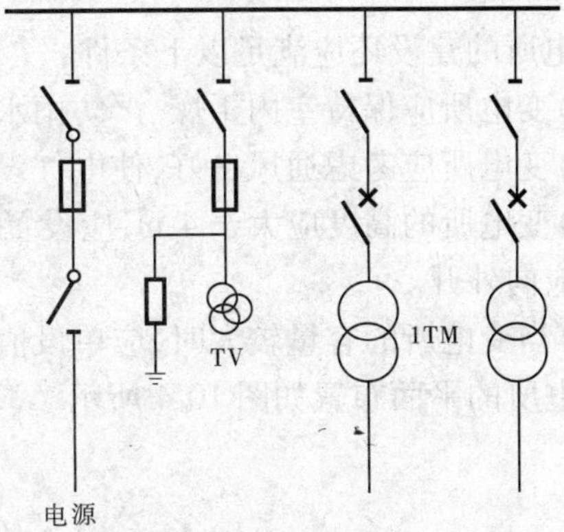

图 10-2 单母线不分段主接线

三、变电所的形式和布置

（一）变电所的形式

变电所的形式有独立式、附设式、杆上式或高台式、成套式。附设式又分为内附式和外附式。

（二）变电所的布置

10 kV 变电所一般由高压配电室、变压器室和低压配电室三部分组成。

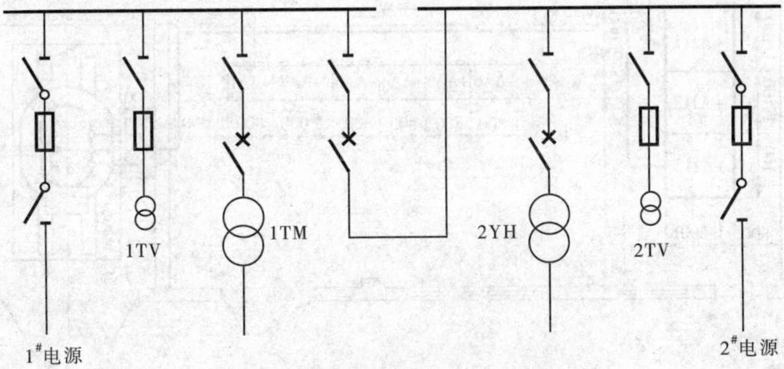

图 10-3 单母线分段主接线

1. 高压配电室

高压配电室内设置高压开关柜，柜内设置断路器、隔离开关、电压互感器、母线等。高压配电室的面积取决于高压开关的数量和柜的尺寸。高压配电一般设有高压进线柜、计量柜、电容补偿柜、馈线柜等。高压柜前留有巡检操作通道，应大于 1. 8 m。柜后及两端应留有检修通道，应大于 1 m。高压配电室的高度应大于 2. 5 m。高压配电室的门应大于设备的宽度，应向外开。

2. 变压器室

当采用油浸变压器时，为使变压器与高、低压开关柜等设备隔离应单独设置变压器室。变压器室要求通风良好，进、出风口面积应达到 0. 5 ~0. 6 m^2。对于设在地下室内的变电所，可采用机械通风。变压器室的面积取决于变压器台数、体积，还要考虑周围的维护通道。10 kV 以下的高压裸导线距地高度大于 2. 5 m，而低压裸导线要求距地高度大于 2. 2 m。

3. 低压配电室

低压配电室应靠近变压器室，低压裸导线（铜母排）架空穿墙引入。低压配电室有进线柜、仪表柜、配出柜、低压补偿柜（采用高压电容补偿的可不设）等。低压配出回路多，低压开关数量也多。低压配电室的面积取决于低压开关柜数量，柜前应留有巡检通道（大于 1. 8 m），柜后应留有维修通道（大于 0. 8 m）。低压开关柜有单列布置和双列布置（柜数量较多时采用)等。

变电所的建设还应满足以下条件:

(1)变电所应保持室内干燥、严防雨水进入。

(2)变电所应考虑通风良好,使电气设备正常工作。

(3)变电所的高度应大于 4 m,应设置便于大型设备进出的大门和人员出入的门,且所有的门应向外开。

(4)当变电所的容量较大时,应单设值班室、设备维修室、设备库房等。

变电所的平面布置如图 10-4 所示。

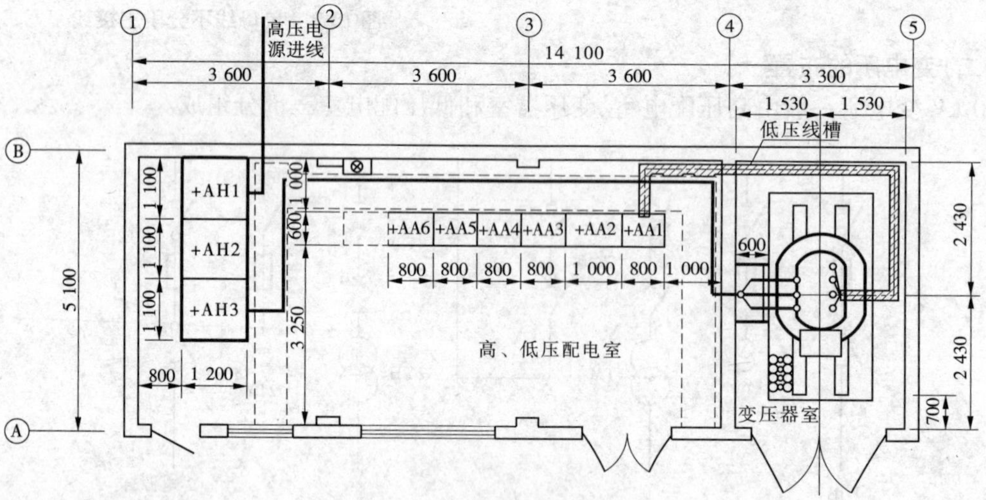

图 10-4　变电所平面布置图

第三节　常用高压设备

常用的高压一次电气设备有高压熔断器、高压隔离开关、高压负荷开关、高压断路器、高压开关柜、高压避雷器和互感器等。

一、高压隔离开关

高压隔离开关的作用主要是隔断高压电源,并造成明显的断开点,以保证其他电气设备安全进行检修。因为高压隔离开关没有专门的灭弧装置,所以不允许带负荷分闸和合闸。但是激磁电流不超过 2 A 的空载变压器、电容电流不超过 5 A 的空载线路及电压互感器和避雷器等,可以用高压隔离开关切断。

按安装地点的不同,高压隔离开关分为户内式和户外式两大类。GN19 - 10/600 型户内高压隔离开关的外型如图 10-5 所示。它的型号含义如下:G—隔离开关;N—户内式;19—设计序号;10—额定电压(kV);600—额定电流(A)。

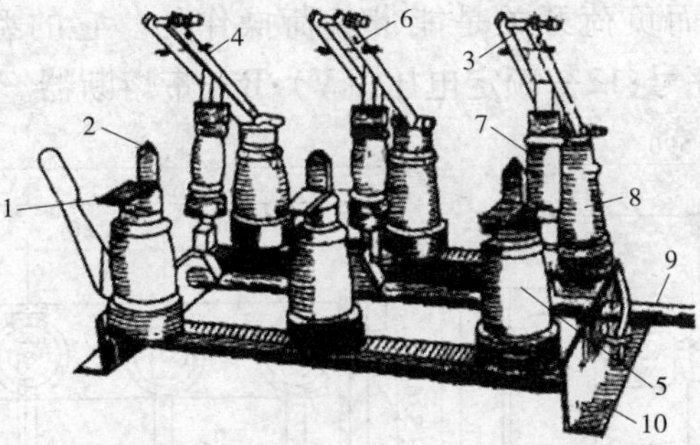

1—连接板;2—静触头;3—接触条;4—夹紧弹簧;5、8—支持瓷瓶;

6—镀锌钢片;7—拉杠绝缘子;9—传动主轴;10—底架

图 10-5　GN19 - 10/600 型户内高压隔离开关

二、高压断路器

高压断路器具有相当完善的灭弧结构和足够的断流能力。它的作用是接通和切断高压负荷电流,并在严重的过载和短路时自动跳闸,切断过载电流和短路电流。

按采用的灭弧介质不同,高压断路器分为油断器、气体断路器(如 SF6)和真空断路器等。常用的高压油断路器,按用油量分类,又有高压少油断路器和高压多油断路器两类。少油断路器的油量很少,只有几千克,它的油只用来灭弧,不用来绝缘,所以外壳一般是带电的;多油断路器的油量多,它的油除用来灭弧外,还要用做相对地(外壳)甚至相与相之间的绝缘,外壳是不带电的。一般 6 ~ 10 kV 的户内高压配电装置中都采用少油断路器。SN10 - 10 型高压少油断路器的外形结构如图 10-6 所示。SN10 - 10/1 000 型号含义如下:S—少油断路器;N—户内式;10—设计序号;10—额定电压(kV);1 000—额定电流(A)。

三、高压负荷开关

高压负荷开关专门用在高压装置中通断负荷电流,当装有热脱扣器时,也可在过负荷情况下自动跳闸切断过负荷电流。高压负荷开关只具有简单的灭弧装置,只能通过一定的负荷电流和过负荷电流,它的断流能力不大,不能用它来切断短路电流。它必须和高压熔断器串联使用,短路电流靠熔断器切断。

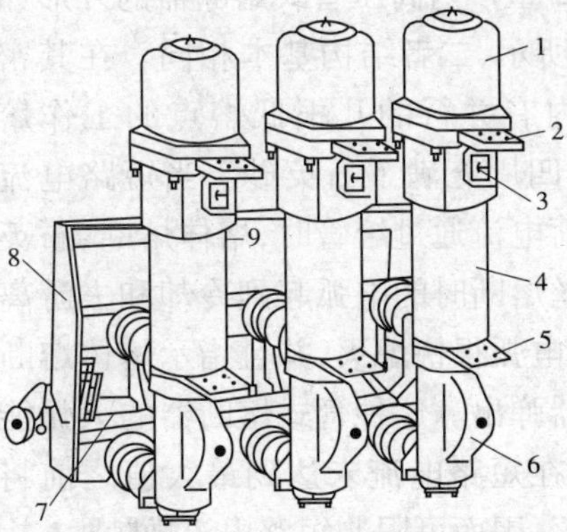

1—上帽;2—上出线座;3—油标;4—绝缘筒;5—下出线座;

6—基座;7—主轴;8—框架;9—断路弹簧

图 10-6　SN10 - 10 型高压少油断路器

高压负荷开关也分为户内式和户外式两类。我国自行设计的 FN3 - 12R 型户内高压负荷开关如图 10-7 所示。它同一般户内式高压隔离开关很相似,断路时也具有明显的断开间隙,因此它也能起隔离电源的作用。但负荷开关与隔离开关有原则区别,即隔离开关不能带负荷操作，而负荷开关是能带负荷操作的。它的型号含义如下：F—负荷开关；N—户内式；3—设计序号；12—额定电压(kV)；R—带熔断器。

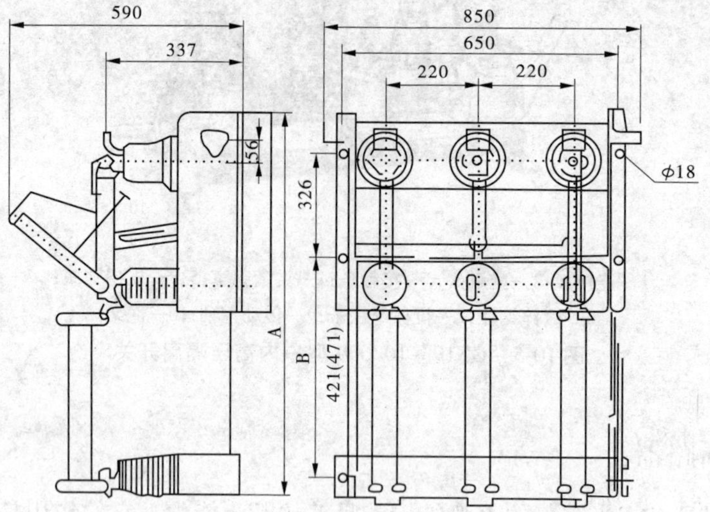

图 10-7　FN3－12R 系列高压负荷开关

四、高压熔断器

高压熔断器是电网中广泛使用的电器，它是在电网中人为地设置的一个最薄弱的通流元件，当流过过电流时，元件本身发热而熔断，借灭弧介质的作用使电路断开，达到保护电网线路和电气设备的目的。高压熔断一般分为管式和跌落式两类。户内广泛采用管式，户外采用跌落式。由于管式熔断器在开断电路时无游离气体排出，因此户内广泛采用 RN1、RN2 型管式熔断器，而在户外则广泛采用 RW4 型跌落式熔断器。

RN2 型户内高压管式熔断器的外形如图 10-8 所示，二者结构基本相同。在其密封瓷管内有并行的几根低熔点的工作熔体，熔体四周充满了石英砂。当短路电流或过负荷电流通过熔管时，熔体熔断，石英砂对熔丝熔断时的电弧起到冷却和去游离作用，使电弧很快熄灭，并且指示熔体熔断的指示器弹出。这种管式熔断器的灭弧能力强，能在短路电流未达到最大值之前将电弧熄灭，因而可限制短路电流数值。

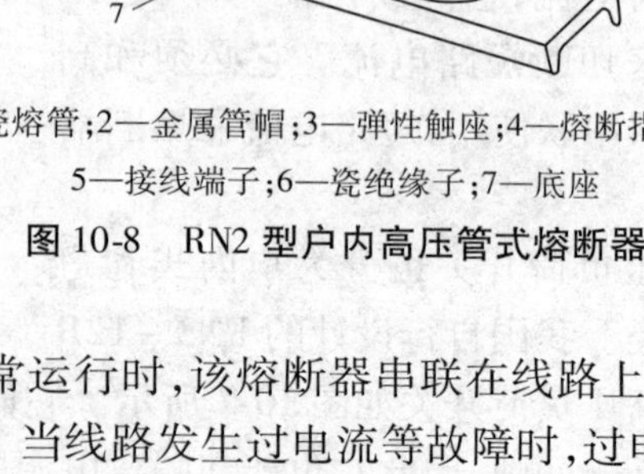

1—瓷熔管；2—金属管帽；3—弹性触座；4—熔断指示器；5—接线端子；6—瓷绝缘子；7—底座

图 10-8　RN2 型户内高压管式熔断器

RW4－10 型户外高压跌落式熔断器的外形结构如图 10-9 所示。这种熔断器的熔管由保护管（由酚醛纸制成）和消弧管（由产气材料制成）组成，里面密封着熔丝。正常运行时，该熔断器串联在线路上，利用熔管上的活动关节拉紧，使熔断器保持在合闸状态。当线路发生过电流等故障时，过电流使熔丝迅速熔断，消弧管产生大量气体将电弧吹灭。熔丝熔断后，熔管下部触头因失去张力而下翻，在熔管自重作用下跌落，形成明显的断开间隙。这种熔断器用于周围没有急剧振动的场所，既可作 6 ~ 10 kV 交流电力线路和电力变压器的短路保护，又可在一定条件下直接用绝缘钩棒操作熔管的开合，以断开或接通小容量的空载变压器、空载线路和小负荷电流。

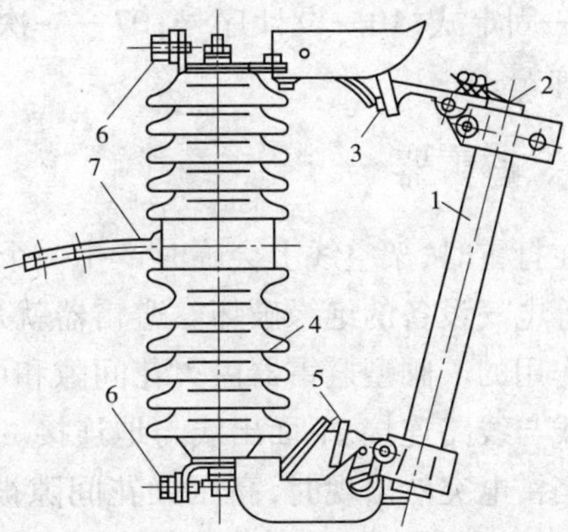

1—熔管；2—熔丝元件；3—上触头；4—绝缘瓷套管；5—下触头；6—端部螺栓；7—紧固板

图 10-9　RW4 – 10 型户外高压跌落式熔断器

五、高压开关柜

高压开关柜是一种柜式的成套配电设备，它是按一定的接线方案将有关一、二次设备组成成套的高压配电装置，在变电所中作为控制和保护电力变压器和高压线路之用，也可作为大型高压交流电动机的启动和保护之用。高压开关柜中安装有高压开关设备、保护电器、监测仪表和母线、绝缘子等。

我国现在大量生产和广泛使用的固定式高压开关柜主要有 GG – 10 型。这种开关柜采用新型开关器，柜内空间较大，便于检修而且技术性能成熟。

GG – 10 – 07S 型高压开关柜的外形结构如图 10-10 所示。其符号含义为：G—高压开关

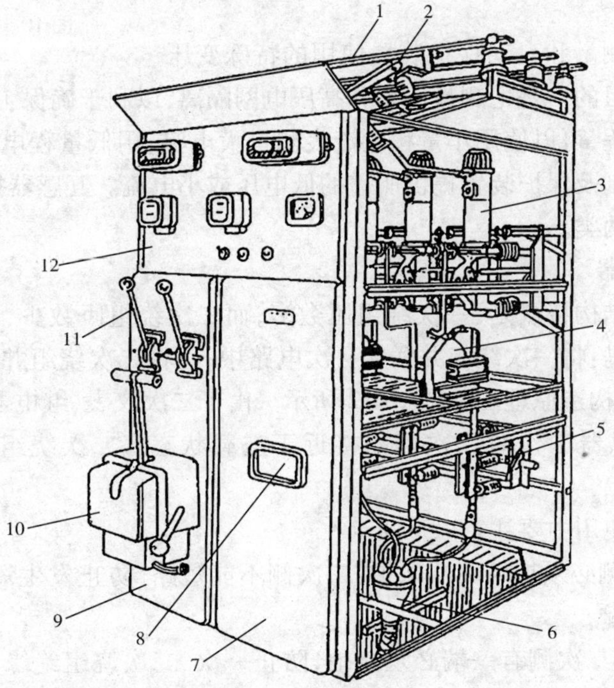

1—汇流排；2—高压隔离开关；3—高压断路器；4—电流互感器；5—高压隔离开关；6—电缆头；7—检修门；8—观察窗；9—操作面板；10—高压断路器操作机构；11—高压隔离开关操作机构；12—仪表、继电器板(兼检修门)

图 10-10　GG – 10 – 07S 型高压开关柜(已抽出右面的防护板)

柜;G—固定式;10—设计序号;07——一次线路方案编号;S—手动主开关操作机构(D 电磁式,I 弹簧式)。

六、避雷器

在打雷时,架空线上会临时产生一个非常高的电压,时间虽然短,但也足够把油开关、变压器等电气设备的绝缘破坏。避雷器就是用来防止架空线引进的雷电对变配电装置所起的破坏作用的。阀型避雷器由火花间隙和可变电阻两部分组成,密封于一个瓷质套筒里面,上面出线与线路连接,下面出线与地连接。

当雷电突然出现时,高压火花间隙被击穿,避雷器有电流通过,使雷电电流引向大地,避免了变配电装置受到雷电的破坏。可变电阻的作用是当电压高、电流大时电阻值很小,可使雷电的电流很快通过。当放电将近结束时,电压低、电流小,电阻就增加,逐渐阻止线路上的高压电流通过,当电压降到不足以击穿火花间隙时,避雷器就不再通过电流,恢复原状。避雷器的外形结构如图 10-11 所示。

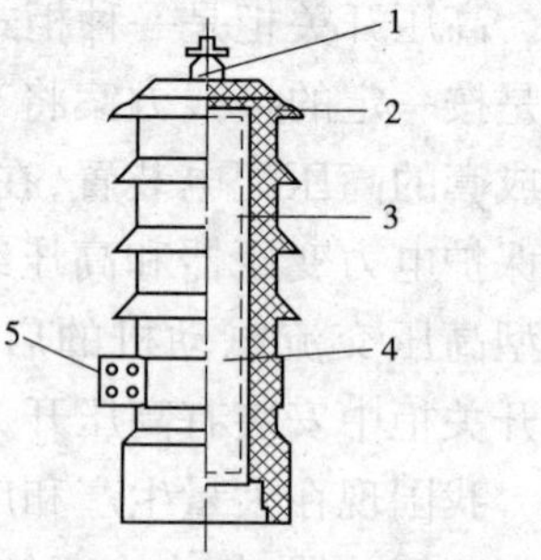

1—接线端;2—瓷套筒;3—火花间隙;
4—阀型电阻片;5—安装卡子

图 10-11　阀式避雷器

七、互感器

互感器是电工测量和自动保护装置使用的特殊变压器。使用互感器的目的一是把测量回路和高压电网隔离,以利于确保工作人员的安全;二是扩大测量仪表的量程,可以使用小量程电流表测量大电流,用低量程电压表测量高电压,或者为高压电路的控制及保护装置提供所需的低电压或小电流。互感器按用途可分为电压互感器和电流互感器两类。

(一)电压互感器

电压互感器的结构特点是:一次绕组匝数多,而二次绕组匝数少,相当于降压变压器。它接入电路的方式是:将一次绕组并联在一次电路中,而将二次绕组并联仪表、继电器的电压线圈,电压互感器构造原理图如图 10-12 所示。由于二次仪表、继电器等的电压线圈阻抗很大,所以电压互感器工作时二次回路接近于空载状态。二次绕组的额定电压一般为 100 V。

电压互感器在使用中要注意以下几点:

(1)一次、二次侧必须加熔断器保护,二次侧不能短路,防止发生短路烧毁互感器或影响一次电路正常运行。

(2)电压互感器二次侧有一端必须接地,防止一次、二次绕组绝缘击穿时,一次侧的高电压窜入二次侧,危及人身和设备的安全。

(3)二次侧并接的电压线圈不能太多,避免超过电压互感器的额定容量,引起互感器绕组发热,并降低互感器的准确度。

(二)电流互感器

电流互感器的结构特点是:一次绕组匝数少(有的只有一匝,利用一次导体穿过其铁芯)，导体相当粗，而二次绕组匝数很多，导体较细。它接入电路的方式是：将一次绕组串联接入一次电路，而将二次绕组与仪表、继电器等的电流线圈串联，形成一个闭合回路，电流互感器构造原理图如图 10-13 所示。由于二次仪表、继电器等的电流线圈阻抗很小，所以电流互感器工作时二次回路接近短路状态。二次绕组的额定电流一般为 5 A。

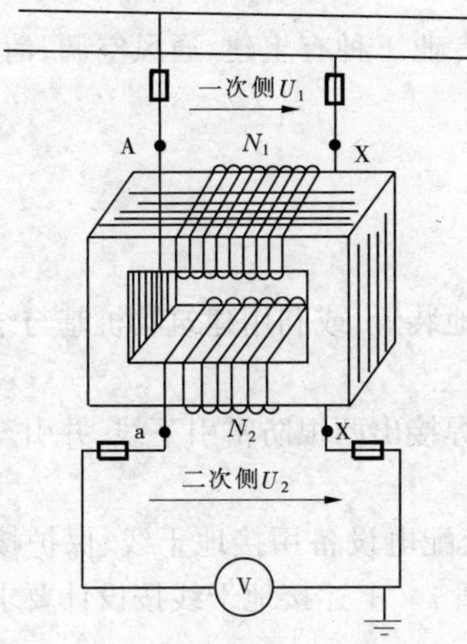

图 10-12　电压互感器构造原理图

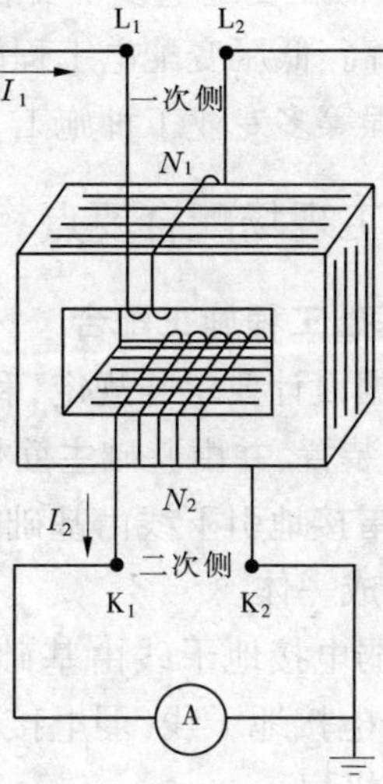

图 10-13　电流互感器构造原理图

电流互感器在使用中要注意以下几点：

(1)电流互感器在工作时其二次侧不得开路，二次侧不允许串接熔断器和开关。

(2)电流互感器二次侧有一端必须接地，防止一次、二次绕组绝缘击穿时，一次侧的高电压窜入二次侧，危及人身和设备的安全。

第四节　高、低压变配电工程施工现场配合与控制

一、施工内容概述

(1)室外高、低压电缆进线敷设有三种方式：架空、直埋、电缆沟。在市区内电缆架空敷设禁止使用，后两种使用较多，电缆沟敷设利于维护检修。

(2)高、低压变配电室的组成由高压分界小室，高压配电室，变压器室，低压配电室，电容器室，高、低压变配电模拟控制室组成。

(3)高、低压变配电柜内，电缆进出线有三种方式：

①电缆由桥架或插接母线上进上出。

②电缆由地沟下进下出。

③电缆由柜体上方、上人吊顶走天沟敷设上进上出。

(4)采用柴油发电机做备用电源，需设置柴油发电机房。柴油发电机在城市市区使用时，环保部门对噪声有特殊要求与规定。

(5)采用UPS做备用电源，当容量较大时还应设UPS备用电源室。此备用电源无噪声，符合绿色环保要求，在城市市区建设中采用逐渐增多。

(6)高、低压设备的防雷接地。

(7)高、低压设备安装，需确定设备基础的几何尺寸，由设计单位出大样图。

(8)高、低压变配电设备安装调试。

由上述高、低压变配电工程施工内容可知，配合专业工种有土建、通风空调、消防、给排水、弱电工程等多专业工种施工，协调配合是关键。

二、施工现场配合要点

(一)基础工程施工配合

(1)依据设计要求与规定，利用建筑物基础做接地装置，或利用建筑物桩基与结构基础相连做接地装置，并由基础主筋焊接成接地网。

(2)防雷接地引下线由基础钢筋与柱钢筋相连，焊接出两根防雷引下线，并引至屋顶与防雷网焊接成一体。

(3)强弱电接地干线由基础同一点处引出，有变配电设备用接地干线、保护接地干线(PE线)、弱电接地干线(弱电接地干线穿PVC塑料管)。上述接地干线按设计要求与规定引至各室或机房。

(二)结构工程施工配合

(1)随结构钢筋绑扎。在有设计要求规定的柱上，两根主筋防雷引下线同时施工。

(2)竖井预留板洞。楼板预留板洞，墙体预留板洞。

(3)预埋铁件。按设计要求规定，在顶板上或墙体上进行预埋铁件施工。首先找准标高、坐标位置，预埋铁件之间距离应准确。

(4)预埋套管。根据施工图要求，选择套管口径，确定根数，按规定标高、坐标位置进行预埋。

(5)依据设计对高、低压柜柜体选型，确定基础几何尺寸，提供给土建主管技术人员安排施工。

(6)确定油浸变压器混凝土轨道基础、蓄油坑的几何尺寸，提供给土建主管技术人员安排施工。

(7)柴油机房内设备基础，应及时提供给土建技术人员安排施工。

(8)外线施工涉及电缆进户或出户的电缆沟敷设或直埋敷设。

(三)装修开始时高、低压变配电设备安装插入

(1)高、低压变配电设备安装时，土建应已完成墙面、楼板湿作业，楼层装修已基本完善，方可进行安装。搬运安装配电箱(柜)时，不得拆开包装，待安装时方可拆开。

(2)安装箱(柜)面板时，应注意保持墙面整洁。

(3)安装好后，检查无任何问题，锁好箱(柜)门、钥匙保管好(统一编号)，必要时外用包装纸箱或塑料布包好箱体用胶纸缠紧，防止划伤漆面和丢失箱内附件，并避免弄脏电器、仪表。

三、施工现场控制重点

（一）高、低压变配电工程施工依据

（1）高、低压变配电工程施工图，必须经当地主管供电部门审核批准方可施工。

（2）审核施工图是否由具有法人资质证明的设计单位设计，施工图上应盖有施工图字样的标识，并注明施工图设计日期、允许使用日期，确认施工图有效方可使用。使用设计修改后的再版图时，必须办理上述手续才允许使用。对于过期作废施工图，应及时加盖施工图作废章，并注明日期，不允许废图在施工现场流通使用。

（3）依据施工图组织设计交底，并及时办理设计变更洽商，注意区分技术性和经济性设计变更洽商，这是竣工后办理决（结）算的依据。

（4）审核高、低压变配电工程的施工组织设计：

①技术、质量交底是否符合施工图内的主控项目的要求与规定，依据应符合现行国家标准和规范。

②编制的材料计划、设备加工订货计划和劳动力安排计划，应保证土建工程进度计划不受影响。关键是设备加工订货，应明确加工周期、到现场日期，不得延误，确保竣工工期。

③确定大型设备在建筑物内的通道。

④业主、监理、施工单位列出各自组织架构网络、总负责人姓名、通信联系方式，以便工作协调。

（二）高、低压变配电工程施工前的控制

（1）会同建设单位和供电部门核实高压电缆进线预留管的标高、坐标位置、数量、管径是否符合实际。如有变化应办理设计变更洽商。

（2）检查变配电室门、窗的封闭、开启方向、设备运输通道、屋顶是否做防水处理。

（3）核实设备基础尺寸，按提供的施工图进行施工，发现问题及时纠正。

（4）变配电室内不应有水平或垂直的给排水管、冷热水管。

（5）检查变配电室结构混凝土内的添加剂和装修用的涂料化学成分，是否影响送电运行和人体健康。

（6）变配电室内应有良好通风条件，保证变压器、电容器、带负荷开关等发热设备和部件能及时散热。

（三）对变配电设备的加工订货厂家的控制

审核变配电设备厂家是否具备下列条件：

（1）具有法人营业执照和生产许可证。

（2）资信证明，了解资金情况及赔付能力。

（3）商务合作证明或协议，代理商出示。

（4）企业业绩和产品介绍的相关检验证明（包括彩页样本）。

（5）具有质量保证体系认证文件和售后服务承诺。

在投标文件报价等条件进行综合平衡后，择优选定设备厂家。

（四）变配电设备技术指标重点控制

（1）变配电设备技术指标，应满足设计要求及规定，保证使用功能，安全可靠运行。

(2)变压器应向厂家提供高压、低压一二次接口是母排螺栓连接还是插接母线连接，明确变压器内部用的电风扇对电源的要求。

(3)高压柜、低压柜的进出线要求，接地母排和PE母排安装位置要求；多根电缆在同一开关出线，要求开关出口设置过渡板。

(4)消防要求两路电源能满足自投和互投；提出在火灾状态下，对非消防电源切断范围，并要求有切断信号回音。

(5)模拟屏模拟信号和数字信号采集，是通过高、低压开关辅助接点获取的，或由仪表经过传感器获取的；有关接点是采用常开的还是采用常闭的，是有源接点还是无源接点，按设计提供的模拟图所列清单为依据。

(6)楼宇自控系统要求厂家预留控制接口的数量，接点是常开还是常闭，是有源还是无源，列出清单由设备厂家负责增加设置。

(7)直流控制屏厂家负责提出要求，如一二次接口的导线截面、端子的个数，线号、接线位置，以及对电压、电流、导线截面等列出清单，供给高压设备厂家设置。

(五)高、低压变配电设备安装控制

(1)设备进场开箱检查是关键环节：

①检查人员应由建设单位或监理单位、施工安装单位、供货单位代表组成，共同进行核验并做好记录，各方签字确认合格。

②依据设计的施工图及设备技术文件和清单，检查设备及附件和备件的规格型号、数量是否符合设计要求，部件是否齐全，有无损坏丢失。

③设备出厂资料应齐全。例如设备图纸、安装使用说明书、出厂试验报告、出厂合格证书、装箱清单等产品的技术文件应齐全。

④所采用的设备及器材均应符合现行国家有关规范的规定，并在设备上设置铭牌标识。

⑤设备外观检查无机械损伤及变形，油漆完好无损伤。

⑥设备内部观察检查，关键是导线连接部位、压头和接地等主控项目必须符合现行国家有关规范的规定。

(2)设备安装应严格控制工艺流程，首先，技术交底应明确主控部位的操作要求及注意事项，并下达给每个操作人员认真执行。同时，加强自检、互检、交接检过程控制，竣工控制，确保设备安装质量达到优良标准。

(3)设备调试运行控制：

①检查设备调试运行报告中调试程序是否符合要求，应做的调试项目全部包含在程序内，调试过程中应注意的设备和人身安全保证措施应完善，调试检验单据齐全，经审核合格方可进入调试工作。

②交接试验应由当地供电部门许可的试验单位进行。试验标准应符合现行国家有关规范的规定，以及产品技术文件的有关规定。

③设备送电前应做全面检查，确认符合安全试运行条件时方可投入运行。

④设备送电调试运行根据实际情况，决定是半负荷调试运行还是满负荷调试运行，或是二者全进行。

(4)设备安装调试完毕在交付使用前的成品保护，应根据现场实际情况，确定成品保护措施,保证劳动不受侵犯和损坏。

(5)竣工资料和文件的整理应符合现行国家有关规范规定,按程序列出名目,做好竣工交验准备。

复习题

1. 电力系统主要由哪几部分组成？每部分的主要作用是什么？

2. 电力负荷等级是如何划分的？分别举例说明。

3. 变电所的作用是什么？一个变电所通常由哪几部分组成？每部分里主要安装了哪些设备,并说明其作用。

4. 简述高压隔离开关和高压断路器的区别。

5. 互感器从原理上讲是如何分类的？每种类别在安装使用中有哪些注意事项？

6. 高低压变配电施工的主要内容是什么？

7. 在变配电所施工中如何和其他专业做好协调与配合？

第十一章　低压供配电系统

第一节　低压配电方式

低压配电系统由配电装置和配电线路组成。低压配电方式是指低压干线的配电方式。低压配电方式有放射式、树干式、链式三种形式，低压配电方式如图 11-1 所示。

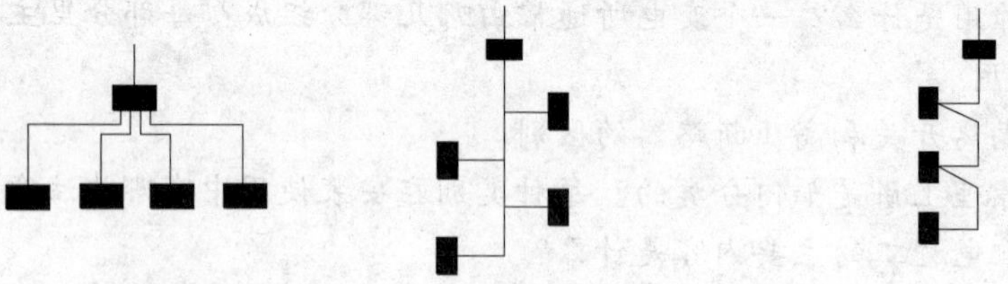

(a)放射式　(b)树干式　(c)链式

图 11-1　低压配电方式

一、放射式

放射式是指由总配电箱直接供电给分配电箱或负载的配电方式。优点是各负荷独立受电，一旦发生故障只局限于本身而不影响其他回路，供电可靠性高，控制灵活，易于实现集中控制。缺点是线路多，有色金属消耗量大，系统灵活性较差。这种配电方式适用于设备容量大、要求集中控制的设备、要求供电可靠性高的重要设备配电回路，以及有腐蚀性介质和爆炸危险等场所不宜将配电及保护起动设备放在现场者。

二、树干式

树干式是指由总配电箱至各分配电箱之间采用一条干线连接的配电方式。优点是投资费用低，施工方便，易于扩展。缺点是干线发生故障时，影响范围大，供电可靠性较差。这种配电方式常用于明敷设回路、设备容量较小、对供电可靠性要求不高的设备。

三、链式

链式也是在一条供电干线上带多个用电设备或分配电箱，与树干式不同的是，其线路的分支点在用电设备上或分配电箱内，即后面设备的电源引自前面设备的端子。优点是线路上无分支点，适合穿管敷设或电缆线路，节省有色金属。缺点是当线路或设备检修及线路发生故障时，相连设备全部停电，供电的可靠性差。这种配电方式适用于暗敷设线路、供电可靠性要求不高的小容量设备。一般串联的设备不宜超过 3 ~ 4 台，总容量不宜超过 10 kW。

实际工程中的配电形式多为以上形式的混合，一般民用建筑的配电形式如图 11-2 所示，高层建筑的配电形式如图 11-3 所示。

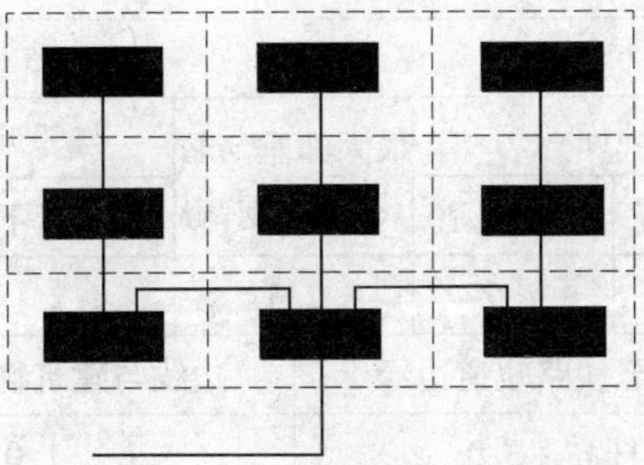

图 11-2　一般民用建筑的配线

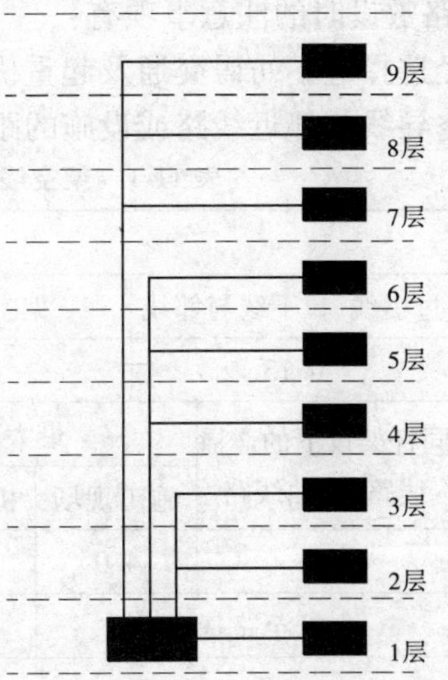

图 11-3　高层建筑的配线

第二节　低压配电线路

一、架空线路

架空线路主要由导线、电杆、横担、绝缘子和线路金具等组成，如图 11-4 所示。其特点是设备材料简单，成本低，容易发现故障，维护方便；缺点是易受外界环境的影响，供电可靠性较差，影响环境的整洁美观等。

导线的主要任务是输送电能。导线主要分绝缘线和裸线两类，市区或居民区尽量采用绝缘线。绝缘线又分铜芯和铝芯两种。

电杆主要作用是支撑导线，同时保持导线的相间距离和对地距离。电杆按材质分有木杆、水泥杆和铁塔三种。电杆按其功能分直线杆、转角杆、终端杆、跨越杆、耐张杆、分支杆等。

横担主要用来安装绝缘子以固定导线。从材料来分，有木横担、铁横担和瓷横担。低压架空线常用镀锌角铁横担。横担固定在电杆的顶部，距顶部一般为 300 mm。

绝缘子的主要作用是固定在横担上，使导线之间、导线与横担之间保持绝缘，同时也承受导线的垂直荷重的水平拉力。低压架空线路绝缘子主要有针式和蝶式两种。

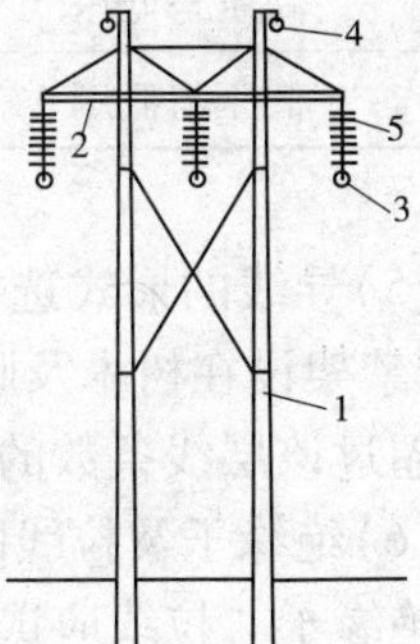

1—电杆；2—横担；3—导线；
4—避雷线；5—绝缘子

图 11-4　架空线路结构

金具是架空线路上所使用的各种金属部件的统称，其作用是连接导线、组装绝缘子、安装横担和拉线等，即主要起连接或紧固作用。常用的金具有固定横担的抱箍和螺栓，用来连接导线的接线管，固定导线的线夹及做拉线用的金具等。为了防止金具锈蚀，一般采用镀锌铁件或铝制零件。

架空线路敷设时的注意事项有：

(1)路径选择应不妨碍交通及起重机的拆装、进出和运行，且力求路径短直、转角小。

(2)架空导线与邻近线路或设施的距离应符合表 11-1 的要求。

表 11-1　架空线路与邻近线路或设施的距离

<table>
<tr><th>项目</th><th colspan="7">邻近线路或设施的类别</th></tr>
<tr><td rowspan="2">最小净空距离
(m)</td><td colspan="2">过引线、拉下线与邻线</td><td colspan="3">架空线与拉线电杆外缘</td><td colspan="2">树梢摆最大时</td></tr>
<tr><td colspan="2">0.13</td><td colspan="3">0.65</td><td colspan="2">0.5</td></tr>
<tr><td rowspan="3">最小垂直距离
(m)</td><td rowspan="2">同杆架设下的广播线路、通信线路</td><td colspan="3">最大弧垂与地面</td><td rowspan="2">最大弧垂与暂设工程顶端</td><td colspan="2">与邻近线路交叉</td></tr>
<tr><td>施工现场</td><td>机动车道</td><td>铁路轨道</td><td>1 kV 以下</td><td>1 ~ 10 kV</td></tr>
<tr><td>1.0</td><td>4.0</td><td>6.0</td><td>7.5</td><td>2.5</td><td>1.2</td><td>2.5</td></tr>
<tr><td rowspan="2">最小水平距离
(m)</td><td colspan="2">电杆至路基边缘</td><td colspan="3">电杆至铁路轨道边缘</td><td colspan="2">边线与建筑物突出部分</td></tr>
<tr><td colspan="2">1.0</td><td colspan="3">杆高 +3.0</td><td colspan="2">1.0</td></tr>
</table>

(3)当电杆采用水泥杆时，不得露筋，不得有环向裂纹，其梢径不得小于 130 mm。电杆的埋设深度宜为杆长的 1/10 加上 0.6 m，但在松软土地上应当加大埋设深度或采用卡盘固定。

(4)档距、线距、横担长度及间距要求：档距是指两杆之间的水平距离，施工现场架空线档距不得大于 35 m。线距是指同一电杆各线间的水平距离，一般不得小于 0.3 m。横担长度应为：两线时取 0.7 m，三线或四线时取 1.5 m，五线时取 1.8 m。横担间的最小垂直距离不得小于表 11-2 的要求。

表 11-2　横担间的最小垂直距离

排列方式	直线杆	分支或转角杆
高压与低压	1.2	1.0
低压与低压	0.6	0.3

(5)导线的形式选择及敷设要求：施工现场必须采用绝缘线，架空线必须设在专用杆上，严禁架设在树木及脚手架上。为提高供电可靠性，在一个档距内每一层架空线的接头数不得超过该层线条数的 50%，且一根导线只允许有一个接头。

(6)绝缘子及拉线的选择及要求：架空线的绝缘子直线杆采用针式绝缘子，耐张杆采用蝶式绝缘子。拉线应选用镀锌铁线，其截面不小于 $3 \times \phi 4$，拉线与电杆的夹角应为45° ~ 90°，拉线埋设深度不得小于 1 m，水泥杆上的拉线应在高于地面 2.5 m 处装设拉线绝缘子。

二、电缆线路

电缆线路的优点是不受外界环境影响，供电可靠性高，不占用土地，有利于环境美观；缺点是材料和安装成本高。在低压配电线路中广泛采用电缆线路。

电缆主要由线芯、绝缘层、外护套三部分组成。根据用途不同，电缆可分为电力电缆、控制电缆、通信电缆等，按电压不同可分为低压电缆、高压电缆两种。电缆的型号中包含其用途类别、绝缘材料、导体材料、保护层等信息。目前，在低压配电系统中常用的电力电缆有

YJV 交联聚乙烯绝缘、聚氯乙烯护套电力电缆和 VV 聚氯乙烯绝缘、聚氯乙烯护套电力电缆两种，一般优选 YJV 电力电缆。

（一）电缆线路的敷设方式

电缆线路的敷设方式主要有直埋式、电缆沟式、电缆桥架式、排管式、隧道式等。

（1）直埋敷设方式就是把电缆直接埋入地下的敷设方式。这种方式施工简单、造价低廉、散热性好、使用广泛，但容易受机械损伤和腐蚀，故适合少量电缆的敷设，同一电缆沟内电缆一般不超过 6 根，埋设深度不小于 0. 7 m。

（2）电缆沟敷设方式是将电缆在砖砌或混凝土浇筑的电缆沟内敷设的方式。这种方式施工较为复杂，造价高，但使电缆免受机械损伤和腐蚀，故适合较多电缆的敷设。

（3）电缆桥架敷设是由托盘，梯架和直线段弯通，附件及支、吊架等构成，用以支撑电缆的连续性的刚性结构系统的总称。它的优点是制作工厂化、系列化，质量容易控制、安装方便、安装后的电缆桥架整齐美观。根据桥架的结构类型可分为托盘（有孔托盘、无孔托盘、组装式托盘）和梯架等种类。图 11-5 是电缆桥架组合部位安装示意图。

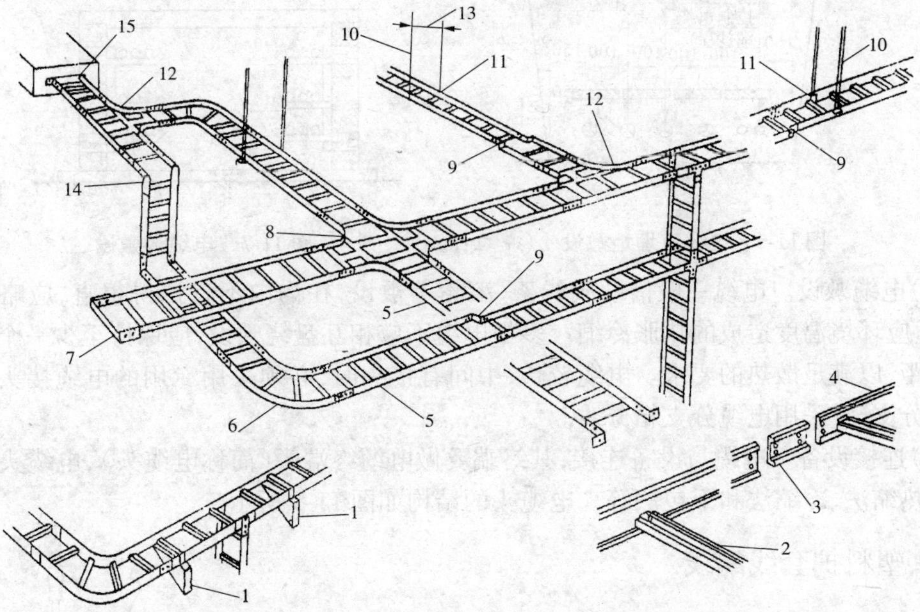

1—平装支架；2—缆架横梁；3—直连连接金具；4—缆架连梁；5—直线架；6—转角架；7—端部封堵；
8—四通架；9—宽度变接头；10—ϕ10 圆钢吊杆；11—吊杆卡具；12—三通架；
13—吊杆中距；14—连接金具；15—缆架承座

图 11-5　电缆桥架组合部位安装示意图

（4）排管敷设方式就是将水泥管、塑料管、钢管等排成一层或几层埋于地下，然后将电缆穿于管内敷设的方式。这种方式使电缆减少机械损伤和腐蚀，可以多层敷设，但电缆散热性能不好，电缆允许载流量减少，施工较为复杂，造价较高。为了便于穿线和检修，一般每隔 150 ~ 200 m 或在转弯处设置入孔。

（5）在电缆数目很多时，可以采取隧道方式。隧道一般高 2 m、宽 1. 8 ~ 2 m，由砖砌或混凝土浇筑而成，工程量大，造价高，但架设和维护方便。

(二)电缆线路的施工

电缆线路的施工按如下程序进行：

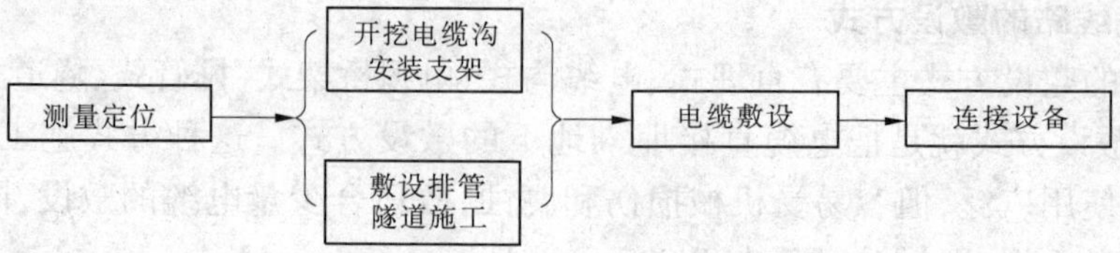

(1)测量定位。根据施工图要求和实际现场环境测量确定电缆沟及排管敷设位置。

(2)开挖电缆沟。直埋式电缆沟结构较为简单，一般挖成截面为倒梯形的形状，沟底铲平，铺上100 mm的软土或细沙，再将电缆敷设放置在上面，具体做法见图11-6。普通电缆沟由砖砌或混凝土浇筑而成，侧壁装有电缆支架，做法见图11-7。

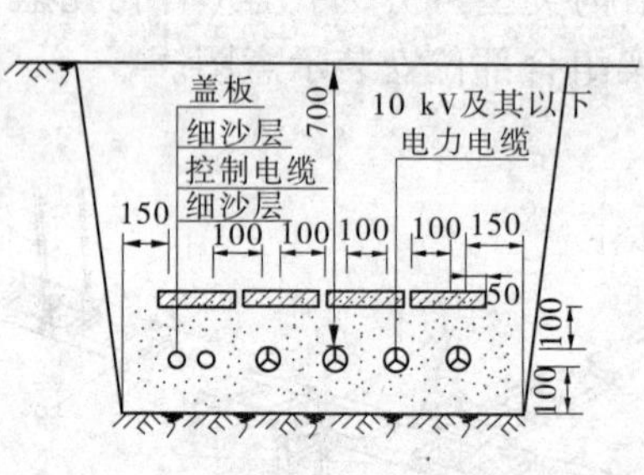

图11-6　电缆直埋地敷设　(单位：mm)

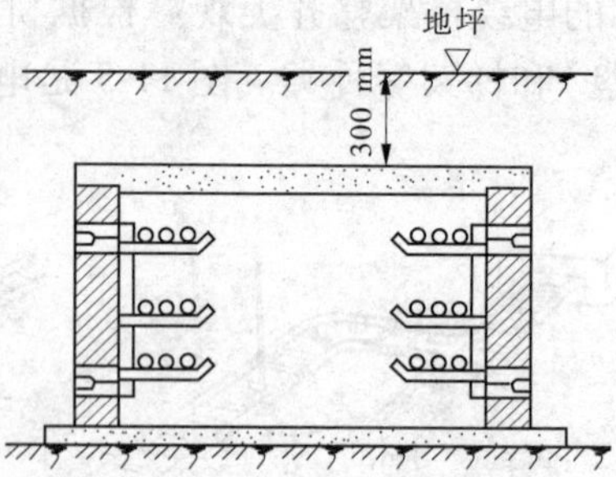

图11-7　电缆沟敷设

(3)电缆敷设。电缆一般借助放线架、滚轮等敷设，在沟内不宜拉得很直，应略呈波浪形，以适应环境温度造成的热胀冷缩。多根电缆不应相互盘绕敷设，应保持至少一个电缆直径的间距，以满足散热的要求。电缆较长，中间有接头时，必须采用专用的电缆接头盒。若电缆有分支，常采用电缆分支箱分线。

(4)连接设备。电缆与设备连接，其终端要做电缆终端头(简称电缆头)，电缆头的制作主要有热缩法、冷缩法和干包法等。电缆头的结构如图11-8所示。

三、塑料护套线配线

塑料护套线是具有塑料保护层的双芯或多芯绝缘导线。这种导线具有防潮性能良好、安全可靠、安装方便等优点。可以直接敷设在墙体表面，用铝片线卡(俗称钢筋扎头)作为导线的支持物，在小容量电路中被广泛采用。

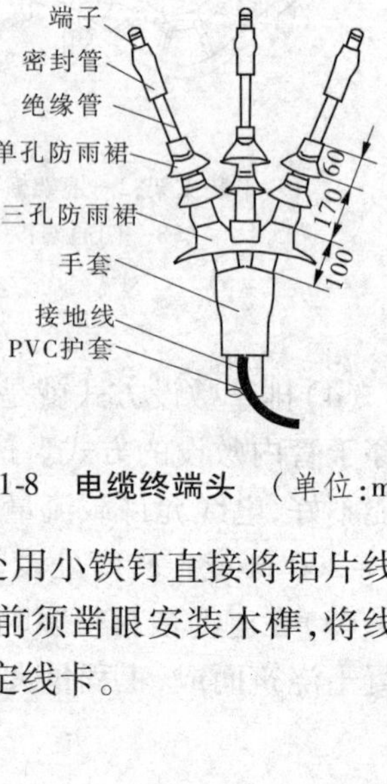

图11-8　电缆终端头　(单位：mm)

(一)塑料护套线的配线方法

(1)划线定位。先确定电器安装位置和线路走向，用弹线袋划线，每隔150～300 mm画出铝片线卡的位置，距开关、插座、灯具、木台50 mm处要设置线卡的固定点。

(2)固定铝片线卡。在木结构和抹灰浆墙上画有线卡位置处用小铁钉直接将铝片线卡钉牢，但对于抹灰浆墙每隔4～5个线卡位置或转角处及进木台前须凿眼安装木榫，将线卡钉在木榫上。对砖墙或混凝土墙可用木榫或环氧树脂黏结剂固定线卡。

(3)敷设导线。护套线应敷设得横平竖直、不松弛、不扭曲,不可损坏护套层。将护套线依次夹入铝片线卡。

(4)铝片线卡的夹持。如图 11-9 所示将铝片线卡收紧夹持护套线。

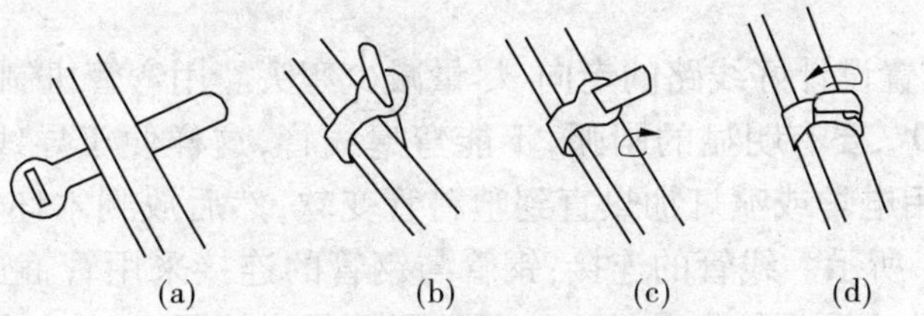

图 11-9　铝片线卡夹持护套线操作

(二)塑料护套线配线的注意事项

(1)塑料护套线不得直接埋入抹灰层内暗配敷设。

(2)室内使用塑料护套线配线,规定其铜芯截面面积不得小于 0.5 mm^2,铝芯截面面积不得小于 1.5 mm^2。室外使用,其铜芯截面面积不得小于 1.0 mm^2,铝芯截面面积不得小于 2.5 mm^2。

(3)塑料护套线不能在线路上直接剖开连接,应通过接线盒或瓷接头,或借用插座、开关的接线桩来连接线头。

(4)护套线转弯时,转弯前后各用一个铝片线卡夹住,转弯角度要大。如图 11-10(a)所示。

(5)两根护套线相互交叉时,交叉处要用四个铝片线卡夹住,如图 11-10(b)所示。护套线尽量避免交叉。

(6)护套线穿越墙或楼板及离地面距离小于 0.15 m 的一般护套线应加电线管保护,如图 11-10(c)所示。

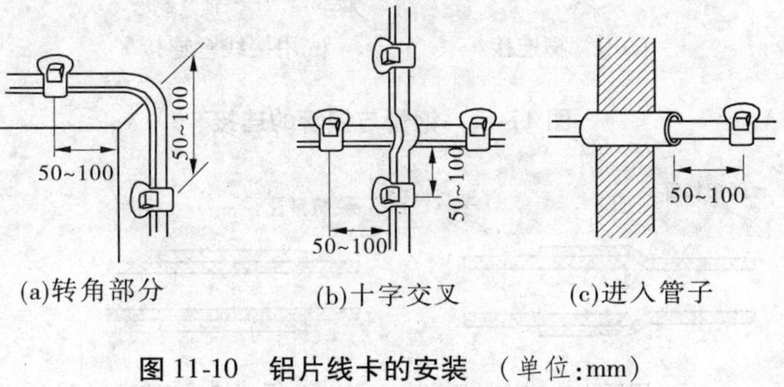

图 11-10　铝片线卡的安装　(单位:mm)

四、线管配线

把绝缘导线穿在管内的配线称为线管配线。线管配线有耐潮耐腐蚀,导线不易受到机械损伤等优点,但安装、维修不方便。适用于室内外照明和动力线路的配线。

(一)线管配线的方法

1. 线管的选择

(1)根据使用场所选择线管的类型。对于潮湿和有腐蚀气体的场所,选择管壁较厚的厚壁钢管;对于干燥场所,采用管壁较薄的电线管;对于腐蚀性较大的场所,一般选用硬塑料管。

(2)根据穿管导线的截面面积和根数来选择线管的直径。一般要求穿管导线的总截面面积(包括绝缘层)不应超过线管内径截面面积的40%。

2. 线管的敷设

根据用电设备位置设计好线路的走向,尽量减少弯头。用弯管机制作弯头时,管子弯曲角度一般不应小于90°,要有明显的圆弧,不能弯瘪线管,这样便于导线穿越。硬塑料管弯曲时,先将硬塑料管用电炉或喷灯加热直到塑料管变软,然后放到木坯具上弯曲,用湿布冷却后成型,如图11-11所示。线管的连接:钢管与钢管的连接采用管箍连接,如图11-12(a)所示,管子的丝扣部分应顺螺纹方向缠上麻丝后用管子钳拧紧;钢管与接线盒的连接用锁紧螺母夹紧,如图11-12(b)所示;塑料硬管之间的连接采用插入法和套接法连接,如图11-13(a)、(b)所示,在连接处需涂上黏结剂。

3. 线管的固定

线管明敷设时,采用管卡支持;当线管进入开关、灯头、插座、接线盒前300 mm处及线管弯头两边时需用管卡固定。线管暗线敷设时,用铁丝将管子绑扎在钢筋上或用钉子钉在模板上,将管子用垫块垫高,使管子与模板之间保持一定距离。

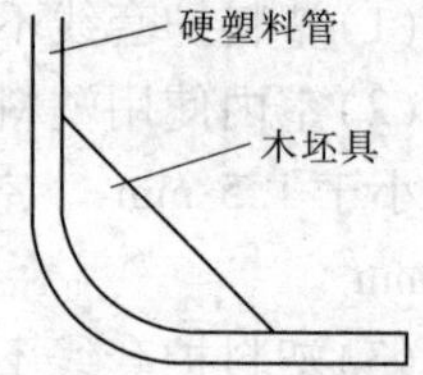

图 11-11 硬塑料管的弯曲

4. 线管的接地

线管配线的钢管必须可靠接地。

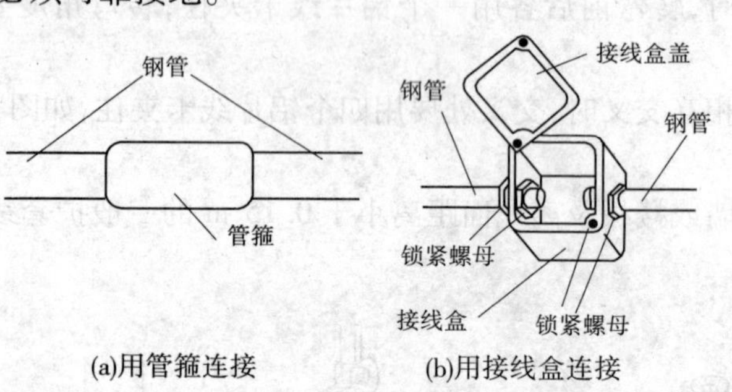

图 11-12 钢管与钢管的连接

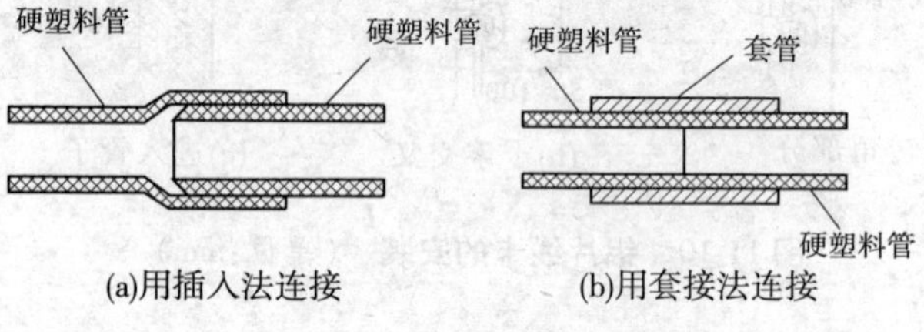

图 11-13 塑料管之间的连接

5. 扫管穿线

(1)先将管内杂物和水分清除。

(2)选用直径1.2 mm的钢丝做引线,钢丝一头弯成小圆圈,送入线管的一端,由线管另一端穿出。在两端管口加护圈保护并防止杂物进入管内。

(3)按线管长度加上两端连接所需长度余量截取导线,削除导线绝缘层,将所有穿管导线的线头与钢丝引线缠绕。在同一根导线的两头做上记号。穿线时由一人将导线理成平行束向线管内送，另一人在线管的另一端慢慢抽拉钢丝，将导线穿入线管。

（二）线管配线的注意事项

（1）穿管导线的绝缘强度应不低于500 V，导线最小截面面积规定铜芯线1 mm^2，铝芯线2.5 mm^2。

（2）线管内导线不准有接头，也不准穿入绝缘破损后经包缠恢复绝缘的导线。

（3）交流回路中不许将单根导线单独穿于钢管，以免产生涡流发热。同一交流回路中的导线，必须穿于同一钢管内。

（4）线管线路应尽可能减少转角或弯曲。管口、管子连接处均应做密封处理，防止灰尘和水汽进入管内，明管管口应装防水弯头。

（5）管内导线一般不得超过10根，不同电压或不同电能表的导线不得穿在一根线管内。但一台电动机包括控制和信号回路的所有导线，及同一台设备的多台电动机的线路，允许穿在同一根线管内。

五、封闭插接式母线配线

封闭插接式母线是高层建筑中低压配电线的重要形式之一。由于封闭插接式母线供电安全、可靠，安装迅速方便，使用美观大方，所以得到越来越广泛的应用。图11-14是封闭插接式母线的总体安装示意图。

封闭插接式母线是一种把铜（铝）母线用绝缘夹板夹在一起（用空气绝缘或缠包绝缘带

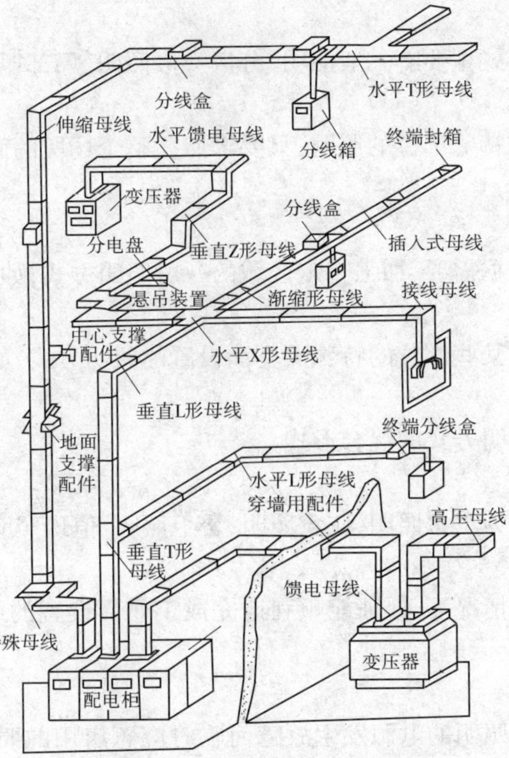

图11-14　封闭插接式母线安装示意图

绝缘)置于金属板(钢板式铝板)中的母线系统,有单相二线制、单相三线制、三相三线制、三相四线制等制式。封闭插接式母线简易结构图如图 11-15 所示。

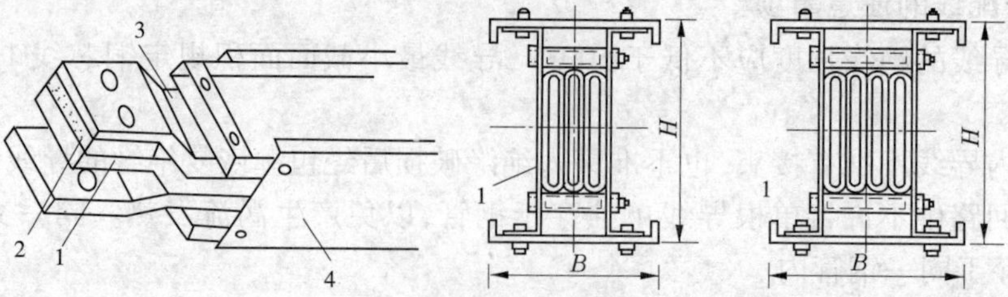

(a)绝缘母线结构示意图　(b)三线式母线断面　(c)四线式母线断面

1—导电排;2—绝缘衬垫;3—绝缘涂覆;4—母线槽涂漆

图 11-15　封闭插接式母线简易结构图

封闭插接式母线本身结构紧凑且载流量大,可作为工厂车间、高层建筑等大电流的配电干线使用,但由于封闭式母线造价高,选用时应作技术经济比较,合理时方可选用。

第三节　建筑电气照明系统

一、照明方式与种类

(一)照明的方式

建筑电气照明的方式主要有一般照明、分区一般照明、局部照明和混合照明。

1. 一般照明

一般照明是不考虑特殊部位的照明,只要求照亮整个场所的照明方式,如办公室、教室、仓库等。

2. 分区一般照明

分区一般照明是根据需要,加强特定区域的一般照明方式,如专用柜台、商品陈列处等。

3. 局部照明

局部照明是为满足某些部位的特殊需要而设置的照明方式,如工作台、教室的黑板等。

4. 混合照明

混合照明是以上照明方式的混合形式。

(二)照明的种类

电气照明种类可分为正常照明、应急照明、警卫照明、值班照明、景观照明和障碍照明。

1. 正常照明

正常照明是在正常情况下,保证能顺利地完成工作而设置的照明。如教室、办公室、车间等。

2. 应急照明

应急照明是因正常照明的电源发生故障而临时应急启用的照明。如影剧院、高层建筑疏散楼梯、大型商场等。应急照明包括备用照明、安全照明和疏散照明。

(1)备用照明:当正常照明因故障熄灭后,对需要确保正常工作或活动继续进行的场所的照明。

(2)安全照明:对需要确保处于危险之中的人员安全的场所的照明。

(3)疏散照明:对需要确保人员安全疏散的出口和通道的照明。

3. 警卫照明

警卫照明是用于警戒而安装的照明。有警戒任务的场所,根据警戒范围的要求设置警卫照明。

4. 值班照明

值班照明是非工作时间,为值班所设置的照明。大面积场所,如商场等,宜设置值班照明。

5. 景观照明

景观照明是用于满足建筑规划、市容美化和建筑物装饰要求的照明。

6. 障碍照明

障碍照明是在建筑物上装设的作为障碍标志的照明。在危及航行安全的建筑物、构筑物上,根据航行要求设置障碍照明。

二、照明光源及照明灯具

(一)电光源的种类

电光源按其发光物质可分为固体发光光源和气体放电发光光源两类。气体放电发光光源按其发光物质又可分为金属、惰性气体和金属卤化物三种。电光源的种类及用途如表11-3所示。

表11-3　电光源的种类及用途

<table>
<tr><td rowspan="11">电光源</td><td rowspan="4">固体发光光源</td><td rowspan="2">热辐射光源</td><td colspan="2">白炽灯</td><td>用于开关频繁场所、需要调光场所、要求防止电磁波干扰的场所,其余场所不推荐使用</td></tr>
<tr><td colspan="2">卤钨灯</td><td>适用于电视转播照明,并用于绘画、摄影和建筑物投光照明等</td></tr>
<tr><td rowspan="2">电致发光光源</td><td colspan="2">场致发光灯(EL)</td><td>大量用做LCD显示器的背光源</td></tr>
<tr><td colspan="2">半导体发光二极管(LED)</td><td>常作为指示灯、带色彩的装饰照明等</td></tr>
<tr><td rowspan="7">气体放电发光光源</td><td rowspan="2">辉光放电灯</td><td colspan="2">氖灯</td><td>常作为指示灯、装饰照明等</td></tr>
<tr><td colspan="2">霓虹灯</td><td>用做建筑物装饰照明</td></tr>
<tr><td rowspan="5">弧光放电灯</td><td rowspan="2">低气压灯</td><td>荧光灯</td><td>广泛应用于各类建筑的照明中</td></tr>
<tr><td>低压钠灯</td><td>适用于公路、隧道、港口、货场和矿区照明</td></tr>
<tr><td rowspan="3">高气压灯</td><td>高压钠灯</td><td>广泛应用于道路、机场、码头、车站、广场及工矿企业照明</td></tr>
<tr><td>高压汞灯</td><td>常用于空间高大的建筑物中</td></tr>
<tr><td>金属卤化物灯</td><td>用于电视、体育场、礼堂等对光色要求很高的大面积照明场所</td></tr>
</table>

(二)照明灯具

灯具是透光、分配和改变光源分布的器具,包括除光源外所有用于固定光源、保护光源所需的全部零部件及与电源连接所必需的线路附件。

1. 灯具的主要作用

灯具的主要作用为:

(1)固定光源。

(2)对光源提供机械保护。

(3)控制光源发出光线的扩散程度,达到配光要求。

(4)防止眩光。

(5)保证特殊场所的照明安全,如防尘、防水等。

(6)装饰和美化环境。

2. 灯具的分类

1)按配光分类

配光是指光源的光通量向上与向下的发射部分之间的分配。按配光分,灯具一般可分为直射灯具、半直射灯具、漫射灯具、半反射灯具、反射式灯具五类。

(1)直射灯具。这类灯具能使90%以上的光线直接向下投射,使光线大部分集中到工作面上,称为直射配光。这类灯具的优点是光线集中,效率较高,最为经济。缺点是视觉范围内亮度差异大,局部的物体有明显的阴影。各种金属灯具属这一类型。

(2)半直射灯具。这类灯具能使60%~90%的光线向下照射,10%~40%的光线向上照射,称为半直射配光。各种敞口玻璃、塑料灯具属这一类型。

(3)漫射灯具。这类灯具向上或向下照射的光线分别为40%~60%,称为漫射配光。各种封闭型玻璃、塑料灯具属漫射灯具。这类灯具,照明的均匀性好,没有明显的阴影,但光线被天棚、墙壁和灯具吸收较多,不如直射式灯具经济,多用于生活间、公共建筑等场所。

(4)半反射灯具。这类灯具使10%~40%的光线向下照射,有60%~90%的光线向上照射,称为半反射灯具。

(5)反射式灯具。这类灯具能使90%以上的光线向上方投射,经天棚、墙壁或特种反射器,反射到被照物体表面上,称为反射配光。使用这类灯具,房间可得到柔和的照明,没有阴影,但效率低,不经济,一般只用于建筑艺术照明,以及特殊需要的地方。

2)按结构形式分类

按结构形式分,照明灯具可分为开启式灯具、保护式灯具、防尘式灯具、密闭式灯具、防爆式灯具五类。

(1)开启式灯具。这一形式的灯具,其灯泡直接与外部环境相通。

(2)保护式灯具。这种灯具,灯泡装于灯具内部,但灯具内部与外界能自由换气。

(3)防尘式灯具。这种灯具需密闭,内部与外界也能换气,灯具外壳与玻璃罩以螺丝扣连接。

(4)密闭式灯具。这种灯具的内部与外界不能换气。

(5)防爆式灯具。这种灯具防护严密,灯具内外承受一定压力,一般不会因灯具引起爆炸。

3)按灯具的安装方式分类

按灯具的安装方式分,照明灯具可分为悬吊式、吸顶式、嵌入式、壁式、半嵌入式、落地式、台式、庭院式、道路式和广场式灯具等。

(1)悬吊式。灯具采用悬吊式安装,其悬吊方式有吊线式、吊链式和管吊式等。

(2)吸顶式。灯具采用吸顶式安装,即将灯具直接安装在顶棚的表面上。

(3)嵌入式。灯具采用嵌入式安装,即将灯具嵌入安装在顶棚的吊顶内,有时也采用半嵌入式安装。

(4)壁式。灯具采用墙壁式安装,即将灯具安装在墙壁上。

(5)其他安装形式的灯具还有落地式、台式、庭院式、道路式、广场式等。

第四节　电气照明装置安装

电气照明装置一般包括灯具、开关、插座、风扇和照明配电箱等设备。照明装置的进场验收和施工要求应严格执行《建筑电气工程施工质量验收规范》(GB 50303—2002)的规定。

一、普通灯具安装

灯具固定应牢固可靠,不使用木楔。每个灯具固定用螺钉或螺栓不少于2个(当绝缘台直径在75 mm及其以下时,可采用一个螺钉或螺栓固定)。当灯具采用螺口灯头时,相线应接在螺口灯头中间的端子上,中性线应接在螺纹的端子上。当灯具距地面高度小于2.4 m时,灯具的可接近裸露导体必须接地(PE)或接零(PEN)可靠,并应有专用接地螺栓,且有标识。安装在重要场所的大型灯具的玻璃罩,应采取防止玻璃罩碎裂后向下溅落的措施。

(一)吊灯的安置

1. 软线吊灯的安装

软线吊灯质量限于0.5 kg以下,当质量大于0.5 kg时,则应采用吊链式或吊管式固定。软线吊灯由吊线盒、软线和吊式灯座及绝缘台组成。软吊线带升降器的灯具,在吊线展开后,距离地面高度应不小于0.8 m,并套塑料软管,且采用安全灯头。除敞开式灯具外,其他各类灯具灯泡容量在100 W及其以上者采用瓷质灯头。塑料软线的长度一般不超过2 m,两端剥露线芯,把线芯拧紧后挂锡。为防止线芯接头受力,软线在吊线盒内应打保险结。

2. 吊链(管)式灯具安装

灯具采用吊链式时,灯线宜与吊链穿编在一起,灯线不应受力;采用吊管式时,当采用钢管作灯具吊杆时,其钢管内径一般不小于10 mm,钢管壁厚度不应小于1.5 mm。当吊灯灯具质量超过3 kg时,则应预埋吊钩或螺栓固定。花灯吊钩圆钢直径不应小于灯具挂销直径,且不应小于6 mm。大型花灯的固定及悬吊装置,应按灯具质量的2倍做过载试验。

(二)壁灯安装

室内壁灯安装高度一般不应低于2.4 m,住宅壁灯灯具安装高度不宜低于2.2 m,床头灯不宜低于1.5 m。

壁灯可以装在墙上或柱子上,当装在墙上时,一般在砌墙时应预埋木砖,也可以采用膨胀螺栓或预埋金属构件。安装在柱子上时,一般在柱子上预埋金属构件或用抱箍将金属构件固定在柱子上,然后将壁灯固定在金属构件上。安装壁灯如需要设置绝缘台,应根据壁灯底座的外形选择或制作合适的绝缘台。绝缘台应紧贴建筑物表面，且不准歪斜。

（三）吸顶灯的安装

若在建筑装饰吊顶上安装吸顶灯，轻型灯具应用自攻螺丝将灯具固定在龙骨上，当灯具质量超过 3 kg 时，应使用吊杆螺栓与设置在吊顶龙骨上的固定灯具的专用龙骨连接，专用龙骨也可使用吊杆与建筑物结构相连接。

若采用嵌入式吸顶灯，小型嵌入式灯具一般安装在吊顶的顶板上，大型嵌入式灯具安装时，则应采用在混凝土上梁、板中伸出支撑铁架、铁件的连接方法。

装有白炽灯灯泡的吸顶灯具，灯泡不应紧贴灯罩，当灯泡与绝缘台间距离小于 5 mm 时，灯泡与绝缘台间应采取隔热措施。

（四）碘钨灯的安装

碘钨灯的安装，必须保持水平位置，一般倾角不得超出 ±4°，否则会严重影响灯管寿命。因为倾斜时，灯管底部将积聚较多的卤素和碘化钨，使引线腐蚀损坏；灯管的上部则由于缺少卤素，而不能维持正常的碘钨循环，使玻璃壳很快发黑、灯丝烧断。

碘钨灯正常工作时，管壁温度约为 600 ℃，所以安装时不能与易燃物接近，且一定要加灯罩。在使用前，应用酒精擦去灯管外壁油污，否则会在高温下形成污点而降低亮度。另外，碘钨灯的耐振性能差，不能用在振动较大的场所，更不宜作为移动光源使用。当碘钨灯功率在 1 000 W 以上时，则应使用胶盖瓷底刀开关进行控制。碘钨灯安装要求如图 11-16 所示。

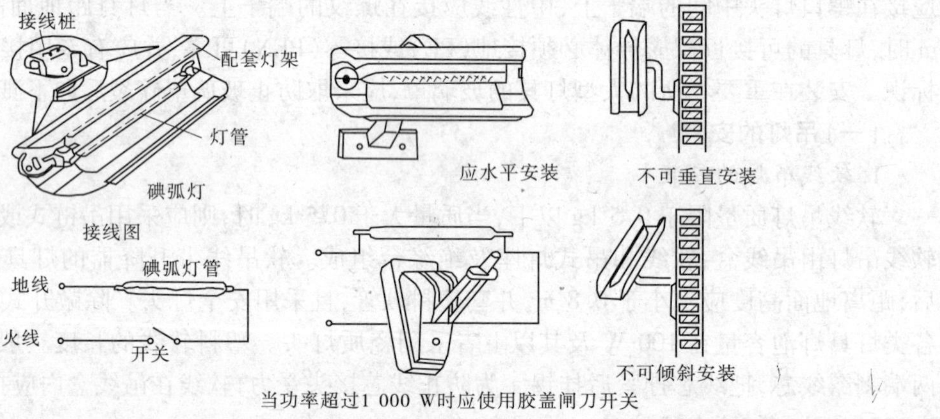

图 11-16　碘钨灯的安装要求示意图

二、照明配电箱安装

照明配电箱有标准和非标准两种，安装方式有嵌入式、悬挂式及落地式三种。标准照明配电箱铁制箱体用厚度不小于 2 mm 的钢板制成，除锈后涂防锈漆一道、油漆两道。为了防止火灾的发生，不应采用可燃材料制作。

照明配电箱（盘）安装应符合下列规定：箱（盘）内配线整齐，无绞接现象；导线连接紧密，不伤芯线，不断股；垫圈下螺丝两侧压的导线截面面积相同，同一端子上导线连接不多于 2 根，防松垫圈等零件齐全；箱（盘）内开关动作灵活可靠，带有漏电保护的回路，漏电保护装置动作电流不大于 30 mA，动作时间不大于 0.1 s；照明箱（盘）内应分别设置零线（N）和保护地线(PE 线)汇流排,零线和保护地线应从汇流排配出。

照明配电箱底边距地高度一般为 1.5 m,照明配电板底边距地不应小于 1.8 m。预埋配电箱箱体时,应打掉箱体敲落孔的压片。配电箱严禁用电、气焊开孔或扩孔。

当配电箱箱体宽度超过 300 mm 时,箱顶部应增设过梁;超过 500 mm 时,要安装钢筋混凝土过梁。在 240 mm 墙上安装配电箱时,要将箱后背凹进墙内不小于 20 mm,在主体工程完成后室内抹灰前,配电箱箱体的后壁要用 10 mm 厚石棉板,或钢丝直径为 2 mm、孔洞为 10 mm×10 mm 的钢丝网钉牢,再用 1∶2水泥砂浆抹好,以防墙面开裂。

三、开关和插座的安装

(一)开关的安装

开关安装位置应便于操作,开关边缘距门框边缘的距离为 0.15～0.2 m,开关距地面高度 1.3 m;拉线开关距地面高度 2～3 m,当层高小于 3 m 时,拉线开关距顶板不小于 100 mm,拉线出口垂直向下。相同型号并列安装及同一室内开关安装高度应一致,且控制有序不错位。并列安装的拉线开关的相邻间距不小于 20 mm。暗装的开关面板应紧贴墙面,四周无缝隙,安装牢固,表面光滑整洁,无碎裂、划伤,装饰帽齐全。

开关接通和断开电源的位置应一致,面板上有指示灯的,指示灯应在上面,跷板上有红色标记的应朝上安装,字母“ON”是开的标志。当跷板或面板上无任何标志时,应装成开关往上扳是电路接通,往下扳是电路切断。开关不允许横装。扳把开关接线时,把电源相线接到静触点接线柱上,动触点接线柱接灯具导线。双联开关有三个接线柱,其中两个分别与两个静触点连通,另一个与动触点接通。双控开关的共用极(动触点)与电源的 L 线连接,另一个开关的共用桩与灯座的一个接线柱连接,灯座另一个接线柱应与电源的 N 线相连接,两个开关的静触点接线柱,用两根导线分别进行连接。普通单联单控跷板开关电源的相线应接到与动触点相连接的接线柱上,通往灯具的导线与静触点相连接。

(二)插座的安装

插座盒一般应在距室内地坪 0.3 m 处埋设,特殊场所暗装的高度应不小于 0.15 m,潮湿场所采用密封型并带保护地线触头的保护型插座,安装高度不低于 1.5 m。

当交流、直流或不同电压等级的插座安装在同一场所时,应有明显的区别,且必须选择不同结构、不同规格和不能互换的插座;配套的插头应按交流、直流或不同电压等级区别使用。

单相两孔插座,面对插座的右孔或上孔与相线连接,左孔或下孔与零线连接;单相三孔插座,面对插座的右孔与相线连接,左孔与零线连接。

单相三孔、三相四孔及三相五孔插座的接地(PE)或接零(PEN)线接在上孔。插座的接地端子不与零线端子连接。同一场所的三相插座,接线的相序一致。

接地(PE)或接零(PEN)线在插座间不串联连接。插座插孔排列顺序图如图 11-17 所示。

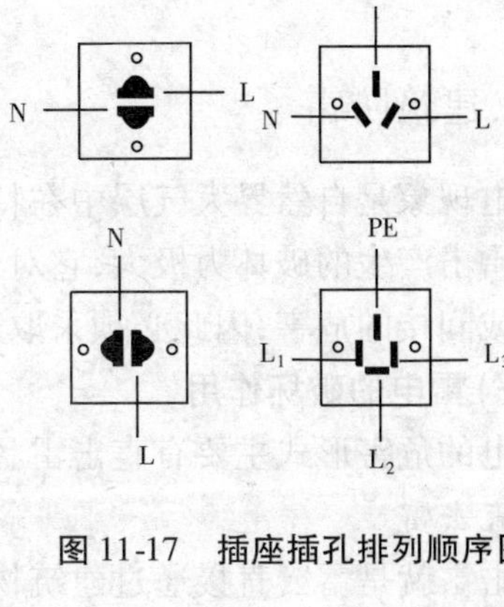

图 11-17 插座插孔排列顺序图

四、电扇的安装

(一)吊扇的安装

吊扇组装时应根据产品说明书进行,且应注意不能改变扇叶角度。扇叶的固定螺钉应装防松装置,吊扇吊杆之间、吊杆与电动机之间,螺纹连接啮合长度不得小于20 mm,并必须有防松装置。吊扇吊杆上的挂销必须装设防振橡皮垫,挂销的防松装置应齐全、可靠。

吊扇挂钩的直径不小于吊扇挂销直径,且不小于8 mm。挂(吊)钩应弯成T形或F形,且焊接处长度不小于100 mm。挂(吊)钩应由盒中心穿下,严禁将预埋件下端在盒内预先弯成圆环。现浇混凝土楼板内预埋挂(吊)钩,应将F形挂(吊)钩与混凝土中的短钢筋焊接,或者使用T形挂(吊)钩,挂(吊)钩在板面上与楼板垂直布置,使用T形挂(吊)钩还可以与板缝内钢筋绑孔或焊接。

安装吊扇前,将预埋挂(吊)钩露出部位弯制成型,弯曲半径不宜过小。吊扇挂(吊)钩伸出建筑物的长度,应以安上吊扇吊杆保护罩将整个挂(吊)钩全部遮住为好。

在挂上吊扇时,应使吊扇的重心和挂(吊)钩的直线部分处在同一条直线上。将吊扇托起,吊扇的耳环挂在预埋的挂(吊)钩上,扇叶距地面的高度不应低于2.5 m,按接线图接好电源,并包扎紧密。向上托起吊杆上的护罩,将接头扣于其中,护罩应紧贴建筑物或绝缘台表面,拧紧固定螺钉。

吊扇调速开关安装高度应为1.3 m,同一室内并列安装的吊扇开关高度应一致,且控制有序不错位。吊扇运转时扇叶不应有明显的颤动和异常声响。

(二)壁扇的安装

壁扇底座在墙上采用尼龙塞或膨胀螺栓固定,数量不应少于2个,且直径不应小于8 mm,壁扇底座位应固定牢固。在安装的墙壁上找好挂板安装孔和底板钥匙孔的位置,安装好尼龙塞。先拧好底板钥匙孔上的螺钉,把风扇底板的钥匙孔套在墙壁螺钉上,然后用木螺丝把挂板固定在墙壁的尼龙塞上。壁扇的下侧边线距地面高度不宜小于1.8 m,且底座平面的垂直偏差不宜大于2 mm。壁扇的防护罩应扣紧,固定可靠。壁扇宜使用带开关的插座。壁扇在运转时,扇叶和防护罩均不应有明显的颤动和异常声响。

第五节　建筑防雷与接地

一、建筑防雷

雷电现象是自然界大气层中在特定条件下形成的。雷云对地面泄放电荷的现象,称为雷击。雷击产生的破坏力极大,它对地面上的建筑物、电气线路、电气设备和人身都可能造成直接或间接的危害,因此必须采取适当的防范措施。

(一)雷电的破坏作用

雷电的危害形式主要有直击雷、雷电感应和雷电波侵入等。

1. 直击雷

直击雷就是雷云直接通过建筑物或地面设备对地放电的过程。强大的雷电流通过建筑物产生大量的热，使其破坏，还能产生过电压破坏绝缘，产生火花，引起燃烧和爆炸等。其危害程度在三种方式中最大。

2. 雷电感应

雷电感应是附近有雷云或落雷所引起的电磁作用的结果，分为静电感应和电磁感应两种。静电感应是由于雷云靠近建筑物，使建筑物顶部由于静电感应积聚起极性相反的电荷，这些电荷来不及流散入地，因而形成很高的对地电位，能在建筑物内部引起火花；电磁感应是当雷电流通过金属导体入地时，形成迅速变化的强大磁场，能在附近的金属导体内感应出电势，而在导体回路的缺口处引起火花，发生火灾。

3. 雷电波侵入

架空线路在直接受到雷击或因附近落雷而感应出过电压时，如果在中途不能使大量电荷入地，就会侵入建筑物内，破坏建筑物和电气设备。

（二）防雷装置

防雷装置的作用是将雷云电荷或建筑物感应电荷迅速引导入地，以保护建筑物、电气设备及人身不受损害。其主要由接闪器、引下线、接地装置和避雷器等组成，如图 11-18 所示。

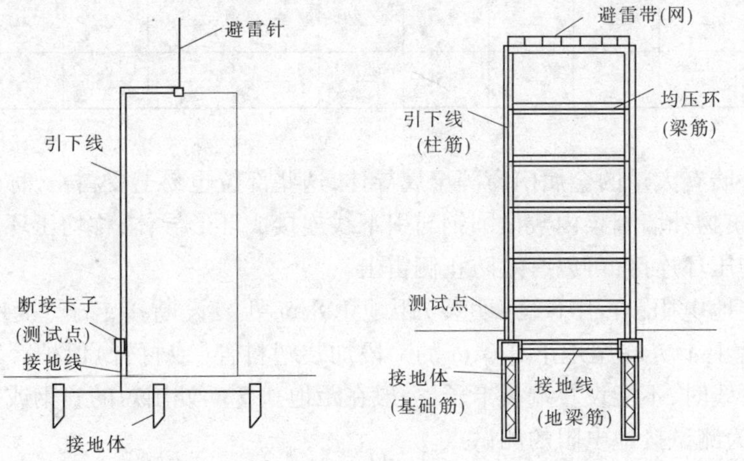

(a)人工设置防雷装置　　(b)利用建筑钢筋设置的防雷装置

图 11-18　建筑防雷系统的组成

1. 接闪器

接闪器是引导雷电流的装置。接闪器的类型主要有避雷针、避雷线、避雷带(网)等。

(1)避雷针常用在屋面较小建筑物、构筑物上，有些室外低矮的大型设备附近，一般在地面上设置独立的避雷针。避雷针一般用镀锌圆钢或镀锌钢管制成，其最小规格见表 11-4。

(2)避雷带(网)常设置在屋面较大的建筑物上，沿建筑物易受雷击的部位(如屋脊、屋角等)装设成闭合的环形(网格形状)导体。避雷带(网)常用镀锌圆钢制作，其最小规格见表 11-4。

(3)避雷线一般采用截面面积不小于 35 mm^2 的镀锌钢绞线，架设在架空线路上，以保护架空线路免受雷击。

2. 引下线

引下线是将雷电流引入大地的通道，引下线的材料多采用镀锌扁钢或圆钢，其最小规格见表 11-4。

表 11-4　防雷装置材料的最小尺寸

名称	接闪器					引下线			接地体	
	避雷针			避雷线	避雷网(带)	烟囱顶上避雷环	一般处所	装在烟囱上	水平埋地	垂直埋地
	针长(m)		烟囱上							
	<1 以下	1~2								
圆钢直径(mm)	12	16	20	—	8	12	8	12	10	10
钢管直径(mm)	20	25	—	—	—	—	—	—	—	—
扁钢 截面(mm^2)	—	—	—	—	48	100	48	100	100	—
扁钢 厚度(mm)	—	—	—	—	4	4	4	4	4	—
角钢厚度(mm)	—	—	—	—	—	—	—	—	—	4
钢管壁厚(mm)	—	—	—	—	—	—	—	—	—	3.5
镀锌钢绞线(mm^2)	—	—	—	35	—	—	—	25	—	—

高层建筑的外墙有大量的金属门窗等金属导体，这些部位也易遭受雷击，称侧雷击。为防止侧雷击，将建筑物外墙圈梁内敷设圆钢与引下线连接成环形导体，称均压环。外墙的金属导体与附近的均压环连接，可以有效防止侧雷击。

为便于测量接地电阻，在引下线（明装）距地 1.8 m 处装设断接卡子（接地电阻测试点），并在引下线地上 1.7 m 至地下 0.3 m 的一段加装塑料管（或竹管）保护。利用建筑柱子内钢筋作为引下线时，不能设置端接卡子，一般在距地 0.5 m 处用短的扁钢或镀锌钢筋从柱筋焊接引出，作为测试接地电阻的测试点。

3. 接地装置

接地装置可迅速使雷电流在大地中流散。接地装置按安装形式分为垂直接地体和水平接地体。一般垂直接地体长度为 2.5~3.0 m，常用镀锌圆钢、角钢、钢管、扁钢等材料制作，其最小规格见表 11-4。

接地电流从接地体向大地周围流散所遇到的全部电阻称为接地电阻。接地电阻越小，越容易流散雷电流，因此不同防雷要求的建筑，对接地电阻值的要求不同，具体可查阅相关防雷设计规范。

当有雷电流通过接地装置向大地流散时，在接地装置附近的地面上，将形成较高的跨步电压，危及行人安全，因此接地体应埋设在行人较少的地方。要求接地装置距建筑物或构筑物出入口及人行道不应小于 3 m 时，应采取降低跨步电压的措施，如在接地装置上面敷设 50~80 mm 厚的沥青层，其宽度超过接地装置 2 m。

4. 避雷器

避雷器用来防护雷电沿线路侵入建筑物内，以免电气设备损坏。常用避雷器有阀式避雷器、管式避雷器、金属氧化物避雷器、保护间隙和击穿保险器等。

(1)对于配电变压器的防雷电保护,一般采用阀型避雷器,设置在高压进线处。避雷器的接地线、变压器的外壳及低压侧的中性点接地线应在连接一起后,统一连接到接地装置上。

(2)高、低压架空进户线路,在接户横担上或接户杆横担上设置避雷器,避雷器下端、横担连接引下线与建筑防雷接地装置相连接。

(3)在低压配电室配电柜内或总配电箱内一般设置金属氧化物避雷器,既可以起到防雷作用,又可以起到防止系统过电压的作用。

二、接地

为了满足电气装置和电力系统的工作特性及安全防护的需要,而将电气装置和电力系统的某一部位通过接地装置与大地土壤作良好的连接即为接地。

(一)接地

1. 工作接地

工作接地是为保证电气设备的可靠运行并提供部分电气设备和装置所需要的相电压,将电力系统中的变压器低压侧中性点通过接地装置与大地直接连接的接地方式。工作接地示意如图 11-19 所示。

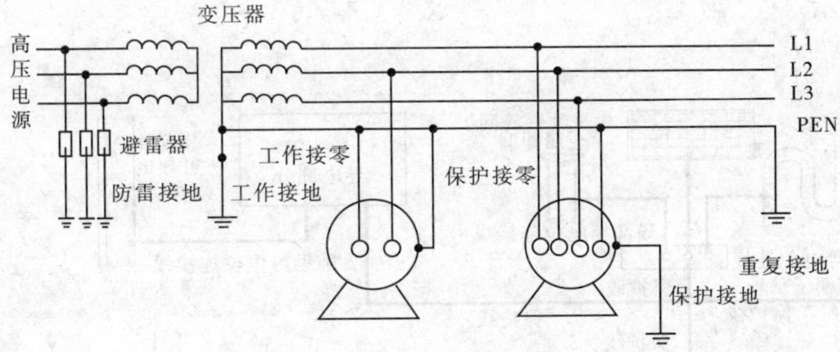

图 11-19　接地与接零示意图

2. 保护接地

保护接地是为了防止电气设备由于绝缘损坏而造成触电事故,将电气设备的金属外壳通过接地线与接地装置连接起来的接地方式。其连接线称为保护线(PE)或保护地线和接地线。保护接地示意如图 11-19 所示。

3. 重复接地

当线路较长或接地电阻要求较高时,为尽可能降低零线的电阻,除变压器低压侧中性点直接接地外,将零线上一处或多处再进行接地(见图 11-19),这种接地方式称为重复接地。

4. 防雷接地

为泄掉雷电流而设置的防雷接地装置(见图 11-19),称为防雷接地。

(二)接零

1. 工作接零

单相用电设备为取得单相电压而接的零线(见图 11-19),称为工作接零。其连接线称中性线(N)或零线,与保护线(PE)共享的称为PEN线。

2. 保护接零

为了防止电气设备因绝缘损坏而使人身遭受触电危险,将电气设备的金属外壳与电源的中性线(零线)用导线连接起来(见图11-19),称为保护接零。其连接线也称为保护线(PE)或保护零线。

三、等电位连接

(一)等电位连接的概念

等电位连接就是电气装置的各外露导电部分和装置外导电部分的电位实质上相等的连接,从而消除或减少各部分间的电位差,减少保护电器动作不可靠的危险性,消除或降低从建筑物外窜入电气装置外露导电部分上的危险电压。

(二)等电位连接的种类

等电位连接主要包括总等电位连接、局部等电位连接、辅助等电位连接。

1. 总等电位连接(MEB)

总等电位连接指同一建筑物内电气装置,各种金属管道、建筑物金属支架、电气系统的保护接地线、接地导体等通过总等电位连接端子板互相连接,以消除建筑物内各导体间的电位差。总等电位连接导体一般设置在配电室、电缆竖井等位置。建筑物内总等电位连接方式如图11-20所示。

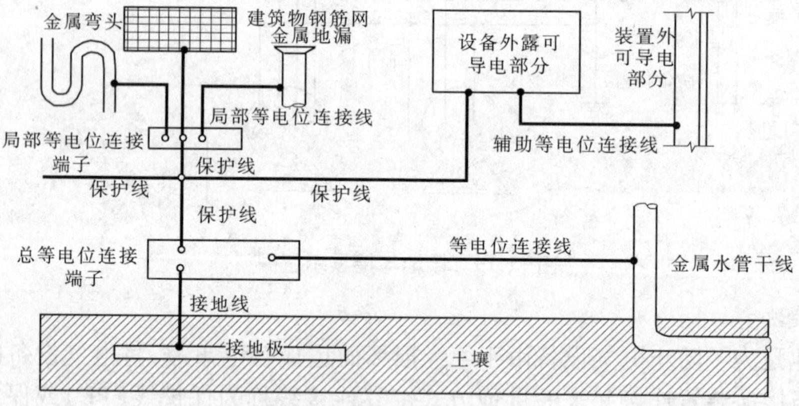

图11-20 建筑物内总等电位连接

2. 局部等电位连接(LEB)

局部等电位连接是当电气装置或电气装置一部分的接地故障保护的条件不能满足时,在局部范围内将各可导电部分连接。局部等电位连接导体一般设置在卫生间、游泳馆更衣室、盥洗室等位置。卫生间局部等电位连接方式如图11-21所示。

3. 辅助等电位连接(SEB)

辅助等电位连接是将两个及其以上可导电部分进行电气连接,使其故障接触电压,降至安全限值电压以下。

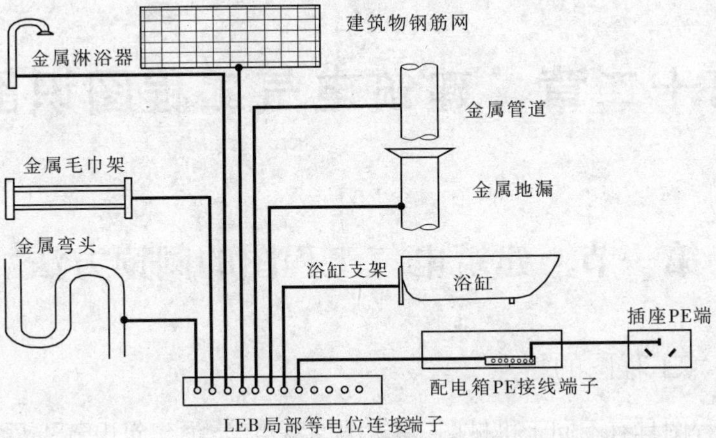

图 11-21 卫生间局部等电位连接

复习题

1. 低压配电方式是指低压干线的配电方式。低压配电方式有放射式、树干式、链式三种形式,查阅资料分析每一种配电方式的优缺点,并用图画出每种方式的简图。

2. 电缆主要有哪几种敷设形式?每种形式分别适用什么场合?有什么优缺点?

3. 总结线管配线安装时的注意事项。

4. 目前封闭式母线广泛采用在变配电所和高层建筑中,说明其优缺点。

5. 总结吊灯、壁灯、吸顶灯安装时分别有什么特殊要求?

6. 照明配电箱的安装要求有哪些?

7. 简述雷电主要有哪几种危害形式?针对每种形式采取何种防护措施?

8. 论述工作接地、保护接地、重复接地、防雷接地四种接地的定义,了解它们之间的区别。

9. 学习分析等电位连接的概念,了解其作用。

第十二章　建筑电气工程图识图

第一节　建筑电气工程图的阅读方法

一、建筑电气工程图的特点

建筑电气工程图具有不同于机械图、建筑图的特点，掌握建筑电气工程图的特点，对阅读建筑电气工程图有很大帮助。它们的主要特点是：

(1)建筑电气工程图大多是采用统一的图形符号并加注文字符号绘制出来的。绘制和阅读建筑电气工程图，首先必须明确和熟悉这些图形符号所体现的内容和含义，以及它们之间的相互关系。

(2)建筑电气工程中的各个回路是由电源、用电设备、导线和开关控制设备组成的。要真正理解图纸，还应该了解设备的基本结构、工作原理、工作程序、主要性能和用途等。

(3)电路中的电气设备、元件等，彼此之间都是通过导线将其连接起来构成一个整体的。在阅读过程中要将各有关图纸联系起来，对照阅读。一般而言，应通过系统图、电路图找联系，通过布置图、接线图找位置，交错阅读，这样读图效率可以提高。

(4)建筑电气工程施工往往与主体工程及其他安装工程施工相互配合进行，如暗敷线路、电气设备基础及各种电气预埋件与土建工程密切相关。因此，阅读建筑电气工程图时应与有关的土建工程图、管道工程图等对应起来阅读。

(5)阅读电气工程图的主要目的是用来编制工程预算和施工方案，指导施工、指导设备的维修和管理。在电气工程图中安装、使用、维修等方面的技术要求一般反映，仅在说明栏内作一说明“参照××规范”，所以在读图时，只有熟悉有关规程、规范的要求，才能真正读懂图纸。

二、建筑电气工程图

建筑电气工程图是应用非常广泛的电气图之一。建筑电气工程图可以表明建筑电气工程的构成规模和功能，详细描述电气装置的工作原理，提供安装技术数据和使用维护方法。随着建筑物的规模和要求不同，建筑电气工程图的种类和图纸数量也不同。常用的建筑电气工程图主要有以下几类。

(一)说明性文件

(1)图纸目录。内容有序号、图纸名称、图纸编号、图纸张数等。

(2)设计说明(施工说明)。主要阐述电气工程设计依据、工程的要求和施工原则、建筑特点、电气安装标准、安装方法、工程等级、工艺要求及有关设计的补充说明等。

(3)图例。即图形符号和文字代号，通常只列出本套图纸中涉及的一些图形符号和文字代号所代表的意义。

(4)设备材料明细表(零件表)。列出该项电气工程所需要的设备和材料的名称、型号、规格和数量,供设计概算、施工预算及设备订货时参考。

(二)系统图

系统图是表现电气工程的供电方式、电力输送、分配、控制和设备运行情况的图纸。从系统图中可以粗略地看出工程的概貌。系统图可以反映不同级别的电气信息,如变配电系统图、动力系统图、照明系统图、弱电系统图等。

(三)平面图

电气平面图是表示电气设备、装置与线路平面布置的图纸,是进行电气安装的主要依据。电气平面图是以建筑平面图为依据,在图上绘出电气设备、装置及线路的安装位置,敷设方法等。常用的电气平面图有变配电所平面图、室外供电线路平面图、动力平面图、照明平面图、防雷平面图、接地平面图、弱电平面图等。

(四)布置图

布置图是表现各种电气设备和器件的平面与空间的位置、安装方式及其相互关系的图纸。通常由平面图、立面图、剖面图及各种构件详图等组成。一般来说,设备布置图是按三视图原理绘制的。

(五)接线图

安装接线图在现场常被称为安装配线图,主要是用来表示电气设备、电器元件和线路的安装位置、配线方式、接线方法、配线场所特征的图纸。

(六)电路图

电路图在现场常被称为电气原理图,主要是用来表现某一电气设备或系统的工作原理的图纸,它是按照各个部分的动作原理图采用分开表示法展开绘制的。通过对电路图的分析,可以清楚地看出整个系统的动作顺序。电路图可以用来指导电气设备和器件的安装、接线、调试、使用与维修。

(七)详图

详图是表现电气工程中设备的某一部分的具体安装要求和做法的图纸。

三、阅读建筑电气工程图的一般程序

阅读建筑电气工程图,除应了解建筑电气工程图的特点外,还应该按照一定顺序进行阅读,才能比较迅速全面地读懂图纸,以完全实现读图的意图和目的。

一套建筑电气工程图所包括的内容比较多,图纸往往有很多张。一般应按以下顺序依次阅读和作必要的相互对照阅读。

(1)看标题栏及图纸目录。了解工程名称、项目内容、设计日期及图纸数量和内容等。

(2)看总说明。了解工程总体概况及设计依据,了解图纸中未能表达清楚的各有关事项。如供电电源的来源、电压等级、线路敷设方法、设备安装高度及安装方式、补充使用的非国标图形符号、施工时应注意的事项等。有些分项局部问题是在各分项工程的图纸上说明的,看分项工程图纸时,也要先看设计说明。

(3)看系统图。各分项工程的图纸中都包含系统图。如变配电工程的供电系统图、电力工程的电力系统图、照明工程的照明系统图及电缆电视系统图等。看系统图的目的是了解系统的基本组成,主要电气设备、元件等连接关系及它们的规格、型号、参数等,掌握该系统的基本概况。

(4)看平面布置图。平面布置图是建筑电气工程图纸中的重要图纸之一,如变配电所电气设备安装平面图、电力平面图、照明平面图、防雷、接地平面图等,都是用来表示设备安装位置、线路敷设方法及所用导线型号、规格、数量、管径大小的。通过阅读系统图,在了解了系统组成概况后,就可依据平面图编制工程预算和施工方案,具体组织施工了。所以,对平面图必须熟读。如果施工经验还不太丰富,有必要在阅读平面图时,选择阅读相应内容的安装大样图。

(5)看电路图和接线图。了解各系统中用电设备的电气自动控制原理,用来指导设备的安装和控制系统的调试工作。因电路图多是采用功能布局法绘制的,看图时应依据功能关系从上至下或从左至右一个回路一个回路的阅读。若能熟悉电路中各电器的性能和特点,对读懂图纸将是一个极大的帮助。在进行控制系统的配线和调校工作中,还可配合阅读接线图和端子图。

(6)看安装大样图。安装大样图是按照机械制图方法绘制的用来详细表示设备安装方法的图纸,也是用来指导安装施工和编制工程材料计划的重要依据图纸。特别是对于初学安装的人更显重要,甚至可以说是不可缺少的。安装大样图多采用全国通用电气装置标准图集。

(7)看设备材料表。设备材料表提供了该工程使用的设备、材料的型号、规格和数量,是编制购置主要设备、材料计划的重要依据之一。

阅读图纸的顺序没有统一的规定,可以根据需要,自己灵活掌握,并应有所侧重,有时一张图纸可反复阅读多遍。为更好地利用图纸指导施工,使之安装质量符合要求,阅读图纸时,还应配合阅读有关施工及验收规范、质量检验评定标准及全国通用电气装置标准图集,以详细了解安装技术要求及具体安装方法等。

第二节　建筑电气工程图的识读要点

建筑电气工程图纸由大量的图例组成,在掌握一定的建筑电气工程设备知识和施工知识的基础上,读懂图例是识读的要点。另外,还要注意读图的方法及步骤。

一、图例

图例是工程中的材料、设备、施工方法等用一些固定的、国家统一规定的图形符号和文字符号来表示的形式。

(一)图形符号

图形符号具有一定的象形意义,比较容易和设备相联系认读。图形符号很多,一般不容易记忆,但民用建筑电气工程中常用的并不是很多,掌握一些常用的图形符号,读图的速度会明显提高。表12-1为部分常用的图形符号。

表 12-1　常用的图形符号(部分)

序号	图例	说明	序号	图例	说明
1		电力配电箱	17		风扇开关
2		照明配电箱	18		单管荧光灯
3		一般配电箱符号	19		双管荧光灯
4		事故照明配电箱	20		花灯
5		断路器箱	21		壁灯
6		单相带熔丝两极插座	22		顶棚灯
7		单相两极插座	23	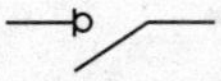	负荷开关
8		单相带接地三极插座	24		断路器
9		单相密闭两极插座	25	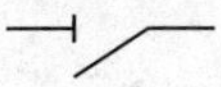	隔离开关
10		三相四极插座	26		带熔丝负荷开关
11	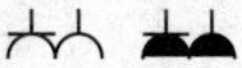	单相两极加三极插座	27	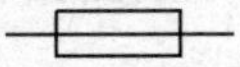	熔断器
12		单控两联开关	28	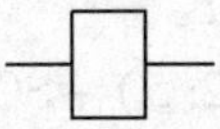	线圈
13		单控单联开关	29		触点开关
14		单控单联密闭开关	30		电压互感器
15		单控延时开关	31		变压器
16	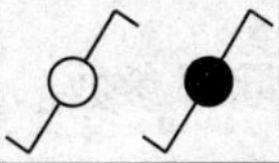	双控单联开关	32		电流互感器

(二)文字符号

文字符号在图纸中表示设备参数、线路参数与敷设方法等,掌握好用电设备、配电设备、线路、灯具等常用的文字标注形式,是读图的关键。电气施工图文字标注符号见表12-2。

表12-2 电气施工图文字标注符号

表达线路明敷设部位的代号	表达线路暗敷设部位的代号	表达线路敷设方式的代号	表达照明灯具安装方式的代号
AB—沿屋架或屋架下弦 BC—沿柱敷设 WS—沿墙敷设 CE—沿天棚敷设	BC—暗设在梁内 CLC—暗设在柱内 WC—暗设在墙内 CC—暗设在屋面内或顶板内 FC—暗设在地面内或地板内 SCE—暗设在不能进入的吊顶内	CT—电缆桥架敷设 MR—金属线槽敷设 SC—穿焊接钢管敷设 MT—穿电线管敷设 PC—穿硬塑料管敷设 FPC—穿聚乙烯管敷设 KPC—穿塑料波纹管敷设 CP—穿蛇皮管保护 M—用钢索敷设 PR—塑料线槽敷设 DB—直接埋设 TC—电缆沟敷设	SW—自在器线吊式 CS—链吊式 DS—管吊式 W—壁装式 C—吸顶式 R—嵌入式 CR—顶棚内安装 WR—墙壁内安装 S—支架上安装 CL—柱上安装 HM—座装

(1)线路的文字标注表示线路的性质、规格、数量、功率、敷设方法、敷设部位等。

基本格式为

$$a-b-c\times d-e-f$$

式中 a——回路编号;

b——导线或电缆型号;

c——导线根数或电缆的线芯数,根;

d——每根导线标称截面面积,mm^2;

e——线路敷设方式;

f——线路敷设部位。

例如,WL1 - BV(3×2.5) - SC15 - WC,WL1为照明支线第1回路,铜芯聚氯乙烯绝缘导线3根2.5 mm^2,穿管径为15 mm的焊接钢管敷设,在墙内暗敷设。

(2)用电设备的文字标注表示用电设备的编号、容量等参数。

基本格式为

$$\frac{a}{b}$$

式中 a——设备的工艺编号;

b——设备的容量,kW。

(3)配电设备的文字标注表示配电箱等配电设备的编号、型号、容量等参数。

基本格式为

$$a-b-c \text{ 或 } a\frac{b}{c}$$

式中　a——设备编号；

b——设备型号；

c——设备容量，kW。

(4)灯具的文字标注表示灯具的类型、型号、安装高度、安装方法等(常用灯具的代号见表12-3)。

基本格式为

$$a-b\frac{c\times d\times L}{e}f$$

式中　a——同一房间内同型号灯具个数；

b——灯具型号或代号(见表12-3)；

c——灯具内光源的个数；

d——每个光源的额定功率，W；

L——光源的种类(见表12-4)；

e——安装高度(当为"—"时表示吸顶安装)，m；

f——安装方式。

表12-3　常用灯具的代号

序号	灯具名称	代号	序号	灯具名称	代号
1	荧光灯	Y	5	普通吊灯	P
2	壁灯	B	6	吸顶灯	D
3	花灯	H	7	工厂灯	G
4	投光灯	T	8	防水防尘灯	F

表12-4　常用电光源的代号

序号	点光源种类	代号	序号	点光源种类	代号
1	荧光灯	FL	5	钠灯	Na
2	白炽灯	LN	6	氙灯	Xe
3	碘钨灯	I	7	氖灯	Ne
4	汞灯	Hg	8	弧光灯	Arc

二、识读方法及步骤

阅读建筑电气施工图纸，应在掌握一定的电气工程知识的基础上进行。对于图中的图例，应明确它们的含义，应能与实物联系起来。读图的一般步骤如下：

(1)查看图纸目录。先看图纸目录，了解整个工程由哪些图纸组成，主要项目有哪些等。

(2)阅读设计说明。了解工程的设计思路、工程项目、施工方法、注意事项等。可以先粗略看,再细看,理解其中每句话的含义。

(3)注意阅读图例符号。该套图纸中的图例一般在图例及主材料表中写出来了,在表中对图例的名称、型号、规格和数量等都有详细的标注,所以要注意结合图例及主材表看图。

(4)相互对照,综合看图。一套建筑图纸,是由各专业图纸组成的,而各专业图纸之间又有密切的联系。另外,建筑电气工程图纸里的系统图和平面图相互联系紧密。因此,看图时还要将各专业图纸相互对照,电气系统图和平面图相互对照,综合看图。

(5)结合实际看图。看图最有效的方法是结合实际工程看图。一边看图,一边看施工。一个工程下来,既能掌握一定的电气工程知识,又能熟悉电气施工图纸的读图方法,收效较快。

第三节 建筑施工图实例识读

图 12-1 ~ 图 12-6 是某学校教学实验楼电气工程图纸。

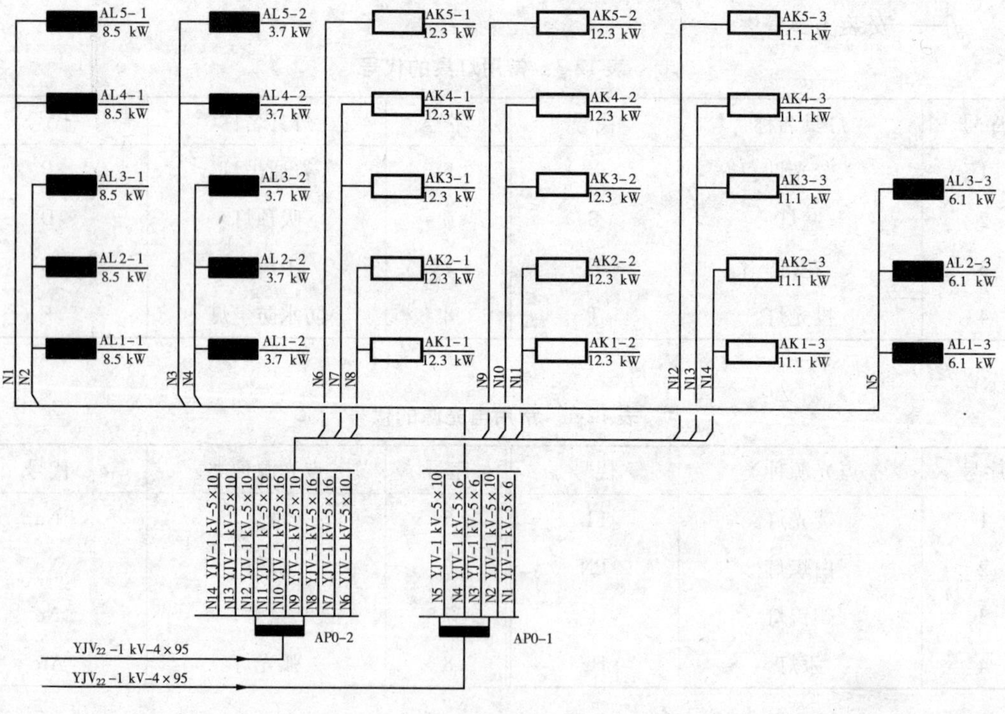

图 12-1 配电干线系统图

一、工程概况

某学校教学实验楼,框架结构,五层,高 22.5 m,建筑面积 6 200 m^2。主要房间为阶梯教室、实验室(兼教室)、准备室和休息室等。

AP0-1
型号XL-21

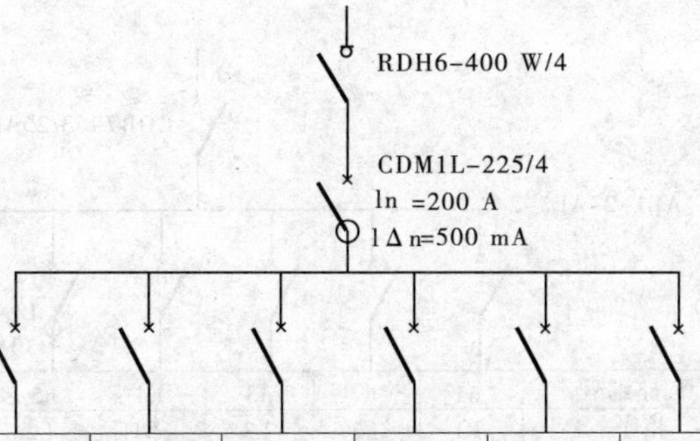

回路编号	N1	N2	N3	N4	N5	
断路器 CDM1-63/3300 脱扣器In(A)	32	40	32	32	40	63
P_e (kW)	17.0	25.5	7.4	11.1	18.3	
I_{js} (A)	25.5	38.3	11.1	16.7	27.5	
电缆 YJV-1 kV-	5 × 6	5 × 10	5 × 6	5 × 6	5 × 10	
配管	SC32	SC32	SC32	SC32	SC32	
去向	AL4,5-1	AL1,2,3-1	AL4,5-2	AL1,2,3-2	AL1,2,3-3	备用

AP0-2
型号XL-21

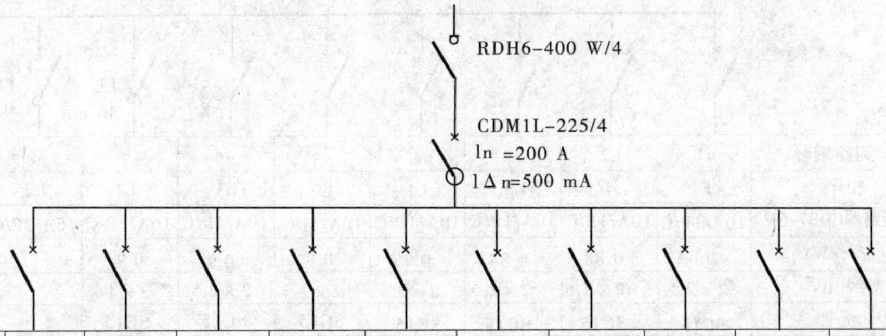

回路编号	N6	N7	N8	N9	N10	N11	N12	N13	N14	
断路器 CDM1-63/3300 脱扣器In(A)	40	50	50	40	50	50	40	40	40	63
P_e (kW)	12.3	24.6	24.6	12.3	24.6	24.6	11.1	22.2	22.2	
I_{js} (A)	18.5	36.9	36.9	18.5	36.9	36.9	16.7	33.3	33.3	
电缆 YJV-1kV-	5 × 10	5 × 16	5 × 16	5 × 10	5 × 16	5 × 16	5 × 10	5 × 10	5 × 10	
配管	SC32	SC32	SC32	SC32	SC32	SC32	SC32	SC32	SC32	
去向	AK5-1	AK3,4-1	AK1,2-1	AK5-2	AK3,4-2	AK1,2-2	AK5-3	AK3,4-3	AK1,2-3	备用

AL1-1~AL5-1

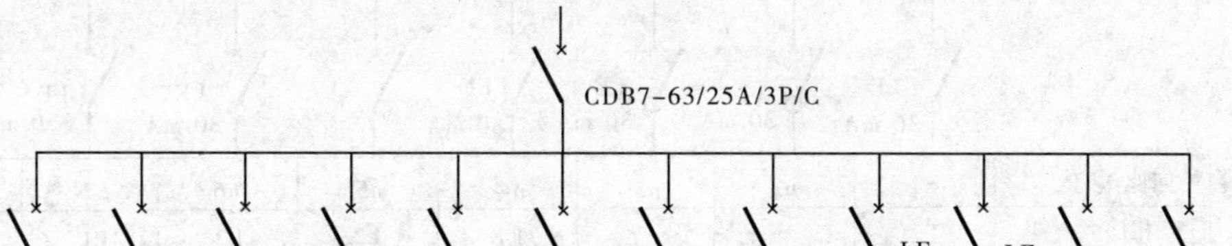

回路编号	n1	n2	n3	n4	n5	n6	n7	n8	n9	n10	n11	n12
相序	L1	L2	L3	L1	L2	L3	L1	L2	L3	L1	L2	L3
断路器CDB7-63/	10A/1P/C	10A/1P/C	10A/1P/C	10A/1P/C	10A/1P/C	10A/1P/C	16A/1P/C	16A/1P/C	16A/2P/C	16A/2P/C	10A/1P/C	10A/1P/C
P_e (kW)	1.0	1.16	1.0	1.16	0.32	0.3	1.5	1.5	0.6			
导线 BV-	2 × 2.5	2 × 2.5	2 × 2.5	2 × 2.5	2 × 2.5	3 × 2.5	3 × 4	3 × 4	3 × 4			
配管	SC15	SC15	SC15	SC15	SC15	SC15	SC15	SC15	SC15			
用途	正常照明	正常照明	正常照明	正常照明	正常照明	应急照明	空调	空调	插座	备用	备用	备用

图 12-2 配电箱系统图

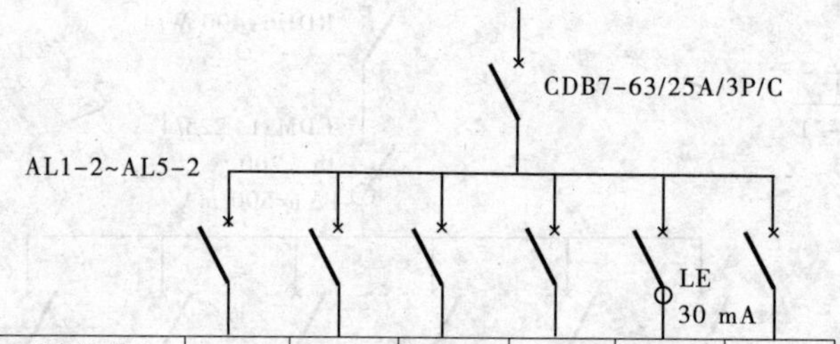

回路编号	n1	n2	n3	n4	n5	n6
相序	L1	L2	L3	L1	L2	L3
断路器CDB7-63/	10A/1P/C	10A/1P/C	10A/1P/C	10A/1P/C	16A/2P/C	10A/1P/C
P_e (kW)	0.8	0.7	1.16	1.0		
导线 BV-	2×2.5	2×2.5	2×2.5	2×2.5		
配管	SC15	SC15	SC15	SC15		
用途	正常照明	正常照明	正常照明	正常照明	备用	备用

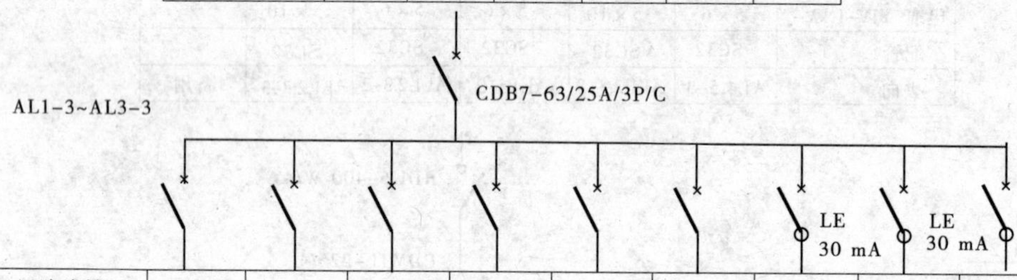

回路编号	n1	n2	n3	n4	n5	n6	n7	n8	n9
相序	L1	L2	L3	L1	L2	L3	L1	L2	L3
断路器CDB7-63/	10A/1P/C	10A/1P/C	10A/1P/C	10A/1P/C	10A/1P/C	10A/1P/C	16A/2P/C	16A/2P/C	10A/1P/C
P_e (kW)	0.84	0.88	0.84	0.88	0.9	0.9	0.9		
导线 BV-	2×2.5	2×2.5	2×2.5	2×2.5	2×2.5	2×2.5	3×4		
配管	SC15	SC15	SC15	SC15	SC15	SC15	SC15		
用途	西区走廊照明	东区走廊照明	正常照明	正常照明	吊扇	吊扇	插座	备用	备用

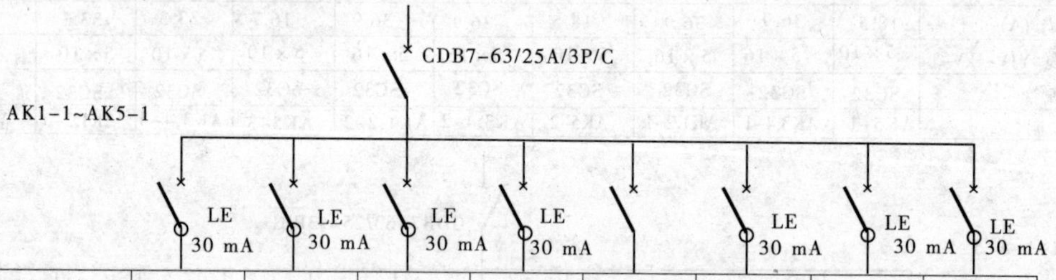

回路编号	n1	n2	n3	n4	n5	n6	n7	n8
相序				L1	L2	L3	L1	L2
断路器CDB7-63/	20A/3P/C	20A/3P/C	20A/3P/C	16A/P/C	16A/2P/C	16A/2P/C	16A/2P/C	16A/2P/C
P_e (kW)	4.2	4.2	1.5	1.2	1.2			
导线 BV-	5×4	5×4	5×4	3×4	3×4			
配管	SC15	SC15	SC15	SC15	SC15			
用途				插座	空调	备用	备用	备用

续图 12-2

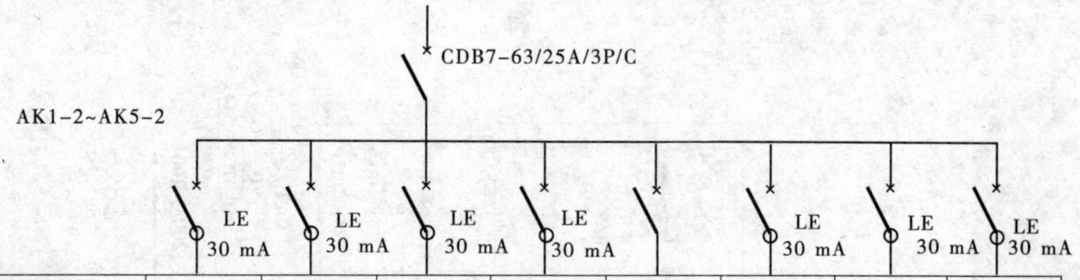

回路编号	n1	n2	n3	n4	n5	n6	n7	n8
相序				L1	L3	L1	L2	L3
断路器CDB7-63/	20A/3P/C	20A/3P/C	20A/3P/C	16A/2P/C	16A/2P/C	16A/2P/C	16A/2P/C	16A/2P/C
P_e (kW)	4.2	4.2	1.5	1.2	1.2			
导线 BV-	5 × 4	5 × 4	5 × 4	3 × 4	3 × 4			
配管	SC15	SC15	SC15	SC15	SC15			
用途				插座	空调	备用	备用	备用

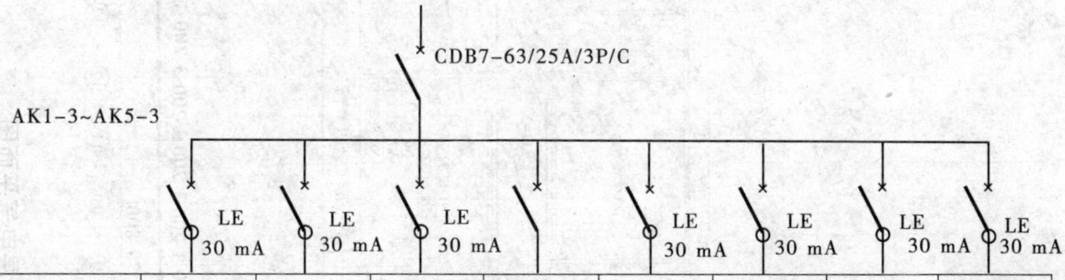

回路编号	n1	n2	n3	n4	n5	n6	n7	n8
相序				L2	L3	L1	L2	L3
断路器CDB7-63/	20A/3P/C	20A/3P/C	20A/3P/C	16A/P/C	16A/2P/C	16A/2P/C	16A/2P/C	16A/2P/C
P_e (kW)	3.6	3.6	1.5	1.2	1.2			
导线 BV-	5 × 4	5 × 4	5 × 4	3 × 4	3 × 4			
配管	SC15	SC15	SC15	SC15	SC15			
用途				空调	插座	备用	备用	备用

续图 12-2

二、建筑电气系统组成

该建筑主要包括低压配电系统、正常照明系统、应急照明系统、空调插座系统和防雷接地系统。

三、供电电源

该建筑应急照明系统属于二级负荷，其他系统属于三级负荷，由学校变电所供电，供电电压 220 V/380 V。应急照明系统除有正常的低压电源外，还采用照明设备自带的蓄电池作为第二个电源，满足二级负荷的电源要求。电源进线采用两根 4 芯 95 mm^2，YJV_{22} – 1 kV 电力电缆，直埋地敷设，在进入建筑物时，穿管径 100 mm 的焊接钢管保护，管口做防潮、防

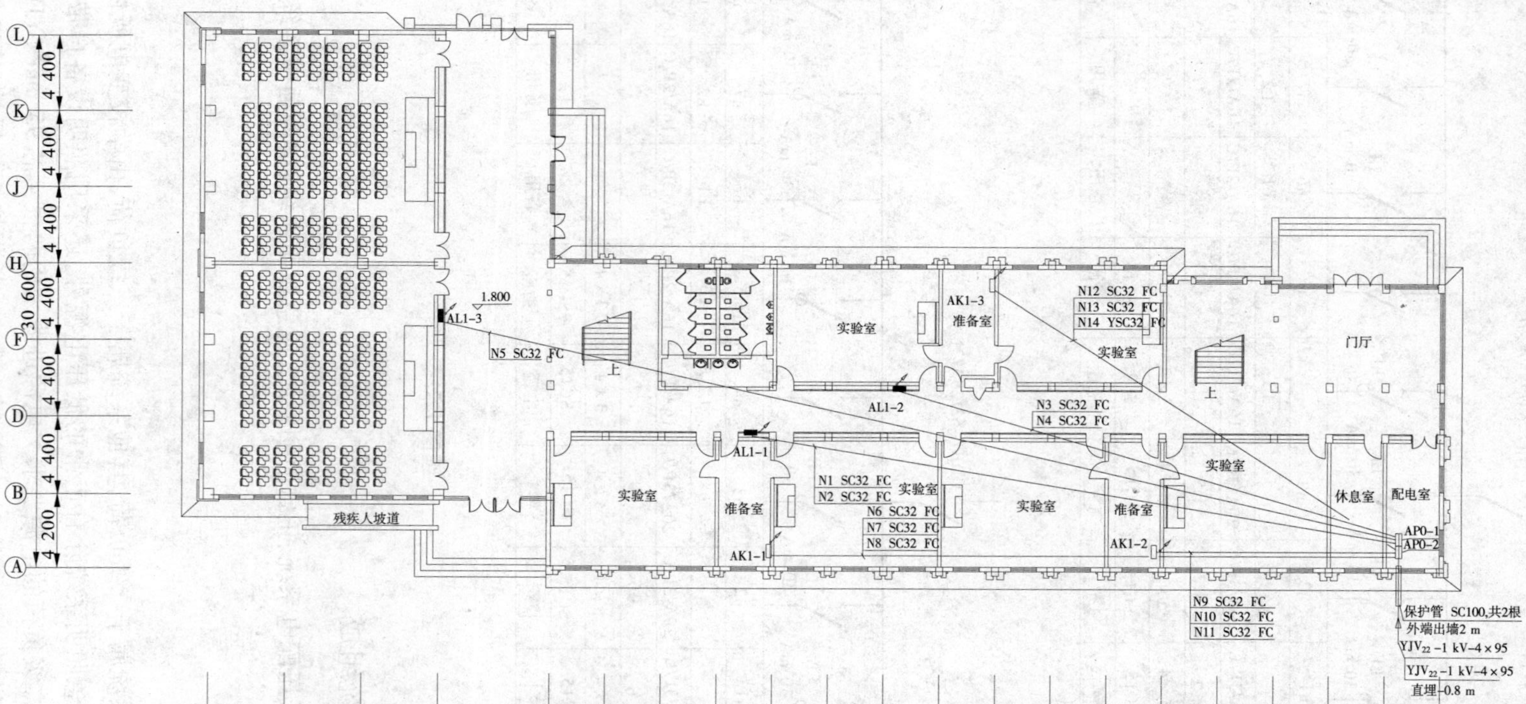

图 12-3 首层电气平面图

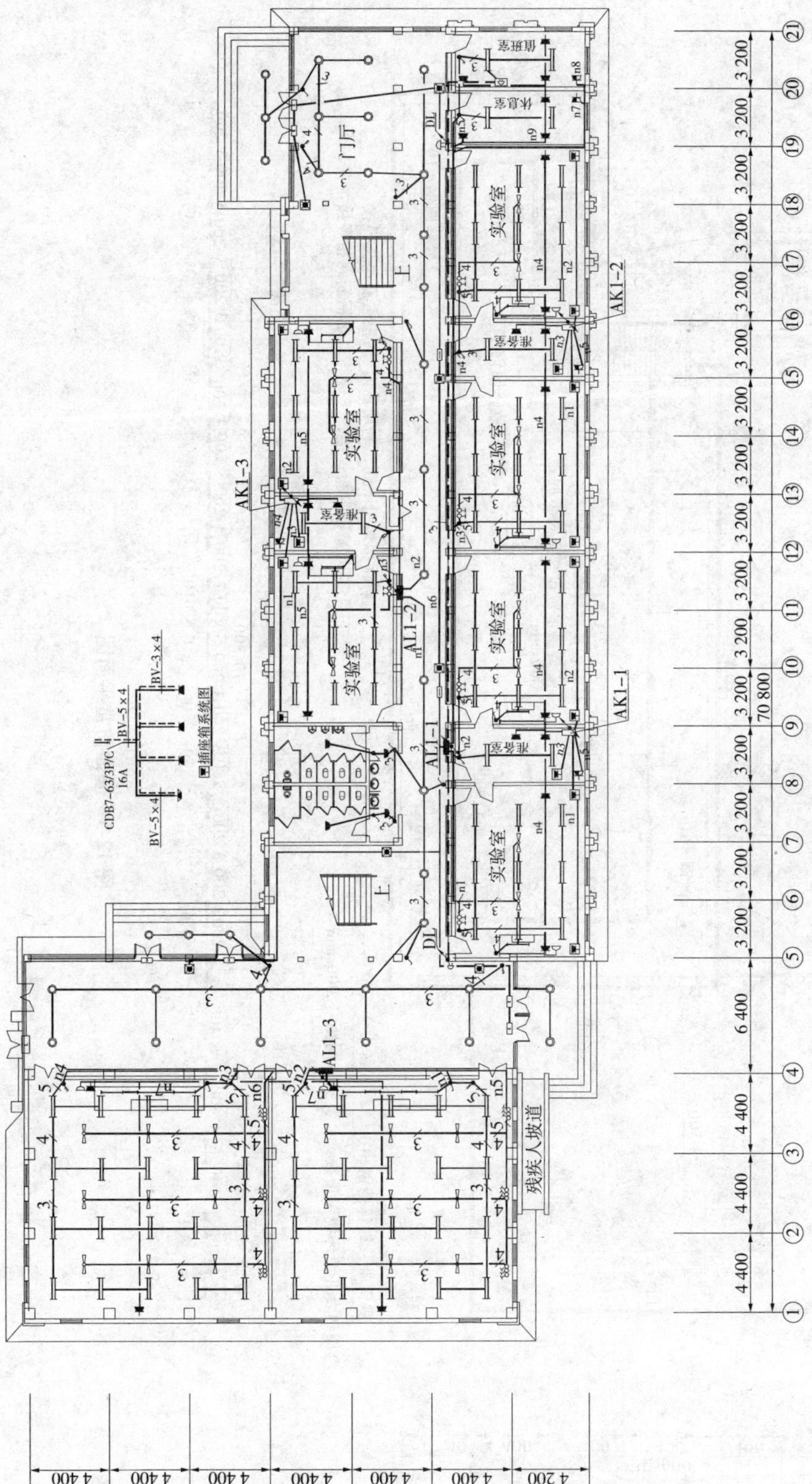

图 12-4　首层电气照明平面图

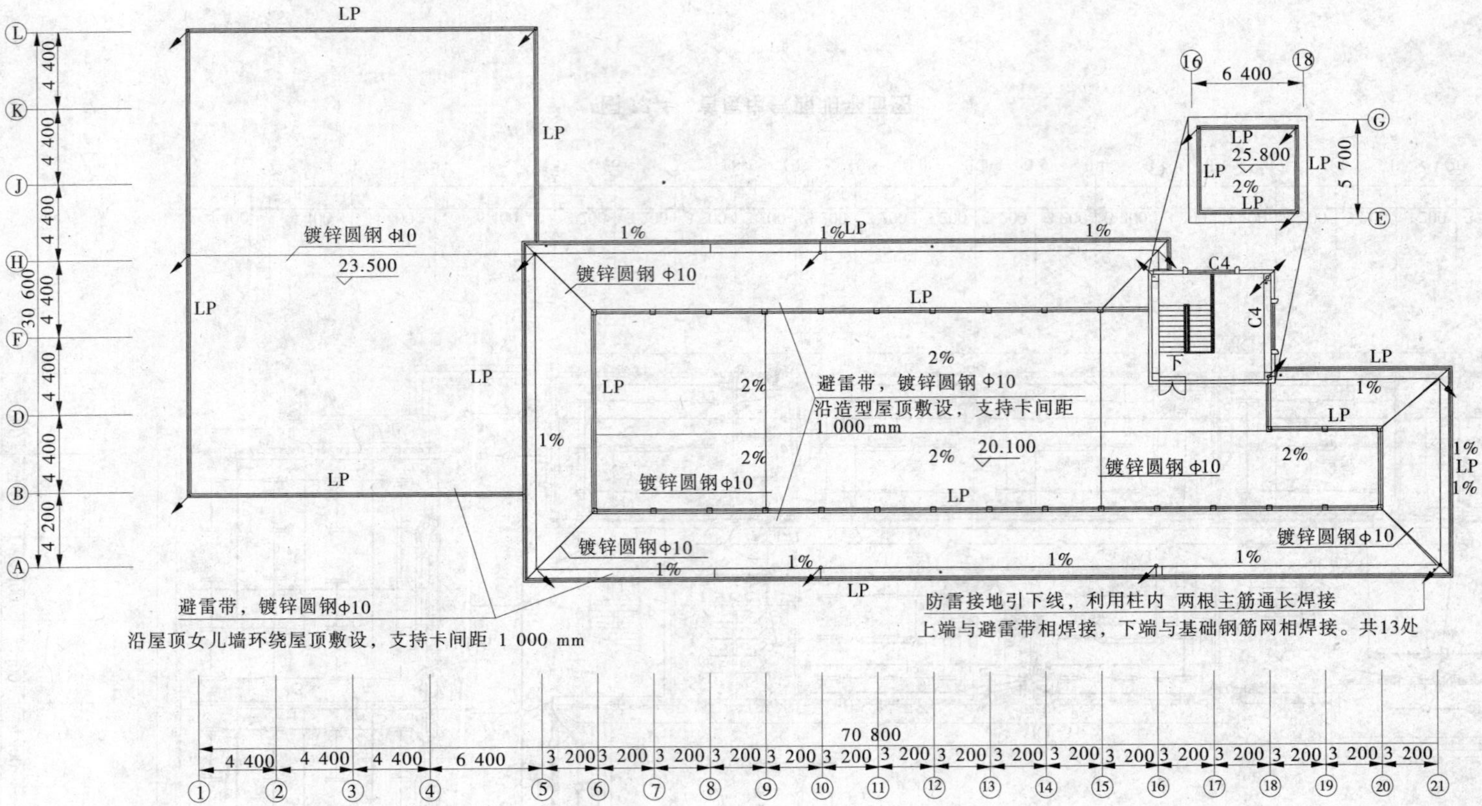

图 12-5　屋面防雷平面图

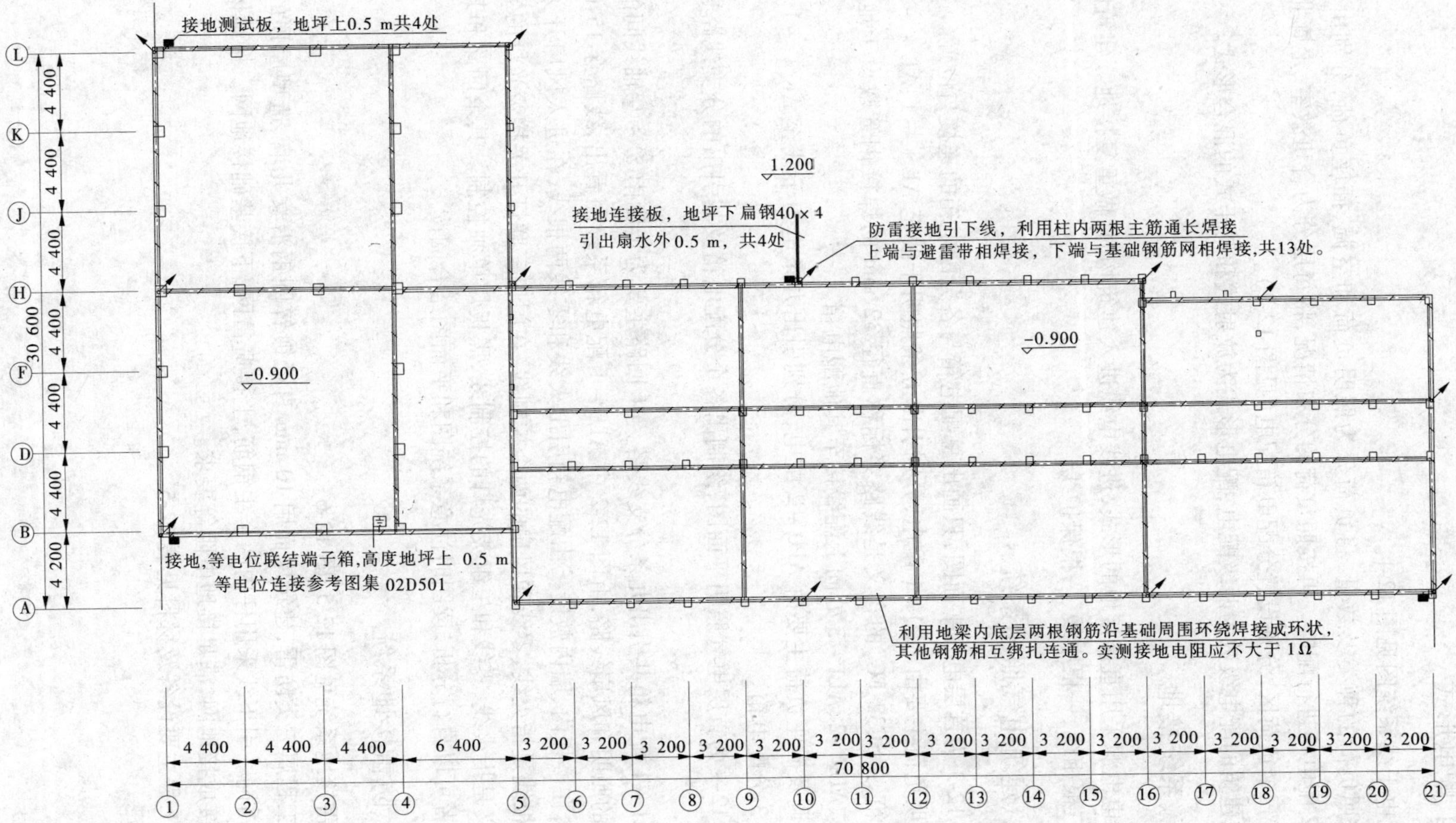

接地测试板，地坪上0.5 m共4处
1.200
接地连接板，地坪下扁钢40×4
引出扇水外0.5 m，共4处
防雷接地引下线，利用柱内两根主筋通长焊接
上端与避雷带相焊接，下端与基础钢筋网相焊接,共13处。
-0.900
-0.900
接地,等电位联结端子箱,高度地坪上 0.5 m
等电位连接参考图集 02D501
利用地梁内底层两根钢筋沿基础周围环绕焊接成环状，
其他钢筋相互绑扎连通。实测接地电阻应不大于1Ω
L
K
J
H
F
D
B
A
4 400
4 400
4 400
4 400
4 400
4 400
4 200
30 600
4 400
4 400
4 400
6 400
3 200
70 800
1
2
3
4
5
6
7
8
9
10
11
12
13
14
15
16
17
18
19
20
21

图 12-6　接地平面图

水和防火处理。

四、配电形式

配电干线系统图见图 12-1。

按照负荷的种类及数量，将负荷分为照明负荷和空调、插座负荷，分别由 AP0 - 1 和 AP0 - 2 配电柜进行配电。再按照负荷的分布情况，将每层分为合班教室、走廊北教室、走廊南教室三个负荷区，分别设置分配电箱配电（见图 12-2）。

该建筑的配电级数为两级配电，配电形式为放射式和树干式的混合形式。

五、系统接地

供电电源采用直接接地的形式，进线电缆进入建筑物时，做重复接地。建筑内配线为五线，即三根相线、一根中线、一根保护线。

六、建筑电气照明系统

图 12-3 为首层电气平面图，只画出总配电箱与各分配电箱的连接与位置。

照明负荷主要由 AP0 - 1 配电，分别引出五条照明干线至 AL * - 1、AL * - 2、AL * - 3 分配电箱。“SC32 FC”的含义是线路穿标称直径 32 mm 的焊接钢管敷设于地板下面，在 AL1 - 1、AL1 - 2、AL1 - 3 处向上配线接至其他配电箱。

空调及插座负荷主要由 AP0 - 2 配电，分别引出九条电力干线至 AK * - 1、AK * - 2、AK * - 3 分配电箱。

图 12-4 为首层电气照明平面图，绘制出各个分配电箱及其引出的分支线路连接设备和位置。

AL1 - 1 配电箱共引出九条分支线路。n1 回路主要为走廊南⑤ ~ ⑨轴线间的实验室和准备室的照明和风扇线路，由图 12-2 中 AL0 - 1 配电箱系统图看出，线路穿 15 mm 焊接钢管敷设，在楼板内、墙内敷设。由配电箱引出火线和零线两根线，在进入风扇开关的线路上标记 4 根线是指火线、零线和风扇的两个控制线，在门口三联灯开关接荧光灯的导线上标记 5 的含义是指火线、零线和三组荧光灯的控制线，黑板灯单独控制。其余回路和其他配电箱回路读者可以自行分析，读图时注意系统图和平面图结合阅读。

七、防雷接地系统

防雷接地系统见图 12-5、图 12-6。

该工程属三类防雷，建筑屋面用 10 mm 直径镀锌圆钢沿女儿墙、造型屋顶的屋脊等处焊接避雷网。引下线采用柱内两个主钢筋，上接避雷网，下接基础接地网。接地体利用基础钢筋焊接成接地网，满足接地电阻等要求。

该工程主要设备及材料见表 12-5。

表 12-5　主要设备及材料表

序号	图例	名称	型号(规格)	安装说明
1		总配电箱	XL-21-06	落地安装
2		照明配电箱	VF系列方案见系统图	暗装 1.4 m
3		空调配电箱	VF系列方案见系统图	暗装 1.4 m
4		单管荧光灯　T8 三基色	PAK－1×36 W电子镇流器	吊链 2.8 m
5	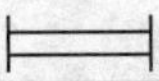	双管荧光灯　T8 三基色	PAK－2×36 W电子镇流器	吊链 2.8 m
6		节能环管吸顶灯 T5三基色	PAK－ 1×28 W电子镇流器	吸顶
7		节能环管吸顶灯 T5三基色	PAK－ 1×40 W电子镇流器	吸顶
8		黑板灯	PAK-A06-136　1×36 W	吊管
9		应急照明灯	PAK－Y10-208　　应急时间 >30 min	2.2 m
10		安全出口　标志灯	PAK－Y01-101E　　应急时间 >30 min	门头上 0.1 m
11		疏散引导指示灯	PAK－Y01-106　　应急时间 >30 min	0.5 m
12		疏散引导指示灯	PAK－Y01-105E　　应急时间>30 min	0.5 m
13		疏散引导指示灯	PAK－Y01-104E　　应急时间>30 min	0.5 m
14		一位单控开关	C31/1/2A	1.3 m
15		二位单控开关	C32/1/2A	1.3 m
16		三位单控开关	C33/1/2A	1.3 m
17		四位单控开关	C34/1/2A	1.3 m
18		声光控开关	CS01	灯旁吸顶
19		调速开关	吊扇　配套	1.3 m
20		单相二、三极插座	C426/10US　10 A	0.3 m
21		单相三极插座	C426/15CS　15 A	1.8 m　空调
22		单相二极插座	C426/U	1.8 m　电视
23		三相四极插座	C434/25　　25 A	0.3 m
24	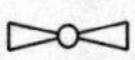	吊扇	ϕ1 200	2.6 m
25		电铃	ϕ100	2.5 m
26		电铃控制钟		1.8 m
27		插座箱		1.3 m

复习题

1. 随着建筑物的规模和要求不同，建筑电气工程图的种类和图纸数量也不同，常用的建筑电气工程图主要由哪几部分组成？

2. 读懂图例是电气工程图纸识读的要点，掌握一些常用的图形符号，读图的速度会明显提高。通过查阅一些图纸，列表总结常用的一些电气设备图例与其代表的含义。

3. 总结电气工程图纸中常用的导线（如 BV、YJV 等）、穿管敷设（如 SC、PVC 等）的种类，常用的敷设方式（如 WC、CC 等），每种方式在图纸上是如何标注的？

第十三章　建筑施工现场供配电

随着社会发展的需要，建设项目越来越多，规模大的项目也不少，故施工现场的用电量也越来越大，再加上施工现场的环境比较恶劣，用电设备流动性大、临时性强、负荷变化大，供配电有其特殊性。本章主要讲述施工现场临时用电的基本知识，施工现场供配电的形式、配电线路的结构、电力供应及有关施工现场临时用电的安全技术规范。通过学习，要求掌握施工现场临时用电的基本知识及临时供电的设计。

第一节　施工现场供配电

电气系统由供电系统和配电系统两部分组成，供电系统包括供电电源（如变压器等）和主结线。配电系统一般由配电装置及配电线路组成。施工现场的电气系统应满足用电设备对供电可靠性、供电质量及供电安全的要求，接线方式应力求简单可靠、操作方便及安全。

一、施工现场的供电形式

施工现场的供电形式有多种，具体采用哪一种应根据项目的性质、规模和供电要求确定。下面介绍施工现场供电的几种形式。

（一）独立变配电所供电

对一些规模比较大的项目，如规划小区、新建学校、新建工厂等工程，可利用配套建设的变配电所供电。即先建设好变配电所，由其直接供电，这样可避免重复投资，造成浪费。永久性变配电所投入使用，从管理的角度上看比较规范，供电的安全性有了基本的保障。变配电所主要由高压配电屏（箱、柜、盘）、变压器和低压配电屏（箱、柜、盘）组成。

（二）自备变压器供电

目前，城市中高压输电的电压一般为 10 kV，而通常用电设备的额定电压为 220 V/380 V。因此，对于建筑施工现场的临时用电，可利用附近的高压电网，增设变压器等配套设备供电。变电所的结构形式一般分为户内变电所与户外变电所两种。为了节约投资，在计算负荷不是特别大的情况下，施工现场的临时用电均采用户外式变电所。户外式变电所采用杆上变电所居多。户外式变电所的结构比较简单，主要由降压变压器、高压开关、低压开关、母线、避雷装置、测量仪表、继电保护等组成。

（三）低压 220 V/380 V 供电

对于电气设备容量较小的建设项目，若附近有低压 220 V/380 V 电源，在其余量允许的情况下，可到有关部门申请，采用附近低压 220 V/380 V 直接供电。

二、施工现场电力负荷计算

负荷计算的目的是确定供电系统、选择变压器容量、电气设备、导线截面和仪表量程的依据，也是合理进行无功功率补偿的重要依据。计算负荷确定得是否正确合理，直接影响到电气设备和导线电缆的选择是否经济合理。如计算负荷确定过大，将使电器和导线电缆选得过大，造成投资和有色金属的浪费。如计算负荷确定过小，又将使电气设备和导线电缆处于过负荷下运行，增加电能损耗，产生过热，导致绝缘过早老化甚至烧毁，同样要造成损失。由此可见，正确确定计算负荷意义重大。在进行负荷计算时，要考虑环境及社会因素的影响，并应为将来的发展留有适当余量。

目前，负荷计算常用的方法有需要系数法、二项式法和利用系数法等。在建筑供配电系统的负荷计算中常用的是需要系数法。在用需要系数法进行负荷计算时，首先要把工作性质相同、具有相近需要系数的同类用电设备合并成组，求出各组用电设备的计算负荷。计算负荷又分为有功计算负荷、无功计算负荷和视在计算负荷，计算负荷确定后，便可确定计算电流。它们的计算公式为

有功计算负荷 $$P_j = K_X P_N$$

无功计算负荷 $$Q_j = P_j \tan\varphi$$

视在计算负荷 $$S_j^2 = P_j^2 + Q_j^2$$

三相负荷计算电流 $$I_j = \frac{S_j}{\sqrt{3}U}$$

式中 K_X——某类用电设备的需要系数；

P_N——某类用电设备的额定容量；

φ——某类用电设备的功率因数角；

U——电源线电压。

三、变电所位置的选择

选择变电所位置时应考虑运行安全可靠、操作维护方便等因素。故选择其位置时，应该遵循以下原则：

(1)变电所应尽量靠近负荷中心，以减少线路上的电能损耗和电压损失。同时也节省输电导线，有利于节约投资。

(2)高压进线方便，尽量靠近高压电源。

(3)为保障安全，防止人身触电事故的发生，变电所要远离交通要道和人畜活动频繁的地方。

(4)变电所应选择地势较高而又干燥的地方，并要求运输方便，易于安装。

(5)露天变电所不应设置在有腐蚀气体或容易沉积可燃粉尘、可燃纤维、导电尘埃的场所。

四、配电变压器的选择

在选择配电变压器时，首先应根据当地高压电源的电压和用电负荷需要的电压来确定变压器原、副边的额定电压。在我国，一般用户电压均为 10 kV，而拖动施工机械的电动机的额定电压一般是 380 V 或 220 V，所以，施工现场选择的变压器、高压侧额定电压为 10 kV，低压侧的额定电压为 220 V/380 V。

变压器的容量应大于计算容量，即

$$S_N \geqslant S_j$$

施工现场计算负荷也可通过估算确定，且变压器的容量应大于估算的计算容量，即

$$S_N \geqslant S_J$$

式中 S_N——选用变压器的额定容量；

S_j——计算负荷；

S_J——估算的计算负荷。

五、施工现场配电线路的结构及施工要求

施工现场配电线路的结构形式可分为架空线配线和电缆配线两种。

(一)架空线配线

架空线配线由于投资费用低，施工方便，分支容易，所以得到广泛应用。特别是在建筑施工现场。但架空线受气候、环境影响较大，故供电可靠性较差。

建筑工地上的低压架空线主要由导线、横担、拉线、绝缘子和电杆组成。架空线必须架设在专用电杆上，即木杆和钢筋混凝土杆，严禁架设在树木、脚手架及其他设施上。钢筋混凝土杆不得有露筋、宽度大于0.4 mm的裂纹和扭曲；木杆不得腐朽，其梢径不应小于140 mm。

架空线必须采用绝缘导线。导线截面的选择应符合下列要求：

(1)导线中的计算负荷电流不大于其长期连续负荷允许载流量。

(2)线路末端电压偏移不大于其额定电压的5%。

(3)三相四线制的N线和PE线截面面积不小于相线截面面积的50%，单相线路的零线截面面积与相线截面面积相同。

(4)按机械强度要求，绝缘铜线截面面积不小于10 mm^2，绝缘铝线截面面积不小于16 mm^2。

架空线路必须有短路保护。采用熔断器做短路保护时，其熔体额定电流不应大于明敷绝缘导线长期连续负荷允许载流量的1.5倍；采用断路器做短路保护时，其瞬时过流脱扣器脱扣电流整定值应小于线路末端单相短路电流。

架空线路必须有过载保护。采用熔断器或断路器做过载保护时，绝缘导线长期连续负荷允许载流量不应小于熔断器熔体额定电流或断路器延时过流脱扣器脱扣电流整定值的1.25倍。

(二)电缆配线

电力电缆可采用埋地敷设和在电缆沟内敷设两种，它与架空线相比，供电可靠，受气候、环境影响小，且线路上的电压损失也比较小，故是一种比较安全可靠的供配电线路，但是，由于电力电缆成本较高，且线路分支困难，检修不方便，所以选择时应多方面考虑而定。

电缆中必须包含全部工作芯线和用做保护零线或保护线的芯线。需要三相四线制配电的电缆必须采用五芯电缆。五芯电缆必须包含淡蓝、绿/黄两种颜色绝缘芯线。淡蓝色芯线必须用做N线，绿/黄双色芯线必须用做PE线，严禁混用。

电缆线路应采用埋地或架空敷设，严禁沿地面明设，并应避免机械损伤和介质腐蚀。埋地电缆路径应设方位标志。

电缆类型应根据敷设方式、环境条件选择。埋地敷设宜选用铠装电缆；当选用无铠装电缆时，应能防水、防腐。架空敷设宜选用无铠装电缆。

电缆直接埋地敷设的深度不应小于0.7 m，并应在电缆紧邻上下、左右侧均匀敷设不小于50 mm厚的细沙，然后覆盖砖或混凝土板等硬质保护层。

埋地电缆在穿越建筑物、构筑物、道路、易受机械损伤、介质腐蚀场所及引出地面从2.0

m 高到地下 0.2 m 处，必须加设防护套管，防护套管内径不应小于电缆外径的 1.5 倍。

在建工程内的电缆线路必须采用电缆埋地引入，严禁穿越脚手架引入。电缆垂直敷设应充分利用在建工程的竖井、垂直孔洞等，并宜靠近用电负荷中心，固定点每楼层不得少于一处。电缆水平敷设宜沿墙或门口刚性固定，最大孤垂距地不得小于 2.0 m。

装饰装修工程或其他特殊阶段，应补充编制单项施工用电方案。电源线可沿墙角、地面敷设，但应采取防机械损伤和防火措施。

室内配线必须采用绝缘导线或电缆，非埋地明敷主干线距地面高度不得小于 2.5 m。

室内配线所用导线或电缆的截面应根据用电设备或线路的计算负荷确定，但铜线截面面积不应小于 1.5 mm^2，铝线截面面积不应小于 2.5 mm^2。

电缆配线必须有短路保护和过载保护，整定值要求与架空线相同。

六、导线和电缆的选择方法

在建筑供配电线路中，使用的导线主要有电线和电缆，正确选用这些电线和电缆，对建筑供配电系统安全、可靠、经济、合理地运行有着十分重要的意义，对于节约有色金属也很重要。因此，在导线和电缆选择中应遵循以下原则。

(一)根据机械强度选择

由于导线本身的重量，以及风、雨、冰、雪等原因，使导线承受一定的应力，如果导线过细，就容易折断，将引起停电等事故。因此，在选择导线时要根据机械强度来选择，以满足不同用途时导线的最小截面面积要求，按机械强度确定导线线芯最小截面面积。

(二)按发热条件

每一种导线截面面积按其允许的发热条件都对应着一个允许的载流量。因此，在选择导线截面面积时，必须使其允许的载流量大于或等于线路的计算电流值。

(三)与保护设备相适应

按发热条件选择的导线和电缆的截面，还应该与其保护装置(熔断器、自动空气开关)的额定电流相适应，其截面面积不得小于保护装置所能保护的最小截面面积，即

$$I_y \geqslant I_{保} \geqslant I_j$$

式中 $I_{保}$——保护设备的额定电流；

I_y——导线、电缆允许载流量。

I_j——计算电流。

(四)按允许电压损失来选择

为了保证用电设备的正常运行，必须使设备接线端子处的电压在允许值范围之内，但由于线路上有电压损失，因此在选择电线或电缆时，要按电压损失来选择电线或电缆的截面。

在具体选择电线电缆时，第二和第四两种选择原则常常用来相互校验，即按发热条件选择后，要用电压损失条件进行校验；或按电压损失要求选择后，还要用发热条件进行校验。

对于按允许电压损失来选择导线、电缆截面面积时，可按下式来简化计算，即

$$\Delta U\% = \frac{P_j l}{cS}$$

式中 S——导线电缆截面面积，mm^2；

c——系数；

P_j——有功计算负荷，kW；

l——线路长度,m。

在具体选择导线截面时,必须综合考虑电压损失、发热条件和机械强度等要求。

第二节　施工现场的电力供应

施工现场的用电设备主要包括照明和动力两大类,在确定施工现场电力供应方案时,首先应确定电源形式,再确定计算负荷、导线规格型号,最后确定配电室、变压器位置及容量等内容。下面针对某学校教学楼这一具体项目来确定施工现场电力供应的方案。

该学校教学大楼施工现场临时电源由附近杆上 10 kV 电源供给。根据施工方案和施工进度的安排,需要使用下列机械设备:

国产 JZ350 混凝土搅拌机一台,总功率 11 kW;国产 QT25－1 型塔吊一台,总功率 21.2 kW;蛙式打夯机四台,每台功率 1.7 kW;电动振捣器四台,每台功率 2.8 kW;水泵一台,电动机功率 2.8 kW;钢筋弯曲机一台,电动机功率 4.7 kW;砂浆搅拌机一台,电动机功率 2.8 kW;木工场电动机械,总功率 10 kW。

根据以上给定的这些条件及施工总平面图,我们就可以作出施工现场供电的设计方案。

一、施工现场的电源确定

施工现场的电源要视具体情况而定,现给出架空线 10 kV 的电源,该项目电源可采取安装自备变压器的方法引出低压电源,电杆上一般应配备高压油开关或跌落式熔断器、避雷器等,这些工作应与电力主管部门协商解决。

二、估算施工现场的总用电量

施工现场实际用电负荷即计算负荷,可以采用需要系数法来求得,也可采用更为简单的估算法来计算。首先计算出施工用电量的总功率,即

$$\sum P = 11 + 21.2 + 1.7 \times 4 + 2.8 \times 4 + 2.8 + 4.7 + 2.8 + 10 = 70.5(\text{kW})$$

考虑到所有设备不可能同时使用,每台设备工作时也不可能是满负载,故取需要系数 $K_X = 0.56$,取电机的平均效率 $\eta = 0.85$,平均功率因数 $\cos\varphi = 0.6$,则计算负荷为

$$S_j = \frac{K_X \sum P}{\eta \cos\varphi} = \frac{0.56 \times 70.5}{0.85 \times 0.6} = 77.41(\text{kVA})$$

另加 10% 的照明负荷,则总的估算计算负荷为

$$S_J = S_j + 10\% S_j = 77.41 + 7.741 = 85.15(\text{kVA})$$

经估算,施工现场总计算负荷约为 85 kVA。

三、选用变压器和确定变电站位置

根据生产厂家制造的变压器的等级,以及选择变压器的原则:$S_N \geqslant S_J$,查有关变压器产品目录,选用 S_9－125/10 型(即变压器额定容量为 125 kVA,额定电压为 10 kV/0.4 kV,并且作 Δ/Y_{-11} 连接)三相电力变压器一台即可。

从施工组织总平面图可以看出,工地东北角较偏僻,离人们工作活动中心较远,比较隐

蔽和安全，并且接近高压电源，距各机械设备用电地点也较适中，交通也方便，而且变压器的进、出线和运输较方便，故工地变电站位置设在工地东北角是较合适的。

四、供电线路的布置及导线截面的选择

从经济、安全的角度考虑，供电线路采用 BLXF 型橡皮绝缘架空敷设。根据设备布置情况，在初步设计的供电平面图中，1 号配电箱控制的设备有钢筋弯曲机和木工场电动机械，总功率为 14.7 kW；2 号配电箱控制的设备有塔吊，总功率为 21.2 kW；3 号配电箱控制的设备有打夯机和振捣机，总功率为 18 kW；4 号配电箱控制的设备有水泵，总功率为 2.8 kW；5 号配电箱控制的设备有混凝土搅拌机和砂浆搅拌机，总功率为 13.8 kW。在计算中除注明外需要系数 K_X 取 0.7，功率因数 $\cos\varphi$ 取 0.6，效率 η 取 0.85。

从变电站引出 I_1 和 I_2 两条干线。干线 I_1 用电量大，并且供电距离较短，在选择导线截面时，只需要考虑发热条件即可。根据该线路所供给的负载功率，可用下式简单估算出线路上的工作电流，即

$$I_1 = K_X \sum P_1 / (\sqrt{3} U \cos\varphi\eta)$$

而 $$\sum P_1 = 21.2 + 4.7 + 10 + 1.7 \times 4 + 2.8 \times 4 + 2.8 = 56.7(\text{kW})$$

所以 $$I_1 = 0.7 \times 56.7 \times 1\,000 / (\sqrt{3} \times 380 \times 0.6 \times 0.85) = 118.2(\text{A})$$

查橡皮绝缘电线明敷的载流量表可知（环境温度按 40 ℃考虑），干线 I_1 应选择截面面积为 50 mm^2 的橡皮绝缘铝芯导线（BLXF）。由于在三相四线制中，零线的选用有一定准则，则选零线截面面积为 25 mm^2。

支路 I_a 的工作电流为

$$\begin{aligned} I_a &= K_X \sum P_a / (\sqrt{3} U \cos\varphi\eta) \\ &= 0.7 \times (21.2 + 11.2 + 6.8 + 2.8) \times 1\,000 / (\sqrt{3} \times 380 \times 0.6 \times 0.85) \\ &= 88(\text{A}) \end{aligned}$$

查橡皮绝缘电线明敷的载流量表可知，支路 I_a 应选用截面面积为 25 mm^2 的线 3 根和截面面积为 16 mm^2 的线 1 根。

支路 I_b 的工作电流为

$$\begin{aligned} I_b &= K_X \sum P_b / (\sqrt{3} U \cos\varphi\eta) \\ &= 0.7 \times 14.7 \times 1\,000 / (\sqrt{3} \times 380 \times 0.6 \times 0.85) = 30.7(\text{A}) \end{aligned}$$

查橡皮绝缘电线明敷的载流量表可知，支路 I_b 只需四根 6 mm^2 的 BLXF 导线即可，但是考虑到机械强度的要求，还是应采用 16 mm^2 的 BLXF 型导线 4 根。

支线 I_c 由于没有确定的设备，所以该支线按机械强度选择导线截面积，即选 4 根 16 mm^2 的 BLXF 型导线。

支路 I_d 的工作电流为

$$\begin{aligned} I_d &= K_X \sum P_d / (\sqrt{3} U \cos\varphi\eta) \\ &= 0.7 \times (11.2 + 6.8 + 2.8) \times 1\,000 / (\sqrt{3} \times 380 \times 0.6 \times 0.85) = 43(\text{A}) \end{aligned}$$

查橡皮绝缘电线明敷的载流量表可知，支路 I_d 采用 10 mm^2 的 BLXF 型导线即可，但从

机械强度上考虑,也应采用 16 mm^2 的 BLXF 型导线。

支线 I_e 的工作电流为(该支线设备不多,故 K_X 取 1)

$$I_e = K_X P_e / (\sqrt{3} U \cos\varphi\eta)$$
$$= 1 \times 2.8 \times 1\,000 / (\sqrt{3} \times 380 \times 0.6 \times 0.85) = 8(\mathrm{A})$$

由于 I_e 支线的电流较小,所以也只按机械强度选择导线的截面面积,即选择 4 根 16 mm^2 的 BLXF 型导线。

干线 I_2 是引至混凝土搅拌机处和门房照明用电。搅拌机处用电量大,而且离电源变压器也不远,只需要从发热条件来选择导线的截面面积。

干线 I_2 的工作电流为

$$I_2 = K_X \sum P_2 / (\sqrt{3} U \cos\varphi\eta)$$
$$= 0.7 \times (11 + 2.8) \times 1\,000 / (\sqrt{3} \times 380 \times 0.6 \times 0.85) = 29(\mathrm{A})$$

查橡皮绝缘电线明敷的载流量表可知,支路 I_2 采用 6.0 mm^2 的 BLXF 型导线即可,但从机械强度上考虑,则应采用 4 根 16 mm^2 的 BLXF 型导线。

从分配电箱再到门房的照明线,因供电距离较远,且负荷比较小,所以不必考虑发热条件和电压损失,只需从机械强度上考虑即可。故 I_3 也还是应选用 16 mm^2 的 BLXF 型导线。

五、配电箱的数量和位置的确定

配电系统应设置配电柜或总配电箱、分配电箱、开关箱,实行三级配电。根据设备布置情况,共设分配电箱 5 只。

六、绘制施工现场电力供应平面图

在施工平面图上,应标明变压器位置、配电箱位置、低压配电线路的走向、导线的规格、电杆的位置(电杆档距不大于 35 m)等。施工现场电力供应平面图如图 13-1 所示。

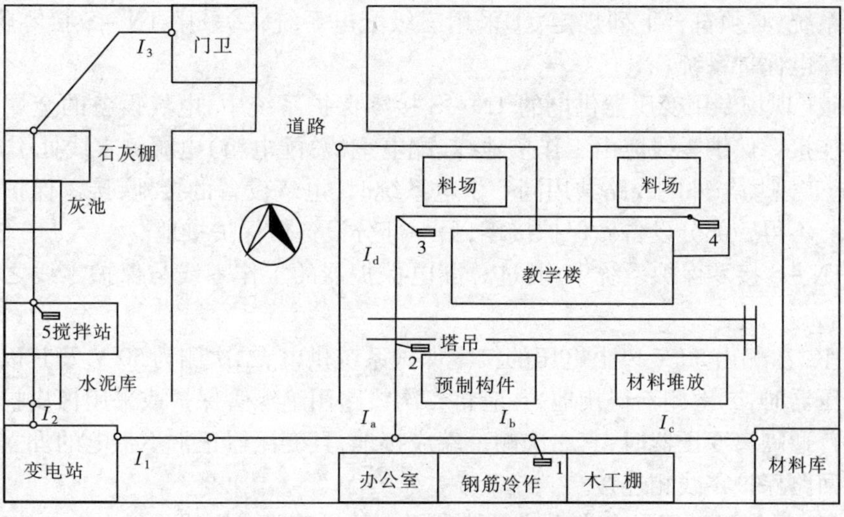

图 13-1 施工现场电力供应平面图

第三节　施工现场临时用电的若干规定

施工现场临时用电应严格执行《施工现场临时用电安全技术规范》(JGJ 46—2005)的规定及国家现行有关强制性标准的规定。

一、临时用电管理

(1)施工现场临时用电设备在5台及其以上或设备总容量在50 kW及其以上者,应编制用电组织设计,否则也应制定安全用电和电气防火措施,并经有关部门审核批准方可。

(2)临时用电组织设计变更时,必须履行“编制审核批准”程序,由电气工程技术人员组织编制,经相关部门审核及具有法人资格企业的技术负责人批准后实施。变更用电组织设计时应补充有关图纸资料。

(3)临时用电工程必须经编制、审核、批准部门和使用单位共同验收,合格后方可投入使用。

(4)电工必须经过国家现行标准考核合格后,持证上岗工作,使用电气设备前必须按规定穿戴和配备好相应的劳动防护用品,并应检查电气装置和保护设施,严禁设备带缺陷运转。

(5)施工现场临时用电必须建立安全技术档案。安全技术档案包括:用电组织设计的全部资料,修改用电组织设计的资料;用电技术交底资料;用电工程检查验收表;电气设备测试,验收凭单和调试记录;接地电阻、绝缘电阻和漏电保护器、漏电动作参数测定记录表;定期(检)复查表;电工安装、巡检、维修、拆除工作记录。

(6)临时用电工程应定期检查。定期检查时,应复查接地电阻和绝缘电阻值。

二、施工现场的接地与防雷

(1)建筑施工现场临时用电工程专用的电源中性点直接接地的220 V/380 V三相四线制低压电力系统,必须符合下列规定:①采用三级配电系统;②采用TN－S接零保护系统;③采用二级漏电保护系统。

(2)在施工现场专用变压器供电的TN－S接零保护系统中,电气设备的金属外壳必须与保护零线连接。保护零线应由工作接地线、配电室(总配电箱)电源侧零线处引出。

(3)当施工现场与外电线路共用同一供电系统时,电气设备的接地、接零保护应与原系统保持一致。不得一部分设备做保护接零,另一部分设备做保护接地。

(4)在TN－S接零保护系统中,通过总漏电保护器的工作零线与保护零线之间不得再做电气连接。

(5)使用一次侧由50 V以上电压的接零保护系统供电,二次侧为50 V及其以下电压的安全隔离变压器时,二次侧不得接地,并应将二次线路用绝缘管保护或采用橡皮护套软线。

当采用普通隔离变压器时,其二次侧一端应接地,且变压器正常不带电的外露可导电部分应与一次回路保护零线相连接。

(6)施工现场的临时用电电力系统严禁利用大地做相线或零线。

(7)接地装置的设置应考虑土壤干燥或结冻等季节变化的影响,并符合规范规定。

(8)保护零线必须采用绝缘导线。配电装置和电动机械相连接的 PE 线应为截面面积不小于 2.5 mm^2 的绝缘多股铜线,手持式电动工具的 PE 线应为截面面积不小于 1.5 mm^2 的绝缘多股铜线。

(9)PE 线上严禁装设开关或熔断器,严禁通过工作电流,且严禁断线。

(10)相线、N 线、PE 线的颜色标记必须符合以下规定:相线 L_1(A)、L_2(B)、L_3(C)相序的绝缘颜色依次为黄、绿、红色;N 线的绝缘颜色为淡蓝色;PE 线的绝缘颜色为绿/黄双色。任何情况下上述颜色标记严禁混用和互相代用。

(11)在 TN 系统中,手持式电动工具的金属外壳,以及城防、人防、隧道等潮湿或条件特别恶劣施工现场的电气设备必须采用保护接零。

(12)单台容量超过 100 kVA 或使用同一接地装置并联运行且总容量超过 100 kVA 的电力变压器或发电机的工作接地电阻值不得大于 4 Ω。

单台容量不超过 100 kVA 或使用同一接地装置并联运行且总容量不超过 100 kVA 的电力变压器或发电机的工作接地电阻值不得大于 10 Ω。

在土壤电阻率大于 1 000 Ωm 的地区,当达到上述接地电阻值有困难时,工作接地电阻值可提高到 30 Ω。

(13)TN 系统中的保护零线除必须在配电室或总配电箱处做重复接地外,还必须在配电系统的中间处和末端处做重复接地。

在 TN 系统中,保护零线每一处重复接地装置的接地电阻值不应大于 10 Ω。在工作接地电阻值不允许达到 10 Ω 的电力系统中,所有重复接地的等效电阻值不应大于 10 Ω。

(14)每一接地装置的接地线应采用 2 根及其以上导体,在不同点与接地体做电气连接。不得采用铝导体做接地体或地下接地线,垂直接地体宜采用角钢、钢管或光面圆钢,不得采用螺纹钢。接地体可利用自然接地体,但应保证其有可靠的电气连接和热稳定。

三、施工现场配电箱及开关箱的设置

(1)配电系统应设置配电柜或总配电箱、分配电箱、开关箱,实行三级配电。

配电系统宜使三相负荷平衡。220 V 或 380 V 单相用电设备宜接入 220 V/380 V 三相四线系统,当单相照明线路电流大于 30 A 时,宜采用 220 V/380 V 三相四线制供电。

室内配电柜的设置应符合有关规范规定。

(2)总配电箱以下可设若干分配电箱:分配电箱以下可设若干开关箱。

总配电箱应设在靠近电源的区域,分配电箱应设在用电设备或负荷相对集中的区域,分配电箱与开关箱的距离不得超过 30 m,开关箱与其控制的固定式用电设备的水平距离不宜超过 3 m。

(3)每台用电设备必须有各自专用的开关箱,严禁用同一个开关箱直接控制 2 台及 2 台以上用电设备(含插座)。

(4)动力配电箱与照明配电箱宜分别设置。当合并设置为同一配电箱时,动力和照明应分路配电;动力开关箱与照明开关箱必须分设。

(5)配电箱、开关箱周围应有满足 2 人同时工作的空间和通道,不得堆放任何妨碍操作维修的物品,不得有灌木、杂草。

(6)配电箱、开关箱应装设端正、牢固。固定式配电箱、开关箱的中心点与地面的垂直距离应为1.4~1.6 m。移动式配电箱、开关箱应装设在坚固、稳定的支架上,其中心点与地面的垂直距离宜为0.8~1.6 m。

(7)配电箱、开关箱内的电器(含插座)应先安装在金属或非木质阻燃绝缘电器安装板上,然后方可整体紧固在配电箱、开关箱箱体内。

(8)配电箱的电器安装板上必须分设N线端子板和PE线端子板。N线端子板必须与金属电器安装板绝缘;PE线端子板必须与金属电器安装板做电气连接。

进出线中的N线必须通过N线端子板连接,PE线必须通过PE线端子板连接。

(9)配电箱、开关箱的金属箱体、金属电器安装板及电器正常不带电的金属底座、外壳等必须通过PE线端子板与PE线做电气连接。金属箱门与金属箱体必须通过采用编织软铜线做电气连接。

(10)总配电箱应装设电压表、总电流表、电度表及其他需要的仪表。专用电能计量仪表的装设应符合当地供用电管理部门的要求。

装设电流互感器时,其二次回路必须与保护零线有一个连接点,且严禁断开电路。

(11)开关箱必须装设隔离开关、断路器或熔断器,以及漏电保护器。当漏电保护器是同时具有短路、过载、漏电保护功能的漏电断路器时,可不装设断路器或熔断器。隔离开关应采用分断时具有可见分断点,能同时断开电源所有极的隔离电器,并应设置于电源进线端。当断路器具有可见分断点时,可不另设隔离开关。

(12)开关箱中的隔离开关只可直接控制照明电路和容量不大于3.0 kW的动力电路,但不应频繁操作。容量大于3.0 kW的动力电路应采用断路器控制,操作频繁时还应附设接触器或其他启动控制装置。

(13)漏电保护器应装设在总配电箱、开关箱靠近负荷的一侧,且不得用于启动电气设备的操作。

(14)开关箱中漏电保护器的额定漏电动作电流不应大于30 mA,额定漏电动作时间不应大于0.1 s。使用于潮湿或有腐蚀介质场所的漏电保护器应采用防溅型产品,其额定漏电动作电流不应大于15 mA,额定漏电动作时间不应大于0.1 s。

(15)总配电箱中漏电保护器的额定漏电动作电流应大于30 mA,额定漏电动作时间应大于0.1 s,但其额定漏电动作电流与额定漏电动作时间的乘积不应大于30 mAs。

(16)总配电箱和开关箱中漏电保护器的极数和线数必须与其负荷侧负荷的相数和线数一致。

(17)配电箱、开关箱的电源进线端严禁采用插头和插座做活动连接。

(18)对配电箱、开关箱进行定期维修、检查时,必须将其前一级相应的电源隔离开关分闸断电,并悬挂"禁止合闸、有人工作"停电标志牌,严禁带电作业。

四、施工现场的照明装置及照明供电

(1)照明变压器必须使用双线组型安全隔离变压器,严禁使用自耦变压器。

(2)照明系统宜使三相负荷平衡,其中每一单相回路上,灯具和插座数量不宜超过25个,负荷电流不宜超过15 A。

(3)照明灯具的金属外壳必须与PE线相连接,照明开关箱内必须装设隔离开关、短路与过载保护电器和漏电保护器。

(4)室外220 V灯具距地面不得低于3 m,室内220 V灯具距地面不得低于2.5 m。

普通灯具与易燃物距离不宜小于300 mm;聚光灯、碘钨灯等高热灯具与易燃物距离不宜小于500 mm,且不得直接照射易燃物。达不到规定安全距离时,应采取隔热措施。

(5)碘钨灯及钠、铊、铟等金属卤化物灯具的安装高度宜在3 m以上,灯线应固定在接线柱上,不得靠近灯具表面。

(6)灯具的相线必须经开关控制,不得将相线直接引入灯具。

复习题

1. 施工现场的供电形式有哪几种?

2. 施工现场的供电线路有几种?各有什么特点?

3. 变电所选址原则是什么?

4. 施工现场用电专用的电源中性点直接接地的220 V/380 V三相四线制低压电力系统,必须符合什么规定?

5. 低压配电线路的结构及其特点有哪些?

6. 施工现场对所使用的照明装置有哪些规定和要求?

第十四章　建筑弱电工程

第一节　有线电话系统

科学技术和社会信息化的发展，推动现代通信技术发生了日新月异的变化，目前已发展为由电话、传真、移动通信和无线寻呼等多种方式组成的综合通信系统。但在所有这些系统中，有线电话系统仍然为建筑物的必备系统之一。

一、系统组成与工作原理

有线电话系统如图 14-1 所示，主要由终端设备、传输线路和交换设备三大部分组成。

图 14-1　有线电话系统

常见的终端设备有电话机、传真机等，作用是完成信号的发送和接收。传输线路则分为两种，终端设备和交换机之间的线路为用户线，交换机之间的线路为中继线，用户线一般采用通信电缆，中继线一般采用光缆，传输线路的作用是有效可靠地传输信号。常见的交换设备为数字程控电话交换机，其作用是完成信号的交换和交换管理。

电话通信网中的用户线路又可以细化为如图 14-2 所示的形式。

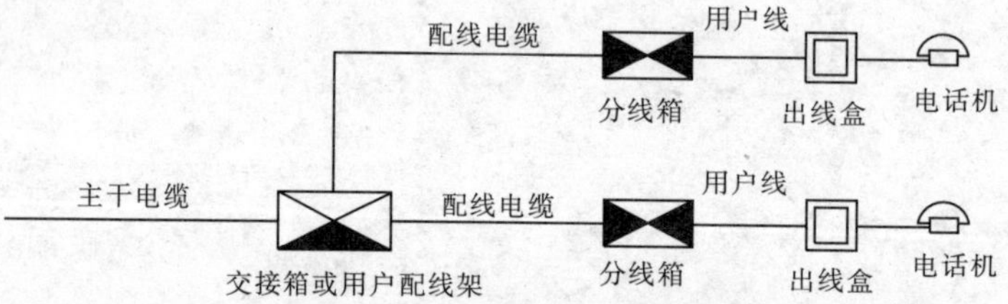

图 14-2　电话通信网用户线路示意图

由图 14-2 可见，由市话局引出的电缆称为主干电缆，它不直接与用户联系，而是通过交接箱或用户配线架连接配线电缆；配线电缆根据用户分布情况，将其线芯分配到每个分线箱内；再由分线箱引出用户线通过出线盒连接到用户终端设备（如电话机、传真机等）上。

二、系统中的主要设备与器件

（一）数字程控电话交换机

在有线电话系统中，完成电话交换和电话交换控制任务的设备是电话交换机，它是有线电话系统的核心设备。

数字程控交换机通常按用途分为市话交换机、长话交换机、用户交换机。市话交换机、长话交换机设置在市话局、长话局内，用户交换机主要是为满足企事业单位内部电话交换需要而设计的小型交换机，一般设置在一个企事业单位的电话站内。当一个单位或建筑内的电话用户不是太多，彼此之间的通信又较少并且又无特殊要求时，一般不单独设置电话站，不装用户交换机，用户电话机都直接接入市话网。但如果单位内或大型建筑内的电话用户较多，市话网不能满足需要，或市话网虽能满足需要，但市话网使用费较高，电话用户彼此之间的通信又较频繁时，从经济合理的角度去考虑，就需设置电话站，安装用户交换机，通过中继线将用户交换机与市话局相连。

数字程控电话交换机安装在电话站内，其外型如图 14-3 所示，一般采用落地式安装方式，连接时把电信局过来的线路连接到程控电话交换机的外线端口上，内线端口连接到电话分机上。注意：交换机应安装在干燥、通风、无噪声干扰和电磁干扰的房间内，安装时应注意与其他设备之间保持相应距离，以利于散热，且交换机和配线架的相对位置应如图 14-4 所示，单独、良好接地。

图 14-3　数字程控电话交换机外型

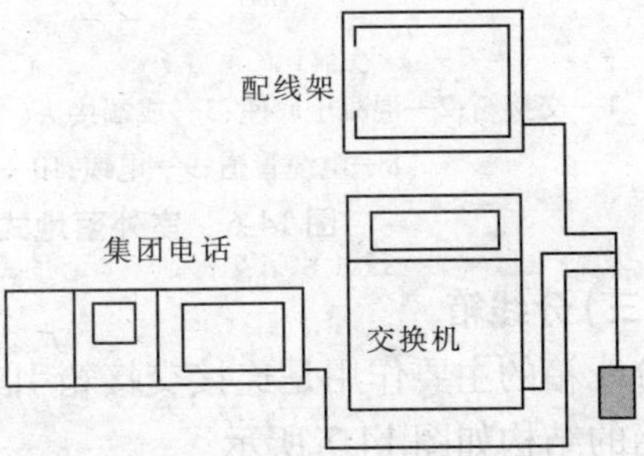

图 14-4　交换机和配线架的相对位置

（二）交接箱

交接箱的外型如图 14-5 所示，是设置在用户线路中用于主干电缆和配线电缆的接口装置，主干电缆线对在交接箱内按一定的方式用跳线与配线电缆线对连接，起到调配线路、灵

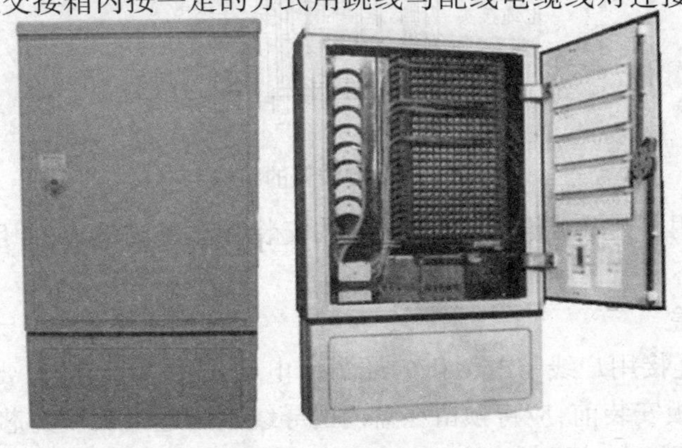

图 14-5　交接箱的外型

活配线的作用。

交接箱按安装方式不同分为落地式、架空式和壁龛式三种，落地式如图 14-6 所示，适用于主干电缆和配线电缆都是地面下敷设的情况，是目前的主要安装方式；架空式交接箱适用于主干电缆和配线电缆都是空中杆路架设的情况，它一般安装于电信杆上；壁龛式交接箱的安装是将其嵌入在墙体内的预留洞中，适用于主干电缆和配线电缆暗敷在墙内的场合。

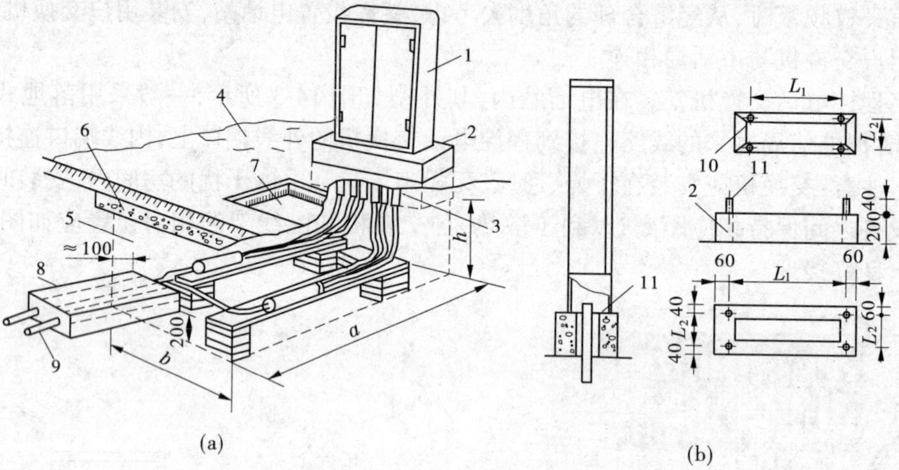

1—交接箱；2—混凝土底座；3—成端接头（气闭接头）；4—地面；5—手孔；6—手孔上覆；7—手孔口圈；8—电缆管道；9—电缆；10—交接箱底面；11—M10×100 镀锌地脚螺栓

图 14-6　室外落地式电话交接箱的安装　（单位：mm）

（三）分线箱

分线箱的主要作用是连接交接箱引来的电缆，将其变为普通电话线分给各电话出线盒。分线箱的结构如图 14-7 所示。

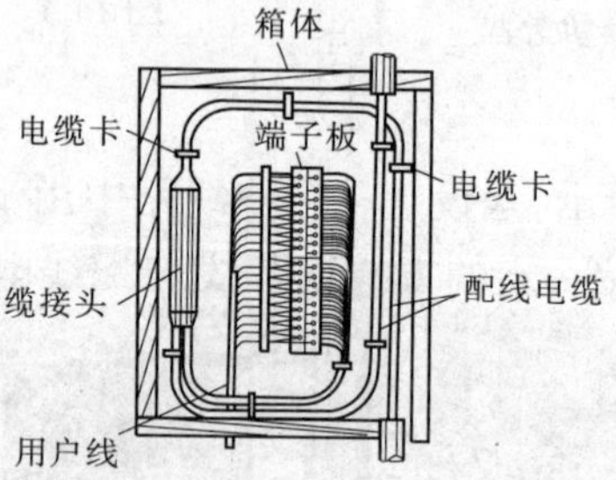

图 14-7　分线箱的结构

分线箱一般采用壁挂式或嵌入式安装方式，安装时注意同电力、照明线路和煤气、热力管道等最小净距应不小于 300 mm。

（四）电话出线盒

电话出线盒是连接用户线与电话机的端口。电话出线盒安装时，要求底边距地 300 ~ 500 mm。出线盒面板安装前，应将预留在盒内的导线剥出适当长度的芯线，引入面板孔，并用配套螺钉固定在面板上。最后将接好的面板整理平正后，再与出线盒安装孔固定牢靠，电话出线盒的外型与安装如图 14-8 所示。

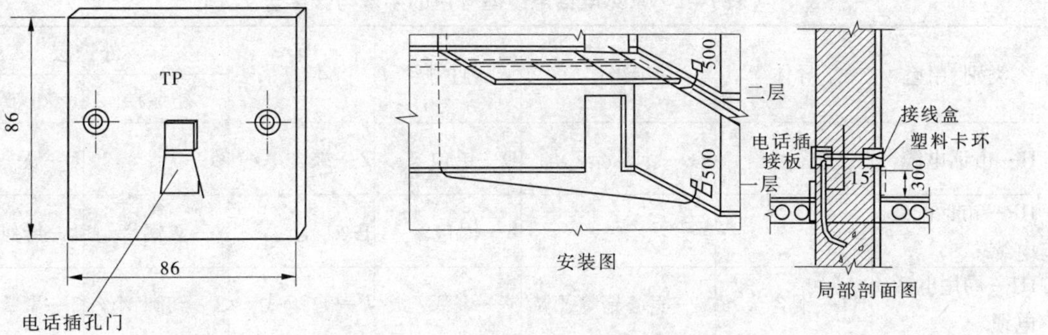

(a)外型　　(b)电话出线盒的安装

图 14-8　电话出线盒的外型与安装

(五)通信电缆

电话通信传输线路中的中继线一般采用光缆传输,用户线路中的主干电缆和配线电缆一般采用通信电缆,而分线箱之后一般采用普通的电话线。

通信电缆的结构如图 14-9 所示。

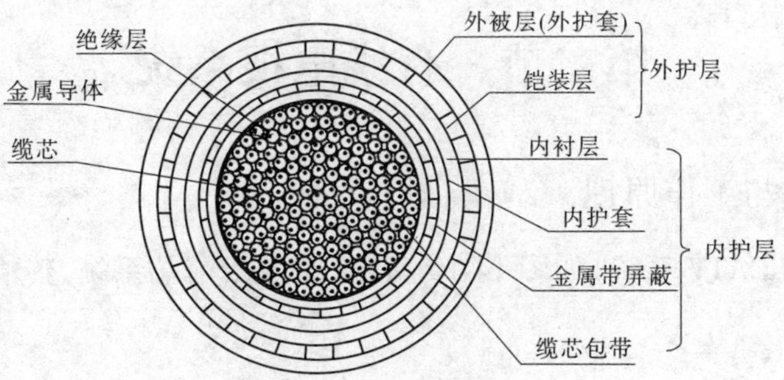

图 14-9　电话通信电缆结构

通信电缆的型号组成如下:

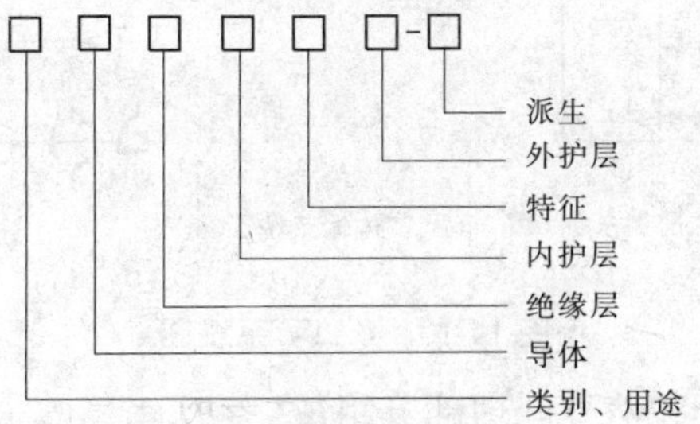

几种常见市话电缆和长话电缆型号中的字母与数字代号的含义如表 14-1 所示。

在型号表示中,为简捷起见,表示产品中常用材料或习惯用材料等的字母和数字可以省去。例如,电缆用铜芯线时一般不列字母 T。以下面型号为例:HYFVJ－1800×2×0.4,该型号表示电缆是铜芯、泡沫聚乙烯绝缘、聚氯乙烯内护套、聚氯乙烯外护套的加强型市话通信电缆,其中省略了代表芯线导体是铜材的字母 T 和代表外被层是聚氯乙烯的数字 3。后面几个派生数字表示线组数量为 1 800。

表 14-1　常见电话电缆型号中的字母与数字含义

类别、用途	导体	绝缘层	内护层	特征	外护层	
					铠装层	外被层
H—市话电缆	T—铜(可略)	YF—泡沫聚乙烯	Q—铅包	Z—综合电缆	O—无	O—无
HP—市话配线电缆	L—铝	Y—聚乙烯	h—铝包	P—屏蔽	2—双钢带	1—纤维
HJ—局用电话电缆	HT—铜合金	V—实心聚氯乙烯	V—聚氯乙烯	C—自承式	3—细圆钢丝	3—聚氯乙烯
HE—长途对称电缆	HL—铝合金	B—聚苯乙烯	S—铝、钢双层金属屏蔽聚乙烯塑料综合	L—防雷	4—粗圆钢丝	
NH—农村电话电缆		F—聚四氟乙烯		J—加强型	44—双层粗圆钢丝	

第二节　有线电视系统

一、系统组成与工作原理

有线电视系统(CATV 系统)如图 14-10 所示,主要由前端系统、传输系统、分配系统三部分组成。

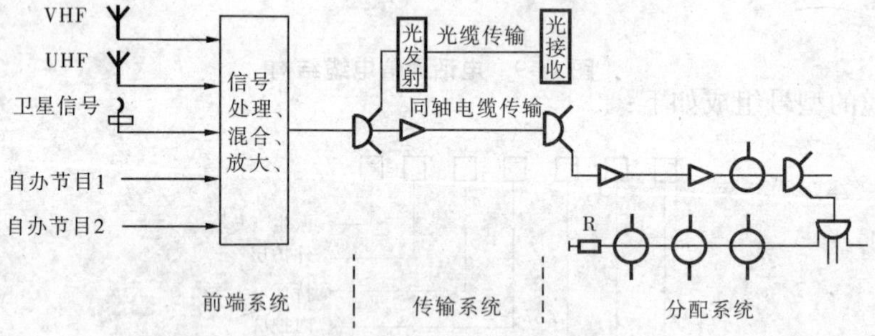

图 14-10　CATV 系统图

前端系统由信号源部分和信号处理部分组成。

(一)信号源部分

信号源部分为系统提供视频和音频信号等多种信号源。信号源部分的主要器件有地面电视接收天线、卫星电视接收天线、卫星电视接收机、光缆信号源、各类摄录放像设备、多媒体计算机设备等。

(二)信号处理部分

信号处理部分对系统提供的信号进行必要的处理和控制,其主要器件有天线放大器、宽带放大器、衰减器、调制器、解调器、滤波器、频道变换器、混合器等。

传输系统的任务是把前端输出的高质量信号尽可能保质保量地送给用户分配网络。传输系统的质量对整个系统有直接的影响。其主要器件根据使用的传输线缆的不同而不同。在电缆传输系统中主要有干线放大器、同轴电缆、均衡器等,在光缆传输系统中主要有光端机、光缆等。

分配系统是把干线传输的射频信号分配给系统内的所有用户,并保证各用户的信号质量和各用户终端的电平均衡度。其主要器件有同轴电缆、线路延长放大器、分支器、分配器、用户终端(即电视出口插座)等。

二、系统中的主要设备与器件

(一)卫星电视接收天线

卫星电视接收天线的外型如图 14-11 所示,由抛物面天线、支撑件、馈源和高频头组成。

抛物面天线的基本原理与聚光灯类似,能将到达地面的卫星信号聚集在焦点处;馈源的作用是将会聚在天线反射面焦点处的电磁波收集起来并馈送给高频头;高频头的作用是对来自馈源的微弱信号进行放大和处理。支撑件在天线中起到支撑抛物面天线、馈源、高频头和安装固定的作用。卫星接收天线通过连接高频头的馈线,将卫星电视信号送入卫星接收机,卫星接收机再将卫星信号解调为电视图像信号和伴音信号。

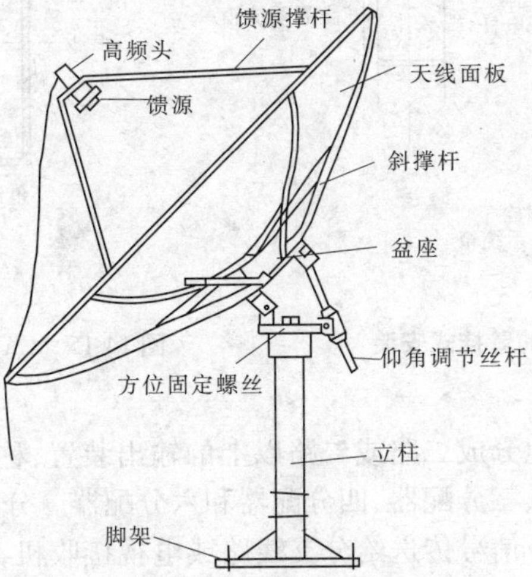

图 14-11　卫星电视接收天线

卫星电视天线应安装在预置好的天线底座上,注意天线周围应开阔、无遮挡,安装位置附近无微波站、雷达站等干扰源,且天线距离接收机的连线应尽量短,一般在 40 m 以内。

(二)放大器

将输入的微弱信号通过专用设备进行信号的放大,从输出端可得到较强的信号,这种设备称为信号放大器,一般简称为放大器。按设置场合,放大器可分为天线放大器、干线放大器、分支放大器和分配放大器等。其工作原理基本相似,只是根据设置场合要求其构造原理和技术指标有所差异。

野外型的放大器可以采用如图 14-12 所示的吊装方式。CATV 系统箱的板芯组合示意图见图 14-13。普通型放大器可以同分支器、分配器一起，安装在系统箱内，系统箱可以采用壁挂式（见图 14-14）、杆上安装方式（见图 14-15）或嵌入式。

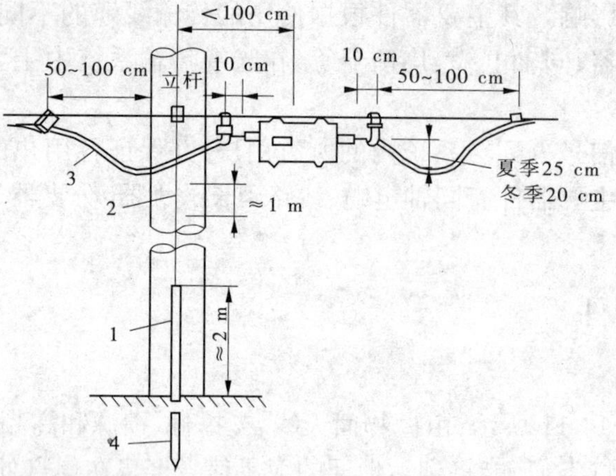

图 14-12　野外型放大器吊装方式

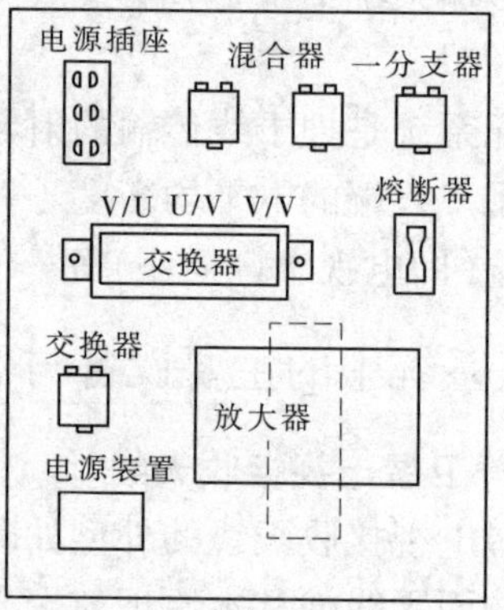

图 14-13　CATV 系统箱的板芯组合示意图

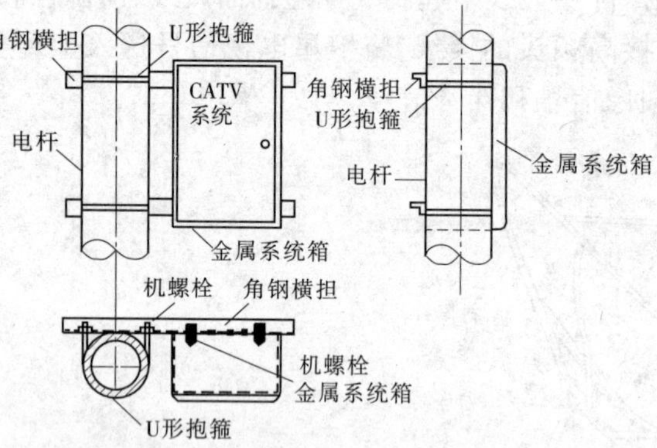

图 14-14　CATV 系统箱的壁挂式安装

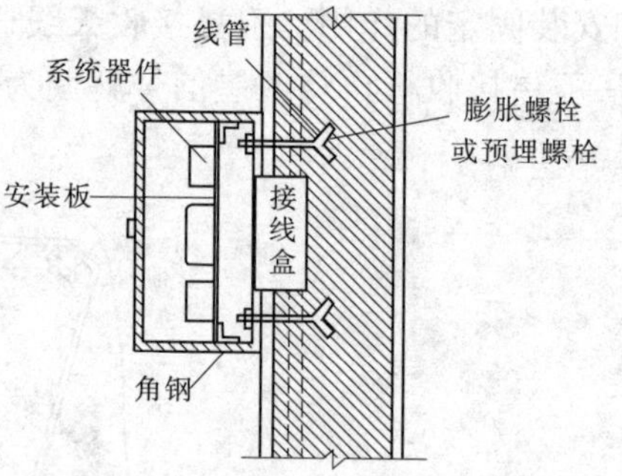

图 14-15　CATV 系统箱的杆上式安装

（三）分支器、分配器

将一路电视信号平均地分成二路或二路以上的输出装置，称为分配器。按照输出的路数，分配器通常有二分配器、三分配器、四分配器和六分配器。分配器一般为无源器件。

从干线上取出一小部分信号传送给分支线路或电视接收机，而大部分信号仍传送给干线的器件，称为分支器。根据分支输出端的数量，分支器可分为一分支器、二分支器、四分支器三种。分支器一般也为无源器件。

分支器、分配器可以采用吊装安装和系统箱安装，也可以直接采用明装的安装方式（见图 14-16）。分配器与分支器明装时一般都安装在墙壁上。选择安装位置时，应注意防雨措施（如设置在阳台下、房檐下，并要加装防雨罩）。安装时一般采用塑料胀管固定，先进行定位、钻孔、填入塑料胀管，再用木螺钉或自攻螺钉固定。

（四）用户出口

有线电视用户出口可以采用暗装，也可以采用明装方式。安装时选择不显眼、插拔方便、靠近电源插座的位置（见图 14-17），安装高度为距地面 0.3 m 左右。

暗装终端盒一般是伴随着土建进行的，所以在建筑施工时，终端盒与线管要一并进行预

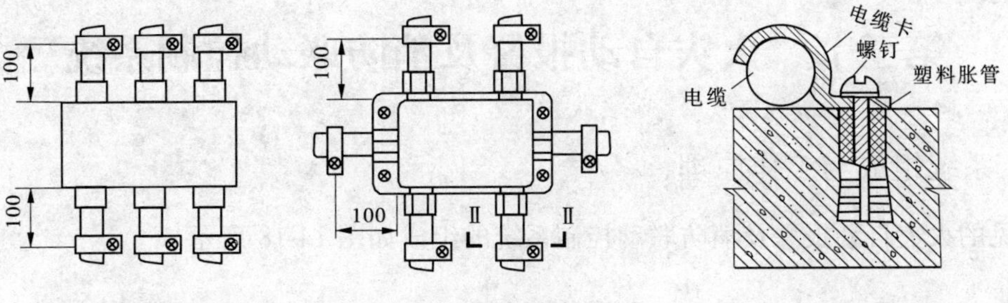

(a)线端压接式做法　(b)线端F式连接做法　(c) Ⅱ—Ⅱ剖面

图 14-16　分配器与分支器明装示意图

埋，敷设后用废纸等物将终端盒塞满，以防土建施工时砂浆进入盒内和线管内。

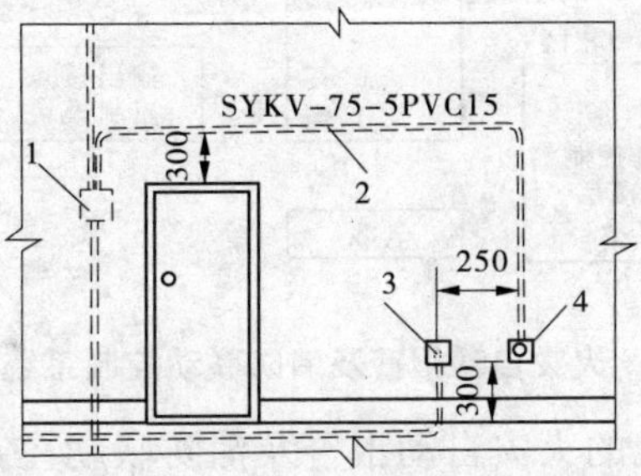

1—分支器箱；2—用户管线；3—电源插座；4—用户盒

图 14-17　用户盒的安装位置

三、系统常用图例

CATV 系统常用图例见表 14-2。

表 14-2　CATV 系统常用图例

图例	名称	图例	名称
	地面电视接收天线	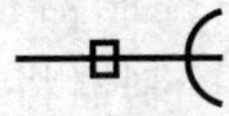	卫星信号接收天线
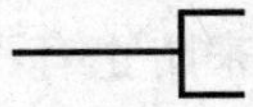	TV 标识为电视出口		放大器
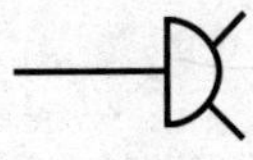	二分配器	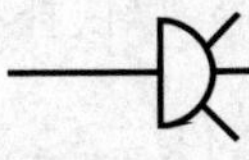	三分配器
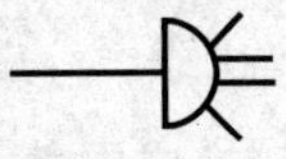	四分配器		一分支器
	二分支器		四分支器

第三节　火灾自动报警及消防联动控制系统

一、系统组成与工作原理

常见的火灾自动报警及消防联动控制系统的组成如图 14-18 所示。

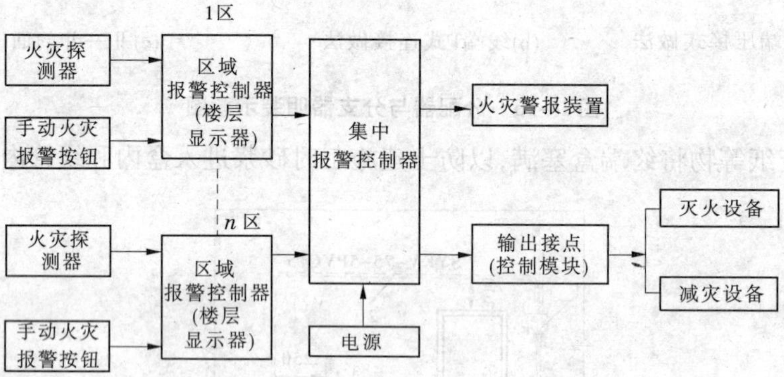

图 14-18　火灾自动报警及消防联动控制系统的组成

由图 14-18 可见,一个常见的火灾自动报警及消防联动控制系统是由火灾探测器、手动火灾报警按钮、集中(区域)火灾报警控制器、火灾警报装置、控制模块、灭火设备和减灾设备组成。

常见的火灾警报装置有警铃、火灾事故光字牌、声光讯响器等。常见的灭火设备有消火栓、自动喷水灭火装置、二氧化碳灭火装置等。常见的减灾设备有电动防火门、防火卷帘、防排烟系统、火灾事故广播、应急照明装置等。

系统的工作原理为:在发生火灾的初期阶段,火灾探测器根据现场探测到的温度、烟雾、火光等信息,首先发出报警信号给火灾报警控制器,或当人员发现后,用手动火灾报警按钮报警给火灾报警控制器。火灾报警控制器在收到报警信号后,先进行火情的确认(防止系统误动作),一旦确认火情后,报警控制器将:①启动火灾警报装置,以声光的形式向人们提示火灾与事故的发生;②启动减灾设备,尽最大可能减少生命和财产的损失,如关闭防火门和防火卷帘阻止火势的蔓延、打开着火层和上下关联层走道内的防排烟系统来防止有毒气体聚集在疏散通道里、广播通知着火层和上下关联层人员尽快疏散,电梯回底层等;③启动灭火设备,如启动消防泵和喷淋泵等,尽快扑灭火灾。

二、系统中的主要设备与器件

(一)火灾探测器

火灾探测器是火灾探测的主要感应部件,它将火灾现场的烟雾、光、温度转换成电气信号,并将其传送到火灾报警控制器,完成信号的检测与反馈。

火灾探测器按照响应参数分类,可以分为感烟探测器、感温探测器、感光探测器三大类。其中感温探测器又分为定温探测器(温度超过一个定值报警)、差温探测器(温度上升速度超过限定值报警)。

系统中常用探测器的安装方式如图 14-19 所示。

由图 14-19 可见，探测器安装时需要用到预埋盒和安装底座，底座上有 4 个导体片，片上带接线端子，底座上不设定位卡，便于调整探测器报警指示灯的方向。预埋管内的探测器总线分别接在任意对角的两个接线端子上（不分极性），另一对导体片用来辅助固定探测器。待底座安装牢固后，将探测器底部对正底座顺时针旋转，即可将探测器安装在底座上。

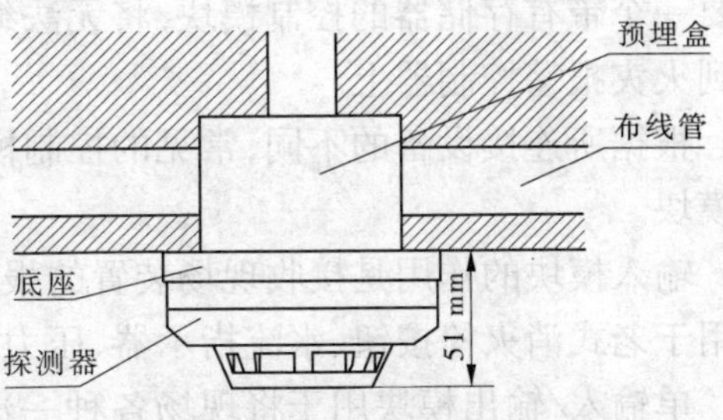

图 14-19　探测器安装示意图

探测器一般安装在防范区域的中心位置，周围 0.5 m 内不应有任何遮挡物。

（二）手动火灾报警按钮

为了防止探测器失灵或火灾线路出现故障，消防法规规定每个防火分区必须设置手动火灾报警按钮（见图 14-20）。手动火灾报警按钮安装在公共场所，当人工确认为火灾发生时，按下按钮上的有机玻璃片，可向控制器发出火灾报警信号，控制器接收到报警信号后，显示出报警按钮的编号或位置，并发出报警音响。

手动火灾报警按钮底盒背面和底部各有一个敲落孔，安装时可将底盒装在预埋盒上。手动火灾报警按钮宜设置在公共活动场所的出入口处，从防火分区内的任何位置到最邻近的一个手动火灾报警按钮的距离不应大于 30 m，安装高度为距地 1.5 m。

图 14-20　手动火灾报警按钮

（三）消火栓报警按钮

消火栓报警按钮一般安装在室内消火栓箱内，外形和安装方式类似于手动火灾报警按钮，在系统中起到人工手动启动消防泵的作用。其上有两个指示灯，消火栓报警按钮被按下时，第一个指示灯亮，表明已经发出了一个起泵命令，当第二个指示灯亮则是消防泵已经启动的反馈信号。

（四）声光讯响器

声光讯响器安装在监视现场，其用途主要是在发生火灾时，以声光形式向人们提示火灾与事故的发生。

声光讯响器采用壁挂式安装，在普通高度空间下，以距顶棚 0.2 m 处为宜，安装在现场。

（五）控制模块

在现在的火灾自动报警系统中，多采用图 14-21所示的总线制结构。也就是很多设备挂接在一对总线上，每个设备有一个地址编码，且地址编码不能重复，这样信息的发送和接收才能正常。火灾自动报警系统中的很多设备（如火灾探测器、手动火灾报警按钮）中都有一个小的存储器，可以

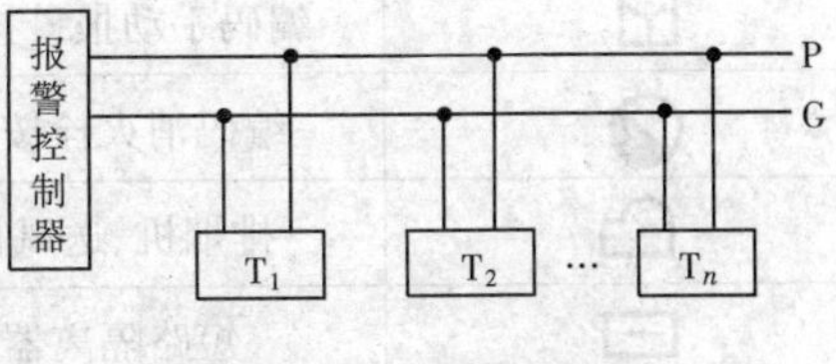

图 14-21　总线制结构

存放地址码，但有的设备没有存储器，不能存储地址码（如正压送风机、广播音箱），这时就需要一个带有存储器的控制模块，将无法编码的设备同控制模块连接在一起，控制模块再连接到火灾报警控制器上。

根据所连接设备的不同，常见的控制模块有单输入模块、单输入/输出模块和双输入/输出模块。

输入模块的作用是接收现场装置的报警信号，实现信号向火灾报警控制器的传输。它适用于老式消火栓按钮、水流指示器、压力开关、70 ℃或 280 ℃防火阀等。

单输入/输出模块用于将现场各种一次动作并有动作信号输出的被动型设备（如排烟口、送风口、防火阀等）接入到控制总线上。

双输入/双输出模块是一种总线制控制接口，可用于完成对二步降防火卷帘门、水泵、排烟风机等双动作设备的控制，主要用于防火卷帘门的位置控制，能控制其从上位到中位，也能控制其从中位到下位，同时也能确认防火卷帘门是处于上、中、下的哪一位。

（六）火灾报警控制器

火灾报警控制器是火灾自动报警系统的心脏，是消防系统的指挥中心，控制器可为火灾探测器供电，接收、处理和传递探测点的故障及火警信号，并能发出声、光报警信号，同时显示及记录火灾发生的部位和时间，并能向联动控制器发出联动通知信号。

按用途和设计使用要求分类，火灾报警控制器可分为区域报警控制器、集中报警控制器及通用报警控制器。区域报警控制器与集中报警控制器在结构上没有本质区别，只是在功能上分别适应区域报警工作状态与集中报警工作状态。通用报警控制器兼有区域、集中两级火灾报警控制功能，通过设置或修改相应参数即可作为区域或集中报警控制器使用。

火灾报警控制器安装方式常见有壁挂式安装和落地式安装两种。火灾报警控制器在墙上安装时，其底边距地（楼）面高度不应小于 1.5 m，设备靠近门轴的侧面距离不应小于 0.5 m。火灾报警控制器的主电源引入线，应直接与消防电源连接，严禁使用电源插头，且火灾报警控制器接线端子板的每个接线端，接线不得超过 2 根。

三、系统常用图例

火灾自动报警及消防联动控制系统常用图例见表 14-3。

表 14-3　火灾自动报警及消防联动控制系统常用图例

图例	名称	图例	名称
	编码感烟探测器		楼层显示器
	编码感温探测器		广播扬声器
	编码手动报警按钮		水流指示器
	编码消火栓按钮		压力开关
	排烟机、送风机		防火阀
	短路隔离器		消防泵、喷淋泵
	声光报警器		防火阀、排烟阀

第四节　闭路电视监控系统

闭路电视监控系统是安全技术防范体系中的一个重要组成部分，是一种先进的、防范能力极强的综合系统。它可以通过遥控摄像机及其辅助设备（镜头、云台等）直接观看被监视场所的一切情况，可以把被监视场所的图像内容、声音内容同时传送到监控中心，使被监控场所的情况一目了然；电视监控系统的另一特点是它可以把被监视场所的图像及声音全部或部分地记录下来，这样就为日后对某些事件的处理提供了方便条件及重要依据；同时，电视监控系统还可以与防盗报警等其他安全技术防范体系联动运行，使防范能力更加强大。

一、系统组成与工作原理

闭路电视监控系统的组成如图 14-22 所示，它由摄像部分、传输部分、控制部分及显示和记录部分组成。

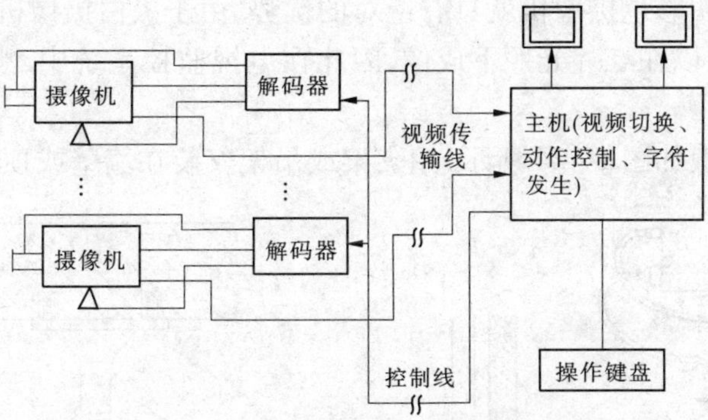

图 14-22　闭路电视监控系统的组成

（一）摄像部分

摄像部分是电视监控系统的前沿部分，是整个系统的“眼睛”。它布置在被监视场所的某一位置上，能把监视的内容变为图像信号，传送给控制中心的监视器。

（二）传输部分

传输部分主要进行系统图像信号的传输，同时由于某些系统中除图像外，还要传输声音信号，有时还需要在控制中心通过控制台对摄像机、镜头、云台、防护罩等进行控制，因而在传输系统中还包含控制信号的传输。

（三）控制部分

控制部分是整个系统的“心脏”和“大脑”，是实现整个系统功能的指挥中心。控制部分主要由总控制台（有些系统还设有副控制台）组成。

总控制台的主要功能有：接收传输系统中的图像信号，经过分配或放大，进入视频切换部分，然后送到监视器上；对摄像机、镜头、云台、防护罩等进行遥控，以完成对被监视的场所进行全面、详细的监视或跟踪监视；总控制台上设有的录像机，可以随时把发生情况的被监视场所的图像记录下来，以便事后备查或作为重要依据。

（四）显示部分

显示部分一般由几台或多台监视器（或带视频输入的普通电视机）组成。它的功能是将传送过来的图像一一显示出来。在电视监控系统中，特别是在由多台摄像机组成的电视监控系统中，一般不是一台监视器对应一台摄像机进行显示，而是几台摄像机的图像信号用一台监视器轮流切换显示。这样做一是可以节省设备，减少空间的占用；二是没有必要一一对应显示。因为被监视场所的情况不可能同时发生意外情况，所以平时只要隔一定的时间（比如几秒、十几秒或几十秒）显示一下即可。当某个被监视的场所发生情况时，可以通过切换器将这一路信号切换到某一台监视器上一直显示，并通过控制台对其遥控跟踪记录。所以，在一般的系统中通常都采用四比一、八比一甚至十六比一的摄像机对监视器的比例数设置监视器的数量。

二、系统中的主要设备与器件

（一）摄像机

摄像机是获取监视现场图像的前端设备，如图 14-23 所示。

常见的摄像机具有黑白和彩色之分，彩色摄像机适用于景物细部辨别，如辨别衣着或景物的颜色。但并不说明彩色摄像机就具有绝对的优势，由于黑白摄像机具有高分辨率、低照度等优点，特别是它可以在红外光照下成像，因此在电视监控系统中，黑白摄像机仍具有较高的市场占有率。

摄像机安装时一般如图 14-24 所示，用支架或吊架安装在墙壁或顶棚上。

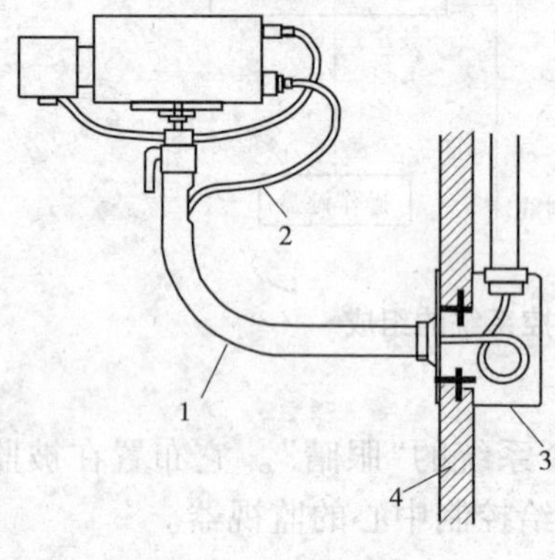

1—支架；2—同轴电缆；3—接线盒；4—墙壁

图 14-23　摄像机

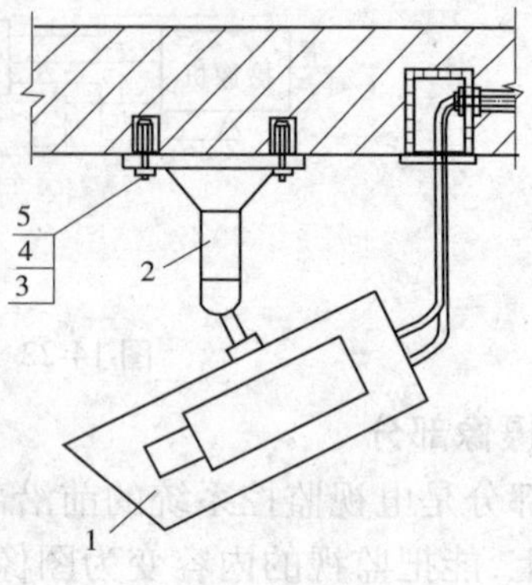

1—摄像机；2—吊架；3—膨胀螺栓；4—螺母；5—垫圈

图 14-24　摄像机的安装

（二）云台

云台内装有两个电动机，一个负责水平方向的转动，另一个负责垂直方向的转动，使云台可以承载摄像机进行水平和垂直两个方向转动。

云台可大致分为室内用云台、室外用云台和微型云台。室内用云台承重小，没有防雨装置；室外用云台承重大，有防雨装置；而微型云台一般安装在摄像机的防护罩内。

云台安装在摄像机支架或吊架上。安装时注意，在支架端部安装云台处 0.5 m 的空间不得有障碍物存在，且其旋转死角应处在支、吊架和引线电缆的一侧。

（三）防护罩

防护罩是使摄像机在有灰尘、雨水、高低温等情况下正常使用的防护装置。一般分为两类：一类是室内用防护罩，主要功能是防尘、防破坏等；另一类是室外用防护罩，一般为全天候防护罩，即无论刮风、下雨、下雪、高温、低温等恶劣情况，都能使安装在防护罩内的摄像机正常工作，因而这种防护罩具有降温、加温、防雨、防雪等功能。

防护罩也是安装在摄像机支架、吊架上。

（四）监控室

监控室主要完成控制摄像机、监视器及其他设备所需电源的通断；输出各种遥控信号；接收各种报警信号；配备视频分配放大电路，能同时输出多路视频信号；对视频信号进行时序或手动切换；具有时间、编号字符显示装置；监视和录像；内外通信联络等任务。

图 14-25 是常见监控室的设备布置图。

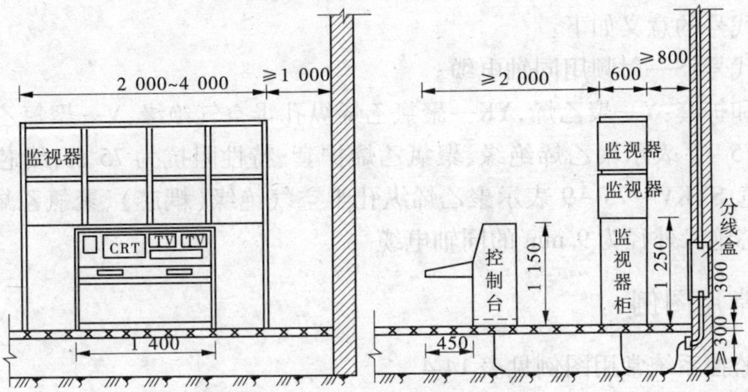

图 14-25　监控室的设备布置

图 14-25 中的控制台内，常安装有矩阵主机、硬盘录像机、操作键盘、多画面处理器等设备，在系统中起到控制设备、切换视频、记录视频等作用。控制台内连接的各种电缆一般从地板下的地沟或用金属线槽（桥架）从监控台柜背面引入。

图 14-25 中监视器的设置位置，应使屏幕避免外来光直射，背面应有适当的通风散热孔，安装时注意观察距离和观察角度。

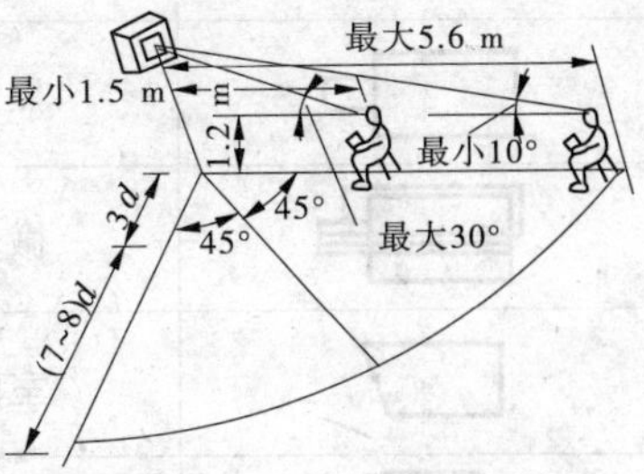

图 14-26　监视器的观看范围

监视器观看范围（见图 14-26）及水平、垂直视角为监视器屏幕对角线长度。

最大水平视角以监视器屏幕中心各 45°范围内，垂直方向第一排监视者的眼睛（距地面 1.2 m 处）与监视屏幕的中心所成的角度最大为 30°。最远一排不宜小于 10°。

（五）同轴电缆

同轴电缆在建筑弱电系统中，一般用来传输视频信号（摄像机输出信号）和射频信号（有线电视信号）。

同轴电缆的结构如图 14-27 所示，一般由内导体、绝缘体（如耦芯绝缘、物理发泡、聚乙烯管等）、外导体（如铝复合膜、铜网等）、护套四部分组成，由于它的四层结构的轴心保持重合，所以称为同轴电缆。

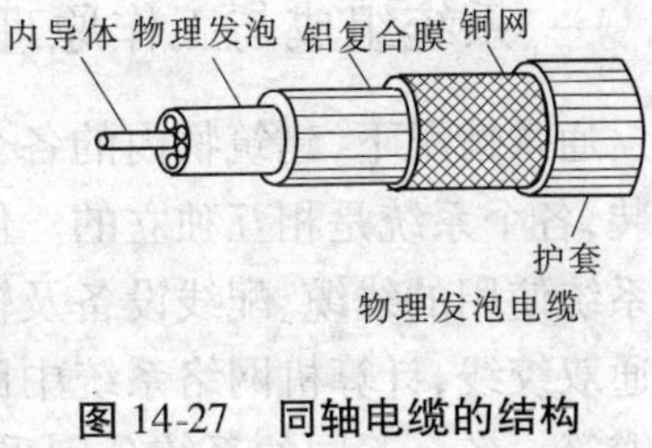

图 14-27　同轴电缆的结构

我国同轴电缆型号的基本组成形式如下所示：

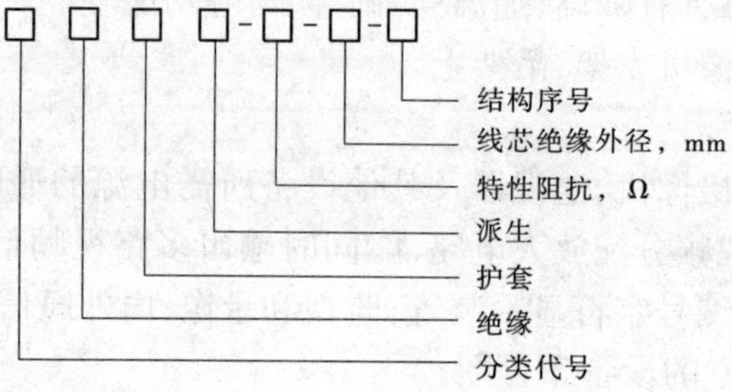

其中字母代号的意义如下：

分类代号:S—射频用同轴电缆。

绝缘和护套:Y—聚乙烯,YK—聚氯乙烯纵孔半空气绝缘,V—聚氯乙烯。

如 SYV－75－5 表示聚乙烯绝缘、聚氯乙烯护套、特性阻抗为 75 Ω,线芯绝缘外径为 5 mm 的同轴电缆;SYKV－75－9 表示聚乙烯纵孔半空气绝缘(耦芯)、聚氯乙烯护套、特性阻抗为 75 Ω、线芯绝缘外径为 9 mm 的同轴电缆。

三、系统常用图例

闭路电视监控系统常用图例见表 14-4。

表 14-4　闭路电视监控系统常用图例

图例	名称	图例	名称
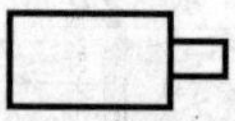	黑白摄像机	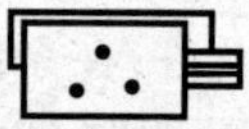	彩色摄像机
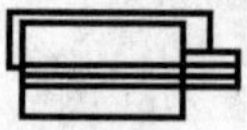	微光摄像机	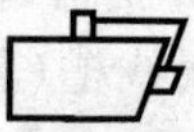	室外防护罩
	室内防护罩	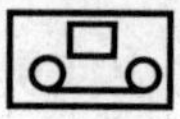	录像机
	黑白监视器		彩色监视器

第五节　综合布线系统

一、系统组成与工作原理

通常情况下,建筑物内的各个弱电系统一般是由不同的设计单位设计,不同的施工单位安装,各个系统是相互独立的。例如,电话通信系统、闭路电视系统、计算机网络系统等。这些系统使用的线缆、配线设备及输出线盒、插座等都不一样,如电话系统中的线缆一般采用普通双绞线,计算机网络系统中的线缆一般采用 UTP 双绞线,闭路电视系统一般采用同轴电缆等。各个不同的系统分别采用的是各种不同类型、不同型号的布线材料,而且连接这些不同布线材料的插座、接口、接线板、配线架也各不相同。由于它们彼此之间互不兼容，当建筑物内的用户需要搬迁或改变设备布置时，就必须重新布置线缆，装配各种设备所需要的不同型号的插座、接头，同时还要中断各个系统的正常运行。可见，在这样一种传统布线方式下，要重新布置或增加各种终端设备，必将耗费大量的人力、物力。同时，随着社会信息化进程的飞速发展，建筑物内的各种弱电系统越来越多，功能越来越复杂，这样，各自独立的布线系统将给建筑物弱电系统的施工、管理和维护增加很多的困难与麻烦。所以，人们迫切希望建立一种能够支持多种弱电信号传输的布线网络，并能满足用户长期使用的需要。于是在1985年，美国电话电报公司贝尔实验室率先推出了全世界第一个综合布线系统。

综合布线系统的定义是：综合布线系统是建筑物内部及建筑群内部之间的信息传输网络。它能使建筑物内部及建筑群内部的语音、数据通信设备、信息交换设备、建筑物物业管理设备和建筑物自动化管理设备等与各自系统之间相连，也能使建筑物内的信息传输设备与外部的信息传输网络相连。

建筑与建筑群综合布线系统是由如图14-28所示的六个子系统组成，即工作区子系统、配线子系统、干线子系统、设备间子系统、管理子系统和建筑群子系统。

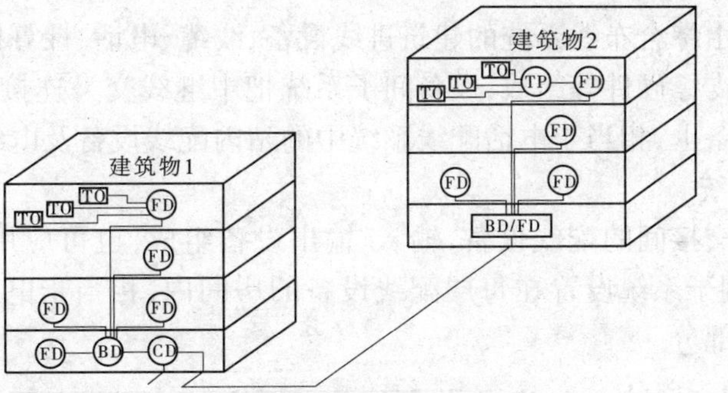

CD—建筑群配线设备；BD—大楼配线设备（主配线架）；FD—楼层配线设备（楼层配线架）；TP—过渡点；TO—信息插座（电信出线插座）

图14-28　建筑与建筑群综合布线系统结构示意图

（一）工作区子系统

工作区子系统由终端设备连接到配线（水平）布线系统信息插座的连接电缆及适配器组成，如图14-29所示。它包括装配软线、连接器和连接所需要的扩展软线，并在终端设备和输入/输出（I/O）之间搭接。相当于电话配线系统中连接话机的用户线及话机终端部分。

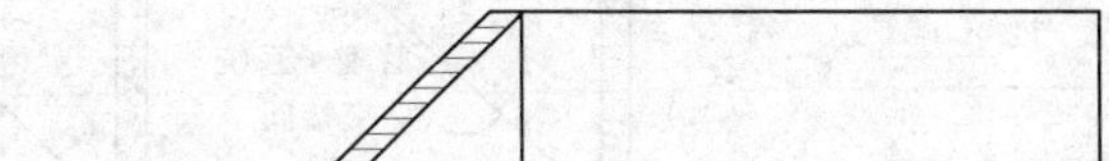

图14-29　工作区子系统示意图

（二）配线（水平）子系统

配线（水平）子系统由工作区用的信息插座、每层配线设备至信息插座的配线电缆组成，如图14-30所示。配线子系统将干线子系统线路延伸到用户工作区，相当于电话配线系统中配线箱及配线电缆接到用户出线盒的用户部分。

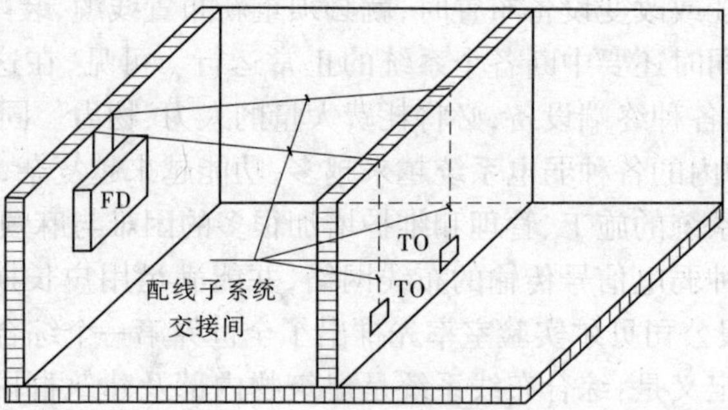

图 14-30　配线子系统示意图

(三)干线(垂直)子系统

干线(垂直)子系统由设备间至各楼层配线间的连接电缆组成,它提供建筑物内的干线电缆的路由,相当于电话配线系统中的干线电缆。

(四)设备间子系统

设备间子系统由综合布线系统的建筑进线设备、线缆、电话、计算机等各种主机设备,保安配线设备及相关支撑硬件等组成,设备间子系统把中继线交叉连接处和布线交叉连接处连接到共用系统设备上,相当于电话配线系统中的站内配线设备及电缆、导线连接部分。

(五)管理子系统

管理子系统由交接间的配线设备,输入/输出设备组成,也可应用于设备间子系统,如图 14-31所示。管理子系统设置在每层配线设备的房间内,相当于电话配线系统中每层配线箱或电话分线盒部分。

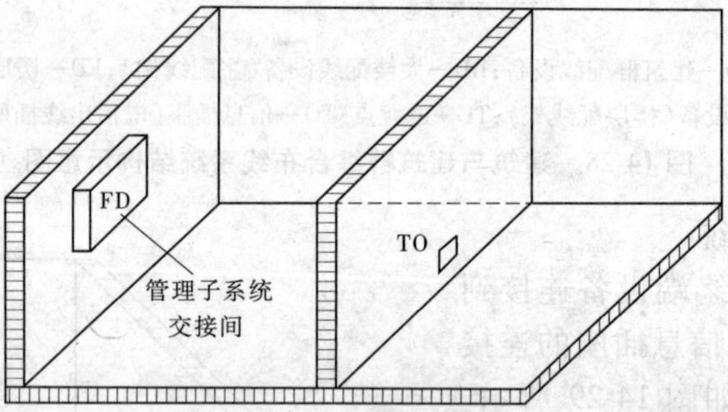

图 14-31　管理子系统

(六)建筑群子系统

建筑群子系统由两个及两个以上建筑物的电话、数据、电视系统组成一个建筑群综合布线系统,其连接各建筑物之间的缆线和配线设备组成建筑群子系统,建筑群子系统相当于电话配线中的电缆保护箱及各种建筑物之间的干线电缆。

二、系统中的主要设备与器件

(一)对绞电缆

对绞线是由两根具有绝缘层的铜导线按一定密度螺旋状互相绞缠在一起,外部包裹屏蔽层或塑料外皮而成的绝缘铜线对。对绞线结构形成了平衡传输特性,有一定的抗电磁干扰能力。对绞电缆是由若干双绞线组成的,各线对之间按一定密度反时针相应地绞合在一起,外面包裹绝缘材料制成的外皮而构成的电缆。

按照有无屏蔽层,对绞电缆分为非屏蔽对绞电缆(UTP)和屏蔽对绞电缆(FTP)。非屏蔽对绞电缆是由多对对绞线和绝缘塑料护套等构成的。屏蔽对绞电缆的结构除在护套层内增加了金属屏蔽层外,其他都与非屏蔽对绞电缆一样。屏蔽电缆具有很强的抗外界电磁干扰和防止向外辐射电磁波的能力,具有信息保密性,适用于强电磁干扰环境。在屏蔽对绞线系统中,必须实行全屏蔽措施,即缆线和连接硬件等都应屏蔽,并应有良好的接地。对绞电缆的类型见图 14-32。

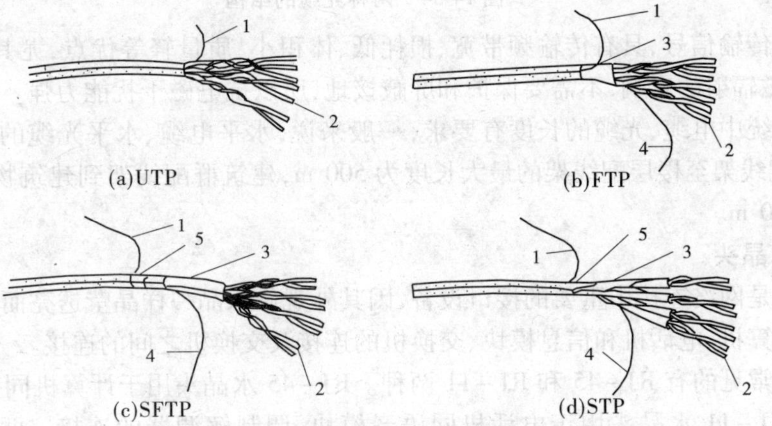

1—拉绳;2—对绞线;3—铝箔;4—漏电线;5—金属编织网

图 14-32　对绞电缆的类型

我国综合布线常用对绞电缆分为 3 类、5 类、超 5 类、6 类/E 级、7 类/F 级等。它们的结构略有不同,传输速度也不同。

(二)光缆

光纤是光导纤维的简称,它是一种能够传导光信号的很细的传输介质。常用的光纤是用多成分玻璃纤维制成的,但损耗最小的是用高纯度石英制成的光纤。常用光纤的外形如图 14-33 所示。

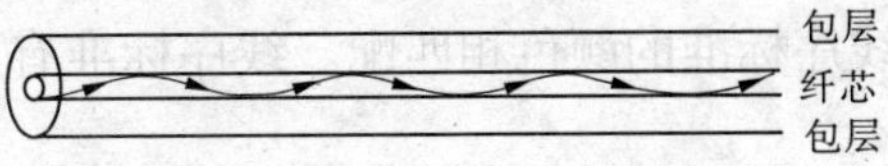

图 14-33　常用光纤的外形

其结构分为两部分,轴心部分为纤芯,外围部分为包层,纤芯和包层由掺有两种折射率杂质的石英材料制成。两部分构成细长的圆柱体,它们的交界面为一圆柱面。纤芯传导光波,包层可以防止光波射出。这是因为包层的折射率比纤芯的小,使得按一定角度入射的光波能在纤芯与包层的界面上不断发生全反射而沿轴心线方向传播。

裸露的光纤相当于玻璃丝,机械性能很差,很容易折断,因此使用时,是把单根光纤加两层塑料涂层,然后将多根光纤与填充材料及加强钢丝(或钢带)相结合做在一条厚实的塑料套管里,这样,就构成了牢固的光缆。不同型号光缆内的光纤数量不等,为了辨认方便,每根光纤的涂层外着有不同的颜色,这些不同颜色的光纤被编成数组,每组又分别装在不同颜色的小塑料套管内,所有小套管及加强钢丝被最外面的一条大塑料护套包裹着。常用的光缆结构为层绞式和束管式两种。其外型如图 14-34 所示。

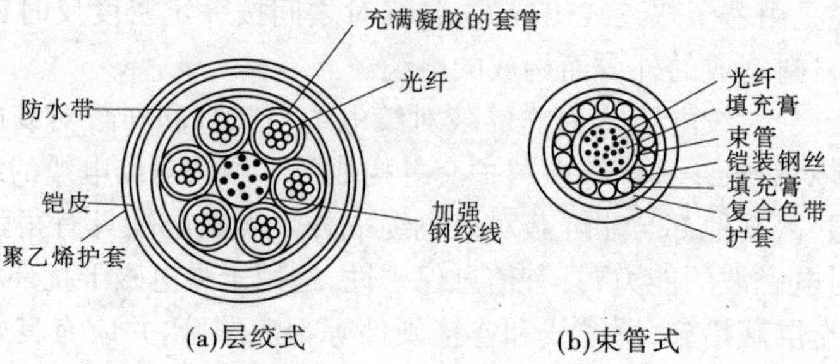

图 14-34　两种光缆的结构

用光缆传输信号，具有传输频带宽、损耗低、体积小、质量轻等优点，尤其是因为其不导电，不受电磁辐射的影响，不需要保护和屏蔽接地，所以抗电磁干扰能力强。

综合系统中电缆、光缆的长度有要求，一般来说，水平电缆、水平光缆的最大长度为 90 m，建筑物配线架至楼层配线架的最大长度为 500 m，建筑群配线架到建筑物配线架的最大长度为 1 500 m。

(三)水晶头

水晶头是网络连接中重要的接口设备，因其外观像水晶一样晶莹透亮而得名为水晶头。主要用于计算机、电话机和信息模块、交换机的连接及交换机之间的连接。

水晶头常见的有 RJ－45 和 RJ－11 两种。RJ－45 水晶头用于计算机同交换机、信息模块的连接，RJ－11 水晶头用于电话机同语音模块、调制解调器的连接。两者的制作方式类似。

RJ－45 水晶头的制作步骤如下：

(1)使用剥线器，夹住双绞线旋转一圈，剥去 20 mm 左右的外表皮。注意：旋转时不要太用力，防止损坏内部的 4 对双绞线，然后采用旋转的方式将双绞线外套慢慢抽出。

(2)拆开成对的双绞线，使它们不扭曲在一起，将每根线进行排序，使线的颜色与选择的线序标准的颜色相匹配。线序标准有两个，568A 和 568B，如图 14-35 所示。

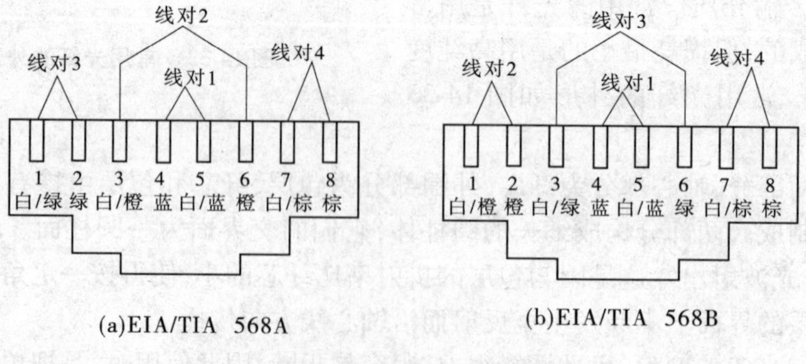

图 14-35　线序标准

(3)剪切线对时使它们的顶端平齐，剪切之后露出来的线对长度大约 14 mm，然后将线对插入 RJ－45 插头，确认所有的线对对好了针脚。要求线对在 RJ－45 插头头部能够见到铜芯，外护套应进入水晶头内。

(4)将 RJ－45 插头和电缆插入制线钳中，紧紧握住把柄并将这个压力保持 3 s，压接工具可以把 RJ－45 插头内的针脚压入 RJ－45 插头内的线对上，同时还可把塑料罩压入电缆外皮，保护 RJ－45 插头内电缆的安全。

RJ－11 水晶头制作方法类似于 RJ－45 水晶头，不同的是连接的线数不同。

(四)模块

模块安装在信息面板上，是网络信号和电话信号的输出端口(见图 14-36)。按照输出信息的不同，模块分为数据模块和语音模块两种，数据模块输出的是网络信号，语音模块输出的是电话信号。

数据模块的压制步骤如下：

(1)使用剥线器，夹住双绞线旋转一圈，剥去 20 mm 左右的外表皮，采用旋转的方式将双绞线外套慢慢抽出。

(2)拆开成对的双绞线，使它们不扭曲在一起，并根据模块上面标识的线序，将双绞线的 8 根线分别卡入模块的 8 个金属卡中。

(3)排好线序以后，使用打线刀将线压入并切除多余的双绞线。

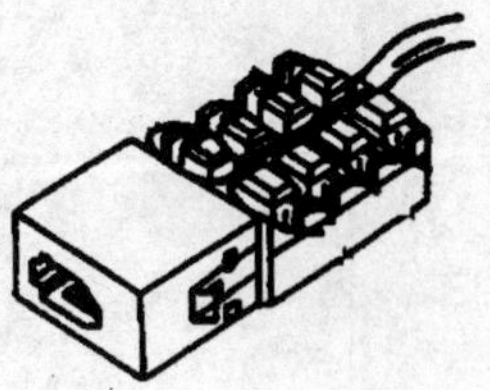

图 14-36 模块

语音模块的压制方法类似于数据模块，但语音模块一般压制 4 对双绞线中的一对或两对。

压制好的信息模块如图 14-37 所示，从后面卡入信息面板后，将面板固定在预埋盒上。

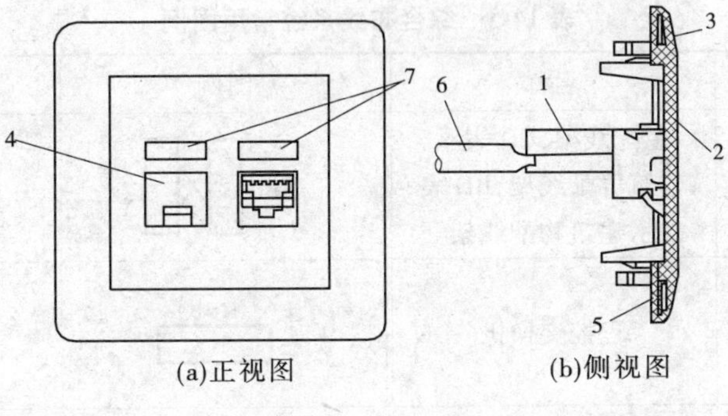

(a)正视图 (b)侧视图

1—模块式插座；2、3—面板；4—防尘盖；5—衬板；6—UTP 电缆；7—标记块

图 14-37 信息插座与面板安装示意图

安装在墙上的信息插座，其位置宜高出地面 300 mm 左右。当房间地面采用活动地板时，装设位置离地面的高度，在上述距离基础上应再加上活动地板内的净高尺寸。为便于有源终端设备的使用，在信息插座附近应设置单相三孔电源插座，信息插座与电源插座口的布局要求如图 14-38所示。

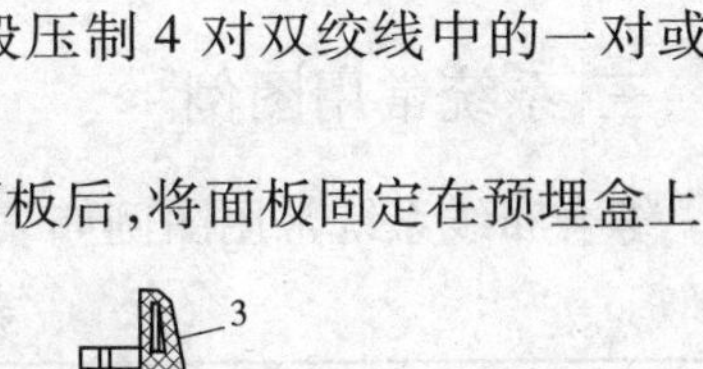

图 14-38 安装在墙上的信息插座 (单位:mm)

(五)机柜及配线架的安装

目前，市场上常用的是 19 in(1 in＝2.54 cm)的标准机柜，一般采用落地式或壁挂式安装方式。在机柜内，可安装配线架、理线器和用户有源设备等。

配线架和理线器的安装如图 14-39 所示，直接用 M4 螺钉固定在机架上。

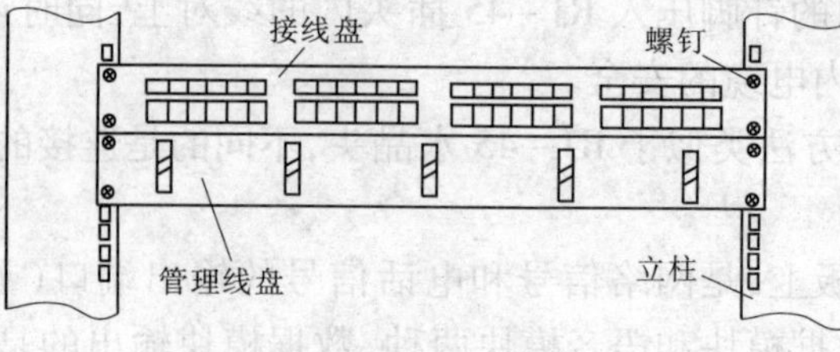

图 14-39　配线架和理线器的安装

用户有源设备的安装可如图 14-40 所示通过使用托架直接安装在立柱上。

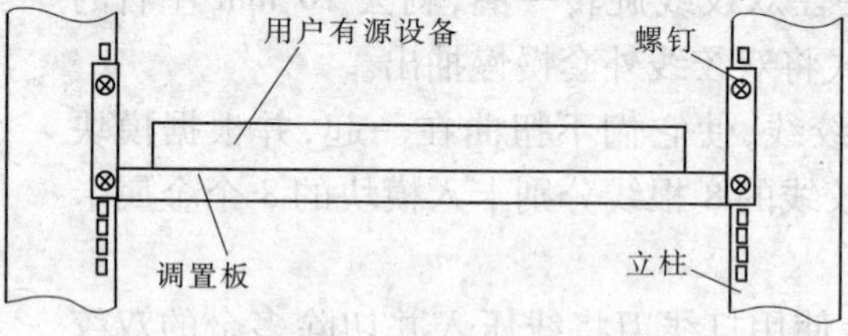

图 14-40　用户有源设备的安装

三、系统常用图例

综合布线系统常用图例如表 14-5 所示。

表 14-5　综合布线系统常用图例

图例	名称	图例	名称
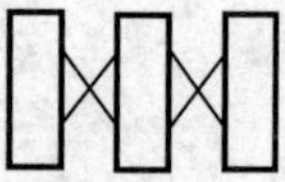	主配线架，CD 表示建筑群配线架，BD 表示建筑物配线架	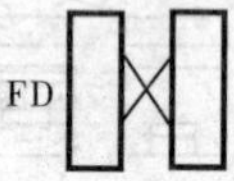	楼层配线架
	程控交换机	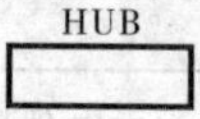	集线器
	网络交换机	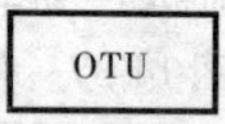	光纤端接箱
	监视器	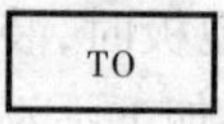	信息插座
	电话机	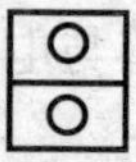	双口信息插座
	计算机		适配器

复习题

1. 阐述有线电话系统中通信电缆的结构和型号标注的方法。
2. 有线电话系统中电话交接箱和分线箱有什么作用?
3. 阐述有线电视系统中用户分配网络中的主要设备和作用。
4. 阐述火灾自动报警及消防联动控制系统的组成与工作原理。
5. 阐述多线制和总线制的连接方式与优缺点。
6. 阐述火灾自动报警及消防联动控制系统中控制模块的作用及常见类型。
7. 阐述闭路电视监控系统的组成与工作原理。
8. 阐述同轴电缆的作用、结构和型号标注方法。
9. 阐述综合布线系统的组成及优点。
10. 什么是水晶头? 阐述水晶头的制作方法。

参 考 文 献

[1] 李亚峰,李英姿．建筑设备工程[M]．北京:机械工业出版社,2009.
[2] 王东萍．建筑设备工程[M]．哈尔滨:哈尔滨工业大学出版社,2005.
[3] 靳慧征,李斌．建筑设备基础知识与识图[M]．北京:北京大学出版社,2010.
[4] 陈宏振,汤延庆．供热工程[M]．武汉:武汉理工大学出版社,2008.
[5] 贾永康．建筑设备[M]．北京:中国建筑工业出版社,2010.
[6] 古峡．建筑给水排水工程[M]．哈尔滨:哈尔滨工业大学出版社,2001.
[7] 黄剑敌．暖、卫、通风空调施工工艺标准手册[M]．北京:中国建筑工业出版社,2003.
[8] 吴耀伟．暖通施工技术[M]．北京:中国建筑工业出版社,2005.
[9] 张玉萍．新编建筑设备工程[M]．北京:化学工业出版社,2009.
[10] 杜渐主．建筑给水与排水系统安装[M]．北京:高等教育出版社,2006.
[11] 瞿义勇．建筑设备安装[M]．北京:机械工业出版社,2010.
[12] 张健．建筑给水排水工程[M]．北京:中国建筑工业出版社,2005.
[13] 谷峡．建筑给水排水工程[M]．哈尔滨:哈尔滨工业大学出版社,2001.
[14] 北京市市政工程设计研究总院．建设给水排水设计手册[M]．2 版．北京:中国建筑工业出版社,2001.
[15] 万建武．建筑设备工程[M]．北京:中国建筑工业出版社,2003.
[16] 杨光臣．建筑电气工程图识图与绘制[M]．北京:中国建筑工业出版社,2001.
[17] 李旭伟．安装施工工艺[M]．北京:高等教育出版社,2003.
[18] 苏德权．通风与空气调节[M]．哈尔滨:哈尔滨工业大学出版社,2002.
[19] 郑贤德．制冷原理与设备[M]．北京:机械工业出版社,2000.
[20] 汤万龙．建筑设备安装识图与施工工艺[M]．北京:中国建筑工业出版社,2007.
[21] 高明远,杜一民．建筑设备工程[M]．2 版．北京:中国建筑工业出版社,2003.
[22] 中华人民共和国建设部．GB 50019—2003 采暖通风与空气调节设计规范[S]．北京:中国计划出版社,2004.
[23] 周孝清．建筑设备工程[M]．北京:中国建筑工业出版社,2003.
[24] 任义．实用电气工程安装技术手册[M]．北京:中国电力出版社,2006.
[25] 勒计全．实用电工手册[M]．郑州:河南科学技术出版社,2002.
[26] 王晋生,叶志琼．电工作业安装图册[M]．北京:中国电力出版社,2005.
[27] 白公．怎样阅读电气工程图[M]．北京:机械工业出版社,2001.
[28] 陆文华．建筑电气识图教材[M]．上海:上海科学技术出版社,2003.
[29] 李英姿．建筑智能化施工技术[M]．北京:机械工业出版社,2004.
[30] 郑李明,徐鹤生．安全防范系统工程[M]．北京:高等教育出版社,2006.